CB076721

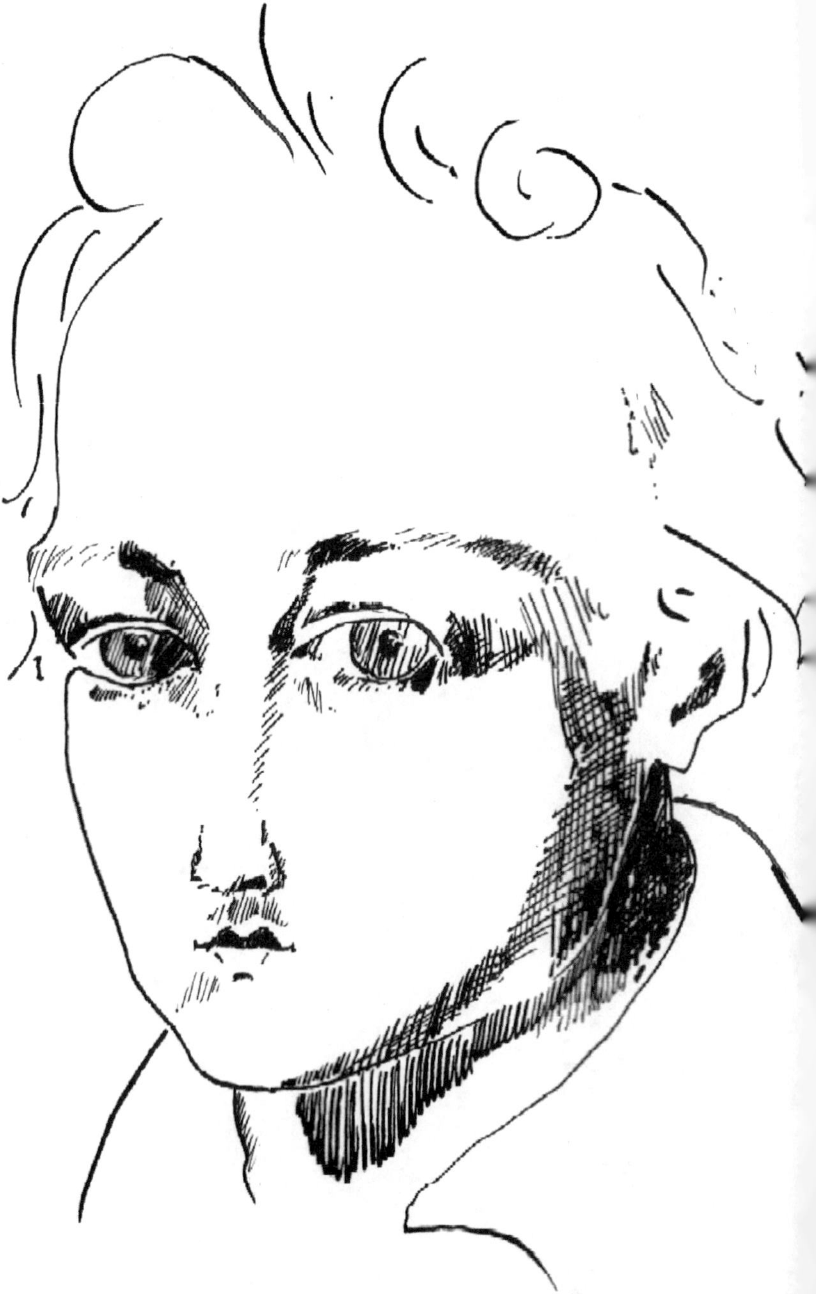

BÜCHNER
NA PENA E NA CENA

Coleção Textos – Dirigida por
João Alexandre Barbosa
Roberto Romano
Trajano Vieira
João Roberto Faria
J. Guinsburg

Equipe de realização – Revisão: Iracema A. de Oliveira; Capa: Adriana Garcia; Ilustração de abertura e diagramação: Sergio Kon; Produção: Ricardo W. Neves e Raquel Fernandes Abranches.

BÜCHNER
NA PENA E NA CENA

J. GUINSBURG E
INGRID DORMIEN KOUDELA
(organização, tradução e notas)

PERSPECTIVA

A presente coletânea reúne, com exceção de alguns textos científicos a totalidade dos escritos de Georg Büchner, bem como uma seleção de sua correspondência.

Dados Internacionais de Catalogação na Publicação (CIP)
(Câmara Brasileira do Livro, SP, Brasil)

Büchner : na pena e na cena / J. Guinsburg e Ingrid Dormien Koudela, (organização, tradução e notas). — São Paulo : Perspectiva, 2004. — (Coleção textos ; 17)

Bibliografia.
ISBN 85-273-0699-9

1. Büchner, Georg, 1813-1837 - Crítica e interpretação 2. Teatro alemão I. Guinsburg, J. II. Koudela, Ingrid Dormien. III. Série.

04-5445   CDD-832

Índices para catálogo sistemático:
1. Teatro : Literatura alemã   832

Direitos reservados em língua portuguesa
EDITORA PERSPECTIVA S.A.
Av. Brigadeiro Luís Antônio, 3025
01401-000 – São Paulo – SP
Telefax: (0--11) 3885-8388
2004

SUMÁRIO

Cronologia 11

A Atualidade de Büchner – *Anatol Rosenfeld* 15

Introdução – *J. Guinsburg e Ingrid D. Koudela* 23

O MENSAGEIRO DE ESSEN 53

A MORTE DE DANTON 71

LENZ 167

LEONCE E LENA 193
    Fragmentos Esparsos 228

WOYZECK 235
    Etapas da Criação 264
    Primeira Versão: Grupo de Cenas 2 276
    Fragmentos Esparsos 286
    Cópia Provisória, Passada a Limpo 288

CARTAS 303

BÜCHNER NO BRASIL 331
    Woyzeck, Büchner e a Condição Humana – *Sábato Magaldi* .. 335
    A Comédia do Niilismo – *Anatol Rosenfeld* 343
    Excelente Espetáculo para se Ver de Pé – *Otávio Frias Filho* ... 351

Georg Büchner e a Modernidade Extemporânea – *Irene Aron* .. 355
Personagem Total – *Fernando Marques* 365
A Fricção do Real – *Fátima Saadi* 369
Experiência Transtornante – *Sérgio Coelho* 371
Woyzeck, em Adaptação Inteligente e Sensível –
Mariangela Alves de Lima 373
Georg Büchner, ou a Urgência Precoce – *Alberto Guzik* 377

Casa em que viveu a família Büchner (c. 1680), em Reinheim (foto de 1894).

CRONOLOGIA

1813 – 17 de outubro: Karl Georg Büchner nasceu em Goddelau, Essen, perto de Darmstadt. Primogênito de Ernst Karl Büchner e sua mulher Caroline. Seguindo a tradição familiar, o pai de Georg também era médico e, como tal, esteve a serviço do Grão-Ducado de Essen, onde alcançou o grau de *Obermedizinalrat*. O casal teve mais cinco filhos; todos, exceto a mais velha das duas moças, distinguiram-se nos vários campos. O chefe da família era admirador dos ideais racionalistas da Revolução Francesa e de Napoleão, mas sua esposa, nacionalista e adversária da ocupação napoleônica, não compartilhava desse ideário. Os filhos parecem ter combinado as duas influências, pois todos eles, cada um a seu modo, envolveram-se nas lutas pelo advento de um regime democrático numa Alemanha unificada. Cabe registrar ainda que Louise, a filha mais jovem, destacou-se na defesa dos direitos da mulher, enquanto Ludwig, o irmão do meio, gozou de grande renome no século XIX, graças ao livro *Kraft und Stoff* (*Força e Matéria*), que popularizou as idéias do materialismo mecanicista e do evolucionismo biológico.

1816 – O pai de Büchner é transferido para a capital do Grão-Ducado de Essen-Darmstadt e a família vai morar na cidade de Darmstdat.

1825 – Georg começa a fazer seus estudos secundários na Ludwig-Georg-Gymnasium, em Darmstadt, depois de ter sido iniciado por sua mãe nas primeiras letras e freqüentado uma escola particular de ensino primário.

1830 – Aos dezessete anos, o jovem Büchner profere um discurso revolucionário no Gymnasium, defendendo o suicídio de Catão de Utica, que preferiu morrer a presenciar o fim da República Romana.

1831 – Em outubro, ingressa na Faculdade de Medicina de Estrasburgo, onde vai morar em casa de um pastor protestante, viúvo, Johann Jakob Jägle, de cuja filha Minna (Louise Wilhelmine 1810-1880) se enamora e torna-se secretamente noivo.

1833 – Exigências legais obrigam-no a prosseguir seus estudos no próprio Grão-Ducado e, em outubro, torna-se aluno regular da Universidade de Giessen, na província do Alto Essen. Fica conhecendo então o reitor Friedrich Ludwig Weidig (1791-1837), o cabeça de uma conspiração, então em curso, contra o regime vigente. Ativo participante do movimento, o jovem estudante de vinte anos escreve um dos mais contundentes panfletos revolucionários da língua alemã: "Paz às Choupanas! Guerra aos Palácios!", no qual se podia ler: "A vida dos ricos é um longo domingo: eles moram em belas casas, vestem roupas finas, têm rostos bem nutridos e falam uma língua própria, enquanto o povo jaz diante deles como esterco no campo". Weidig deu a esse texto o título *Der Hessische Landbote* (*O Mensageiro Rural de Essen*), alterando significativamente a sua redação por motivos táticos. Em Giessen, foi provavelmente aluno do grande químico alemão Justus von Liebig e de J. B. Wilbrand, um dos principais expoentes da *Naturphilosophie* (filosofia natural), que certamente influenciaram suas idéias científicas e filosóficas. Em novembro do mesmo ano, é acometido de meningite.

1834 – Entre fim de fevereiro e começo de março, é atacado por uma série de doenças que o debilitam física e mentalmente, como transparece numa carta a Minna. Em fins de março, redige sua versão do *Landbote*, que se transformará em *O Mensageiro de Essen*, e funda a seção de Giessen da Sociedade dos Direitos do Homem, uma célula revolucionária com membros da classe média e de trabalhadores. Em abril do mesmo ano, cria um segundo grupo em Darmstadt e pratica o tiro com pistola. Em agosto, seu amigo Karl Minnigerode é preso com 150 exemplares do folheto recém-impresso. Büchner evita a detenção por um triz. Em setembro deixa Giessen e retorna à casa paterna, em Darmstadt.

1835 – Em cinco semanas mais ou menos, entre janeiro e fevereiro, Büchner completa a sua primeira peça, *A Morte de Danton*. Pensava que a edição da obra poderia lhe proporcionar recursos para sair da Alemanha, pois estava na contingência de ser preso a qualquer momento. É provável que o tenham intimado a prestar declarações, mas seu outro irmão, Wilhelm, apresentou-se como sendo "o jovem Büchner" e manteve esta identidade até que Georg pudesse evadir-se em segurança para Estrasburgo. Em 9 de março, ele atravessou a fronteira francesa e, em 13 de junho, foi expedido o seguinte mandado de detenção: "Pede-se às autoridades no país e no estrangeiro que prendam o cidadão e o entreguem íntegro no local abaixo assinalado". Na verdade, Büchner não sabia por quanto tempo ainda estaria a salvo em Estrasburgo. No mês de julho, *A Morte de Danton* vem a público numa edição expurgada e, ao que parece, em outubro do mesmo ano, a escritura de *Lenz* teria sido concluída.

1836 – Trabalha freneticamente. Em 31 de maio, termina de escrever sua *Mémoire sur le système nerveux du barbeau* (*Memória sobre o Sistema Nervoso do Barbo* – [espécie de peixe]), cujo esboço expusera em duas sessões, de abril e maio, na Sociedade de História Natural, de Estrasburgo. Entre junho e outubro, para participar de um concurso literário promovido por uma editora alemã, empenha-se intensamente na redação da melancólica comédia intitulada *Leonce e Lena*, mas seu esforço se vê frustrado, pois não consegue entregar o trabalho em tempo hábil para a inscrição. Ainda neste período, começa a elaborar o *Woyzeck* e uma projetada série de conferências sobre filosofia, assim como a preleção para o concurso acadêmico. É bem provável que, nesse segundo semestre, haja planejado, esboçado ou escrito também uma peça sobre *Pietro Aretino*, da qual não restou nenhum vestígio. Em setembro, a nova Universidade de Zurique atribui-lhe, com base na *Mémoire*, o grau de doutor. Em 19 de outubro, viaja para Zurique. No dia 5 de novembro, apresenta a aula pela qual é confirmado no cargo de *Privatdozent*[1] na Faculdade de Filosofia da universidade desta cidade suíça. Em seguida, começa a ministrar, sem remuneração, o

---

1. O título de Livre-docente brasileiro não corresponde exatamente ao *Privatdozent*. Serve apenas como indicação de um grau acadêmico.

seu primeiro curso de "Anatomia Comparada de Peixes e Anfíbios", pois a Anatomia Comparada era matéria constante do currículo da referida Faculdade. Continua trabalhando no texto de *Woyzeck*.

1837 – Em 2 de fevereiro adoece. O diagnóstico é tifo. No dia 17, Minna Jägle chega de Estrasburgo. Dois dias depois, 19 de fevereiro, Georg Büchner falece.

1877 – A noiva do escritor era a única a saber onde se encontravam as anotações de Büchner, entre as quais figuraria, já concluída, a acima mencionada peça a respeito de Aretino. Mas, quarenta anos depois da morte do autor, Minna Jägle teria se recusado a entregar os originais ao editor da obra completa, Karl Emil Franzos, sob a alegação de que "A lembrança de Büchner me é cara demais para que eu desejasse entregar algo incompleto à crítica e aos resenhadores". Seja como for, o fato é que não foi possível encontrar uma linha sequer de Georg Büchner no espólio de Minna Jägle.

A ATUALIDADE DE BÜCHNER*

Anatol Rosenfeld

Em 1888, durante uma estada em Zurique, Gerhart Hauptmann recomendou a Frank Wedekind a leitura da obra de Büchner. Mais tarde confessaria que a novela *Lenz* e o fragmento de *Woyzeck* tinham para ele "o significado de grandes descobertas". Hauptmann acrescentou que no seu grupo "o espírito de Büchner vivia [...] entre nós, em nós, conosco".

Contudo, só a efervescência que, no início do século vinte, anunciava a revolução cênica e das artes em geral, iria criar as condições indispensáveis à apresentação e apreciação dessas obras. Pouco a pouco iam surgindo homens de teatro dispostos a romper com a cena à italiana, criando os meios de expressão adequados à dramaturgia de Büchner.

Os dois autores mencionados contribuíram muito para esta vitória tardia. Com o êxito das próprias peças facilitaram a receptividade para as obras de quem tanto lhes significava. Se Hauptmann ateve-se, antes de tudo, ao legado realista da obra büchneriana, Wedekind sentiu-se mais atraído pelo que nela há de elementos expressionistas precoces, no caso a tendência à intensificação expressiva e mesmo caricata da realidade, ao uso livre de elementos reais para apresentar uma visão aprofundada do universo. Em termos de dramaturgia contemporâ-

* Publicado em, *O Teatro Moderno*, São Paulo, Perspectiva, 1977.

nea, o legado explorado por Wedekind talvez tenha sido de alcance maior. Há muito de Büchner e Wedekind em todo o teatro expressionista, incluindo o do jovem Brecht. E não só no teatro. Na novela *Lenz* é descrita uma caminhada do infeliz predecessor de Büchner: "Cansaço não sentia, apenas de vez em quando lhe era desagradável não poder andar de cabeça para baixo". Uma frase como esta – registro seco do jovem médico que apresenta o patológico e absurdo como perfeitamente normal – já antecipa os processos de Kafka.

A partir da década de 1920 a obra de Büchner passou a ter repercussão universal. Desde então, ela continua uma presença viva. Já não importa verificar, através de um trabalho miúdo, tais e tais influências sobre autores contemporâneos, mas salientar a surpreendente atualidade desta obra, de tal forma nossa, do nosso tempo, que ela parece ter nascido do âmago dos nossos problemas humanos e estéticos.

Algumas das razões mais imediatas disso talvez possam ser sugeridas. Em 1835, quando, aos 22 anos, Büchner começou a sua atividade literária – restar-lhe-iam apenas dois anos para escrever a sua obra – encerrara-se uma grande época da vida espiritual da Alemanha: três ou quatro anos antes faleceram Goethe e Hegel: já se esboçava a derrocada do idealismo filosófico e o surto das ciências naturais, freqüentemente acompanhado de uma filosofia materialista e mecanicista assaz rudimentar, como sobressai da famosa obra *Energia e Matéria* de Ludwig Büchner, irmão de Georg. Ao mesmo tempo ia-se esgotando na Alemanha a grande fase romântica (que na França precisamente principiara). Georg Büchner parece ter vivido dramaticamente o embate entre as duas concepções contrárias. Imbuído, na escola, do idealismo tradicional (particularmente de Schiller), adotou em seguida, como estudante de medicina, as doutrinas materialistas. Aos dezessete anos, aluno do Colégio de Darmstadt, ainda glorifica, numa oração escolar, Catão de Útica, exaltando-lhe, com autêntico entusiasmo, a nobreza de herói da liberdade que "se atravessou o peito com a espada a fim de não ter de viver como escravo". Poucos anos mais tarde se ri dos heróis de Schiller e da liberdade moral proclamada nos iambos do discípulo de Kant; da paródia dessa retórica versificada é encarregado Simão, o ponto bêbado de *A Morte de Danton*: "Eis que dos ombros te arranco as vestes para, cadáver desnudo, lançar-te ao sol".

Não importa discutir, no nível biográfico, o ateísmo ou a religiosidade de Büchner. O que importa é que na novela *Lenz* conseguiu exprimir, de um modo pungente e até então talvez inaudito, o terrível trauma que a repentina revelação de um céu vazio pode produzir na mente religiosa: "Sim, Sr. pastor, veja, o tédio, o tédio! Oh, tão tedioso! Não sei mais o que dizer; já desenhei uma série de figuras na parede".

Oberlin (o pastor) disse-lhe que deveria dirigir-se a Deus; ele (Lenz) riu-se e disse:

> Sim, se eu estivesse tão feliz como o senhor para encontrar um passatempo tão confortável, sim, então a gente bem que podia encher o tempo. Tudo por ócio. Pois a maioria reza por tédio, os outros enamoram-se por tédio, outros ainda são virtuosos, outros viciados e eu não sou nada, nada; nem sequer quero dar cabo de mim – isso é demasiado enfadonho!

E mais adiante "O mundo [...] tinha uma fenda enorme; não sentia ódio, nem amor, nem esperança – um terrível vazio... Não lhe sobrava *nada*" (o grifo é do original). Em seguida é descrita a "indescritível", a "impronunciável angústia" que o acometeu diante do vazio. Este Nada é o mesmo de Danton: "O mundo é o caos. O Nada é o Deus universal que há de vir à luz".

O vazio, o mundo sem sentido, o absurdo: tal visão leva muitas vezes à redução da imagem do homem que se torna grotesca particularmente quando é oposta à imagem sublime do herói clássico. Essa situação não deixa de ser típica também do Expressionismo, embora freqüentemente num sentido inverso: agora é um novo idealismo que surge, o expressionista, que forçosamente entra em choque com o naturalismo e a filosofia decorrente das ciências naturais, erguendo um ideal humano face à caricatura do homem empírico (em geral apresentado como *bourgeois*). Contudo, vale salientar que alguns dos maiores poetas expressionistas eram, como Büchner, médicos ou pelo menos estudaram durante alguns anos medicina: Benn, Doeblin, Becher, F. Wolf, R. Goering, Huelsenbeck (o dadaísta), E. Weiss, Johst, Brecht e outros. Um historiador definiu como típica desses médicos expressionistas a atitude de "querer saber e já não ter fé, querer ter fé e ter de saber".

A "redução zoológica" do homem é freqüente quando "o mundo é o caos" e as esferas do ser, ao romper-se a ordem ontológica, se confundem. Na fusão e na dissonância do sublime e do inferior reside a origem do grotesco (produzindo a risada com calafrios, o pavor que explode em riso arrepiado). Há um parentesco metafísico e estilístico entre o "macaco que é soldado", o "cavalo com razão dupla", o "homem animal" – que surgem em *Woyzeck* – e a "bela besta" de Wedekind, os monstros humanos de Jarry, os papagaios humanos de Strindberg (*Sonata de Fantasmas*), o *Hairy Ape* de O'Neill, os demônios e bestas humanos de Ghelderode e Audiberti e os rinocerontes de Ionesco.

Neste mesmo ponto origina-se o *topos* das marionetes e do automatismo, tradição grotesca haurida em Callot-Hoffmann (como revela o próprio Büchner), mas que agora se carrega de um pavor novo por exprimir "o horrendo fatalismo da história" de que se sente "aniquilado", segundo documenta uma carta em que a própria supressão do verbo – tão freqüente nos seus escritos – antecipa um típico "gesto expressionista": "Encontro na natureza humana uma terrível igualdade [...] O indivíduo, só espuma na onda, a grandeza, mero acaso, o domínio do gênio, um jogo de títeres, uma luta ridícula contra a lei ênea".

O automatismo será tema fundamental de *Danton* ("Somos bonecos, puxados no fio por poderes desconhecidos"), de *Leonce e Lena,* em que se manifesta até lingüisticamente, na disparada saltitante dos trocadilhos, e sobretudo em *Woyzeck.*

O automatismo desses fantoches é determinado por um *Es*, um *it*, uma força anônima, irracional, que envolve as personagens ou atua no seu inconsciente. "Que é isso que em nós mente, assassina, rouba?", exclama Danton. Woyzeck, tornado em objeto pelo médico e cercado e perseguido por este *Es*, assassina a mulher amada sob a imposição do automatismo. Ao dançar com o Tambor-mor, Maria pronuncia o fatal "mais e mais" (*immer zu*) e este estribilho torna-se idéia fixa, é repetido através das cenas por Woyzeck até hipnotizá-lo e tomar posse dele, acabando por ordenar-lhe o ato obsessivo do assassínio. Ao fim já não é ele que pronuncia este "mais e mais", é o motivo verbal coisificado que, associado à traição de Maria, fala por meio dele e lhe determina os movimentos. Com efeito, Woyzeck cometeu o crime antes de executá-lo: na cena do pátio da caserna fala de Maria no *pretérito*, mesmo antes de ter comprado a faca com que irá assassiná-la.

A variante de uma cena de *Woyzeck* (a da feira) mostra até que ponto o estilo grotesco liga-se, na mente de Büchner, ao trauma do absurdo e do *horror vacui* de que decorre o tédio: "Sou amigo do grotesco. Sou ateísta", exclama um espectador, ao que outro responde: "Sou ateísta cristão-dogmático. Quero ver o asno" (trata-se de um "asno astrológico").

Um dos aspectos da obra de Büchner que nos toca particularmente como moderno é a solidão de suas personagens. Já não se trata da solidão romântica do gênio, mas da solidão da *lonely crowd*, concebida como fato humano fundamental num mundo que, tendo deixado de ser um todo significativo de que todos participam, transforma-se em caos absurdo em que cada um é, forçosamente, isolado. Uma das expressões mais pungentes disso manifesta-se na ironia tétrica do conto de carochinha narrado pela velha em *Woyzeck* – conto que já foi chamado de *Anti-Märchen* (anticonto-de-fadas) e que exprime a essência da peça. Precisamente a estrutura da narração infantil, tradicionalmente ligada a uma visão magicamente maravilhosa de um mundo em que tudo acaba bem, é usada para mostrar que as coisas, longe de significarem mais do que aparentam (como sugerem os contos de fadas), na realidade significam bem menos: por trás da aparência não há uma essência e sim o Nada (a lua é um pedaço de pau podre, o sol uma flor murcha etc.). E a criança fica no fim, ao voltar à terra (que é uma panela derrubada) "totalmente só. E aí se sentou e chorou e aí ainda está sentada, completamente só".

A solidão não se revela só tematicamente em todas as obras, mas também por meio dos diálogos, freqüentemente dissolvidos em monólogos paralelos, típicos em toda a dramaturgia moderna: revela-se através da freqüente exclamação, como falar puramente expressivo, que já não visa ao outro, e através do canto de versos populares que encerram a personagem em sua vida monológica.

A imagem do homem apresentada por Büchner desqualifica a do herói trágico que é denunciada como falsa. Surge, talvez pela primeira vez, o herói negativo que não age, mas é coagido; o indivíduo desamparado, desenganado pela história ou pelo mundo, ao passo que a tragédia grega, na bela palavra de Schelling, "glorificava a liberdade humana, admitindo que os heróis lutassem contra a supremacia do destino [...], provando esta liberdade precisamente pela perda da liberdade".

Se Danton ainda pode ser interpretado até certo ponto como herói trágico, embora já não tenha fé em nenhum valor absoluto pelo qual valesse a pena lutar, a mesma interpretação parece impossível no caso de *Woyzeck*. Não se pode conceber um herói trágico, em qualquer sentido válido, de quem é salientado que não consegue dominar o seu *constrictor vesicae*. Apesar da profunda comiseração com que o autor envolve esta criatura aniquilada que, no fundo, não mata só por ciúmes mas, sobretudo, porque vê desfazer-se o único laço humano ao perder a amada (o próprio chão debaixo dos pés se lhe revela oco), apesar da compaixão com que Büchner nos apresenta este homem perseguido por homens e demônios, a categoria que se deve aplicar a ele é a do tragicômico (fato que se manifesta também no ritmo e no estilo agitado da pantomima sugerida: as figuras principais assemelham-se a tipos da Commedia dell'Arte) e o mesmo vale aos seus opressores que não são simplesmente caricaturas cômicas, mas seres assustadores na sua excentricidade e rigidez.

A estrutura das peças de Büchner ilustra de um modo exemplar o que hoje se convencionou chamar de um drama "aberto" ou atectônico, típico de boa parte da dramaturgia contemporânea; estrutura que tende ao épico (embora não necessariamente nos termos de Brecht) e que se opõe, em essência, às fórmulas aristotélicas enquanto radicalizadas no teatro clássico que se atém à estrutura "fechada", tectônica.

Woyzeck é um caso extremo, verdadeiro "drama de farrapos": é um fragmento; mas é uma obra que só como fragmento poderia completar-se. Ela cumpre a sua lei específica de composição pela sucessão descontínua de cenas sem encadeamento causal. Cada cena, ao invés de funcionar como elo de uma ação linear, representa um momento em si substancial que encerra toda a situação dramática ou, melhor variados aspectos do mesmo tema central – o desamparo do homem num mundo absurdo (tema de que o comentário fundamental é o conto da *criança* solitária). Tal fato desfaz a perspectiva temporal; boa parte das cenas pode ser deslocada, a primeira cena não é mais distante do fim do que a sétima ou a décima-quarta[1].

A desordem do mundo reflete-se do pontilhismo e na parataxe das cenas, repetida na parataxe das orações, na elipse, no anacoluto e, em geral, na forma alógica do discurso. Isso, porém, não quer dizer que certo tipo de drama aberto não possa exprimir um universo ordenado (o teocentrismo do teatro medieval, por exemplo). A razão mais geral da estrutura aberta parece ser uma concepção que coloca o centro gravitacional fora do indivíduo humano adulto, racional e articulado e que se opõe ao antropocentrismo.

Jean Duvignaud mostrou muito bem que a apresentação de *Woyzeck* exige qualquer tipo de palco simultâneo, talvez à maneira medieval, não podendo ser enquadrada na cena à italiana que produz uma profundeza e unidade perspectívicas correspondentes à profunda transparência psicológica do teatro clássico[2].

> Os dramaturgos da escola clássica exigem da psicologia o que Büchner exige da encenação imaginária. É que Büchner impõe a seus heróis: um movimento cuja origem não se encontra "na sua alma" mas "no mundo".

O movimento que não parte do íntimo do indivíduo não pode ser traduzido pela palavra ou pelo diálogo; exige recursos visuais para mediar o amplo movimento exterior, executado pela rápida sucessão de afrescos que apresentam recortes variados do mundo social, da na-

---

1. Este fato, característico de boa parte da dramaturgia moderna, é destacado por Volker Klotz, *Geschlossene und offene Form im Drama*, Munich, 1960.
2. Jean Duvignaud, *Büchner*, Paris, 1954 (L'Arche).

tureza, do universo infra ou meta-humano (elementos quase inteiramente eliminados do drama fechado, pelo menos enquanto presença palpável). Esse movimento é intensificado pela pantomima expressiva que preenche fisicamente os vãos deixados pelo discurso falho (quando não se introduz um narrador épico). "Briser la langage pour toucher la vie" – esta palavra de Artaud aplica-se particularmente a *Woyzeck*. A rápida sucessão de afrescos, a conseqüente eliminação da perspectiva profunda da psicologia e da cena à italiana criam uma nova concepção do espaço cênico, espécie de perspectiva com vários pontos de fuga. O que resulta é uma composição mais plana; a personagem não se ergue no espaço, livre e destacada do fundo, dialogando lucidamente em versos simétricos, mas se agita e se contorce enredada no labirinto do mundo, sem ter a distância necessária face aos homens e às coisas – das quais o títere mal se emancipou – para superar o balbuciar tosco que se prolonga no desespero mudo da pantomima. Todavia, a qualidade de painel que, no caso, não parece romper a superfície plana para penetrar além dela, de modo algum afeta a plasticidade das personagens centrais. Estas como que saltam do contexto, rechonchudas ou angulosas, adquirindo uma vida que ultrapassa a peça, graças à variedade dos aspectos, à riqueza dos planos, à multiplicidade das situações que lhes modelam fortemente os traços. A apresentação desta obra de Büchner continua uma das tarefas mais fascinantes para o diretor teatral moderno que queira fazer uso da sua imaginação cênica.

Altstadt (Cidade Velha), Darmstadt, em 1816. Desenho e aquarela de Wilhelm Merck.

Prédio em que G. Büchner morou, em Estrasburgo, entre novembro de 1831 e o verão de 1833. A foto é de 1906.

INTRODUÇÃO

*J. Guinsburg e
Ingrid Dormien Koudela*

> *Meu agradecimento é de coração, porém a minha fala não dispensa a necessária amargura pelo fato de o prêmio levar o nome de Georg Büchner. Mas a tudo quanto que possa daí emergir de amargo imponho uma condição: isto não surge de cima para baixo, a partir da pretensão do preceptor, não surge de baixo para cima e, menos ainda, de um meio que repousasse sobre si mesmo, porém antes da margem, daquela margem inquieta da contemporaneidade que torna o parceiro de seu tempo, Georg Büchner, tão presente em nosso tempo.*
>
> Heinrich Böll[1]

O prêmio literário mais significativo da Alemanha é o Georg Büchner-Preis. Instituído em 1951, constitui a mais honrosa láurea a que um escritor de língua alemã pode aspirar e, ao recebê-la, os maiores autores alemães de nosso tempo proferiram discursos em que reiteraram a surpreendente contemporaneidade de Georg Büchner.

Será que a parábola büchneriana é contemporânea porque representa uma série de gestos sem um correspondente sistema referencial? Ou seria, irredutível a um significado, antes alienada e sem moral? Por que os desmoronamentos da história moderna não teriam causado estragos a essa dramaturgia?

---

1. Heinrich Böll, premiado em 1967, enfatizou essa atualidade em seu discurso de agradecimento que tem por título *A Contemporaneidade de Georg Büchner*.

Seria Georg Büchner um escritor atualíssimo por estar afinado com a tônica do pensamento contemporâneo, que não vislumbra saídas e experimenta o vivido cada vez mais como absurdo? Se, de um lado, isto é verdade, de outro o nosso autor realiza uma saudável mistura de ficção com rememoração, em que o tema Alemanha se apresenta como uma aliança entre os dois registros, apontando para uma interpretação de sua História que mais tarde será retomada por outros escritores até a Pós-Modernidade. Escreve Heiner Müller:

> A ausência de uma revolução burguesa na Alemanha possibilitou e, simultaneamente, forçou o aparecimento do classicismo de Weimar, como superação das posições do *Sturm und Drang* (Tempestade e Ímpeto). O classicismo como compensação de revolução. Literatura de uma classe vencida; forma como compensação; cultura como forma de lidar com o poder e transporte de falsa consciência[2].

O absurdo da experiência em Büchner é a legitimação de sua autenticidade, desenvolvendo a capacidade de olhar para o branco do olho da História, que pode ser o fim da política e o início de uma História do homem, na formulação de Heiner Müller.

O Mensageiro Rural de Essen

O panfleto *Der Hessische Landbote* de Georg Büchner e Friedrich Ludwig Weidig (1791-1837) apareceu de forma anônima numa tiragem de mil exemplares, em 1834. Em termos cronológicos e temáticos, insere-se na produção panfletária que vai, na Alemanha, dos jacobinos como Karl Clauer e Georg Friedrich Rebmann até o *Manifesto Comunista* de Karl Marx e Friedrich Engels. Nesse rol, *O Mensageiro de Essen* assinala um ponto alto da propaganda revolucionária alemã.

Tendo por modelo a Société des Droits de l'homme et du citoyen (Sociedade dos Direitos do Homem e do Cidadão), Büchner formou em abril de 1834, em Darmstadt, a Gesellschaft der Menschenrechte (Sociedade dos Direitos do Homem), em que eram debatidas as teorias igualitárias e as propostas socialistas que se sucediam então no bojo do utopismo romântico pré-marxista. Já no mês de março, o jovem estudante de medicina havia apresentado o primeiro esboço do folheto endereçado aos camponeses, jornaleiros e artesãos. Büchner partilhou o seu intento com Weidig, um dos cabeças da oposição ao regime reinan-

---

2. "Fatzer ± Keuner", em *Heiner Müller: O Espanto no Teatro*, São Paulo, Perspectiva, 2003, p. 49.

te, e utilizou as estatísticas por ele elaboradas sobre o grão-ducado de Essen. A edição ficou a cargo de Weidig, que tinha acesso a um tipógrafo simpatizante da causa e disposto a imprimi-la clandestinamente, mas Weidig recusou-se a publicar o esboço de Büchner sem modificações, pois temia que os violentos ataques "contra os ricos" e liberais agastassem as forças que lutavam por uma constituição democrática e pusessem em risco a unidade da oposição. O título e o preâmbulo do manifesto são de Weidig que, além de substituir os ataques diretos aos "ricos" por expressões como "os nobres" e introduzir uma série de citações bíblicas, reescreveu totalmente a segunda parte do escrito.

Embora a substância revolucionária, inclusive as palavras de ordem "Paz às choupanas! Guerra aos palácios!", tenham sido mantidas no texto impresso, Büchner não ocultou a sua indignação com as mudanças e, por ter sido o panfleto expungido do teor que mais lhe importava, não quis mais reconhecê-lo como sendo de sua lavra. As contribuições de Weidig ao *Mensageiro de Essen* são identificáveis, na medida em que se apresentam como uma camada relativamente homogênea de acusações, mas sobretudo na forma de extensos argumentos de conteúdo teológico revolucionário com base na Bíblia. Assim, no modo de ver do co-autor do folheto, um estado harmônico original de ancestrais livres entrou em decadência e acabou destruído

e porque o império germânico estava podre e carcomido e os alemães estavam desviados de Deus e da liberdade, Deus deixou o império cair em ruínas a fim de rejuvenescê-lo em um Estado livre. Durante algum tempo deu poder aos anjos-desatã para que golpeassem a Alemanha com seus punhos, deu força aos poderosos e príncipes, que reinam na escuridão, aos maus espíritos sob o céu [...] o Senhor vai desmantelar seus castelos-fortes e então, na Alemanha, a vida e a força, a bênção da liberdade irão florescer novamente.

Um dispositivo de citados escriturais de caráter escatológico (Éfeso, 6; Isaías, 27, 4; e Ezequiel, 37) fundamenta a argumentação salvacionista de Weidig sobre a história alemã que ele transpõe para a Revolução Francesa (1789) e para as relações entre a Alemanha e a França das guerras revolucionárias, de Napoleão até a revolução de julho de 1830.

Büchner sai de Giessen em setembro de 1834 e vai para Darmstadt, onde reorganiza a Gesellschaft der Menschenrechte e pretende reimprimir o *Mensageiro*. Mas o seu envolvimento na escritura do panfleto obriga-o a fugir, no início de março de 1835, para Estrasburgo.

Weidig foi preso em abril daquele ano e veio a falecer alguns dias depois de Büchner, em 23 de fevereiro de 1837, após uma tentativa de suicídio na prisão em Darmstadt.

A Morte de Danton

O drama apresenta em quatro atos as duas últimas semanas antes da execução de Danton no dia 5 de abril de 1794 em Paris. A história pregressa é desvelada no enredo a partir das lembranças daquele que, juntamente com Robespierre, foi um dos principais artífices da Revolução Francesa, sendo, como ele, responsabilizado pela explosão de violência popular que resultou no banho de sangue dos chamados "massacres de setembro". Mas, na seqüência dos acontecimentos, após a liquidação da Gironda, a Montanha acabou cindindo-se em facções, das quais, afora a mais radical encabeçada por Hebert, duas, ambas basicamente jacobinas, passaram a disputar o domínio da Convenção Nacional e do Comitê de Salvação Pública, uma liderada por Danton e um grupo de convencionais que preconizavam uma linha de ação menos feroz e ditatorial, e a outra, tendo à frente Robespierre e Saint-Just, empenhada em levar ao extremo a Revolução pelo Terror.

A ação, na peça, enceta-se num momento em que, praticamente decidida a prevalência do jacobinismo no processo revolucionário, o confronto entre as duas posições políticas como expressão do *status*, das aspirações e das atuações dos grupos e estamentos sociais nelas envolvidos, se aproxima do desfecho. Na sua abordagem, Büchner afasta-se da efetiva cronologia dos sucessos, submetendo o material colhido nas fontes testemunhais ou documentais às exigências dramatúrgicas a fim de elaborar melhor os lineamentos da situação histórica, de suas tendências intrínsecas e de suas figuras representativas.

No primeiro ato, o povo flagelado pela fome e pela guerra, brada pela intensificação do Terror e é incitado por Robespierre, durante uma sessão no Clube dos Jacobinos, "a fazer um julgamento de sangue dos nossos inimigos". Trata-se de uma oração (historicamente anterior no tempo), em que o Incorruptível tenta legitimar o reinado do medo como "arma da República" e da virtude. O teor dessa fala é comunicado a Danton que a custo é persuadido a procurar Robespierre no dia seguinte a fim de manifestar-lhe a sua oposição a esse rumo. No encontro, Danton defende o fim do Terror, cuja manutenção o seu interlocutor considera indispensável, pois a Revolução ainda não havia instaurado a República almejada. O diálogo entre as duas personagens é determinado menos pela argumentação política do que pela manifestação do desprezo de Danton ao moralismo piegas e o rigorismo virtuoso do Incorruptível. Este fica aparentemente abalado e começa a duvidar de seu procedimento quando Saint-Just aparece e o arranca de seus pensamentos. Os dois próceres do Comitê de Salvação Pública decidem prender Danton e seus partidários.

O segundo ato inicia-se ao raiar de um novo dia. Danton constata que sua proscrição, por Robespierre, já havia ultrapassado o recinto do Clube dos Jacobinos. Seus amigos o aconselham a fugir. Em vão. Ele não sai de sua inércia, deixa-se ficar na inação, em parte por aversão à vida, em parte por confiar na sua reputação junto ao povo. Na sexta cena, os soldados-cidadãos já se encontram diante de sua casa e empreendem a sua detenção; na última cena, a sua já consumada prisão é analisada no Convenção e fundamentada politicamente por Robespierre e filosoficamente por Saint-Just.

O terceiro ato volta atrás no tempo histórico. Os dantonistas presos são levados à casa de detenção. O julgamento que se segue (e que de fato durou alguns dias) é resumido em rápida seqüência de cenas. Promotores e o presidente da corte revolucionária de exceção deliberam sobre a escolha de jurados "confiáveis", Danton é interrogado e no fim, mediante uma lei da Convenção, excluído do tribunal. O clima inicial entre o público na galeria, que Danton parece influenciar mais uma vez, volta-se depois, na praça diante do Palácio da Justiça, definitivamente contra ele. A condenação do tribuno e de seus companheiros já é anunciada no final do quarto ato; na Conciergerie os presos esperam pela morte. Julie, a segunda esposa de Danton, personagem criada pelo autor, comete suicídio, o que constitui uma digressão da história, pois a verdadeira sobreviveu ao próprio Büchner. A mulher de Camile Desmoulins, Lucile, é apenas presa na peça, mas, na realidade, foi guilhotinada alguns dias depois.

Büchner escreveu *A Morte de Danton* às escondidas, na casa paterna. Aí, enquanto aprestava o exame de Doutorado, ajudava o pai em pesquisas científicas e preparava a Revolução, na seção de Darmstadt, por ele fundada, da Sociedade de Direitos do Homem. Esperava ser preso a qualquer momento e julgou que poderia custear sua própria fuga para Estrasburgo com o pagamento que receberia pelo texto. Apesar disso, seria um grande equívoco ver em *A Morte de Danton* apenas uma obra tendenciosamente revolucionária. Sem dúvida, desde logo ela foi assim interpretada pelo editor Saurländer de Frankfurt, pois em 1835, quando Büchner já se achava em Estrasburgo, ele a publicou com o falso subtítulo de *Imagens Dramáticas do Domínio do Terror Francês*. Tratava-se de evidente petulância editorial, que, no entanto, fez escola mais tarde no teatro – a peça passou a ser apresentada de preferência com o citado subtítulo. Formulação promocional ou compreensão superficial, o fato é que tal caracterização da obra não corresponde às indagações filosóficas do autor com respeito ao sentido da história e das revoluções, como transparece na carta de 10 de março de 1834, dirigida à sua à noiva, Wilhelmine:

Estou estudando a história da Revolução. Sinto-me como que aniquilado sob o medonho fatalismo da história. Encontro na natureza humana uma terrível uniformidade, nas relações humanas uma inelutável violência, conferida a todos e a ninguém. O indivíduo é apenas espuma sobre a onda; a grandeza, mera coincidência; o domínio do gênio, um teatro de títeres, uma luta ridícula contra uma lei de bronze; reconhecê-lo é o supra-sumo, dominá-lo impossível. Não me ocorre mais curvar-me diante dos cavalos de parada e corretores da história. Acostumo meus olhos ao sangue. Mas não sou lâmina de guilhotina. O *dever* é uma das palavras malditas com as quais o homem foi batizado. A expressão: o desgosto há de vir, mas ai daquele por cujo intermédio ele vem – é horrível. O que é isto que dentro de nós mente, assassina, rouba? Não quero perseguir tal pensamento. Pudesse eu deitar esse coração frio e martirizado em seu peito!

Um ano mais tarde, passagens essenciais dessa missiva, retomadas literalmente em *A Morte de Danton*, oferecem testemunho de uma grande transformação nas idéias de Büchner. Desde o final de fevereiro de 1834, ele vinha se dedicando intensamente ao estudo da Revolução Francesa e de autores que a historiaram, como Thiers, Mignet, Mercier, tendo escrito entre janeiro e fevereiro de 1835 o seu primeiro drama:

Debaixo de mim o globo terrestre resfolegava em seu impulso, eu o havia agarrado como a um cavalo selvagem, com membros gigantescos revolvi sua crina e apertei seus flancos, com a cabeça inclinada para baixo, os cabelos esvoaçantes sobre o abismo. Assim fui arrastado. Aí gritei de medo e acordei.

Nessa fala de Danton, e em outras passagens análogas, cujo texto se afasta comprovadamente dos dados históricos, surge um vocabulário em que todos os predicados de um pretendido conhecimento absoluto e, por assim dizer, divino são atribuídos aos heróis míticos e messiânicos da Revolução, aos oligarcas do Terror.

Robespierre, dominado pelo fanatismo doutrinário, considera-se um ser eleito, que decifrou o enigma da História, dono de seu destino:

Pois sim, Messias sanguinário, que sacrifica e não é sacrificado [...]. Ele os redimiu com o seu sangue e eu os redimo com o deles mesmos. Ele os tornou pecadores e eu assumo o pecado. Ele tinha a volúpia da dor e eu tenho o tormento do carrasco. Quem negou mais a si próprio, eu ou ele?

Sua missão é posta em paralelo à salvação cristã.

Moisés guiou seu povo através do Mar Vermelho para o deserto, até que a velha geração se consumisse antes de fundar o novo Estado. Legisladores! Não temos nem o Mar Vermelho nem o deserto, mas temos a guerra e a guilhotina.

Nos poucos meses que separam a redação de *O Mensageiro Rural de Essen* da de *Danton*, o jovem escritor sofre, pois, profunda mudança na sua atitude política. Se no *Mensageiro* havia uma posição afirmativa com respeito à atitude revolucionária de agitação política, em *Danton* essa postura é revertida em crítica e ceticismo. No seu discurso no Clube dos Jacobinos, Robespierre fala (agora colado às fontes históricas) do "despotismo da liberdade contra a tirania", pondo a descoberto o caráter metafísico do papel que o Incorruptível, Saint-Just e os outros homens do Terror revolucionário usurparam. A Danton e seus adeptos, mas também aos seguidores de Robespierre cabe neste drama a tarefa de ocultar esse papel e revelar sua desumanidade. Danton parodia o jogo de papéis que se processa nessa forma de existência, conscientemente ele o torna disforme e apelida Robespierre de "policial do céu". Os papéis desempenhados no teatro da vida e da história são atribuídos à mentira ideológica. A mentira é um tema central em *A Morte de Danton*. "Vocês podem até fazer com que um homem fique apaixonado pela mentira [...]. Será que não há nada dentro de você que às vezes diz baixinho, em segredo: você está mentindo, mentindo?!". E Robespierre no seu solilóquio, após o encontro com Danton, diz: "Não sei que coisa dentro de mim engana a outra".

E mais adiante pergunta a Julie: "O que é isso que dentro de nós se prostitui, mente, rouba e assassina?". Danton fica abandonado a si próprio com suas crises de consciência e o texto poético procura revelar o que a mentira esconde. No final, a figura de Robespierre permanece como a de um messias sanguinolento a oferendar vidas humanas.

Mas não só Robespierre entrega-se à mentira inescrupulosa, Saint-Just também. Ele é apresentado como um engenheiro, um *homo faber* político, que lida com a máquina social. Büchner atribui-lhe a tarefa de revelar o que é a Revolução, exemplificando-a numa comparação mitológica:

> A Revolução é como as filhas de Pélias; despedaça a humanidade para rejuvenescê-la. A humanidade há de erguer-se com membros titânicos desse caldeirão de sangue como a terra ergueu-se das ondas do Dilúvio, tal como se tivesse sido criada pela primeira vez.

Saint-Just está mentindo. E, por meio dessa mentira, Büchner faz a demonstração da verdade histórica, pois os revolucionários se comportam como as filhas de Pélias; a Revolução e a França padecem o seu destino, entram no caldeirão de sangue e acreditam no rejuvenescimento mágico do corpo humano martirizado. Cantando a *Marselhesa*, os convencionais aplaudem o mau uso da razão política. Eles confiam em Saint-Just, assim como as filhas de Pélias acreditam na sangrenta magia de Medéia. Em todos os momentos em que Saint-Just aparece neste drama, a política se transforma em crime, em demonologia, em mentira. Aparece como um ato de insanidade em que o homem dispõe das vidas humanas.

Na cena 6 do terceiro ato, o da reunião do Comitê de Salvação Pública, Saint-Just declara:

> É preciso dar um fim neles a qualquer preço, ainda que os estrangulemos com nossas próprias mãos. Ousem! Não terá sido em vão que Danton nos ensinou a palavra. A Revolução não tropeçará em seus cadáveres. Se Danton ficar vivo vai agarrá-la pelas vestes e ele tem algo em sua figura como se fosse capaz de estuprar a liberdade.

Danton e Camille são denunciados. Barère, que não passa de um assassino insensível e covarde, retruca a Saint-Just: "São contos de fadas", ou seja, são invenções que carecem de fundamento. Embora Saint-Just concorde com isso, nada o impede de cobrar as cabeças dos acusados e ele diz literalmente:

> Sim, porém com esses contos de fadas vamos fazê-los dormir. A denúncia está nas minhas mãos; além disso, há o atrevimento dos acusados, o resmungar do povo, a perplexidade dos jurados; vou preparar um relatório.

Barère admira esse instinto revolucionário, temendo apenas que um dia se volte contra ele. Aí começa a germinar a conspiração contra Saint-Just e Robespierre, que levará à queda de ambos e de sua facção. A repulsa de Barère é nítida: "Esses monstros!". Asco, medo, caos, terror anárquico e sem saída tornam-se assim as forças que irão provocar as profecias de Danton sobre o inevitável ocaso de Robespierre:

> A liberdade e a prostituição são o que há de mais cosmopolita sob o sol. Agora ela há de prostituir-se decentemente no leito nupcial do advogado de Arras. Mas penso que irá desempenhar contra ele o papel de Clitemnestra, não lhe dou mais do que seis meses de prazo; eu o arrasto comigo.

Büchner põe em cena a massa fanatizada gritando:

> PRIMEIRO CIDADÃO – Morte aos que sabem ler e escrever!
> SEGUNDO CIDADÃO – Morte aos que vão para o estrangeiro!
> TODOS (*gritam*) – Morte! Morte!
> (*Passa um grupo arrastando um jovem.*)
> ALGUMAS VOZES – Ele tem um lenço! Um aristocrata! À lanterna! À lanterna!
> SEGUNDO CIDADÃO – O quê? Ele não assoa o nariz com os dedos? À lanterna!

(*Uma lanterna é arriada.*)
Jovem – Ah meus senhores!
Segundo Cidadão – Aqui não há senhores! À lanterna!

E em meio a essa grita desordenada Robespierre ordena: "Em nome da lei!".

Tais palavras, que são proferidas aparentemente como ordem para um recuo, exercem ao mesmo tempo a função de um comentário, convertendo a lei da Revolução na causa ideológica dos assassinatos:

> Primeiro Cidadão – O que é a lei?
> Robespierre – A vontade do povo.
> Primeiro Cidadão – Nós somos o povo e queremos que não haja lei; *ergo*, esta vontade é a lei; *ergo*, em nome da lei não há mais lei nenhuma; *ergo*, mata!
> [...]
> Uma Mulher – Ouçam o Messias que foi enviado para escolher e julgar; ele vai punir os malvados com o gume da espada. Seus olhos são os olhos da escolha, suas mãos são as mãos da justiça.
> Robespierre – Pobre povo virtuoso! Tu cumpres o teu dever, tu sacrificas teus inimigos. Povo, tu és grande [...].

A violência passa a ser um ato político. Só o covarde morre pela República, o jacobino mata por ela. A arma da República é o terror. A ligação entre ideologia e terror é consumada e fixada nos terríveis episódios do drama histórico. Destarte, Büchner transfere a alienação, que deveria ter sido eliminada pela Revolução, para dentro da própria Revolução e indigita a fase terrorista do processo revolucionário, com suas funestas conseqüências, como um dos mais pavorosos fenômenos de alienação.

A prova está na pequena cena 2, do quarto ato:

> Cidadão – É o sentido do tigre. Você tem esposa.
> Dumas – Em breve poderei dizer que eu tive.
> Cidadão – Então é verdade?
> Dumas – O Tribunal Revolucionário vai pronunciar o nosso divórcio, a guilhotina vai nos separar de cama e mesa.
> Cidadão – Você é um monstro!
> Dumas – Idiota! E você admira Bruto?
> Cidadão – Com toda a minha alma.
> Dumas – Será que é preciso ser cônsul romano e cobrir a cabeça com a toga para sacrificar à pátria o que se tem de mais caro? Eu vou enxugar os olhos com a manga do meu fraque vermelho, essa é toda a diferença.
> Cidadão – Isso é horrível!
> Dumas – Vai, você não me compreende. (*Eles saem.*)

Esta e outras passagens traduzem a crítica ao fanatismo dogmático disparada por Büchner em seu texto poético, desvelando aquilo que a mentira e o facciosismo encobrem.

Se a pretensão do dramaturgo fosse tão-somente instilar novo alento às forças revolucionárias, poderia ter escolhido uma outra fase: por exemplo, a mobilização contra a coalizão monárquica. Mas, em sua peça, a ação ocorre entre os dias 24 de março e 5 de abril de 1794, quando a Revolução Francesa começava a ir contra os seus próprios princípios na política interna, ao mesmo tempo que cessava o imperativo da defesa nacional e iniciava-se o processo das execuções. A Deusa da Liberdade parecia ter-se infectado com a ira tirânica de uma cega abstração e o templo da consciência havia se convertido em matadouro sacrificial. A razão universal fez-se razão partidária. No altar da humanidade e da solidariedade, instalou-se a fria mecânica da guilhotina. A idéia da liberdade foi transformada em ideologia liberticida de um fanatismo pseudo-religioso.

Ao principiar o drama, a Revolução já agoniza. Robespierre há de levar Danton e seus amigos ao cadafalso e a ditadura seguir-se-á – um caminho sem retorno, nada pode interrompê-lo, na visão de Büchner. Danton, o herói das jornadas mais gloriosas da Revolução, é tomado pela náusea, o nada se lhe revela como conhecimento e o enfeitiça na inanidade do Nada. Náusea ante o sofrimento humano irremediavelmente ligado à existência. Náusea ante a inadiável e trágica coação que é imposta ao homem, a de padecer e fazer padecer. "Houve um erro quando nos criaram, falta-nos algo, não sei que nome dar-lhe". Náusea ante o "medonho fatalismo da história", a cujo respeito o dramaturgo escreveu à sua noiva, mas que agora ele coloca na boca de Danton à espera da carreta que o conduzirá à guilhotina: "Somos marionetes, cujos fios são puxados por poderes desconhecidos; não somos nada, nada nós mesmos! Náusea ante a maldição do dever", segundo a qual todo aquele que age sofre e provoca mal-estar. "O Homem na Cruz tornou fácil a coisa para si: é de necessidade, sim, que a raiva venha, mas ai daquele por cujo intermédio a raiva vem". A paz do nada é ansiada por Danton, que ao mesmo tempo teme o que a morte poderá trazer-lhe. "O nada se matou a si mesmo, a criação é sua ferida, nós somos suas gotas de sangue, o mundo é a cova em que ele apodrece". A náusea e o nada: "O mundo é o caos. O nada é o nascituro deus do mundo".

Quando a força vital do herói, tomado pelo temor da morte, revolta-se uma última vez contra o Nada, é tarde para agir e ele parece consolar-se com uma de suas derradeiras frases: "A guilhotina é o melhor médico". No drama, Julie, a esposa de Danton, e Lucile, a de seu amigo Camille Desmoulins, optam por seguir o destino de seus amados: Julie se envenena, Lucile, diante da guilhotina, brada: "Viva o rei!", e é levada pela guarda. Numa das admiráveis cenas de multidão, uma das personagens, um senhor, sintetiza o tema da peça em uma frase: "Sim, a terra é uma crosta fina, sempre imaginei que poderia cair onde há um buraco assim".

Muito embora o desenrolar dos acontecimentos paute as reflexões e os estados de animo das personagens, a ação fica quase sempre relegada a um segundo plano, tanto mais quanto a representação não é em grande parte movida pelo jogo de uma intriga propriamente teatral, pois a trama arma-se metacenicamente no suposto plano objetivo da história, por assim dizer. O que torna extraordinária esta peça e a distingue dos padrões da dramaturgia clássica e romântica, projetando extratemporalmente a sua modernidade, é a recusa de uma determinação transcendental, exceto a fatalidade do curso existencial, para o arbítrio dos atos e dos fatos. Assim, explica-se que não se possa detectar em *A Morte de Danton* a presença de uma fábula preexistente ao processamento do enredo com vistas à identificação e ao desenlace de um conflito.

O texto de Büchner entrou efetivamente para a cena teatral apenas no século XX, tendo influenciado outras criações dramáticas sobre a Revolução Francesa, entre as quais *Smert Dantona* (*A Morte de Danton*), de Aleksei Tolstói (1919) e *Danton* (1900) e *Robespierre* (1939) de Romain Rolland, para não mencionar o seu impacto em filmes sobre o mesmo tema e representações de eventos revolucionários de igual envergadura na história recente.

Lenz

Jakob Michael Reinhold Lenz (1751-1792) era filho de pastor e estudou teologia. Através de Kant, conheceu a obra de Rousseau. Suas primeiras publicações compreendem, entre vários escritos, poemas, inclusive sobre Kant. Em 1771, contratado para cuidador de dois filhos de uma família nobre, von Kleist, veio para Estrasburgo, onde encontrou, entre outros, Goethe e Herder, e escreveu sua primeira comédia, *O Preceptor* (1774). Após a partida de Goethe (1771), Lenz cortejou em vão a amante deste, Friederike Brion, apaixonando-se depois sem ser correspondido por Cornelia Schlosser, a irmã de Goethe e por Henriette von Waldner, baronesa de Oberkirsch. Em março de 1776, mudou-se para Weimar, onde, sem ter sido convidado, procurou Goethe, de cuja casa acabou sendo expulso já em novembro, provavelmente por sua índole. Viajou então pelo Reno até a Suíça, onde foi hóspede de Lavater.

Em 1777 surgem sintomas de uma doença psíquica, que piorou sobremaneira em 1779, durante sua estada na casa do cunhado de Goethe, o escritor Johann Georg Schlosser (1739-1799) em Emmendingen e na do pastor e filantropo Johann Friedrich Oberlin. Oberlin (1740-1826) estudara teologia em Estrasburgo. Em 1766, confiaram-lhe o ministério protestante na paróquia de Waldersbach/Steintal, onde desenvolveu uma ação comunitária que o tornou grande benfeitor desse vale. Empreendeu melhorias no plantio de frutas e na agricultura em geral, pavimentou ruas e pontes, através de um mutirão com os camponeses e tentou implantar também a indústria na região. Fundou, em Waldersbach, a primeira escola pré-primária. Quando de sua chegada a Steintal, apenas noventa famílias habitavam o local, já no início do século XIX esse número crescera para cerca de três mil habitantes. Oberlin e a esposa cuidaram de Lenz, com grande paciência, procurando ajudá-lo com seus conselhos amigos. O pastor registrou, em um diário, a permanência do poeta enfermo em Steintal, que serviu de base a Büchner para escrever o seu relato.

Em 1779, Lenz retornou à sua cidade natal, viajando em seguida para Riga, São Petersburgo e Moscou, onde o encontraram morto numa rua desta cidade.

Lenz é tido como um representante típico do "período dos gênios", como foram denominados os anos entre 1765-1780 pelos contemporâneos, e também chamado de *Sturm und Drang* (Tempestade e Ímpeto), a partir do século XIX, devido ao drama de mesmo nome, de Maximilian Klinger (1712-1831). Sob a inspiração do pensamento de Rousseau (1712-1778), nascia um movimento de rebelião juvenil e burguesa que dialogava com o Iluminismo. Sua característica essencial era, frente às tendências racionalistas das Luzes, o exacerbado culto da emoção, com sua ênfase na fantasia e passionalidade, sensibilidade e exaltação da personalidade, amor e sexualidade. A isso somava-se um novo sentimento da natureza, um conceito de liberdade motivado politicamente e dirigido seja contra o domínio da razão abstrata, seja contra a opressão social.

Na primavera de 1835, Büchner ocupa-se com a biografia de Lenz e com a tentativa do poeta para superar o mal psíquico. Inicialmente pretendeu redigir um ensaio, mas acabou escrevendo um relato. Dispunha da edição das obras completas de Lenz, publicada por Ludwig

Tieck. Por intermédio do pai de sua noiva, o pastor Jaeglé, que vivia em Estrasburgo, tomou conhecimento dos diários de Oberlin, que transcreveu em grande parte literalmente no seu texto:

> Os poetas de quem se diz que retratam a realidade tampouco têm a menor idéia dela, mas ainda são mais suportáveis do que aqueles que pretendem transfigurá-la.

Esta frase, que envolve toda uma avaliação crítica da transposição do real pela poesia, é posta na boca de Lenz por um jovem autor, então com vinte e dois anos de idade, e ele prossegue a sua consideração:

> O bom Deus fez o mundo como deve ser e nós, decerto, não podemos fazê-lo melhor; nosso único esforço deve ser o de copiá-lo um pouco. Eu exijo que haja sempre em tudo – vida, possibilidade de existência, e aí está bem; não é necessário então perguntar se é belo ou feio.

Como se lê, Büchner como que zomba, por meio de Lenz, do idealismo filosófico alemão, parodiando algumas de suas formulações:

> As pessoas também não sabem desenhar uma casa de cachorro. Querem personagens idealistas, mas tudo o que delas vi foram bonecos de pau. Esse idealismo é o mais vergonhoso desprezo da natureza humana.

Büchner manifesta, pois, por meio de Lenz seu desdém não só pelo idealismo, como pela racionalidade abstrata, ressaltando o valor da poesia, na qual é possível reencontrar a natureza humana, tal como aparece nas canções populares, em Shakespeare, um pouco em Goethe, mas não em Schiller.

É certo que Büchner deve a Goethe alguns detalhes do retrato de Lenz, tal como eles são desenhados em *Dichtung und Wahrheit* (*Poesia e Verdade*). Mas enquanto o grande clássico evoca de forma distanciada aquele "ser estranho", Büchner aproxima-o, procurando presentificar a figura do poeta infeliz. O que lhe permite a mudança de perspectiva é precisamente a introdução no texto das transcrições do diário de Oberlin. O olhar de observador que pretende registrar, de fora para dentro, o comportamento de Lenz é substituído por um olhar que, de dentro para fora, quer captar a vida interior, a forma de percepção do doente, o seu modo de ver o mundo. Conquanto se atenha à cronologia dos eventos anotada por Oberlin, os dados temporais são dissolvidos no fluxo do tempo subjetivo de Lenz. As descrições da natureza e das experiências do poeta procedem praticamente todas do punho do narrador, bem como as confrontações com o cristianismo e com o assim chamado "diálogo artístico" entre Christoph Kaufmann (um amigo que permanece por algum tempo em Steintal) e Lenz. Büchner compõe, destarte, um psicograma desta sofrida e genial personagem, um perfil cuja densidade e expressividade não têm par na literatura alemã.

As impressões da natureza no caminho de Lenz pelas montanhas são descritas por Büchner como reflexos de estados de alma que se alternam: formas do relevo enrijecidas pelo frio úmido comunicam uma sensação de indiferença e imagens dinâmicas da paisagem, vazadas pela luz e pelo movimento sugerem uma interação com o caminhante no jogo das forças naturais. A experiência da estreiteza do mundo encontra sua contrapartida na necessidade de uma expansão ilimitada do sujeito no infinito do universo. Assim, sentenças curtas, sem predicados, justapõem-se a períodos longos, que parecem ter dificuldade de chegar ao termo. As conexões entre as frases são fragmentadas, dominando aposições sem contexto sintático. O medo que invade Lenz diante da escuridão e das altas montanhas, a sensação de solidão e a de uma paisagem, cujos contornos se desfazem nos vales, perpassa como um tema musical tanto a escritura quanto o *continuum* do tempo que se dissolve. Quando o poeta chega ao vilarejo de Waldbach, acalma-se. A família do pastor dá-lhe uma acolhida calorosa, ele se sente feliz e rememora os anos de infância. Mas, quando se vê a sós no quarto que o hospedará na casa da escola, assalta-o de novo um pavor inominável. Começa a flagelar-se mentalmente e a dor que inflige a si mesmo é aplacada somente ao cair na água gelada do poço, que lhe devolve a consciência.

A caminhada com Oberlin lhe faz bem e seu estado melhora nos dias subseqüentes. A proximidade do amigo, da natureza e da gente pobre de Steintal o reconforta. Mas, ao entardecer os seus temores ressurgem e a intuição de que uma doença se avizinha intensifica-se. A exemplo de Oberlin e dos moradores da cidade, procura reconhecer na natureza o ensinamento de Deus e vencer o temor das trevas, como se a vivência panteísta da natureza fosse a última oportunidade para uma autoterapia. Lendo a Bíblia, o poeta tranqüiliza-se. Mas o desespero e a autocomiseração em face da solidão voltam a dominá-lo. Uma vez apenas, quando recebe a visita de Christoph Kaufmann, sua tensão relaxa e ele se concentra no assunto da conversa. Essa conversação sobre a arte constitui-se num dos momentos centrais da narrativa. As opiniões estéticas expostas por Lenz são as mesmas que também se apresentam em *A Morte de Danton* e *Leonce e Lena*. Denunciado o caráter abstrato do idealismo como "desprezo da natureza humana", quer substituí-lo por uma arte realista, não normativa, cujos exemplos podem ser encontrados em Goethe, Shakespeare e na canção popular. Esta concepção de arte, que o autor atribui à sua personagem, mas que de fato é dele próprio, integra-se na crítica política de Büchner ao contexto de sua época, preconizando uma tendência igualitária e democrática e, demarcando no mesmo lance, os limites da arte. De todo modo, verifica-se aqui que, se na arte Lenz consegue alcançar sua identidade, o mesmo não sucede no que diz respeito à realidade e na relação objetiva com o mundo. Ele corta o diálogo quando Kaufmann o convida a retornar à casa paterna. Para Lenz, a permanência em Steintal ofereceria a única possibilidade de salvá-lo da "loucura" a que a vida burguesa o condenaria. Efetivamente, após esse encontro, a sua doença progride a passos rápidos. Kaufmann e Oberlin partem em viagem para a Suíça e o poeta os acompanha durante parte do trajeto. Ao voltar, pernoita em Fonday, numa casa que abriga uma menina acometida de febre. A imagem desta menina o persegue até Waldbach. Ora crê reconhecer nela a sua mãe, ora Friederike Brion, que noivara com outro pretendente após a partida de Goethe. Lenz, ao saber que no vilarejo de Fonday havia ocorrido a morte de uma jovem, precipita-se até lá e tenta, numa imitação de Cristo, ressuscitá-la. Malogrando, a experiência dolorosa de sua impotência leva-o a imprecar contra Deus. O surto psicótico que o avassala se traduz também numa crítica ao cristianismo. A paisagem titânica das escarpas se lhe descortina, em céus de um azul "idiota" e, sob a luz incerta de uma lua "ridícula", personifica-lhe, na sua esquizofrenia, um Deus que acompanha a vida sem tomar qualquer partido. Vazio, frio e apatia alternam-se em sua consciência com o irresistível prazer da autoflagelação. Oberlin, no regresso da Suíça, aconselha-o a entregar-se ao Senhor que o poeta renega. Depois da primeira tentativa de suicídio, seu hospedeiro manda conduzi-lo de volta a Estrasburgo. Lenz sequer reage.

Este texto de Büchner foi durante anos considerado como fragmentário, devido, em parte, às lacunas que a narrativa aparentemente oferece e, em parte, ao seu final abrupto. Trazendo sempre à baila a teoria do niilismo de Büchner, acentuada por vários críticos, análises mais recentes salientam, ao contrário, que o escrito se realiza como forma acabada e relativizam a teoria de uma despolitização do dramaturgo. Assim, na visão de Heiner Müller, lê-se:

> Não sei, talvez seja uma simplificação falar (neste caso) em texto fragmentário. Acredito que seja mais uma nova forma de percepção. Na novela *Lenz*, há uma recusa de formar uma *Weltanschauung* (visão de mundo) antes da experiência. Trata-se de um olhar assustado sobre as coisas, sobre a realidade. Não vemos uma

verdade, vemos realidades, vemos acontecimentos, vemos situações, vemos homens com olhar assustado caminhando com a atitude de quem recusa a distância. Esta perspectiva nasce de uma postura de espanto sobre o detalhe. Isto é Büchner. Quando Büchner começou a escrever, tinha uma atitude polêmica contra a estética vigente, contra Schiller e sua tentativa de submeter o material a uma idéia e aprisionar a realidade em um programa estético[3].

Leonce e Lena

A ação da peça parodia o esquema usual da comédia. Leonce, príncipe do reino Popo, e Lena, princesa do reino Pipi, noivaram sem se conhecer. Independentemente um do outro, ambos decidem fugir a fim de escapar ao casamento.

No segundo ato, eles se encontram por acaso no meio do caminho, numa hospedaria e se apaixonam um pelo outro e, no terceiro, casam-se no reino Popo, para só então se reconhecerem como príncipe e princesa.

Büchner não se esforça em desenvolver os acontecimentos a partir da psicologia de suas personagens, assim como a ação não segue os princípios da construção dramática tradicional. Faltam os qüiproquós que geram tensão dramática, como ocorre nas comédias, que são objeto de menção irônica na peça

O espectador conhece de antemão, antes das personagens, a identidade destas, o que o impede de qualquer identificação com elas. Os momentos da ação – a decisão de fuga, o encontro dos fugitivos e a resolução de casar-se – não são desenvolvidos, mas apresentados de maneira abrupta. Leonce anuncia espontaneamente a sua determinação de ir para a Itália a fim de ali viver como um "Lazzaroni", um preguiçoso. A princesa é impelida pela idéia repentina de sua governante a abandonar a corte. A primeira frase de Lena é o pretexto para que Leonce se enamore dela e também o casamento é decidido *ad hoc*. O desenrolar da ação é predeterminado e, conseqüentemente, os heróis aparecem na celebração nupcial como "marionetes", como autômatos.

A trama, com seus disfarces e mal-entendidos, inspirada em *Ponce de Leon* de Brentano e no *Fantasio* de Musset, parece à primeira vista convencional. A fatalidade do *dever* também persegue o príncipe e a princesa predestinados um ao outro: Leonce do reino Popo e Lena do reino Pipi. Justamente quando tentam escapar um do outro, eles se encontram e se apaixonam, sem reconhecer a respectiva identidade. Masca-

---

3. *Gesammelte Irrtümer: Interviews und Gespräche*, Frankfurt, Verlag der Autoren, 1986.

rados, a cerimônia do enlace deles é realizada pelo pai do príncipe, o rei Pedro, em substituição ao casal em fuga. Após o matrimônio, vêem-se na contingência de reconhecer que se casaram, como estava predestinado.

A suposta identidade dos dois jovens se desfaz quando – em antecipação a uma das questões fundamentais do teatro pirandelliano – Valério lhes tira, lentamente, uma após outra, a máscara de suas faces e apresenta o casal de enamorados:

> mas eu gostaria realmente de anunciar a essa subida e ilustre sociedade que aqui chegaram esses dois autômatos mundialmente famosos... vejam, minhas senhoras e meus senhores, duas pessoas de ambos os sexos, um homenzinho e uma mulherzinha [...] nada mais senão arte e mecanismo, apenas papelão e molas de relógio. Cada qual tem, sob a unha do mindinho do pé direito, uma delicada, delicadíssima mola de rubi. A gente pressiona um pouquinho e o mecanismo anda durante cinqüenta anos. Essas pessoas foram tão perfeitamente moldadas que não se saberia diferenciá-las de outros seres humanos se não soubéssemos que são puro papelão.

Em epígrafe à peça, deparamo-nos com uma espécie de diálogo em italiano, que o autor atribui a Alfieri e a Gozzi. "E a fama?", pergunta o idealista Alfieri e o realista Gozzi replica com outra pergunta: "E a fome?" Até na comédia, Büchner não se esquece da fome. Por outro lado, os camponeses devem comparecer em trajes domingueiros ao casório do príncipe. Vê-se, pois, que o autor também escarnece dos camponeses, de cujo despreparo para a Revolução já tivera provas quando estudante em Giessen, uma vez que eles haviam entregado o seu panfleto à polícia palaciana. A miséria alemã lhe parecia irrevogável e só lhe restava fazer zombaria, ainda que amarga.

O jovem revolucionário escreveu a seus pais em Darmstadt:

> chamam-me de zombador. É verdade, rio com freqüência, mas não rio do modo como alguém é um homem, porém apenas pelo fato de ser um homem, coisa a cujo respeito ele nada pode fazer; e rio então de mim mesmo que compartilho de seu destino.

É assim também que Leonce ri. Na verdade, a crítica social em *Leonce e Lena* não é a razão de ser, mas apenas uma parte da melancolia que perpassa essa comédia que se pergunta sobre o sentido da vida, dada a sua impotência ante a morte.

Lena, também enamorada pela morte, recebe de Leonce um beijo sobre as pálpebras cerradas e ele lhe diz:

> Então deixa que eu seja o seu anjo da morte. Deixe que meus lábios desçam, como asas, sobre os seus olhos. Belo cadáver, você repousa tão docemente sobre a negra mortalha da noite, que a natureza detesta a vida e se apaixona pela morte.

A morte como a sedução do primeiro beijo e o primeiro beijo como a sedução da morte. A morte domina Leonce e Lena e também o companheiro do príncipe, Valério, que resolve embriagar-se para escapar das agruras da vida. A morte, onipotente em face da impotência da vida. Leonce sofre pelo fato de existir e a essência do viver se resume, para ele, no tédio. Formando um eco com Danton, Lena pergunta:

> Ó Deus, então é verdade que nós mesmos devemos nos purificar com a nossa dor? Então é verdade que o mundo é um salvador crucificado, o sol, a sua coroa de espinhos e as estrelas, os pregos e lanças cravados em seus pés e nos seus quadris?

Essa comédia deixa um gosto amargo de melancolia. O casamento principesco não fez com que a proximidade da morte fosse superada. O idílio é ironizado através de uma visão:

> Vamos quebrar todos os relógios, proibir todos os calendários e contar as horas e as luas pelo relógio das flores, apenas pela floração e pelo fruto. E depois cercaremos nosso reinozinho com espelhos solares para que não haja mais inverno e, no verão, nós nos volatilizaremos para ir até Ísquia e Capri, ficando o ano inteiro entre rosas e violetas, entre laranjas e loureiros.

A peça termina como comédia pela fuga para uma utopia de conto de fadas, em que não há mais fome nem tédio. O universo do qual foram expulsos os calendários, os relógios e o inverno não pertence a esse mundo. O fato de o idílio ser necessariamente um sonho é revelador da realidade, só assim a comédia pode permanecer comédia. Mas o riso de Büchner permanece medonho, rindo da condição humana.

O que Büchner pensava da Alemanha na época de Metternich já está contido nos nomes jocosos atribuídos aos dois reinos em *Leonce e Lena*: Popo e Pipi. Ele ironiza os pequenos Estados, que podem ser vigiados da janela de uma sala. Os serviçais divertem-se com a vida palaciana e até para o presidente do Conselho de Estado a "palavra real [...] é uma coisa que nada é; todos os súditos são convidados a partilhar dos sentimentos de Sua Majestade", e o rei Pedro precisa dar um nó no lenço para lembrar-se de seu povo.

A metáfora dessa peça, na qual se percebe nítida influência de Shakespeare, é construída na linguagem do maneirismo e do gongorismo:

> minha cabeça é um salão de dança vazio, algumas rosas murchas e fitas amarrotadas pelo chão, violinos rachados a um canto, os últimos bailantes tiraram as máscaras e fitam uns aos outros com olhos mortificados de sono [...] todos esses heróis, esses gênios, esses idiotas, esses santos, esses pecadores, esses pais de família não passam, no fundo, de refinados vadios. Mas por que logo eu tenho de saber disso? Por que não posso eu levar-me a sério e vestir o pobre boneco com uma casaca e colo-

car-lhe um guarda-chuva na mão, para que ele se torne muito correto, muito útil e cheio de moral?

Woyzeck

Woyzeck pertence hoje aos mais lidos e encenados textos produzidos pela literatura dramática do século XIX. Como nenhum outro procedente do mesmo período, marcou a história do teatro do século XX. A personagem Woyzeck introduz na dramaturgia um novo tipo de homem, que até então só tinha lugar na categoria do burlesco. Se em *Danton* as passagens antiidealistas abordavam o tópico no plano da discussão intelectual, na tragicomédia de *Woyzeck* a "realidade miserável" torna-se objeto de conhecimento poético.

O primeiro protagonista plebeu do teatro alemão foi concebido por Büchner a partir de fontes históricas, extraídas de anais da medicina legal. Johann Christian Woyzeck, homicida, condenado à morte pela justiça de Leipzig, foi decapitado em 27 de agosto de 1824, sendo o evento acompanhado por uma multidão de cinco mil pessoas.

Este registro, de caráter histórico, induz Büchner a uma escritura que revoluciona a forma do drama, na medida em que foge inteiramente das práticas vigentes na época. O confronto de Woyzeck com seus superiores, representantes dos estratos sociais dominantes, é indicado pelos vários padrões de linguagem utilizados. Enquanto o Capitão, o Médico e o Professor empregam com moderação o dialeto de Darmstadt, as personagens populares falam o dialeto puro: Woyzeck, Maria, Margreth, Karl, avó, crianças, operários.

Texto inacabado, *Woyzeck* não constou da primeira edição da obra de Georg Büchner, efetuada em 1850 pelo irmão do dramaturgo, Ludwig, a quem os originais pareceram ilegíveis. Consta que vinte e cinco anos mais tarde o material foi enviado ao escritor Karl Emil Franzos, que submete a tinta esmaecida dos manuscritos ao tratamento de um preparado químico. O novo editor introduz uma série de alterações nos textos e suprime passagens consideradas indecentes, na sua publicação de *Woyzeck*, em 1879. Fritz Bergemann, na edição de 1922, dá outra organização aos fragmentos. Com a estréia teatral da peça em 8 de novembro de 1913, no Residenztheater de Munique, esta última recomposição assume caráter modelar para a literatura e o teatro modernos. Redescoberta por Gerhard Hauptmann e Frank Wedekind, recebe a atenção de Arthur Schnitzler e Hugo von Hofmannsthal. Rilke e Brecht, Thornton Wilder e Heiner Müller rendem-lhe tributo. As variadas possibilidades de leitura e de plasmação artística do conjunto fragmentário podem ser atestadas pela ópera *Wozzeck*, de Alban Berg, pelo filme de Werner Herzog com Klaus Kinski no papel principal e por inúmeras montagens para o palco, como a de Friedrich Dürrenmatt. Não há uma versão definitiva de *Woyzeck*, já que os escritos foram editados postumamente, sem que pudessem apoiar-se em qualquer indicação da estrutura concebida pelo autor, fato ao qual se somou a dificuldade de se ler e decifrar o manuscrito original. O material do espólio compõe-se de três grupos de cenas e do esboço de duas outras. A configuração efetiva da peça ainda hoje é objeto de sérias controvérsia. Mas ao estudo filológico da obra é preciso opor limites. A potencialidade do texto ficaria circunscrita se examinado apenas à luz do material histórico, sem levar em conta que tal exame não teria a capacidade de fazer retroagir um processo que desde 1879 se tornara uma realidade: antes de se transformar em problema filológico, *Woyzeck* já se havia configurado como uma questão estética, passando a existir no universo da cultura como um escrito dramático com permanência e de grande sucesso em suas inúmeras encenações.

Mais do que buscar uma solução prévia para o arranjo das cenas, com vistas à leitura e representação nos termos comumente realizados pelos diferentes editores, a escritura buchneriana talvez devesse ser considerada, quanto ao modo de estruturá-la, no nexo em que Brecht colocou a questão:

> É permitido perguntar se o esboço de uma peça deve ser representado quando ela existe em forma mais completa. É permitido responder que por si só a grande importância do complexo textual, no caso do *Fausto* justifica a encenação do *Ur-Faust* (*Primeiro Fausto*). Mas existe ainda uma outra justificativa. O *Ur-Faust* tem vida própria. Pertence, juntamente com o *Robert Guiskard*, de Kleist, e o *Woyzeck*, de Büchner, a um gênero muito especial de fragmentos. Eles não são incompletos, porém obras de arte feitas na forma de esboços[4].

Woyzeck, soldado e barbeiro, faz a barba do Capitão tagarela e bitolado. O Médico, o Tambor-mor e o Capitão podem dar ordens a Woyzeck, enquanto a este só é dado cumpri-las sem manifestar vontades.

Quando o protagonista assassina Marie, é como se não fosse ela, mas sim ele, a vítima do crime. Matando-a, Woyzeck deixa de matar seu inimigo, o Tambor-mor, e mata o único bem que possuía no mundo. O Doutor ironicamente enuncia a máxima moral: "Woyzeck, o homem é livre, no homem a individualidade se transfigura em liberdade". Tam-

---

4. *Bertold Brecht Werke. Grosse Kommentierte Berliner und Frankfurter Ausgabe.* Berlin/Weimar, Aufbau Verlag und Frankfurt, Suhrkamp, 1986.

bém Woyzeck é acometido pelo senso do "dever". O terrível fatalismo da História, sobre o qual Danton teoriza tão bem, pesa igualmente sobre a história individual de Woyzeck, que balbucia palavras como "maçom" quando se refere às forças ocultas que o dominam. Büchner faz incidir uma luz crítica, por meio do Capitão e do Doutor, sobre os representantes típicos da ordem vigente na sociedade. Ainda assim, a peça não é caracteristicamente um drama social, embora esteja repleta de referências nesta direção. Mas, na verdade, Woyzeck sucumbe sob o peso de um universo cujos mistérios não consegue apreender nem articular e em relação ao qual sua ação nada pode, estando à mercê de forças que o manipulam como os fios a um títere.

Já esta visão do ser humano, que o converte em fantoche e automatiza a sua atuação, imprime-lhe, pela perda das modulações e mecanização de suas ações, uma feição grotesca. Mas neste viés, Woyzeck é acompanhado tanto pelo Capitão como pelo Doutor e pelo Tambor-mor, personagens construídas com perfis esquemáticos e que vivem, cada qual, em função de suas idéias fixas. Ao ver de Rosenfeld:

Woyzeck atravessa a peça em agitação desesperada, contorcendo-se como um boneco suspenso nas cordas [...] corre pelo mundo como "uma navalha aberta" [...]. Vendo-o chispar pela rua, seguido aos pulinhos pelo médico, o magro pelo gordo, o Capitão exclama às gargalhadas; "*Grotesco! Grotesco!*"[5]

Neste nexo, uma comparação entre *As Moedas de Estrelas,* um conto dos Irmãos Grimm, e a história que, em *Woyzeck,* a avozinha narra às crianças, mostra que a ordem do universo reinante no primeiro caso é deslocada em favor do caos, no segundo. A experiência trágica fundamental em Büchner é a transferência da tragédia em escala humana, do herói clássico, para o sentido último da realidade, cujo cego determinismo o transforma num anti-herói, sem nenhum poder sobre o seu destino. A personagem é apenas um átomo. Partícula ao sabor de uma tragicidade cósmica em que nenhuma ordem rege, ela se perde em sua insignificância e todo o seu esforço para saber qual é a sua culpa, resulta em absurdo. O sentido do mundo não é restabelecido, mesmo depois de expiada a falha que o desequilibra, ao contrário do que ocorre no relato tradicional:

As Moedas de Estrelas

Era uma vez uma menina que não tinha pai nem mãe. Era tão pobre que não tinha mais nem cama para dormir. Nada mais possuía senão as roupas do corpo e um

---

5. "A Visão Grotesca" em, *Texto/Contexto I*, São Paulo, Perspectiva, 5ª ed., 1996, p. 63.

pedacinho de pão que uma boa alma lhe havia dado. Mas a menina era boa e piedosa. E por estar tão abandonada por todo mundo, dirigiu-se à floresta, confiando em Deus. No caminho, encontrou um pobre homem que lhe disse: "Me dê alguma coisa para comer, estou com muita fome". A menina lhe deu todo o seu pãozinho e falou: "Deus te abençoe". Aí veio uma criança que chorava e disse-lhe: "Sinto tanto frio na cabeça, me dê alguma coisa para cobri-la". A menina tirou a sua touca e a deu. E depois de ter andado mais um pouco, veio uma outra criança que estava sem camisa e sentia frio. A menina deu-lhe a sua camisa. E mais adiante uma terceira pediu-lhe a saia e ela também a deu. Finalmente chegou à floresta e já estava muito escuro. Então apareceu mais uma criança que lhe pediu a camisa de baixo e a menina pensou: Já está escuro e ninguém vai me ver, posso dá-la também. E tirou toda a sua roupa. E quando nada mais lhe cobria o corpo, de repente caíram as estrelas do céu e eram muitas moedas brilhantes. E ela estava vestida com uma nova camisa de baixo que era do mais fino linho. A menina juntou as moedas e ficou rica para sempre[6].

No conto acima, o universo e o homem estão em harmonia. A presença de Deus dá sentido e finalidade a essa cosmovisão, em que o bem e o mal são valores eternos estabelecidos e assegurados por Ele. A criatura faz sentido no universo, e deve, por seu livre-arbítrio, praticar o bem para ser recompensada. Embora esteja sozinha, a menina está apenas abandonada. Sua situação existencial é transitória. Por confiar em Deus, vai para a floresta, buscar proteção na natureza. Assim, mesmo quando relegado à mais extrema solidão, desamparo e miséria, o ser humano ainda conta com a possibilidade de superar a sua alienação, relacionando-se com o outro através da caridade, que é amplamente gratificada pelo nexo superior da existência. Os atos humanos

---

6. A esse gênero a língua alemã reserva o nome de *Märchen*, palavra que em geral é traduzida em outros idiomas por designações compostas como *fairy tales, contes des fés, contos de fadas* ou da *carochinha*. Em sua expressão mais típica, desenrolam-se na maioria em arcaicas florestas plenas de mistérios e nos falam da vitória de seres puros e frágeis, de crianças ou animais, sobre poderes malignos encarnados por bruxas ou adultos cruéis e desnaturados, pintando-nos um mundo em que o curso das coisas acaba satisfazendo o nosso sentimento de justiça e ética. Os irmãos Grimm pesquisaram esse repositório da narrativa popular germânica que tem origens na Idade Média ou ainda mais remotas e reuniram suas histórias em *Kinder und Hausmärchen* (*Contos Infantis e Caseiros*; 1812-1815). Transcrita numa linguagem muito próxima do modo de exprimir-se do povo, esta coletânea não só preservou e transmitiu um legado etnográfico, como marcou, mais do que qualquer outra obra do gênero, a educação lingüística e cultural das crianças da Alemanha. Trata-se do livro que recebeu neste país o maior número de reimpressões depois da *Bíblia* de Lutero.
    Na polêmica com o poeta romântico Achim von Arnim (1781-1831), Jacob Grimm (1785-1863) faz uma distinção entre contos populares e os relatos artísticos. Enquanto os primeiros nascem da tradição oral, exigindo do compilador a mais estrita fidelidade, os produzidos com deliberação de arte ostentam as marcas nítidas

encontram respaldo e resposta em uma instância metafísica que é, no caso da pobre menina, o Deus cristão e a piedade. Georg Büchner conserva o tom das histórias da vovozinha contadas ao pé da lareira, mas refaz a seu modo o relato dos Irmãos Grimm, abreviando-o e carregando-o de uma inflexão sobretudo negativa no plano metafórico. Cria-se assim, pelo contraste entre entonação e imagens, uma incisão irônica cujo corte chega a ser sarcástico, gerando em instância final um efeito grotesco. Esse tom, é claro, tem especial ressonância no público alemão, pois vale-se de citações e paráfrases da Bíblia de Lutero, do emprego de provérbios, da pobreza vocabular e de um contínuo apelo à emotividade do receptor. A sua familiaridade, desde a infância, com esses contos e com a sua voz narrativa, dá às fábulas a permanência de mitos, o que acentua o poder de impacto grotesco das imagens criadas por Büchner e lhes permite atingir diretamente o cerne da vida íntima do seu leitor, ou seja, o universo simbólico que inconscientemente ele guarda encerrado e à parte da realidade. Por outro lado, é justamente o modo como a avó conta a transcrição negativa do relato que torna ainda mais dolorosa esta versão:

> Era uma vez uma pobre criança e ela não tinha pai nem mãe, estavam todos mortos e não lhe restava mais ninguém no mundo. Todos mortos, e ela chorava dia e noite. E como não lhe restava ninguém na terra, ela quis ir para o céu, e a lua a olhava com muito carinho; e quando finalmente ela chegou à lua, esta não passava de um toco de madeira podre, e então a criança foi para o sol, e quando chegou ao sol, este era apenas um girassol murcho, e quando chegou às estrelas, elas eram apenas pequenos mosquitos dourados, que estavam espetados assim como o picanço os espeta na ameixa brava, e quando ela quis voltar para a terra, a terra era uma vasilha entornada, e ela estava inteiramente só, e ela sentou-se e chorou, e continua sentada ali e está sentada muito só.

de uma elaboração subjetiva. Em uma dos mais importantes poemas satíricos da literatura alemã, *Alemanha – Um Conto de Inverno*, escrito em 1844, Heinrich Heine (1797-1856) imprime ao termo e ao gênero *Märchen* uma inflexão irônica. Para as letras contemporâneas, os contos dos irmãos Grimm constituem uma referência constante, abrindo um amplo leque de relações intertextuais. Brecht (1898-1956) menciona o cavalo falante, Fallada, em seu relato *A Moça dos Gansos* (1931), ao aludir ao esquartejamento de um cavalo por homens famintos – "Oh, Fallada que aí estais pendurado". Thomas Mann (1875-1955) também recorreu com freqüência ao gênero *Märchen*, e em praticamente todos os romances de Günther Grass (1927-) a citação dos Irmãos Grimm se faz presente. Sob este aspecto, o exemplo mais expressivo é *O Linguado*, que retoma em mais de seiscentas páginas o conto recolhido em dialeto da Pomerânia, *O Pescador e sua Mulher*. Em *A Ratazana*, Grass também se vale de personagens como Joãozinho e Maria para denunciar as catástrofes ecológicas de nosso tempo, em particular a destruição das florestas.

Como se verifica, em *Woyzeck* o conto dos Irmãos Grimm é submetido a uma releitura, num processo de construção intertextual, em que a criatura humana, no caso uma criança, é privada da condição terrena de existência, sem encontrar amparo na supraterrena, vendo-se desgarrada e abandonada em um universo que não lhe oferece mais nenhuma possibilidade de inserção e de relação. Tudo ao seu redor se esvazia de sua substância. A realidade desintegra-se e as coisas perdem a sua função. Torna-se impossível estabelecer um nexo para o real, pois nada o determina ou explica. Deus está ausente. A própria natureza se faz estranha, volta-se contra a sua criatura, a quem só resta sentar e chorar com uma pergunta sufocada na garganta sobre o sentido deste mundo absurdo cuja lei implacável é o *fatum*.

Poder-se-ia dizer que, recontado e em contraposição à narração original, o relato da criança desamparada constitui-se numa metáfora que sintetiza, não a filosofia de Büchner, marcada pelo determinismo científico, mas o sentimento de mundo gerado por uma percepção da insignificância do homem na ordem da natureza e de sua impotência para uma intervenção eficaz no curso da história. Entretanto, por paradoxal que pareça, *Woyzeck* não se esgota no contra-senso existencial, pois é indubitavelmente portador de uma crítica acerba à sociedade e de um apelo ao engajamento ideológico e político na sua transformação radical.

Cartas

O conjunto das cartas de Büchner constitui apenas um fragmento. Aquilo que foi preservado representa provavelmente uma parcela mínima de toda a sua correspondência. Um incêndio que, em 1851, danificou uma ala da residência da família, em Darmstadt, destruiu a maioria dessas cartas, ao que tudo indica. As endereçadas à sua noiva, Minna Jaeglé, foram por ela inutilizadas após a morte do escritor. O que restou do legado em grande parte não existe mais no original ou subsiste somente em pequenos trechos. Assim, a transcrição desse material fica restrita a cópias e versões de edições antigas, como a publicada em 1850 por Ludwig Büchner, irmão de Georg, sob o título de *Nachgelassene Schriften* (*Escritos Póstumos*). Cabe ressaltar, porém, que mesmo a reunião dessas cartas e extratos pautou-se, como declara o próprio editor, por um critério específico, ou seja, o de comunicar aquilo que "era importante ser conhecido sobre os movimentos políticos daquele tempo e que pareceram importantes a Büchner".

A partir da seleção efetuada por seu primeiro editor, esta correspondência concentra-se, em detrimento de uma representatividade mais abrangente, em torno de duas vertentes principais: a literária e a privada. E no que diz respeito ao temário político, há que considerar a manipulação e os cortes, praticados pelo irmão, no teor dos conteúdos. De outro lado, como possível conseqüência dessa intervenção, as cartas dirigidas ao dramaturgo apresentam-se, conforme a maior ou menor relevância dos missivistas, ainda mais fragmentárias.

As cartas escritas por Büchner dividem-se em quatro grupos que acompanham os desdobramentos da biografia de seu autor:

- a primeira estada em Estrasburgo, do outono de 1831 ao verão de 1833;
- a temporada marcada pela depressão e pela atividade política em Giessen e Darmstadt até fevereiro de 1835, que culminou na fuga de Büchner por razões políticas;
- o exílio em Estrasburgo até outubro de 1836;
- os últimos meses de vida de Büchner já como docente universitário em Zurique, onde realizou um intenso trabalho literário e científico.

Acrescente-se a estes um quinto grupo composto por cartas endereçadas a Büchner.

Os correspondentes variam de acordo com as circunstâncias de vida e os assuntos abordados. As missivas dirigidas à família em Darmstadt, o pai, a mãe e os dois irmãos mais novos, Wilhelm e Ludwig, versam sobre atualidades: eventos políticos, questões profissionais e também de ordem particular. Nota-se nas cartas aos pais a tendência para embelezar estados d'alma, bem como a atuação literária, profissional e política do remetente. Essa postura destinava-se a apaziguar uma mãe preocupada e apresentar justificativas a um pai rígido e severo.

Os interlocutores mais íntimos dessa troca epistolar são os amigos de Estrasburgo, Eugen Boeckel, August e Adolph Stöber e a noiva de Büchner. As cartas a ela enviadas durante a permanência em Giessen/Darmstadt, e também em Zurique, são documentos comoventes sobre a vida interior, a depressão e a doença de um jovem de futuro promissor que, colocado diante de condições externas opressivas e o arbítrio da violência, arrancado prematuramente de seu meio, sofre com a solidão a que é relegado e com as vicissitudes políticas de sua terra natal.

A correspondência com Karl Gutzkow, por sua vez, oferece subsídios significativos acerca da situação e da produção da literatura da época. Não é por acaso que Walter Benjamin salientou sua importância para a compreensão do debate deflagrado em 1855 neste domínio. Gutzkow, enquanto crítico das letras, era tido em seu tempo como um dos principais líderes e protagonistas do Junges Deutschland (Jovem Alemanha), um movimento literário que, na sua oposição à Ära Metternich (Era Metternich), foi vítima de acirrada perseguição pela polícia estatal justamente nos anos da ligação de Büchner com Gutzkow. O fato de o jovem dramaturgo ter buscado o apoio e recomendação deste último para a publicação de sua peça de estréia, *A Morte de Danton*, pode ser visto como uma declaração programática. Gutzkow reagiu com entusiasmo, obteve a edição da obra, embora com cortes e acréscimos devido à censura e, desde então, julgou-se descobridor e mentor literário do gênio de Büchner, cujas idéias, no entanto, não se identificavam em tudo com as do ideólogo da Jovem Alemanha. Assim, a fim de estabelecer limites aos postulados de Gutzkow, que pregava a transformação da consciência política através da literatura, Büchner sentiu-se cada vez mais impelido a formular suas próprias posições. Isto refletiu-se evidentemente na correspondência entre ambos que registrou os pontos de vista do jovem exilado sobre a teoria da literatura e a crítica social.

O valor do que é enunciado neste conjunto epistolar vai muito além da simples função documental ou do caráter de fonte de esclarecimentos biográficos ou historiográficos sobre a obra de Büchner. O que o distingue é a sua relação formal e temática com a produção literária do missivista. Isto fica patente no trato das questões políticas e, mormente, no modo como Büchner desenvolve sua teoria da revolução, partindo de uma análise arguta das condições reinantes na França e em Essen e conduzindo-a à ação revolucionaria no contexto do *Mensageiro de Essen*. Cumpre ressaltar ainda a intensidade de sua reação, à medida que se confronta, em seu epistolário, com as conseqüências individuais e políticas dessa práxis, o que culmina na assim chamada "Carta do Fatalismo", enviada à noiva em 10 de março de 1834 pelo autor de *A Morte de Danton*.

No seu todo, tais missivas revelam uma seqüência de reflexões e formulações que permitem acompanhar até certo ponto a evolução do pensamento político de Büchner, fornecendo elementos sem dúvida valiosos, se não imprescindíveis, para a interpretação de seu legado.

Pode-se apontar ainda algumas concordâncias, no plano temático e estilístico, entre a escritura epistolar e a ficcional. Neste sentido, ela coincide, em *Lenz*, por exemplo, no tocante à forma e à função da descrição da natureza, que tanto numa como noutra surgem como espelhos da vida interior. Do mesmo modo, a articulação e os enunciados presentes na "conversação sobre arte" na novela correspondem às cogitações expressas nas cartas.

As pesquisas mais recentes vêm se preocupando em aprofundar a análise dos procedimentos e dos elos formais, estruturais e estilísticos entre a correspondência e a produção literária, como é o caso das investigações sobre o papel da sátira, da montagem de citações, da sintaxe e imagética, peculiares à poética buchneriana, isto é, a especificidade de sua linguagem.

Neste âmbito, pode-se dizer que Büchner é o primeiro criador do abracadabra da dramaturgia moderna. Alinha quadros concentrados em forma épica como também Bertolt Brecht há de fazer mais tarde. Traz para a cena, em *Woyzeck*, o pobre coitado, o excluído social, como Gerhart Hauptmann procederá mais tarde. O pobre soldado é ao mesmo tempo um ícone do pobre homem e sucumbe solitário diante dos mistérios do mundo, como fariam mais tarde os expressionistas. O homem não pode ser medido em Büchner pela razão, pelas idéias: ele é... "um precipício; fica-se tonto ao olhar para baixo". Büchner sabia odiar e fazer caricaturas, tão escabrosas como grotescas – como mais tarde Frank Wedekind e, mais tarde ainda, Eugène Ionesco. E Kafka está prefigurado no conto negativo da avó, em *Woyzeck*. Em sua lírica, Büchner condensa numa mesma imagem elementos aparentemente incompatíveis, como mais tarde os surrealistas. História do cotidiano, subjetivismo impressionista e objetivismo científico, teatro épico, grotesco, imagística surrealista e o grito expressionista – tudo isso está contido na arte büchneriana. Não se trata de uma experimentação com diferentes estilos. Cada frase é plasmada pela linguagem do artista e brota (uma fala que apenas seus conterrâneos podem ouvir) no dialeto de Darmstadt. A canção dos carrascos da Revolução Francesa ainda hoje é cantada na terra natal do dramaturgo: "Und wann ich hame geh, scheint der Mond so scheh".

Na escritura do "drama em farrapos", as cenas são compostas apenas com alguns traços, sobressaindo seu caráter independente em relação ao todo da ação dramática. Cada cena cristaliza um microcosmo autônomo, com tensão e atmosfera próprias. Ou seja, cada pulsação contém o universo do drama, sem requerer uma ligação explícita com aquelas que a antecedem ou sucedem. Mais importante do que a validade da cena como elo contínuo de uma corrente é a sua expressividade como momento de alta intensidade dramática. A linearidade da fábula é substituída por recortes que se articulam como um mosaico. A justaposição descontínua possibilita a construção com novos liames significantes, por meio de saltos no tempo, no lugar e na ação. Dessa forma, Büchner encontra-se na gênese do Teatro Épico brechtiano e anuncia princípios de procedimentos que o caracterizarão.

A inserção de canções, versos e contos de fadas enfatiza o movimento circular. Popular na sua origem, este recurso utilizado por

Büchner, remete às ruas, às praças e às feiras em que soava a voz do povo e assemelha-se a uma curta cantiga de roda. Seu efeito é de estranhamento, pois suscita uma nova tensão no embate com as ações dramáticas que contradizem o seu inocente lirismo e desmascaram a realidade. Muitas vezes as canções servem de comentário aos acontecimentos, na medida em que determinam uma interrupção no fluxo dramático e, mesmo que não tivessem sido concebidas para tal fim, induzem a uma suspensão crítica no envolvimento do receptor.

Por outro lado, as cenas autônomas em Büchner dão, se comparadas à dramaturgia tradicional, uma impressão de desordem formal. Mas esta suposta desordem acarreta, por sua vez, uma nova ordem. Aparentemente fragmentada, é um modo de construção da peça que irá desbravar novos caminhos, possibilitando múltiplas interpretações e leituras que permitem a atualização constante da obra.

Por fim, cabe salientar que este tratamento da forma, da estrutura e da escritura teatral acaba redundado também no esvaziamento da significação ou do poder de comunicação da linguagem. Aflora assim no jovem dramaturgo uma crítica da própria linguagem que se tornará particularmente fecunda na literatura e na cena contemporâneas.

Bibliografia

Obras de Büchner

BÜCHNER, Georg. *Werke und Briefe*. München, Carl Hanser Verlag, 1980. Nach der historisch-kritischen Ausgabe von Werner R. Lehmann.
_____. *Complete Plays, Lenz and Other Writings*. Translated with an Introduction by John Reddick. London, Penguin Books, 1994.
_____. *A Morte de Danton*. Trad. Mario da Silva. Prefácio de Erwin Theodor Rosenthal. São Paulo, Brasiliense, 1965 (Série Teatro Universal, vol. 6).
_____. *Woyzeck e Leonce e Lena*. Trad. João Marschner. Prefácio de Anatol Rosenfeld. São Paulo, Brasiliense, (Série Teatro Universal, vol. 33), 1968.
_____. *Woyzeck*. Trad. Tércio Redondo. São Paulo, Hedra, 2003.
_____. *Woyzeck, o Brasileiro*. Adaptação de Fernando Bonassi. São Paulo, 2003.
_____. *Zé*. Adaptação de Fernando Marques. São Paulo, Perspectiva, 2003.
_____. & SCHNEIDER, Peter. *Lenz Precedido por Lenz um Relato*. Trad. e posfácio de Irene Aron. São Paulo, Brasiliense, 1985.

Obras Consultadas

A‍RON, Irene. *Georg Büchner e a Modernidade*. São Paulo, Annablume, 1993.

BENJAMIN, Walter. "Kommentar zu Briefen aus dem bürgerlichen Jahrhundert. Georg Büchner an Karl Gutzkow". Ende Februar 1835. In: *W. B. Illuminationen*. Ausgewählte Schriften Frankfurt, 1961.

BÖLL, Heinrich. "Georg Büchner in der Gegenwärtigkeit". *Büchner-Preis-Reden (1951-1971)*. Stuttgart, Reclam Verlag, 1972, p. 183.

CANETTI, Elias. "Georg Büchner (Rede zur Verleihung des Georg-Büchner-Preises")" in: C: *Das Gewissen der Worte. Essays*. München, 1976.

DIDEROT. *Obras, I*. Organização, tradução e notas J. Guinsburg. São Paulo, Perspectiva, 2000.

DUVIGNAUD, Jean. *Büchner*. Paris: L'Arche, 1954.

FRISCH, Max. "Spricht dieser Büchner nicht wie ein heutiger?". *Büchner-Preis-Reden* (1951-1971). Stuttgart, Reclam Verlag. 1972, p. 65.

GASSNER, John (ed.). "Danton's Death". *A Treasury of the Theatre*. New York, Simon and Schuster, 1951, vol. I.

GRIMM, Reinhold. "Coeur und Careau. Über die Liebe bei Georg Büchner". In: *Georg Büchner I/II*, pp. 299.

LUKÁCS, Georg. "Der faschisstisch verfälschte und der wirkliche Georg Büchner". In: G. L.: *Deutsche Realisten des 19. Jahrhunderts*. Berlin, 1952, pp. 66-88.

MAGALDI, Sábato. *O Texto no Teatro*. São Paulo, Perspectiva, 1989.

MAYER, Thomas Michael. *Georg Büchner. Leben, Werk, Zeit*. Marburg, Jonas Verlag, 1985.

MICHELET. *Histoire de la Révolution Française*. Paris, Robert Laffont, 1988, 2 vols.

MÜLLER, Heiner. *Heiner Müller. O Teatro do Espanto*. São Paulo, Perspectiva, 2003.

PEIXOTO, Fernando. *Georg Büchner – A Dramaturgia do Terror*. São Paulo, Brasiliense, 1983.

ROSENFELD, Anatol. *Teatro Moderno*. São Paulo, Perspectiva, 1997.

_____. *O Teatro Épico*. São Paulo, Perspectiva, 1985.

ROSENTHAL, Erwin. *O Trágico na Obra de Georg Büchner*. São Paulo, Faculdade de Filosofia de Assis, 1951.

SCHLICK, Werner. *Das Georg-Büchner Schrifttum bis 1965. Eine internationale Bibliographie*. Hildesheim, 1968.

THIERBERGER, Richard. "Situation de la Büchner-Forschung". *Études germaniques* 23 (1968), pp. 405-413, pp. 255-260.

Periódicos

Suplemento Literário de *O Estado de S. Paulo*, 12.10.1963.

Passeata das Lanternas, em Frankfurt, outubro de 1831. Litografia de Jakob Fürchtegott Vogel.

Assalto de insurrectos ao Hauptwache, posto de guarda de Frankfurt, e intervenção das tropas regulares. Desenho de Ludwig Burger, 1880.

O Mensageiro de Essen[1]
Na versão de julho de 1834

1. Este panfleto é um dos mais significativos manifestos revolucionários publicados na Alemanha no período anterior à Revolução de 1848 e ao *Manifesto Comunista* de Karl Marx. Como se patenteia desde logo, contém elementos que traduzem não só o estado de espírito reinante em certos círculos intelectuais, grupos estudantis e setores da burguesia, como as concepções aí em debate e as formas subversivas de atuação de núcleos de oposição organizada na fementação política e social que preparou os movimentos democrático e socialista subseqüentes. A ameaça representada por tal caráter e seu alcance não foi menosprezada pela ordem dominante na época e pelas autoridades do Grão-Ducado de Essen, que se empenharam de pronto em impedir sua divulgação e caçar o grupo supostamente ligado à autoria do escrito. E não deixava de ser verdade que o referido texto não representava expressão apenas individual, mas constituía incitação promovida por uma rede de ativistas pois, se o esboço inicial do texto saiu da pena de georg Büchner, a versão publicada e distribuída clandestinamente em julho de 1834 sofrera revisão e acréscimos do mestre-escola Ludwig Weidig, um dos principais mentores das tentativas de rebelar o povo e estabelecer um novo regime no sul da Alemanha. Daí resultou uma singular superposição e contraposição de idéias que, a bem dizer, não se coadunavam com o que se sabe ser o pensamento de Büchner, já naquele momento. O materialista convicto e ateu recorre, no desenrolar da argumentação, ao amparo das Sagradas Escrituras e à justiça divina para denunciar em termos candentes a ordem injusta da sociedade e reivindicar, com este esteio, os direitos do homem e do cidadão. Embora não se possa afirmar categoricamente que todas essas menções escriturais devam ser atribuídas ao segundo redator que era sacerdote e estudioso da Bíblia, porquanto o primeiro também versava com desembaraço o texto sagrado, como se verifica em *Woyzeck*, a colcha resultante da citada interferência provocou a ira de Büchner que não se conformou com as incongruências estampadas e o desrespeito ao cerne de suas concepções. É certo que, apesar de sua indignação, não se eximiu de participar da difusão da *Mensagem*, provavelmente por julgar o seu conteúdo político mais importante do que o doutrinário naquela conjuntura. Seja como for, não deixa de ser verdade que o jovem estudante de medicina, pelo menos vinte anos mais moço do que Weidig, estava ideologicamente mais à esquerda do que este, que teria sido levado, como líder do movimento, a modificar a declaração a fim de atender às diferenças de posições entre os militantes. Todavia, o documento permaneceu com o título que lhe foi dado pelo co-autor e Büchner nada teve a ver com a segunda edição do panfleto, que veio à luz em novembro de 1834, sob os auspícios de Leopold Eichelberg, recompensado por tal empenho com treze anos de prisão.

Figura da página anterior: Georg Büchner.

PRIMEIRA MENSAGEM[2]

Darmstadt[3], julho de 1834

Preâmbulo[4]

Este folheto deve anunciar a verdade ao país de Essen, mas aquele que diz a verdade é enforcado e até mesmo aquele que lê a verdade é talvez punido por juízes corruptos. Por isso os que receberem esse folheto precisam observar o seguinte:

1. Devem guardar o folheto cuidadosamente fora de suas casas e do alcance da polícia.
2. Só devem compartilhá-lo com amigos fiéis.
3. Àqueles em quem eles não confiam, como confiam em si mesmos, eles devem passá-lo apenas de um modo secreto.

---

2. A especificação parece indicar que outras mensagens deveriam seguir-se.
3. Na realidade, a impressão do panfleto deu-se em Offenbach. O registro incorreto da cidade pode ter sido motivado pela necessidade de despistar as autoridades ou pelo desejo de encarecer a origem e a importância do manifesto, uma vez que Darmstadt era a capital do Grão-Ducado.
4. O Preâmbulo inteiro é de autoria de Weidig.

4. Se, no entanto, o folheto for encontrado com alguém que o tenha lido, este deve declarar que pretendia levá-lo ao conselho distrital.
5. Aquele que não tiver lido o folheto, caso este seja encontrado em seu poder, não tem naturalmente culpa alguma.

PAZ ÀS CHOUPANAS! GUERRA AOS PALÁCIOS![5]

No ano de 1834 era como se a Bíblia estivesse sendo castigada por mentir. Era como se Deus tivesse criado os camponeses e artesãos no quinto dia, e os príncipes e os notáveis[6] no sexto, e o Senhor tivesse dito a estes últimos: reinem sobre todos os animais que rastejam sobre o chão[7]; e era como se houvesse contado os camponeses e os burgueses junto com os vermes. A vida dos notáveis é um longo domingo, moram em belas casas, usam roupas elegantes, têm rostos gordos e falam a sua própria língua; o povo, porém, jaz diante deles como o esterco no campo. O camponês caminha atrás do arado, o notável caminha atrás dele e do arado e o fustiga como aos bois na charrua, apanha o trigo e deixa-lhe os colmos. A vida do camponês é uma longa jornada de trabalho; estranhos consomem suas lavouras diante de seus olhos, seu corpo é um calo, seu suor é o sal na mesa dos notáveis.

No Grão-Ducado de Essen há 718.373 habitantes que dão ao Estado anualmente cerca de 6.363.364 florins, como segue:

---

5. Trata-se evidentemente de uma versão da famosa palavra de ordem da Revolução Francesa, "Paix aux chaumières! Guerre aux châteaux!", cunhada por Chamfort em 1792.

6. No original alemão, *vornehm*, palavra que designa não só um "nobre" como uma pessoa eminente no plano social, econômico ou político, isto é, a que é qualificada em português de "notável" ou "notabilidade". Traduzimo-la nesta acepção para manter o sentido que lhe foi dado por Weidig, pois Büchner teria usado no seu esboço inicial do texto o termo "rico", segundo declarou um companheiro seu em interrogatório policial, o que parece plausível, quando se leva em conta as posições de Büchner.

7. Cf. Gênese 1: 28,30. Esta é a primeira de 48 invocações de versículos bíblicos do Velho e do Novo Testamentos, parafraseados no *Mensageiro*, tendo como referência o texto escritural alemão que, naturalmente, serviu de base para esta versão em português, dadas as diferenças que os textos apresentam nas diversas traduções.

1. Impostos diretos   2.128.131 fl.
2. Impostos indiretos   2.478.264 fl.
3. Domínios da coroa   1.547.394 fl.
4. Regalias[8]   46.938 fl.
5. Multas em dinheiro   98.511 fl.
6. Fontes diversas   64.198 fl.

6.363.363 fl.[9]

Esse dinheiro é o dízimo de sangue arrancado ao corpo do povo. Cerca de setecentos mil criaturas suam, gemem e passam fome por isso. A extorsão é feita em nome do Estado, os que extorquem invocam a autoridade do governo e o governo diz ser isso necessário para manter a ordem no Estado. Mas que coisa poderosa é essa, o Estado? Se um certo número de pessoas mora em um país e há decretos e leis pelos quais cada um deve se pautar, diz-se que formam um Estado. Portanto, o Estado são *todos*; os ordenadores do Estado são as leis, através das quais o bem de *todos* é assegurado, e elas devem surgir a partir do bem de *todos*. – Vede agora o que fizeram do Estado no Grão-Ducado; vede o que significa: manter a ordem no Estado! Setecentas mil pessoas pagam por seis milhões, isto é, elas são transformadas em cavalos de arado e animais de charrua para que vivam em ordem. Viver em ordem significa passar fome e ser maltratado.

Mas quem são eles, os que criaram essa ordem e que cuidam para que essa ordem seja mantida? É o governo do Grão-Ducado. O governo é formado pelo Grão-Duque e seus mais altos funcionários. Os outros funcionários são homens chamados pelo governo para manter em vigor essa ordem. Seu número é legião: conselheiros de Estado e conselheiros de governo, conselheiros provinciais e conselheiros distritais, conselheiros eclesiais e conselheiros de escola, conselheiros de finanças e conselheiros florestais, etc., com todo o seu exército de secretários, e assim por diante. O povo é o seu rebanho, eles são os

---

8. Tributo pago diretamente à coroa e que incidia sobre determinadas atividades econômicas, como a exploração de minas, de salinas, o serviço postal, a cunhagem de moeda e outras.

9. O resultado correto da adição é 6.363.436 florins. Este total sofreria nova alteração se a parcela relativa às "Fontes Diversas" fosse substituído por seu valor efetivo, 64098, como pretendem pesquisas recentes acerca destes dados estatísticos.

seus pastores, ordenhadores e esfoladores; eles trazem sobre si as peles dos camponeses, o que roubam dos pobres está em suas casas; as lágrimas das viúvas e dos órfãos são a gordura em suas faces; eles reinam sem peias e exortam o povo à subserviência. A eles vós entregais seis milhões de florins de impostos; por isso eles têm o trabalho de governá-los; quer dizer, deixar-se alimentar por vós e roubar de vós os vossos direitos de seres humanos e de cidadãos. Vede qual é a colheita do vosso suor.

Ao Ministério do Interior e da Justiça são pagos 1.110.607 florins. Em troca, tendes um amontoado de leis, juntado a partir de decretos arbitrários de todos os séculos, na maioria das vezes escritos em língua estrangeira. A insensatez de todas as gerações passadas foi com isso transmitida a vós por herança, o peso sob o qual elas sucumbiram rolou sobre vós. A lei é propriedade de uma classe insignificante de notáveis e letrados que por sua própria obra de intriga se adjudicou o poder de mando. Essa justiça é apenas um meio para manter-vos dentro da ordem, de modo a poder esfolar-vos mais comodamente; ela fala segundo leis das quais nada compreendeis, segundo princípios dos quais nada sabeis, julgamentos dos quais nada entendeis. Ela é incorruptível porque faz com que lhe paguem suficientemente caro para não necessitar de nenhum suborno. Mas a maior parte de seus servidores está vendida de corpo e alma ao governo. Suas poltronas de descanso erguem-se sobre um monte de 461.373 florins (a tanto montam as despesas para as cortes de justiça e as custas criminais). As casacas, bengalas e espadas de seus invioláveis servidores são guarnecidas com a prata de 197.502 florins (tal é o custo da polícia em geral, da gendarmeria etc.). A justiça é há séculos, na Alemanha, a puta dos príncipes alemães. Cada passo em sua direção deve ser pavimentado com prata, e suas sentenças são compradas com pobreza e humilhação. Pensai no papel timbrado, pensai nas vossas mesuras nas salas de audiência e nas horas de espera diante delas. Pensai nas propinas para os escrivões e oficiais de justiça. Podeis dar parte do vizinho que vos roubou uma batata; mas experimentai dar queixa contra o roubo em favor do Estado, sob o nome de impostos e taxas, que todo dia é perpetrado contra vossa propriedade para que uma legião de inúteis funcionários engorde com o vosso suor; experimentai reclamar que fostes deixado ao arbítrio de alguns pançudos e que este arbítrio é chamado de lei, experimentai reclamar que vós sois os cavalos de arado do Estado, experimentai reclamar os vossos direitos humanos perdidos: Onde estão as cortes de justiça que acolheriam vossa queixa, onde estão os juízes que fariam o julgamento? As cadeias de vossos concidadãos de Vogelsberg que foram arrastados para Rockenburg[10] vos darão a resposta.

E se afinal um juiz ou um outro funcionário dentre os poucos aos quais o direito e bem comum são mais caros do que a barriga e Mamon[11] quiser ser um conselheiro e não um esfolador do povo, este será esfolado pelos conselheiros superiores do príncipe.

Ao Ministério das Finanças, 1.551.502 florins.

Com isso são remunerados os conselheiros das finanças, os altos exatores, os arrecadadores e os baixos lançadores de impostos. Em troca, é calculado o produto de vossas lavouras e contado o número de vossas cabeças. O solo sob os vossos pés, o bocado de comida entre vossos dentes é tributado. Em troca, os senhores de casaca estão reunidos e diante deles o povo está nu e curvado, eles deitam as mãos sobre seus lombos e ombros e calculam o quanto estes ainda podem carregar, e quando são misericordiosos, isso ocorre apenas ao modo como se poupa uma rês que não se deseja fatigar tanto.

Aos militares são pagos 914.820 florins.

Em troca, vossos filhos ganham um casaco muito colorido sobre o corpo, uma espingarda ou um tambor sobre o ombro e podem a cada outono[12] atirar às cegas e contar como os senhores da corte e os garotos mal-educados da nobreza passam adiante de todos os filhos de pessoas honradas, perambulando com eles pelas ruas largas das cidades com tambores e trombetas. Por aqueles novecentos mil florins os vossos filhos devem jurar obediência aos tiranos e dar guarda aos seus palácios. Com seus tambores silenciam os vossos suspiros, com suas coronhas rebentam vossos crânios, caso ousais pensar que sois homens livres. Eles são os assassinos legais que os ladrões legais protegem, pensai em Södel![13] Ali, vossos irmãos e vossos filhos foram assassinos de seus próprios irmãos e pais.

---

10. Em setembro de 1830 ocorreram agitações camponesas na região de Vogelsberg e muitos de seus habitantes, que participaram dos motins, foram detidos e conduzidos a uma prisão insalubre, próxima da cidade de Rockenberg.

11. Palavra de origem aramaica que significa riqueza, usada tanto em fontes judaicas quanto cristãs em acepção pejorativa, como o dinheiro que escraviza o mundo.

12. No mês de setembro, início do outono europeu, as tropas do Grão-Ducado realizavam exercícios militares.

13. Aldeia, próxima de Rockenberg, em que a repressão aos distúrbios no campo, em setembro de 1830, provocou a morte de inocentes aldeões tomados como rebeldes.

Às pensões, 480.000 florins.

Em troca, os funcionários são deitados no colchão, caso tenham servido fielmente ao Estado por um certo tempo, isto é, se foram serventes zelosos nos organizados esfolamentos regulamentares que se denominam ordem e lei.

Ao Ministério de Estado e ao Conselho de Estado, 174.600 florins.

Os maiores patifes encontram-se agora, de fato, em toda a Alemanha, mais próximos dos príncipes, ou ao menos neste Grão-Ducado: se um homem honesto entra para um Conselho de Estado, ele é logo expulso. Mas também se um homem honesto pudesse ser agora ministro ou permanecer como tal, do jeito que estão as coisas na Alemanha, ele seria apenas um fantoche, em que o boneco principesco puxa o cordel e no qual o espantalho principesco é, a seu turno, de novo manipulado por um camareiro ou um cocheiro ou sua mulher e o favorito dela, ou o seu meio-irmão – ou todos juntos.

Na Alemanha agora é como escreve o profeta Miquéias, capítulo sete, versículos três e quatro: "Os poderosos aconselham segundo a sua maldade para causar danos e torcem as coisas como bem querem. O melhor dentre eles é como um espinho e o mais reto como uma sebe de espinhos". Tendes de pagar caro pelos espinhos e pelas sebes; pois tendes de pagar, além disso, 827.772 florins pela casa grão-ducal e pela corte.

As instituições e as pessoas de quem falei até agora são apenas instrumentos, são apenas servidores. Nada fazem em seu próprio nome, sob a denominação de seu cargo está escrito um L. que significa *Ludwig* pela graça de Deus, e eles falam com profundo respeito: "em nome do Grão-Duque". Este é o seu grito de guerra quando leiloam os vossos apetrechos de trabalho, enxotam o vosso gado e vos atiram na prisão. Em nome do Grão-Duque dizem eles, e o homem a quem assim denominam chama-se: inviolável, sagrado, soberano, Vossa Alteza Real. Aproximai-vos, porém do filho do homem e olhai através de sua vestimenta principesca. Ele come, quando está faminto e dorme quando seu olho fica escuro. Vede, ele se arrastou para dentro do mundo tão nu e mole quanto vós e será carregado para fora dele tão duro e hirto quanto vós e, no entanto, ele tem os pés sobre vossa nuca, tem setecentos mil homens presos ao seu arado, tem ministros que são responsáveis por aquilo que faz, tem poder sobre a vossa propriedade, por meio dos impostos que institui, sobre a vossa vida por meio das leis que ele faz, tem à sua volta senhores e damas nobres, chamados cortesãos, e o seu poder divino é herdado por seus filhos com mulheres que procedem igualmente de estirpes super-humanas.

Ai de vós, idólatras! – Sois como os pagãos que adoram o crocodilo, pelo qual serão estraçalhados. Vós colocais nele uma coroa, mas é uma coroa de espinhos que vós enfiais em vossa própria cabeça; vós lhe dais um cetro na mão, mas é um chicote com o qual sois domesticados; vós o sentais em um trono, mas é uma cadeira de martírio para vós e vossos filhos. O príncipe é a cabeça da sanguessuga que se arrasta sobre vós, os ministros são os seus dentes e os funcionários o seu rabo. Os estômagos famintos de todos os nobres senhores aos quais distribui os altos postos são ventosas que o príncipe coloca no país. O L. que aparece embaixo de seus decretos é o signo do animal que os idólatras de nosso tempo adoram. O manto principesco é o tapete sobre o qual os senhores e as damas da nobreza e da corte rolam uns sobre os outros na luxúria – com condecorações e fitas cobrem seus juramentos e com vestimentas caras vestem seus corpos lazarentos. As filhas do povo são suas criadas e putas, os filhos do povo, seus lacaios e soldados. Andai uma vez por Darmstadt e vede como os senhores ali se divertem com o vosso dinheiro, e depois contai às vossas esposas e filhos famintos que o seu pão frutificou maravilhosamente em barrigas estranhas, contai-lhes das belas vestes que foram tingidas com o vosso suor, e das delicadas fitas que foram cortadas com os calos de vossas mãos, contai sobre as casas suntuosas construídas com os ossos do povo; e, depois, arrastai-vos para vossas choupanas enfumaçadas e agachai-vos em vossos campos pedregosos para que vossos filhos também possam um dia ir até lá, quando um príncipe herdeiro, com uma princesa, quiser dar conselho a um outro príncipe herdeiro, e para que eles vejam, através das portas abertas de vidro, a toalha de mesa sobre a qual os senhores comem e cheirem as lâmpadas que são iluminadas com a gordura dos camponeses.

Tudo isso tolerais porque patifes vos dizem: "este governo é de Deus". Este governo não é de Deus, mas, sim, do pai da mentira. Esses príncipes alemães não são nenhuma autoridade legítima, porém a autoridade legítima do *Kaiser* (imperador) alemão, que antes era livremente eleito pelo povo, eles a desprezaram há centenas de anos e finalmente a traíram. O poder dos príncipes alemães não surgiu do voto do povo, mas, sim, da traição e do perjúrio, e por isso o seu modo de ser e de atuar são amaldiçoados por Deus; a sua sabedoria é fraude, sua legitimidade é extorsão. Eles pisoteiam o país e destroçam a pessoa do pobre. Vós injuriais Deus quando denominais um desses príncipes ungido do Senhor, isto significa que Deus teria ungido o diabo e o teria instituído como príncipe sobre a terra alemã. A Alemanha, nossa querida pátria, foi estraçalhada por esses príncipes, o *Kaiser*, eleito por nossos antepassados livres, foi traído por esses príncipes, e agora esses traidores e torturadores exigem fidelidade de vós! – Mas o reino das trevas aproxima-se de seu fim! Mais um pouco, e a Alemanha, que agora os príncipes esfolam, reerguer-se-á como um *Freistaat* (Estado livre), com uma autoridade de novo eleita pelo povo. A Sagrada Escritura diz: Dai ao Imperador (César) o que é do Imperador (César). Mas o que é deste príncipe, deste traidor? – *A parte de Judas*!

Aos Estados Provinciais, 16.000 florins[14].

No ano de 1789 o povo na França cansou-se de continuar sendo o rocim de seu rei. O povo se ergueu e convocou homens em quem confiava, e esses homens se reuniram e disseram que um rei é um ser humano como qualquer outro, ele é apenas o primeiro servidor do Estado e deve responder ante o povo, e se administrar mal as obrigações de seu cargo, poderá incorrer em punição. Então eles declararam os Direitos do Homem:

> Ninguém herda de outrem por nascimento um direito ou um título, ninguém herda com a propriedade um direito perante o outro. O mais alto poder é a vontade de todos ou da maioria. Essa vontade é a lei, ela se dá a conhecer através dos Estados provinciais ou dos representantes do povo, eles são eleitos por todos e cada um pode ser eleito; os eleitos expressam a vontade de seus eleitores, e assim a vontade da maioria dentre eles corresponde à vontade da maioria dentre o povo; o rei deve cuidar apenas da aplicação das leis por ela decretada[15].

O monarca jurou lealdade a essa Constituição, mas traiu o juramento ao povo e o povo o julgou, como convém julgar um traidor. Então os franceses aboliram a realeza hereditária e escolheram livremente uma nova autoridade, à qual cada povo tem direito, de acordo com a razão e a Sagrada Escritura. Os homens que deviam ser os guardiões do cumprimento das leis foram nomeados pela assembléia dos representantes do povo; eles constituíram a nova autoridade supre-

---

14. Ao contrário do que se verifica até aqui no texto do manifesto, o parágrafo subseqüente não desenvolve a sentença que o encabeça. É bem possível tratar-se de uma frase de Büchner mantida por um cochilo de Weidig ou por ter este revisor suprimido a seqüência original.

15. A citação parece sugerir que o trecho limita-se a transcrever parte da Declaração dos Direitos do Homem e do Cidadão, redigida durante a Revolução Francesa. Mas, na realidade, o texto deve ser da lavra de Weidig, pois apresenta enxertos que nada têm a ver com o original e que traem o ideário político do revisor de Büchner.

ma. Assim o governo e os legisladores foram eleitos pelo povo e a França tornou-se um Estado livre.

Os outros reis, porém, apavoraram-se ante o poder do povo francês, julgaram que poderiam todos quebrar o pescoço por causa do primeiro cadáver de rei, e que seus maltratados súditos poderiam despertar ao brado de liberdade dos franceses. Com enorme equipamento de guerra e forças de cavalaria precipitaram-se por todos os lados sobre a França e grande parte da nobreza e da notabilidade do país levantou-se e bandeou-se para o inimigo. Aí o povo se enfureceu e se ergueu com toda a sua força. Ele esmagou os traidores e destroçou os mercenários dos reis. A jovem liberdade cresceu com o sangue dos tiranos e ante sua voz os tronos tremeram e os povos rejubilaram-se. Mas os próprios franceses venderam a sua jovem liberdade em troca da fama que Napoleão lhes oferecia, e o povo o elevou ao trono de imperador. – E depois o Todo-Poderoso fez com que o exército imperial morresse de frio na Rússia e castigou a França com os *knuts* dos cossacos e deu de novo aos franceses os barrigudos Bourbons, a fim de que a França se reconvertesse à idolatria do poder real hereditário e servisse ao Deus que criou os homens iguais e livres. Mas, depois que o tempo de seu castigo transcorreu e homens intrépidos expulsaram do país o perjuro rei Carlos X, em julho de 1830, a França liberta voltou-se, não obstante, mais uma vez, para uma monarquia *semi-hereditária* e submeteu-se na pessoa do hipócrita Luís Filipe a um novo açoite. Na Alemanha e em toda a Europa, porém, houve grande alegria e felicidade quando o rei Carlos X foi derrubado do trono, e os pequenos Estados oprimidos da Alemanha aprestaram-se para a luta pela liberdade. Então os príncipes puseram-se a deliberar como haveriam de escapar ao ódio do povo, e os mais espertos dentre eles disseram: deixai que uma parte de nosso poder se vá, para que conservemos o restante. E eles se apresentaram ao povo e falaram: Nós queremos vos dar a liberdade pela qual quereis lutar. – E tremendo de medo jogaram-lhes algumas migalhas e falaram de sua mercê. O povo, infelizmente, confiou neles e deitou-se para dormir. – E assim a Alemanha foi enganada tal como a França.

Pois o que são essas constituições na Alemanha? Nada mais do que palha vazia, da qual os príncipes debulharam os grãos para si. O que são nossas dietas? Nada mais do que lentas carroças, colocadas uma ou duas vezes no caminho da rapacidade dos príncipes e seus ministros, das quais porém nunca se poderá construir uma fortaleza segura para a liberdade alemã. O que são nossas leis eleitorais? Nada mais do que infrações dos direitos dos cidadãos e dos direitos humanos da maioria dos alemães. Pensai no direito a voto no Grão-Ducado, de acordo com o qual ninguém pode ser votado que não seja rico proprietário, por mais honrado e bem intencionado que for, mas bom é o *Grolmann*, que queria vos roubar dois milhões[16]. Pensai na constituição do Grão-Ducado. – De acordo com seus artigos o Grão-Duque é inviolável, sagrado e inimputável. Sua dignidade é herança de família, ele tem o direito de travar guerra e dispõe com exclusividade do exército. Ele convoca as assembléias dos Estados, adia ou as dissolve. Os Estados não podem fazer nenhuma sugestão de lei, porém devem solicitá-la e fica ao bel-prazer incondicional do príncipe, concedê-la ou negá-la. Ele permanece de posse de um ilimitado poder, apenas não pode promulgar novas leis ou prescrever novos impostos sem o consentimento dos Estados. Mas em parte ele não se importa com tal autorização e, em parte, bastam-lhe as velhas leis, que são obra do poder principesco, e por isso ele não necessita de nenhuma nova lei. Uma constituição assim é algo infeliz e deplorável. O que esperar de Estados que estão presos a uma constituição como essa? Mesmo que entre os eleitos não houvesse traidores do povo e vis covardes, mesmo que todos eles fossem sem exceção resolutos amigos do povo?! O que esperar de Estados que mal conseguem defender os pobres farrapos de uma miserável constituição?! – A única resistência que foram capazes de realizar foi a recusa dos dois milhões de florins que o grão-duque pretendia receber como um presente do povo endividado a fim de pagar as suas próprias dívidas. – Mesmo que os Estados Gerais do Grão-Ducado tivessem direitos suficientes e mesmo que o Grão-Ducado, mas tão-somente o Grão-Ducado, tivesse uma verdadeira constituição, ainda assim a maravilha logo teria um fim. Os abutres em Viena e Berlim estenderiam suas garras de algozes e a pequena liberdade seria extirpada com pele e osso[17]. O povo alemão como um todo precisa conquistar a liberdade. E esse

---

16. A quantia indicada refere-se a uma dívida particular do Grão-Duque que desejava transferi-la ao Estado, mas não logrou a aprovação dos representantes eleitos. Com respeito ao nome Grolmann, trata-se possivelmente do primeiro ministro de Essen. No entanto, Karl von Grolmann, que exerceu esse cargo, falecera em 1829, de modo que a menção talvez seja a Friedrich, irmão mais jovem de Karl, e na época em que Büchner e Weidig compuseram a *Mensagem*, prócer conservador na assembléia dos Estados Provinciais.

17. Esta passagem do panfleto alude à política de repressão aos movimentos liberais e nacionalistas que, instaurada na Europa continental após a queda de Napoleão para preservar os regimes monárquicos reinantes, teve o seu primeiro momento na chamada Santa Aliança e prosseguiu até a Revolução de 1848. A Áustria e a Prússia estiveram entre os seus principais mentores tanto no plano europeu

momento, caros concidadãos, não está distante. – O Senhor entregou o belo país alemão, que foi por muitos séculos o mais esplêndido império da terra, nas mãos de forâneos e nativos esfoladores, porque o coração do povo alemão havia renegado a liberdade e a igualdade de seus antepassados e o temor perante o Senhor, pois vós vos entregastes à idolatria dos numerosos senhorzinhos, duquezinhos e reizinhos do tamanho de um dedão.

O Senhor, que quebrou o bastão do batedor estrangeiro Napoleão, também irá quebrar os ídolos de nossos tiranos nacionais pelas mãos do povo. Por mais que brilhem esses ídolos de ouro e pedras preciosas, de condecorações e insígnias de honra, no entanto o verme em seu interior não morre e seus pés são de barro. – Deus vos dará força para despedaçar estes pés, tão logo vós vos converterdes do erro de vossa conduta e reconhecerdes a verdade: "que há apenas um Deus e não há outros deuses ao seu lado, que se fazem chamar de Vossas Altezas e Altíssimos, sagrados e inimputáveis, porque Deus criou todos os homens livres e iguais em seus direitos e porque não há nenhuma autoridade cuja bênção tenha sido ordenada por Deus, senão aquela que se funda na confiança do povo e foi explícita ou implicitamente eleita pelo povo; porque, em contraposição, a autoridade, o poder, porém sem ter nenhum direito sobre um povo, é *apenas* de Deus, assim como o Diabo também é de Deus, e porque a obediência para com uma tal autoridade-do-diabo só é válida até o momento em que seu poder-do-diabo possa ser quebrado; porque o Deus, que uniu um povo, através de *uma* língua em *um* corpo único, há de castigar os poderosos que o dilaceram e esquartejam, ou então o estraçalham em trinta pedaços[18], como assassinos do povo e tiranos tanto aqui na terra como lá eternamente, pois a Escritura diz que: "aquilo que Deus uniu, o homem não deve separar; e que o Todo-Poderoso pode criar de um deserto um paraíso", bem como pode transformar um país do lamento e da miséria de novo em um paraíso, como era a nossa querida Alemanha, até que os seus príncipes a dilaceraram e esfolaram.

---

como no dos Estados alemães e das aspirações de unificação e democratização que os agitavam.

18. No Congresso de Viena, em 1815, Metternich conseguiu firmar a Santa Aliança européia e a supremacia austríaca no fragmentado território do que viria a ser a Alemanha moderna. Por resolução tomada pelo conclave, afora a Prússia, 34 principados e quatro cidades-livres compunham a confederação dos Estados alemães.

E porque o império alemão estava podre e carcomido e os alemães, desviados de Deus e da liberdade, Deus deixou o império cair em ruínas a fim de rejuvenescê-lo em um Estado livre. Durante algum tempo deu poder aos anjos-de-satã para que batessem na Alemanha com seus punhos, deu poder aos "poderosos e príncipes, que reinam na escuridão, aos maus espíritos sob o céu" (Éfeso, 6), para que atormentassem os burgueses e camponeses e sugassem o seu sangue e promovessem suas maldade com todos os que amam mais o direito e a liberdade do que a injustiça e a servidão. – Mas eles passaram da medida!

Vede este monstro marcado por Deus, o rei Luís da Baviera, este blasfemo que obriga homens honestos a se ajoelharem diante de sua imagem, e manda condenar por juízes perjuros todos os que testemunham a verdade; esse porco que chafurdou em todas as poças de vícios da Itália, esse lobo que faz aprovar, por seus perjuros estados provinciais, uma permanente dotação anual de cinco milhões para a sua corte de Baal, e depois pergunta: "É esta uma autoridade prescrita por Deus para a bênção?".

Ah!, tu és autoridade por ordem de Deus?
Deus só distribui bênçãos;
Tu roubas, tu esfolas, tu encarceras,
Tu, não por ordem de Deus, tirano!

Eu vos digo: ele e seus pares, príncipes, passaram da medida. Deus, que golpeou a Alemanha por causa de seus pecados por meio desses príncipes, vai curá-la de novo. "Ele irá arrancar as sebes e os espinhos e queimá-los juntos no mesmo montículo" (Isaías 27,4). Por menos que ainda cresça a corcunda[19], com a qual Deus marcou esse rei Luís, tão menos poderão ainda crescer as ações infames desses príncipes. Eles passaram da medida. O Senhor vai desmantelar seus castelos-fortes e então na Alemanha a vida e a força, a bênção da liberdade irão florescer novamente. Os príncipes converteram a terra alemã em um grande campo de cadáveres, como Ezequiel descreve no capítulo 37: "O Senhor conduziu-me a um largo campo, que estava repleto de ossos, e vede, eles estavam ressecados". Mas o que disse o Senhor a esses ossos ressecados? "Vede, eu vos darei veias e deixarei que a carne cresça sobre vós, e vos revestirei de pele e vos darei alento para que fiqueis vivos de novo e para que fiqueis sabendo que eu sou o Senhor".

---

19. A caracterização grotesca do rei Luís I da Baviera (1786-1868) se enquadra nos padrões da polêmica política da época, uma vez que o citado monarca não era corcunda, embora tivesse nariz proeminente.

E a palavra do Senhor se revelará verdadeira também na Alemanha, como diz o profeta:

> Vede, ouvia-se um rumor e algo se movia e os ossos tornaram a conjuntar-se, cada osso no seu osso. – E então veio-lhes o alento e eles ficaram vivos novamente e de novo eles se ergueram sobre seus pés, e era um exército muito grande o deles.

Como escreve o profeta, assim também era até agora na Alemanha: vossos ossos estão ressecados, pois a ordem em que viveis é de pura exploração. Pagais no Grão-Ducado seis milhões para um punhado de pessoas a cujo arbítrio estão entregues a vossa vida e propriedade, e o mesmo acontece com todos os outros nessa Alemanha despedaçada. Não sois nada, não tendes nada! Não tendes direito algum. Sois obrigados a dar aquilo que exigem os vossos insaciáveis opressores, e a carregar aquilo a que eles vos sobrecarregam. Até onde alcança o olhar de um tirano – e a Alemanha possui trinta deles – a terra e o povo ressecam. Mas, como escreve o profeta, assim há de ser logo na Alemanha: o dia da ressurreição não tardará. No campo de cadáveres algo se moverá e seu rumor se fará ouvir e os redivivos serão um grande exército.

Levantai os olhos e contai o punhado de vossos opressores, que são fortes apenas através do sangue que sugam de vós, e através de vossos braços que lhes emprestais submissamente. Talvez eles sejam dez mil no Grão-Ducado e vós sois setecentos mil, e esta é a proporção entre o povo e os seus opressores também no restante da Alemanha. Está bem que eles ameacem com o armamento e os cavaleiros dos reis, mas eu vos digo: "Quem ergue a espada contra o povo, esse há de morrer pela espada do povo". A Alemanha é agora um campo de cadáveres, logo mais será um paraíso. O povo alemão é *um* só corpo único e vós sois os membros desse corpo. Pouco importa onde o suposto de cadáver comece a palpitar. Quando o Senhor vos enviar os seus sinais por meio dos homens, junto dos quais guia os povos da subserviência para a liberdade, erguei-vos então e todo o corpo se erguerá convosco.

Vós vos curvastes por longos anos nas lavouras espinhosas da servidão, então vertereis vosso suor por um verão nos vinhedos da liberdade e sereis livres até o milésimo elo.

Escavastes a terra durante uma vida inteira, então escavareis um túmulo para os vossos tiranos. Construístes os castelos-fortes, então os derrubareis e construíreis a casa da liberdade. Então podereis batizar livremente vossos filhos com a água da vida. E até que o Senhor vos chame por meio de seus mensageiros e sinais, ficai de guarda e armaivos em espírito e rezai vós próprios e ensinai vossos filhos a rezar: "Senhor, quebra o bastão de nosso batedor e deixa que o teu Reino venha a nós, o reino da justiça. Amém".

Dr. Friedrich Ludwig Weidig.

A Morte de Danton
Um Drama

Maximilien Robespierre.   Louis Antoine Léon Saint-Just.

Figura da página anterior: Georges Danton, desenho.

Personagens

Georges Danton
Legendre
Camille Desmoulins
Hérault-Séchelles
Lacroix — Deputados
Phillippeau
Fabre D'églantine
Mercier
Thomas Payne

Robespierre
Saint-Just
Barère — Membros do Comitê de Salvação Pública
Collot D'herbois
Billaud-Varennes

Chaumette, Procurador da Comuna de Paris
Dillon, General
Fouquier-Tinville, Promotor Público

Amar
Vouland — Membros do Comitê de Segurança

Herman ⎤ Presidentes do Tribunal Revolucionário
Dumas   ⎦

Paris, Amigo de Danton
Simon, Ponto de Teatro
Laflotte
Julie, Esposa de Danton
Lucile, Esposa de Camille Desmoulins

Rosalie   ⎤
Adelaide ⎟ Grisetes
Marion   ⎦

Homens e Mulheres do Povo, Grisetes, Deputados, Carrascos etc.

Primeiro Ato

(I,1)

Hérault-Séchelles, algumas senhoras à mesa de jogo. Danton, Julie, um pouco mais distantes. Danton sentado numa banqueta, aos pés de Julie.

Danton[1] – Vejam a bela dama, com que elegância embaralha as cartas! É verdade, disso ela entende; dizem que ao marido apre-

---

1. Georges Jacques Danton (1759-1794). Advogado, foi uma das principais figuras da Revolução Francesa. Grande tribuno, fundou o Clube dos Cordeliers. Com Marat, encabeçou a ala mais extrema do movimento popular que culminou na formação da Comuna revolucionária de Paris e nos acontecimentos de 9 e 10 de agosto de 1792, em função dos quais a Assembléia Legislativa foi levada a depor Luís XVI e substituí-lo por um comitê executivo provisório. Danton tornou-se Ministro da Justiça deste novo governo e, como tal, teve um papel fundamental na organização da defesa nacional contra a coligação européia e decretou as primeiras medidas do que seria mais tarde o chamado Terror – a repressão indiscriminada aos partidários do Rei e aos inimigos da República. Eleito para a Convenção Nacional, ligou-se desde logo aos jacobinos, isto é, à Montanha e participou do primeiro Comitê de Salvação Pública que levou à guilhotina os representantes da ala

senta sempre as copas e aos outros, os ouros. Vocês podem até fazer com que um homem fique apaixonado pela mentira.

JULIE – Você acredita em mim?

DANTON – O que sei eu? Sabemos muito pouco um do outro. Somos cascas-grossas; estendemos as mãos uns para os outros, mas é um esforço inútil; conseguimos apenas esfregar o couro grosso um no outro... somos muito solitários.

JULIE – Você me conhece, Danton.

DANTON – Sim, aquilo que se pode chamar de conhecer. Você tem olhos escuros, cabelos cacheados, uma tez delicada e sempre me diz – querido Georges. Mas (*Ele aponta para a testa e os olhos dela*) aqui, aqui, o que há atrás disso aí? Veja, nossos sentidos são grosseiros. Conhecer um ao outro? Seria preciso rachar a tampa de nossos crânios e arrancar um ao outro os pensamentos das fibras de nosso cérebro.

UMA DAMA (*Para Hérault*) – O que está fazendo com seus dedos?

HÉRAULT[2] – Nada!

DAMA – Não estale os polegares desse jeito, é insuportável.

HÉRAULT – Olhe só, a coisa tem uma fisionomia muito particular.

---

moderada de deputados, os girondinos. Já em 1793, porém, ele não é reconduzido ao organismo de segurança da Revolução, embora contribua para a liquidação da facção radical, o grupo de Hébert, por Robespierre. Mas, na Montanha, Danton lidera uma tendência tida por "indulgente", cuja concepção do processo político em curso e dos meios de levá-lo a cabo entram em choque, no plano das idéias e no pessoal, com a linha intransigente do Incorruptível, de Saint Just e de seus partidários. Esse confronto, para cujo resultado vão colaborar as pechas de corruptos e gozadores dos prazeres da mesa e da cama, apesar da popularidade de que ainda desfrutavam, termina com o julgamento e a condenação do "grande artífice da Revolução", segundo Michelet, e de seus companheiros. Eles foram guilhotinados em 5 de abril de 1794, sendo seguidos, quatro meses depois, 28 de julho de 1794, por seus principais e virtuosos juízes.

2. Marie-Jean Hérault de Séchelles (1759-1794), causídico e orador brilhante, de família nobre, muito jovem distinguiu-se na magistratura e chegou a ocupar o cargo de advogado geral do Parlamento de Paris. Admirador de Diderot e de outros iluministas, escreveu um *Elogio a Suger* e o relato de uma *Visita a Buffon*. Abraçou a Revolução com entusiasmo e participou da tomada da Bastilha. Eleito para a Assembléia Legislativa e depois para a Convenção, presidiu-a várias vezes. Além de membro do Comitê de Salvação Pública, tendo contribuído para a proscrição dos girondinos, participou, juntamente com Danton, da redação da nova Constituição francesa de 1793 e desempenhou missões no leste e na Savóia. Sua educação aristocrática, seu bom gosto e seu aprumo no trajar-se atraíram inveja e suspeição. Com os outros dantonistas, foi condenado à guilhotina e executado em 16 do germinal do ano II, ou seja, pelo calendário comum, 5 de abril de 1794.

Danton – Não, Julie, eu a amo como a um túmulo.
Julie (*Esquivando-se*) – Oh!
Danton – Não, escuta! Dizem que no túmulo há paz e que túmulo e paz são uma e mesma coisa. Se assim for, ao deitar em seu colo já estou debaixo da terra. Meu doce túmulo, seus lábios são sinos mortuários, sua voz é meu dobre fúnebre, seu peito, a colina de meu túmulo e seu coração, meu ataúde.
Dama – Perdi!
Hérault – Isso foi uma aventura amorosa; custa dinheiro como todas as outras.
Dama – Nesse caso, o senhor fez suas declarações de amor como um surdo-mudo, com os dedos.
Hérault – E por que não? Dizem até que são as mais facilmente compreendidas. Iniciei um namoro com uma dama de trunfo, meus dedos eram príncipes transformados em aranhas e a senhora, madame, era a fada. Mas não deu certo, a dama estava sempre grávida, a todo momento dava à luz a um valete. Eu não deixaria que minha filha jogasse assim, os reis e as damas caem um por cima do outro de modo tão indecente e logo depois nascem os valetes.

Entram Camille Desmoulins e Philippeau.

Hérault – Que olhar sombrio, Philippeau! Você fez um buraco no seu barrete vermelho? O santo padroeiro dos jacobinos[3] amarrou a cara? Choveu durante o funcionamento da guilhotina? Ou você arranjou um lugar ruim e não pôde ver nada?
Camille[4] – Você está parodiando Sócrates. Sabe também o que per-

---

3. Denominação dada aos membros da associação política do mesmo nome durante a Revolução Francesa, que se reunia no antigo mosteiro dominicano, ou "jacobino", situado em Paris, na rua Saint-Jacques. Por extensão, todos aqueles que professavam a doutrina democrática radical e defendiam a necessidade de uma luta sem quartel contra a coligação realista européia que tentava sufocar a Revolução. Na medida em que eram convencionais, os termos jacobino e montanhês tornaram-se equivalentes.
4. Camille Desmoulins (1760-1794). Filho de um magistrado de poucos recursos, obteve uma bolsa para o famoso colégio Louis-le-Grande, em que também estudava o jovem Robespierre. Embora se destacasse como aluno, depois de formado passou a exercer uma advocacia de pouca projeção. E não seria na qualidade de causídico que se daria a sua ascensão como figura pública, porém na de tribuno e jornalista. Em 12 de julho de 1789, conclamou às armas a multidão reunida nos jardins do Palais-Royal e preparou o ataque à Bastilha,. A sua ação também se fez notar na jornada de 10 de agosto e, em seguida, como

guntou o divino filósofo a Alcibíades[5], num dia em que o encontrou sombrio e acabrunhado? "Perdeste o teu escudo no campo de batalha? Foste vencido na corrida ou no gládio? Alguém cantou melhor do que tu ou tocou melhor a cítara?" Que republicanos clássicos! Compara isso ao nosso romantismo guilhotinesco!

PHILIPPEAU[6] – Hoje caíram de novo vinte vítimas. Nós estávamos errados. Mandaram os hebertistas[7] para o cadafalso porque

---

panfletário no jornal *Les Révolutions de France et de Brabant*, que circulou entre 1789 e 1791, e em cujas páginas investiu contra La Fayette, Mirabeau e todos os adversários dos Cordeliers. Secretário de Danton, quando este se tornou ministro da Justiça, elegeu-se em seguida para a Convenção, onde cerrou fileira com os montanheses e combateu os girondinos, inclusive com um cáustico panfleto, e pouco depois os hebertistas, que foram alvo da crítica feroz de Desmoulins no seu novo jornal, *Le Vieux Cordelier*. Nesse mesmo periódico passou a defender no mesmo ano o fim do Terror. Por isso, e por seu endosso à posição moderada de Danton, antepôs-se a Robespierre, que determinou a sua prisão, julgamento e condenação, tendo sido levado ao cadafalso no mesmo dia que Danton. Se o Incorruptível Catão da Revolução não perdoou ao seu antigo colega de escola, tampouco relutou em dar a seguir igual destino à apaixonada esposa de Camille, Lucile Duplessis (1771-1794), após ler uma carta indignada que ela lhe enviara.

5. Alcibíades (450-404 a.C.), general ateniense, de família nobre e rica, chamava a atenção por sua beleza física e grandes habilidades, mas salientou-se também desde a juventude por seu caráter arrogante, inescrupuloso e dissoluto. Ligado às principais personalidades de Atenas de seu tempo, entre as quais Péricles, foi aluno e amigo de Sócrates. Na política, exerceu grande influência na assembléia popular como chefe do partido democrático e arrastou a sua pátria a uma aventura militar na Sicília, tendo sido um dos três comandantes dessa expedição. Mas uma acusação de iconoclastia por causa das mutilações em um busto de Hermes, sacrilégio que lhe foi imputado, o levou a asilar-se em Esparta, com a qual não hesitou em aliar-se contra Atenas. Seguiram-se peripécias relacionadas àquele período conturbado da história grega, em que voltou a atuar como estrategro das forças áticas. Ao fim, viu-se impelido a exilar-se na Frígia, onde morreu assassinado.

6. Pierre Nicolas Philippeaux (1756-1794), advogado, jornalista e deputado à Convenção Nacional. Deísta convicto, integrou-se ao grupo de Danton, salientando-se por suas incessantes acusações a generais e representantes em missão. Durante a luta contra as forças da intervenção realista estrangeira, concebeu um plano de segmentação do exército em pequenas unidades, que resultou desastroso. Acusado de impostura, defendeu-se atacando os convencionais e o Comitê de Salvação Pública, o que, somado ao seu dantonismo, redundou em sua condenação à guilhotina.

7. Hebertistas, partidários da facção ultra-radical que se formou no curso da Revolução Francesa sob a chefia de Jacques-René Hébert. Denunciando vícios e malversações nas lideranças e desvios no processo revolucionário, converteram-se numa ameaça aos jacobinos, quer aos "moles" (Danton e seu

não eram suficientemente sistemáticos, talvez também porque os Decênviros[8] se julgariam perdidos se, durante uma semana apenas, houvesse homens mais temidos do que eles.

HÉRAULT – Eles gostariam de nos transformar em seres antediluvianos. A Saint-Just[9] não desagradaria que nos arrastássemos de quatro para que o advogado de Arras[10], de acordo com a mecânica do relojoeiro de Genebra[11], inventasse para nós touquinhas de crianças, bancos de escola e um novo Padre Nosso.

PHILIPPEAU – Eles não hesitariam em acrescentar alguns zeros para saldar a conta aberta com a morte de Marat[12]. Por quanto tempo

---

grupo), quer aos "duros" (Robespierre, Saint-Just e outros), que se uniram para alijá-los da Assembléia, votando sua detenção e condenação, por conspiração e tentativa de eliminar os deputados do povo.

8. Decênviros, cada um dos *Decemviri*, a comissão de dez homens indicados para redigir o novo código de leis do Estado romano, as Doze Tábuas, em 451 a.C. Por extensão, a denominação dada aos membros do Comitê de Salvação Pública dominado pelos jacobinos, durante a Revolução Francesa.

9. Antoine-Louis-Léon de Saint-Just (1769-1794). Filho de uma família pequeno-burguesa do interior da França, estudou Direito, tendo o término de seu curso coincidido com o início da Revolução Francesa. Em 1791, escreveu uma obra sobre *O Espírito da Revolução e da Constituição da França*, inspirada em Rousseau e Montesquieu e na qual sua posição não ia muito além de um monarquismo constitucional. Mas logo se filiou aos jacobinos e se fez fervoroso seguidor de Robespierre, por cuja indicação foi eleito deputado à Convenção, aos 25 anos, em 1792. Sua eloqüência e rigor de princípios colocaram-no no primeiro plano do processo revolucionário e ele foi escolhido para o Comitê de Salvação Pública, oito meses depois. No mesmo ano, enviado em missão, levou a cabo a sua incumbência com mão de ferro, devolvendo ao exército do Reno a condição de força ordenada e combatente. Partidário de uma República centralizadora e igualitária, sob o império da virtude, havia votado pela execução imediata do rei, sem julgamento e, mais tarde, desempenhou um papel central na liquidação dos girondinos, dos herbertistas e da facção dantonista. Mas o poder político desse Arcanjo do Terror, como foi apelidado, não iria durar ao todo mais do que 22 meses, e no 10 do termidor, 28 de julho de 1794, Saint-Just teve o mesmo destino que o seu incorruptível protetor tivera no dia anterior.

10. Advogado de Arras, cognome de Robespierre, que nasceu em Arras, capital do departamento de Pas-de-Calais.

11. Relojoeiro de Genebra, cognome de Jean-Jacques Rousseau (1712-1778), que nasceu nessa cidade suíça e era filho de relojoeiro.

12. Jean-Paul Marat (1743-1793), médico, político e redator de *L'Ami du Peuple*. Em 1777 publicou um panfleto, *Les Chaîne de l'esclavage* (*As Cadeias da Escravidão*) em que atacava todas as formas de tirania. Na sua obra escrita figuram ainda um tratado de fisiologia e psicologia, bem como uma refutação à óptica de Newton, às teorias de Franklin e um plano de reforma

ainda deveremos andar sujos e ensangüentados como crianças recém-nascidas, tendo ataúdes por berços e brincando com cabeças decepadas? Precisamos ir adiante. Cumpre estabelecer o Comitê de Clemência[13] e conseguir a readmissão dos deputados expulsos!

HÉRAULT – A revolução atingiu o estádio da reorganização.
A revolução deve cessar e a república começar.
É mister que em nossos princípios básicos de Estado o dever ceda lugar ao direito; a virtude, ao bem-estar, e a punição, à legítima defesa. Cada um deve fazer-se valer e afirmar a sua própria natureza. Se a pessoa usa a razão ou não, é culta ou inculta, boa ou má, o Estado nada tem a ver com isso. Nós somos todos loucos e ninguém tem o direito de impor aos demais seu tipo particular de loucura. Cada qual deve, a seu modo, gozar a vida desde que não seja às custas do outro ou impedi-lo de gozá-la ao seu agrado. A individualidade da maioria deve revelar-se na forma do Estado.

CAMILLE – A forma do Estado deve ser uma veste transparente que se ajusta ao corpo do povo. Cada pulsar das veias, cada retesar dos músculos, cada vibração dos nervos deve aí estar impressa. Este corpo pode ser belo ou feio, ele tem o direito de ser como é; não fomos autorizados a lhe cortar um traje ao nosso bel-prazer. Vamos castigar todos os que pretendem atirar um

---

penal, baseado em Beccaria. A partir de 1789 começou a participar ativamente das reuniões nos Cordeliers e, no mesmo ano, fundou o seu jornal, cujas oito páginas redigia sozinho à noite, em sua casa. Adquiriu grande popularidade pela linguagem violenta e crítica desabusada contra La Fayette, os ministros e os aristocratas. Seu radicalismo foi num crescendo que levou Michelet a dizer: "Para assegurar a tranqüilidade pública, Marat exige primeiro seiscentas cabeças, depois dez mil, depois quarenta mil e, por fim, 210 mil". Membro do Comitê de Vigilância da Comuna, eleito deputado por Paris na Convenção, destacou-se na extrema esquerda da Montanha como um de seus expoentes mais extremados e por isso mesmo quase isolado em sua posição. A fúria de sua agitação junto às massas desencadeou os Massacres de Setembro e se arremeteu contra os girondinos, cuja queda teve nele um dos principais responsáveis. E foi esta luta, no decorrer da qual o "amigo do povo" se tornou na mente de seus adversários a encarnação do mal absoluto, que armou o braço de Charlotte Corday, admiradora da Gironda. Na manhã de 13 de julho de 1793, ela o apunhalou em sua banheira. A figura de Marat, porém, perdurou no espírito dos *sans-culotte*, que devotaram à sua memória um culto de herói e mártir da Revolução.

13. Comitê de Clemência fora proposto alguns meses antes, por Camille Desmoulins, no seu jornal, *Le Vieux Cordelier*.

véu de freira sobre os ombros nus dessa adorável pecadora que é a França.

Queremos deuses nus, bacantes, jogos olímpicos e ouvir dos lábios melodiosos – oh sim, malvado amor que liberta os membros! Não vamos proibir aos romanos que se sentem num canto para cozinhar nabos, mas eles que não queiram nos dar espetáculos de gladiadores.

O divino Epicuro[14] e a Vênus de belas nádegas deverão tornar-se os padroeiros da república em lugar dos santos Marat e Chalier[15]. Danton, você terá de desfechar o ataque na Convenção[16].

14. Epicuro (321-270 a.C.). Nasceu em Samos, de pais atenienses, e fixou-se em Atenas em 306 a.c. Fundador da escola filosófica que leva o seu nome e que também foi conhecida como a dos Jardins, devido ao local onde o filósofo ministrava suas aulas. Escreveu numerosos tratados, cujos títulos constam de uma lista citada por Diógenes Laércio, a quem se deve ainda a preservação de três epístolas nas quais Epicuro como que sintetiza o seu sistema. Estes textos, somados às *Máximas Principais*, a coletânea de quarenta dos mais importantes tópicos da doutrina, e a alguns fragmentos de *Sobre a Natureza* encontrados nos Papiros Herculanenses, constituem tudo o que restou da obra desse pensador grego. Ao contrário do hedonismo vulgar que lhe foi atribuído e que alimentou muitas aplicações literárias do termo, o epicurismo ensina que a filosofia consiste na sábia condução da existência humana e que esse ideal pode ser atingido pelo homem se ele privilegia o testemunho dos sentidos e se recusa criticamente a submeter-se às superstições e aos milagres das intervenções sobrenaturais. O modelo de natureza na concepção epicurista é a do atomismo de Demócrito e da lógica da causa natural para cada evento, mas modificada pela teoria da "inclinação" (*parenkleisis* ou no latim *clinamen*) atômica, que define o acaso e, no setor humano, a liberdade. Na ética, considerando que o prazer é o único bem dado à experiência dos sentidos, por não vir acompanhado de nenhuma sensação dolorosa ou penosa, Epicuro atribui-lhe o valor de harmonia perfeita entre corpo e espírito como produto de uma vida simples e sábia. No texto de Büchner, a menção que a personagem, Camille Desmoulins, faz ao filósofo dos Jardins pretende contrapor o seu ensinamento ao puritanismo de Marat e dos sequazes de Robespierre, na medida em que o epicurismo não coloca o bem e o mal em termos absolutos, isto é, de valores gerados metafisicamente, e converte a virtude na resultante pragmática de um modo de conduzir a vida.

15. Marie-Joseph Chalier (1747-1793), um dos principais representantes da Montanha em Lyon, membro da Comuna local, foi preso pelos insurretos federalistas e realistas e executado em julho de 1793, tendo sido transformado *post-mortem* em figura emblemática de santo e mártir da Revolução.

16. No texto de Büchner, trata-se da Convenção Nacional francesa que, sucedendo à Assembléia Legislativa convocada por Luís XVI, estabeleceu as leis da Primeira República e foi o seu principal pólo de debate ideológico e de poder

DANTON – Eu terei, tu terás, ele terá. Caso ainda estivermos vivos até lá, como as velhas dizem. Daqui a uma hora terão passado sessenta minutos. Não é verdade, meu rapaz?

CAMILLE – E daí? É evidente por si!

DANTON – Oh, sim, tudo é evidente por si. Mas quem irá pôr em prática todas essas lindas coisas?

PHILIPPEAU – Nós e todos os homens honrados.

DANTON – Esse "e", aí no meio, é uma palavra comprida que nos mantêm muito separados; o caminho a percorrer é longo e a honradez perde o fôlego antes que nos tenhamos reunido. Mas que seja!... aos homens honrados pode-se emprestar dinheiro, podemos ser seus compadres e dar-lhes nossas filhas em casamento, mas isso é tudo!

CAMILLE – Já que sabia disso, por que iniciou a luta?

DANTON – Essa gente me causava asco. Nunca consegui ver esses Catões[17] metidos sem lhes dar um bom pontapé. É do meu feitio. (*Levanta-se.*)

JULIE – Está indo embora?

DANTON (*Para Julie*) – Preciso ir, eles me irritam com sua política. (*Enquanto sai.*) Entre a porta e a rua quero lhes fazer uma profecia – a estátua da liberdade ainda não foi fundida, o forno está em brasa; e todos nós corremos o risco de queimar nele os nossos dedos. (*Sai.*)

CAMILLE – Deixem que se vá, vocês acham que ele poderá lavar as mãos quando chegar o momento de agir?

HÉRAULT – Sim, mas apenas por desfastio, como quem joga xadrez.

---

político, de 21 de setembro de 1792 a 26 de outubro de 1795. Composta por 749 representantes do povo, eleitos em duas etapas por sufrágio universal, mas efetivamente por uma minoria de cidadãos, dividiu-se em três grupos: à direita, os girondinos, que somavam cerca de 160 deputados liderados por Brissot, Petion e Roland, entre outros, e defendiam as liberdades econômicas e políticas burguesas, uma organização federalista da República e se opunham ao centralismo ditatorial jacobino; à esquerda, os montanheses, encabeçados pelos triúnviros, Robespierre, Danton e Marat, num total de 140 deputados que ecoavam as reivindicações populares, sobretudo as dos *sans-culotte* e pretendiam levar a Revolução às suas últimas conseqüências, ao menos no plano político; no centro, sob a chefia de Sieyès, Cambacérès e Boissy d'Anglas, sentava-se a chamada planície ou o "lodaçal", com cerca de quatrocentos deputados que, em sua maior parte, obedeciam às injunções do momento e da oportunidade.

17. Alusão ao celebre censor romano, Catão, o Antigo, cognome de Marcos Pórcio Cato (234-149 a.C.), cujas locuções e ações contra a devassidão, o luxo e a adoção de costumes estrangeiros se tornaram proverbiais.

(I,2)

Uma rua. Simon e sua mulher.

Simon (*Batendo na mulher*) – Sua pelanca de rufiana! Sua velha pílula de veneno! Sua maçã bichada do pecado!
Mulher – Socorro! Socorro!
(*Acode gente correndo.*) – Separem-nos! Separem-nos!
Simon – Não, deixem-me romanos, quero dessa carcaça fazer pedaços! Sua vestal!
Mulher – Vestal, eu? Era só o que faltava, eu.
Simon – Assim arranco a roupa dos teus ombros,
nua ao sol jogarei tua carniça.
Sua cama de putona, em cada ruga de teu corpo há um ninho de impudicícia.
(*Eles são apartados.*)
Primeiro Cidadão – O que houve?
Simon – Onde está a donzela? Fala! Não, assim não posso me expressar. A menina! Não, assim também não; a moça, a mulher! Isso, também não. Há apenas um nome! Oh, esse me sufoca! Não tenho fôlego para isso.
Segundo Cidadão – Ainda bem, senão o nome federia a cachaça.
Simon – Velho Vergínio[18], cobre a tua cabeça calva. O corvo da ignomínia nela está sentado e quer bicar teus olhos. Dêem-me um punhal, romanos! (*Despenca ao chão.*)
Mulher – Até que é um bom homem, só que não agüenta muita bebida, a aguardente logo lhe dá uma rasteira.
Segundo Cidadão – Então ele anda com três pernas.
Mulher – Não, ele cai.
Segundo Cidadão – Certo, primeiro anda com três, depois tropeça na terceira até que a terceira também cai.
Simon – Você é uma língua de vampiro que bebe o sangue mais quente de meu coração.
Mulher – Deixem-no, chegou o momento em que ele fica sempre comovido. Daqui a pouco sossega.
Primeiro Cidadão – Mas, o que houve?
Mulher – Veja, eu estava sentada sobre essa pedra ao sol e me aquecia, pois não temos lenha, veja o senhor...

---

18. Lúcio Vergínio, centurião romano que – relata Tito Lívio, – por volta de 450 a.C., apunhalou a sua filha, Virgínia, para não entregá-la à escravidão e aos desejos do decênviro Ápio Cláudio.

Segundo Cidadão – Ora, então pegue o nariz de seu marido.

Mulher – ...e minha filha tinha descido a rua, dobrando a esquina, ela é uma boa menina e sustenta seus pais.

Simon – Ah, ela confessa!

Mulher – E você, Judas, você teria ao menos um par de calças para puxar pra cima se os jovens senhores não baixassem as suas quando estão com ela? Seu pipa de cachaça, você quer morrer de sede quando a fonte parar de jorrar, hein? Nós trabalhamos com todas as partes do corpo, por que não também com essa? Foi com essa que a mãe dela trabalhou quando a pôs no mundo, e isto lhe doeu. Por que ela também não pode trabalhar com essa parte? Hein? E mesmo que lhe cause dor? Seu bobão!

Simon – Ah, Lucrécia![19] Um punhal, dêem-me um punhal, romanos! Ah, Ápio Cláudio![20]

Primeiro Cidadão – Sim, um punhal, mas não para a pobre meretriz, o que foi que ela fez? Nada! Sua fome a prostitui e a faz mendigar. Um punhal para os que compram a carne de nossas mulheres e filhas! Ai dos que assim prostituem as filhas do povo! Vocês têm a barriga roncando de fome e eles, indigestão; vocês têm os casacos esburacados e eles, roupas quentes; vocês têm calos nas mãos e eles, mãos de seda. *Ergo*[21], vocês trabalham e eles não fazem nada; *ergo*, vocês ganharam seu dinheiro e eles o roubaram; *ergo*, se vocês quiserem de volta alguns tostões do que lhes foi roubado, terão de se prostituir e esmolar; *ergo*, eles são uns patifes e é preciso matá-los de pancadas.

Terceiro Cidadão – Eles não têm outro sangue nas veias além daquele que nos sugaram. Eles nos disseram – matem os aristocratas, são lobos! Nós penduramos os aristocratas nas lanternas[22]. Eles disse-

---

19. Lucrécia, mulher de Tarquínio Colatino, sobrinho de Tarquínio Prisco. Violada por Sexto, filho de Tarquínio Soberbo, ela revelou a sua desonra ao esposo e matou-se com um punhal. O fato teria provocado a revolta que, segundo a tradição, levou à expulsão dos Tarquínios, semilendários reis romanos de origem etrusca. Alguns críticos julgam ser equivocada a menção a Lucrécia, pois o que estava em tela, pouco acima, era a figura de Virgínia.

20. Ápio Cláudio, cônsul em 451 a.C. Designado neste ano como um dos decênviros para elaborar um código de leis, reconduzido à mesma função, dirigiu o decenvirato e neste exercício teria cometido desmandos que, somados ao ultraje a Virgínia, provocaram a revogação da investidura pelo Senado.

21. *Ergo*, palavra latina que significa "portanto".

22. Lanterna, nome dado inicialmente aos lampiões da iluminação pública de Paris. Durante a Revolução Francesa, a expressão *mettre à la lanterne* passou a circular muito, pois significava pendurar nas cordas do revérbero

ram – o veto está devorando o vosso pão; nós matamos o Veto[23]. Eles disseram – os Girondinos[24] matam vocês de fome, nós guilhotinamos os Girondinos. Mas eles tiraram a roupa dos mortos e nós continuamos a andar como antes, de pernas nuas e tremendo de frio.Queremos arrancar a pele de suas coxas para fazer dela calças para nós; queremos derreter suas banhas para refogar a nossa sopa. Vamos! Morte aos que não têm nenhum buraco no casaco!

PRIMEIRO CIDADÃO – Morte aos que sabem ler e escrever!
SEGUNDO CIDADÃO – Morte aos que vão para o estrangeiro!
TODOS (*gritam*) – Morte! Morte!

Passa um grupo arrastando um jovem.

ALGUMAS VOZES – Ele tem um lenço! Um aristocrata! À lanterna! À lanterna!
SEGUNDO CIDADÃO – O quê? Ele não assoa o nariz com os dedos? À lanterna! (*Uma lanterna é arriada.*)
JOVEM – Ah meus senhores!
SEGUNDO CIDADÃO – Aqui não há senhores! À lanterna!
ALGUNS OUTROS (*Cantando*) –

Os que jazem aqui na terra
são comidos pelos vermes.
É melhor pendurado no ar
do que apodrecer na cova!

JOVEM – Misericórdia!

---

alguém apontado pelo furor popular. Na mesma época e pela mesma razão, o grito enfurecido da multidão, *à la lanterne*, exprimia o desejo de levar a cabo a vingança popular contra um adversário real ou suposto da Revolução.

23. Veto ou veto suspensivo. Sob a Constituição francesa de 1791, direito outorgado ao rei para sustar a promulgação de decretos aprovados pela Assembléia Legislativa.

24. Girondinos, membros da facção política constituída em boa parte por deputados à Assembléia Legislativa e à Convenção Nacional provenientes do departamento da Gironda, durante a Revolução Francesa. Chegaram ao poder em 1792. Favoráveis de início a uma monarquia constitucional e depois a uma República moderada, federativa e não centralizadora, do ponto de vista estrutural e político, opuseram-se ao predomínio de Paris e da Comuna popular e, após a deposição do rei, entraram em choque com os montanheses que, embora não dispusessem da maioria, conseguiram derrubá-los em 2 de junho de 1793. A Convenção decretou a prisão de dois ministros e 29 deputados, dos quais 21 foram guilhotinados em 31 de outubro do mesmo ano.

TERCEIRO CIDADÃO – É só uma brincadeira com um laçarote de cânhamo em volta do pescoço! É apenas um momento, somos mais misericordiosos do que vocês. Nossa vida é um assassinato pelo trabalho. Durante sessenta anos estrebuchamos pendurados numa corda, mas agora vamos cortá-la e nos livrar. À lanterna!
JOVEM – Não é por mim que vocês hão de enxergar com mais clareza.
OS CIRCUNSTANTES – Bravo, bravo!
ALGUMAS VOZES – Deixem-no ir embora! (*Ele some.*)

Entra Robespierre, acompanhado de algumas mulheres e de sans-culottes[25].

ROBESPIERRE[26] – O que está acontecendo aqui, cidadãos?

---

25. *Sans-culotte*, literalmente "sem calções". Na França, durante a Convenção, denominação dada pelos aristocratas aos revolucionários ultra-radicais que usavam calças de lã listradas, em vez de calções.
26. Maximilien-François-Marie-Isidore de Robespierre (1758-1794) nasceu em Arras, de uma família de advogados. Órfão, estudou em um dos mais prestigiosos colégios franceses, Louis-le-Grand, graças a uma bolsa. Formou-se em Direito e advogou em sua cidade natal. Influenciado por Mably e Rousseau, escreveu em 1788 um panfleto sobre a necessidade de reformar as instituições do Artois, em que já se vislumbrava o seu compromisso com uma idéia que iria pautar toda a sua ação política, a de que "a nação é soberana". Deputado várias vezes ao Terceiro Estado de sua província e depois aos Estados Gerais, começou a destacar-se por suas constantes intervenções nos debates das Assembléias Constituinte e Legislativa, a despeito de sua marcada timidez, e firmou notoriedade por suas posições no Clube dos Jacobinos. Tido como "o homem dos princípios", defendia um programa democrático, no sentido mais amplo, do qual constavam a liberdade de pensamento e expressão, bem como o direito do cidadão à instrução gratuita e obrigatória. Em julho de 1792, tornou-se republicano e, em 10 de agosto do mesmo ano, participou da Comuna insurrecional, que conduziu o povo a tomar as Tulherias e a Assembléia Nacional a suspender as funções do rei, convocando por voto direto dos cidadão franceses uma Convenção Nacional para instituir uma nova estrutura do Estado e da Nação. Eleito deputado por Paris, os montanheses encontraram nele desde logo um de seus principais nomes. Com Marat e Danton, encabeçou a luta contra a Gironda, cuja queda provocou em 2 de junho de 1793. Robespierre também teve um papel relevante na adoção da liberal Constituição de 1793, que não chegou a vigorar, pois as condições políticas e sociais encaminharam o processo revolucionário para o regime do Terror e da crescente ditadura do Comitê de Salvação Pública. Guindado pelos acontecimentos a uma espécie de supremo defensor da República, o Incorruptível, como o cognominaram, proclamava como fundamento de sua ação a virtude e o bem do povo, tendo efetivamente promulgado decretos com vistas à igualdade social, mas a feição essencial de sua atuação expressou-se na implacável remoção dos que julgava "inimigos da

Terceiro Cidadão – O que pode estar acontecendo? Aquelas poucas gotas de sangue de agosto e setembro não bastaram para corar as faces do povo. A guilhotina é por demais vagarosa. Precisamos de um bom aguaceiro.

Primeiro Cidadão – Nossas mulheres e filhos gritam por pão, nós queremos alimentá-los com carne de aristocratas. Vamos! Morte aos que não têm buracos no casaco.

Todos – Mata! Mata!

Robespierre – Em nome da lei!

Primeiro Cidadão – O que é a lei?

Robespierre – A vontade do povo.

Primeiro Cidadão – Nós somos o povo e queremos que não haja lei; *ergo*, esta vontade é a lei, *ergo*, em nome da lei não há mais lei nenhuma; *ergo*, mata!

Algumas Vozes – Ouçam o Aristides![27] Ouçam o Incorruptível![28]

Uma Mulher – Ouçam o Messias que foi enviado para escolher e julgar; ele vai punir os malvados com o gume da espada. Seus olhos são os olhos da escolha, suas mãos são as mãos da justiça.

Robespierre – Pobre povo virtuoso! Tu cumpres o teu dever, tu sacrificas teus inimigos. Povo, tu és grande. Tu te revelas sob o clarão dos raios e o estrondo dos trovões. Mas teus golpes, povo, não devem ferir teu próprio corpo, tu estás matando a ti mesmo com o teu ódio. Tu só podes cair por obra de tua própria

---

Revolução", o que significou no plano político na montagem da máquina da repressão e depuração que, posta em movimento, redundou não só na eliminação dos hebertistas, dos indulgentes e dos dantonistas, como na sua própria fulminante queda e morte na guilhotina, ocorrida, por mais uma das ironias da história, na Praça da Revolução, em 10 do termidor, isto é, 28 de julho de 1794.

27. Aristides (540?-c.468 a.C.), estadista e militar, chamado "O Justo" por sua retidão, moderação e patriotismo, foi um dos comandantes das forças atenienses nas batalhas de Maratona e Platéia, contra os persas. No campo político, o partido democrático teve nele um de seus líderes, mas desentendeu-se com Temístocles quando este ascendeu ao poder e foi posto em ostracismo, sendo chamado de volta e tendo se reconciliado com seu desafeto ante a ameaça que a expedição de Xerxes representava para Atenas. Reconduzido, então, à condição de estratego, combateu em Salamina e, a seguir, com a formação da anfictionia de Delos, desempenhou importante papel nessa confederação de Estados gregos, ao estabelecer a proporcionalidade da contribuição de cada membro e na função de probo gestor do tesouro comum.

28. Epíteto de Robespierre, que a 17 de julho de 1791 foi proclamado, pela multidão reunida no Campo de Marte, "o incorruptível defensor do povo".

força. Teus inimigos sabem disso. Teus legisladores estão alertas, eles vão guiar as tuas mãos, olhos deles são infalíveis e de tuas mãos nada escapa. Vinde comigo aos Jacobinos. Vossos irmãos vos receberão de braços abertos; vamos instaurar um processo de morte contra nossos inimigos.
MUITAS VOZES – Aos Jacobinos! Viva Robespierre!

Saem todos.

SIMON – Ai de mim, estou abandonado! *(Procura erguer-se.)*
MULHER – Aí! *(Ajudando-o.)*
SIMON – Ah, minha Báucis[29], você acumula brasas sobre a minha cabeça.
MULHER – Fica de pé!
SIMON – Você me dá as costas? Ah, pode me perdoar, Pórcia?[30] Acaso bati em você? Mas não foi minha mão, não foi meu braço, minha loucura foi quem o fez...

> Sua loucura é o inimigo do pobre Hamlet
> Hamlet não o fez, Hamlet o nega.

Onde está nossa filha, onde está minha Susaninha?
MULHER – Ali, virando a esquina.
SIMON – Vamos ter com ela. Vem, minha virtuosíssima esposa.

Saem ambos.

(I,3)

O Clube dos Jacobinos.

UM LIONÊS – Os irmãos de Lião nos enviaram aqui para derramarmos em vosso peito o nosso amargo descontentamento. Não sabe-

---

29. Báucis e seu marido Filemon formam o par idoso e pobre que, na mitologia grega, ofereceu a Zeus e Hermes a hospitalidade a eles recusada pelos ricos, durante uma visita que os dois deuses, disfarçados, faziam à terra. Como recompensa, o provecto casal foi salvo de um dilúvio, a sua morada transformou-se num templo em que ambos passaram a oficiar como sacerdote e sacerdotisa. Também foi-lhes concedida a graça de morrerem ao mesmo tempo, metamorfoseando-se em duas árvores cujos galhos se entrelaçavam.
30. Pórcia, filha de Catão de Utica. Ela se casou com Marco Bruto, após a morte do primeiro marido, o cônsul Calpúrnio Bíbulo. Republicana ardorosa, como seu pai, teria se ferido deliberadamente, segundo certas fontes, a fim de provar a seu esposo que poderia acompanhá-lo em seus planos contra Júlio César.

mos se a carreta que levou Ronsin[31] à guilhotina era o coche fúnebre da liberdade; mas sabemos que, desde aquele dia, os assassinos de Chalier pisam de novo com tanta firmeza o solo como se não houvesse túmulo para eles. Acaso esquecestes que Lião é uma nódoa no solo da França que precisa ser coberta com a ossada dos traidores? Acaso esquecestes que essa meretriz dos reis só pode lavar suas pústulas nas águas do Ródano? Acaso esquecestes que esse rio revolucionário deve fazer a esquadra de Pitt[32], no Mediterrâneo, encalhar nos cadáveres dos aristocratas? A vossa clemência está matando a revolução. Cada respiro de um aristocrata é o estertor da liberdade. Só um covarde morre pela República, um Jacobino mata por ela. Sabei, se não mais encontrarmos em vós a energia dos homens de 10 de agosto[33], de setembro[34] e de 31 de maio[35],

---

31. Charles-Philippe Ronsin (1751-1794), militar que se pôs a serviço da República. Comandou as forças revolucionárias que esmagaram, em 1793, a insurreição federalista e contra-revolucionária em Lyon, filiando-se, a seguir, ao grupo hebertista, com o qual foi guilhotinado em 1794.

32. William Pitt, chamado o Segundo Pitt (1759-1806), político britânico, entrou no Parlamento em 1781 como *whig* independente, tornou-se Chanceler do Tesouro e depois Primeiro Ministro, de 1783 a 1801. Sua atitude com respeito à Revolução Francesa foi, de início, neutra e mesmo simpática, porém mudou de posição por enxergar no expansionismo gaulês uma ameaça à Inglaterra. Em 1793 rompeu com a França e, subseqüentemente, não mediu esforços para formar as sucessivas coalizões européias que tentaram acabar com a nova ordem republicana no além-Mancha e restaurar a monarquia. Esta linha de ação prosseguiu até o período napoleônico e Pitt a manteve inclusive no segundo governo que formou, em cujo decurso se registraram a vitória inglesa de Trafalgar e a bem-sucedida articulação do Bloqueio Continental contra Napoleão. No plano interno, deu ao Reino Unido a estruturação que ainda era vigente no começo da Segunda Guerra Mundial.

33. 10 de agosto. Na noite deste dia, as seções parisienses elegeram comissários que formaram na municipalidade (Hôtel de Ville) uma Comuna insurreta e, à meia-noite, os sinos de todas as igrejas da cidade tocaram o rebate, convocando os cidadãos à ação contra o rei. O assalto às Tulherias ocorre no dia seguinte, 10 de agosto de 1792, e o castelo foi tomado ao meio-dia. Como conseqüência, Luís XVI teve suas funções reais suspensas pela Assembléia Nacional.

34. A menção é aos chamados "Massacres de Setembro", que aconteceram entre os dias 2 e 6 do referido mês, em 1792, quando cerca de 1.300 detentos políticos e de delitos comuns foram mortos pela população de Paris.

35. 31 de maio de 1793 assinala o início da revolta das seções de Paris contra a Gironda e o controle que esta exercia sobre a Convenção Nacional. A investida prosseguiu no dia seguinte e alcançou o seu alvo em 2 de junho, quando 32 deputados girondinos foram proscritos.

nada mais restará ao patriota Gaillard[36] senão o punhal de Catão.
(*Aplausos e gritos confusos.*)
UM JACOBINO – Beberemos convosco o cálice de Sócrates![37]
LEGENDRE[38] (*Pulando para a tribuna*) – Não precisamos lançar o nosso olhar para Lião. Aqui também as pessoas que usam rou-

36. Gaillard, revolucionário de Lyon, discípulo de Chalier, deputado hebertista que cometeu suicídio em outubro de 1793, segundo consta, por ter sido recebido com frieza no Clube dos Jacobinos

37. Sócrates (469-399 a.C.). Nasceu em Alopese, perto de Atenas. Filho de um escultor e uma parteira, lutou na Guerra do Peloponeso e, em Potidéia, conta a lenda, teria salvo a vida de Alcibíades, assim como, em Délion, o seu comportamento ante o revés aí sofrido pelas armas atenienses teria mostrado a firmeza de seu caráter. Xenofonte o descreve como um homem de aparência insólita capaz de ter uma atitude filosófica inclusive com as rabugices da mulher, Xantipa, cujas boas qualidades não deixava de filosoficamente reconhecer. Tudo o que se sabe a seu respeito provém dessa fonte e, sobretudo, de Platão, seu discípulo como o foi o autor da *Anábasis*. Mas é a partir dos *Diálogos* platônicos que se projetam, no essencial, para os pósteros, o perfil intelectual do mestre e o teor de suas idéias. Sócrates nada escreveu. Seu ensinamento deu-se sempre, segundo a tradição, à viva voz, onde quer que pudessem ouvi-lo, na *ágora*, no ginásio, no mercado e na assembléia popular, nas festas públicas e nos banquetes particulares. Aí, apresentando-se como "aquele que sabe que nada sabe", interrogava os atenienses e, por meio do debate e da arte da argumentação, isto é, da dialética, levava-os a refletir sobre questões e temas nevrálgicos das suas preocupações filosóficas ou então recorrentes na indagação dos sofistas, a cuja crítica procedia, mas de cujo método se valia, fazendo com que a maiêutica e a ironia partejassem os pontos de vista, as razões e as concepções que responderiam à sua "busca da verdade", ou seja, das idéias verdadeiras com respeito ao ser, à divindade, à virtude, ao bem, à justiça, à política etc., determinando logicamente uma "ciência" universal das essências. Esse método de investigação que punha em xeque o "saber" dos sapientes, que expunha as fraquezas da democracia ática e que não hesitava em inquirir sobre a natureza das divindades tutelares da *polis*, na medida em que feria susceptibilidades pessoais e interesses políticos, acabou granjeando a Sócrates numerosos inimigo. Em 399 a.C., o filósofo foi julgado e condenado à morte pela ingestão de cicuta, sentença que cumpriu corajosamente, como se lê na famosa descrição da cena por Platão, no seu *Fédon*.

38. Louis Legendre (1752-1797). Filho de açougueiro e ele próprio açougueiro, encabeçou uma manifestação a favor de Necker em 13 de julho de 1789 e, no dia seguinte, 14 de julho, encontrava-se entre a massa popular que tomou a Bastilha, tendo participado também ulteriormente da marcha para Versalhes e da recondução do rei a Paris. Membro do Clube dos Jacobinos e dos Cordeliers, inspirou a petição que exigiu a deposição de Luís XVI. Eleito deputado por Paris à Convenção, fez parte do Comitê de Segurança Geral, figurando então na ala dantonista da Montanha, mas abandonou o seu líder por medo de

pas de seda, que andam de carruagem, que se sentam nos camarotes dos teatros e falam de acordo com o dicionário da Academia, já há algum tempo, trazem muito firme a cabeça sobre os ombros. Elas são espirituosas e dizem que é preciso proporcionar um duplo martírio para Marat e Chalier, guilhotinando em efígie. (*Violenta agitação sacode a assembléia.*)

ALGUMAS VOZES – São pessoas mortas. Sua língua as guilhotinou.

LEGENDRE – Que o sangue desses santos recaia sobre eles. Eu pergunto aos membros aqui presentes do Comitê de Salvação Pública[39], desde quando vossos ouvidos ficaram tão surdos...

COLLOT D'HERBOIS[40] (*Interrompendo-o*) – E eu te pergunto, Legendre, de quem é a voz que dá alento a tais pensamentos, de modo que se tornem vivos e se atrevam a falar? É tempo de arrancar as máscaras. Ouvi!, a causa acusa seu efeito; o chamado, seu eco; o princípio, suas conseqüências. O Comitê de Salvação Pública conhece melhor a lógica, Legendre! Fica tranqüilo. Os bustos de nossos santos permanecerão intocados, eles converterão, como cabeças de Medusa, os traidores em pedra.

ROBESPIERRE – Peço a palavra.

OS JACOBINOS – Ouvi, ouvi o Incorruptível!

Robespierre e, após a queda deste último, aderiu à reação termidoriana e comandou as tropas que reprimiram a revolta de 20 de maio de 1795. Dois anos depois, quando faleceu, integrava o Conselho dos Quinhentos. Legendre legou o seu corpo à medicina.

39. Comitê de Salvação Pública. No dia 6 de abril de 1793, a Convenção criou um órgão que devia concentrar o poder executivo da República. Dirigido inicialmente por Danton e, depois de julho de 1793, por Robespierre até a sua queda, em 27 de julho de 1794, foi extinto em 27 de outubro de 1795.

40. Jean-Marie Collot d'Herbois (1750-1796). Diretor, ator e dramaturgo de Lyon, escreveu comédias e adaptou Calderón e Shakespeare. Fixou-se em Paris em 1789, ganhou prestígio junto ao povo e aos jacobinos, com suas peças "engajadas". Integrante da Comuna, insuflou os "Massacres de Setembro" e elegeu-se para a Convenção. Montanhês, entrou para o Comitê de Salvação Pública e advogou o Terror, dirigindo com Fouché a repressão à revolta federalista e realista de Lyon, tendo mandado executar sumariamente mais de dois mil rebelados. Votou contra Danton, mas, hostil a Robespierre, desempenhou um papel que veio a ser decisivo para a queda do Incorruptível, pois, como presidente dos trabalhos da Convenção, impediu que Robespierre usasse da palavra na fatídica sessão de 27 de julho de 1794. Não escapou, porém, após o 9 de termidor, de uma pena de deportação, sendo enviado, com Barère e Billaud-Varenne, em 1795, para a prisão na Guiana, onde faleceu de febre no ano seguinte.

ROBESPIERRE – Esperávamos apenas pelo grito da indignação que agora ecoa de todos os lados. Nossos olhos estavam abertos, vimos o inimigo armar-se e erguer a cabeça, mas não demos o sinal de alarme; deixamos que o povo montasse guarda a si mesmo; ele não dormiu e pegou em armas. Deixamos que o inimigo saísse de seu esconderijo, deixamos que se aproximasse; agora encontra-se livre e a descoberto, em plena luz do dia, todo golpe o atingirá, estará morto assim que vós o avistardes. Eu já vos disse uma vez – os inimigos internos da República cindiram-se em dois contingentes, como em dois troços de exército. Sob bandeiras de diferentes cores e pelos mais diversos caminhos, correm todos para a mesma meta. Uma dessas facções já não existe. Em sua simulada loucura, procurava alijar os mais provados patriotas como desgastados fracalhões para esbulhar a República de seus braços mais robustos. Declarou guerra à divindade e à propriedade para tentar uma diversão em favor dos reis. Parodiou o drama sublime da Revolução para comprometê-la com calculados desmandos. O triunfo de Hébert[41] converteria a República num caos, para a satisfação do despotismo. A espada da lei atingiu o traidor. Mas que importa isso aos estrangeiros, se ainda lhes restam criminosos de outra espécie para alcançar o mesmo fim? Nada teremos feito enquanto houver ainda uma outra facção para liquidar.

---

41. Jacques-René Hébert (1757-1794), jornalista e político. Nasceu em Alençon, em uma família sem meios, e recebeu uma educação irregular. A Revolução o encontrou em Paris, carente de recursos e de uma ocupação fixa, mas começou a freqüentar o Clube dos Cordeliers e se fez notar por sua posição extremista, que imprimiu ao *Père Duchesne*, convertendo-o no mais violento e intransigente órgão da imprensa revolucionária. Os apelos à insurreição que estampou, constituíram fator importante para o "10 de agosto" e para os "Massacres de Setembro". Investido da função de síndico-procurador da Comuna, efetuou uma campanha furiosa contra os girondinos, exigindo a sua prisão. Na Convenção, para a qual foi eleito, encabeçou a ala mais radical da Montanha, os chamados hebertistas, e, em seu jornal, denunciou ao povo supostos e verdadeiros vícios e inimigos da Revolução, em termos muitas vezes obscenos e sempre desbragados. A Igreja tampouco escapou às suas investidas e o culto da Razão teve nele um de seus pregadores. No discurso em que pediu a sua cabeça e a de seus sequazes, Saint-Just o chamou de "vil artesão de calamidades" e, no mesmo dia, 13 de março de 1794, Hébert e vinte e seis de seus partidários, foram presos e acusados de tramar a morte dos deputados da Convenção Nacional, sendo guilhotinados em 24 de março do mesmo ano.

Ela é o oposto da anterior. Ela nos arrasta à fraqueza e seu grito de guerra é – "Clemência!" Ela quer tirar do povo suas armas e a força que move as armas, para entregá-lo nu e desfibrado aos reis. A arma da República é o terror, a força da República é a virtude. A virtude, porque sem ela o terror é funesto; o terror, porque sem ele a virtude é impotente. O terror emana da virtude e outra coisa não é senão a rápida, severa, inflexível justiça. Eles dizem que o terror é a arma de um governo despótico e que o nosso portanto se assemelha ao despotismo. De fato, porém é como a espada nas mãos de um herói da liberdade, assemelha-se ao sabre com que o satélite do tirano está armado. Se o déspota governa pelo terror seus súditos animalizados, ele tem razão como déspota; esmagai pelo terror os inimigos da liberdade e tereis não menos razão, como fundadores da República. O governo revolucionário é o despotismo da liberdade contra a tirania.

"Clemência com os realistas!", bradam certas pessoas. Clemência com os malfeitores? Não! Clemência para os inocentes, clemência para os fracos, clemência para os infelizes, clemência para a humanidade. Somente o cidadão pacífico merece a proteção da sociedade. Numa República, somente republicanos são cidadãos; realistas e estrangeiros são inimigos. Punir os opressores da humanidade é obra de misericórdia; perdoá-los é barbárie. Todas as mostras de um falso sentimentalismo são, a meu ver, suspiros que voam para a Inglaterra ou a Áustria.

Mas, não contente em desarmar o braço do povo, procura-se ainda envenenar, pelo vício, as mais sagradas fontes de sua força. Esse é o mais requintado, perigoso e abominável atentado à liberdade. Somente o mais diabólico maquiavelismo poderia... Mas, não! Recuso-me a pensar que semelhante plano possa brotar do cérebro de um ser humano. Pode não ser intencional, mas a intenção não vem ao caso; o efeito é o mesmo, o perigo é igualmente grande! O vício é a marca de Caim do aristocratismo. Numa República isso é um crime não apenas moral como também político. O libertino é o inimigo político da liberdade e é tanto mais perigoso, quanto maiores sejam os serviços que aparentemente lhe prestou. O mais perigoso dos cidadãos é aquele que mais facilmente consome uma dúzia de barretes vermelhos do que leva a cabo uma boa ação.

Não tereis dificuldade em me compreender se pensardes em certos indivíduos que, outrora, moravam em águas-furtadas e agora passeiam de carruagem e chafurdam na devassidão com antigas marquesas e baronesas. Quando vemos legisladores do povo ostentar todos os vícios e o luxo dos antigos cortesãos, quando vemos os condes e marqueses da Revolução casar-se com mulheres ricas, dar banquetes suntuosos, jogar, manter criadagem e usar roupas dispendiosas, podemos muito bem perguntar – saquearam o povo ou apertaram as mãos douradas dos reis? E podemos muito bem nos espantar quando ouvimos dizer que são espirituosos, que falam com elegância e que adquiriram algo semelhante a um bom-tom. Ainda há pouco, parodiou-se descaradamente Tácito[42]; eu poderia responder com Salústio[43] e travestir Catilina[44]; mas penso não ser mais necessário nenhum traço, os retratos estão prontos.

42. Públio Cornélio Tácito (*c.* 55 ou 57- *c.* 117), historiador latino, eloqüente orador, ocupou altos cargos públicos em Roma e no Império. Suas *Histórias*, na qual descreve o reinado dos imperadores romanos, de Galba a Domiciano, e seus *Anais*, que vão da morte de Augusto e a ascensão de Tibério até a morte de Nero, são escritos marcantes de um analista de pulso, capaz de apreender os aspectos mais característicos e as questões mais significativas de um período, apresentando-os de maneira viva e incisiva, embora a sua pretendida imparcialidade sofresse o impacto de uma posição extremamente crítica em relação ao sistema imperial, considerado por ele opressivo.

43. Gaio Salústio Crespo (86-35 a.C.), historiador latino, partidário da facção democrática e tribuno da plebe. Foi expulso do Senado por acusações que envolviam a sua probidade, mas o seu protetor, Júlio César, o nomeou para novas funções, entre as quais a de governador da Numídia, onde teria amealhado grande fortuna. Logo depois, abandonou a vida pública, dedicando-se à composição de suas monografias sobre *A Guerra de Jugurta*, *A Guerra de Catilina* e as *Histórias*. Do ponto de vista historiográfico, tais obras vão além de suas antecessoras nesse campo não só pela preocupação com a qualidade estilística e a informação criteriosa e documentada, como pela busca da explicação causal dos acontecimentos políticos e das motivações geradoras das ações humanas.

44. Lúcio Sérgio Catilina (*c.*100-62 a.C.), político romano, patrício arruinado, foi pretor em Roma e governador da África. Devasso mas capaz, candidatou-se ao cargo de cônsul, porém não obteve a aprovação do Senado. Imaginou então que poderia reconquistar sua posição e fortuna por meio de uma trama política, para a qual obteve o apoio de outros patrícios em situação similar. Esta primeira conjura, que pretendia promover um massacre dos adversários, malogrou em 65 a.C.. Dois anos depois, no consulado de Cícero, tentou novamente a indicação para a função consular que lhe foi mais uma vez negada. Voltou então a conspirar e, ao comparecer a uma sessão do Senado, deparou-se com um violento discurso contra ele, a oração que se tornou clássica sob o nome de Catilinária. Além de denunciar suas maquinações, Cícero mandou prender e executar os cúmplices de Catilina em Roma. Mas o principal acusado conseguiu fugir para a Etrúria onde se uniu ao exército dos conjurados,

Nenhum acordo, nenhuma trégua com indivíduos que só pensavam em espoliar o povo, que esperavam fazê-lo impunemente e para os quais a República foi uma especulação e a Revolução, um ofício. Apavorados pela irresistível torrente de exemplos, procuram de mansinho esfriar a ação da justiça. Poder-se-ia pensar que cada um deles diz para si próprio – "Nós não somos bastante virtuosos para sermos tão terríveis. Filosóficos legisladores, apiedai-vos de nossa fraqueza; não ouso dizer-vos que sou um devasso; prefiro dizer-vos, portanto, não sejais cruéis!"
Mas tranqüiliza-te, povo virtuoso, tranqüilizai-vos, patriotas! Dizei a vossos irmãos de Lyon que a espada da lei não enferrujou nas mãos daqueles a quem a confiastes!... Vamos dar um grande exemplo à República! (*Aplausos gerais.*)

NUMEROSAS VOZES – Viva a República! Viva Robespierre!

PRESIDENTE – A sessão está encerrada.

(I,4)

Uma rua. Lacroix e Legendre.

LACROIX[45] – O que foi que você fez, Legendre? Sabe qual a cabeça que você está decepando com aquela sua história dos bustos?

LEGENDRE – A de alguns janotas e algumas damas elegantes, é tudo.

LACROIX – Você é um suicida, uma sombra que assassina seu original e, com isso, mata a si próprio.

LEGENDRE – Não compreendo.

LACROIX – Eu pensei que Collot havia falado com clareza.

LEGENDRE – O que tem isso? Ele estava bêbado de novo.

LACROIX – Loucos, crianças e ... bêbados dizem a verdade. A quem você acha que Robespierre se referia quando falou em Catilina?

LEGENDRE – Bem?

---

sendo vencido e morto na batalha de Pistóia. Salústio, ao historiar o episódio, relata que o dissoluto conspirador morreu com grande brio.

45. Jean-François Delacroix (1753-1794), conhecido como Lacroix durante a Revolução. Deputado à Convenção, muito ligado a Danton, foi membro do primeiro Comitê de Salvação Pública. Suspeito de enriquecimento ilícito durante a missão que desempenhou junto aos exércitos na Bélgica, em 1792, sofreu também a acusação de envolvimento com Dumouriez, o competente mas desleal general que traiu a República em 1794. Condenado com os outros componentes do grupo dantonista, Lacroix subiu à guilhotina em 5 de abril de 1794.

LACROIX – A questão é simples, mandaram para o cadafalso os ateístas e os ultra-revolucionários; mas isso em nada ajudou o povo; ele continua andando de pés descalços pelas ruas e quer fazer sapatos com o couro dos aristocratas. O termômetro da guilhotina não pode baixar; se cair mais alguns graus, o Comitê de Salvação Pública poderá abrir sua cova na Praça da Revolução.
LEGENDRE – Mas que tem isso a ver com os meus bustos?
LACROIX – Você ainda não percebeu? Você anunciou oficialmente a contra-revolução, você obrigou os Decênviros a usarem energia, você guiou as suas mãos. O povo é um Minotauro[46] que exige deles semanalmente os seus cadáveres, se não quiserem ser devorados por ele.
LEGENDRE – Onde está Danton?
LACROIX – Que sei eu! Tenta neste momento recompor a Vênus de Médici[47], procurando seus pedaços um a um nas *grisettes*[48] do Palais-Royal[49], faz mosaicos, como ele mesmo diz; só o céu sabe em que parte do corpo se encontrará agora. É uma lástima que a natureza despedaçasse a beleza, como Medéia[50] a seu irmão, e a tenha escondido nos corpos assim, em fragmentos.
Vamos ao Palais-Royal. (*Saem ambos.*)

46. Minotauro, referência ao monstro com cabeça de touro e corpo humano que, segundo a lenda, nasceu da paixão de Pasifaé, mulher de Minos, por um touro, o qual, confinado no centro do Labirinto construído por Dédalo, devorava as moças e os rapazes enviados por Atenas como tributo, sendo morto por Teseu.
47. Vênus de Médici, uma réplica romana da Afrodite de Praxíteles no palácio dos Médicis.
48. *Grisettes*, jovens de famílias pobres, em geral costureiras, coquetes e de costumes fáceis.
49. Palais-Royal, monumento de Paris, construído em 1629 para o cardeal Richelieu. Sofreu acréscimos, tornando-se um largo complexo de grandes edifícios, pátios e jardins, que foi palácio de Luís XIV e atualmente abriga órgãos do governo francês. Por volta de 1780, incluía cafés, lojas, teatros etc.. Nessa época, também, o seu lado sul era freqüentado não só por batedores de carteira, jogadores e prostitutas, como por políticos e agitadores da oposição. Foi aí que Camille Desmoulins, em 12 de julho de 1789, incitou os populares lá reunidos à ação que culminou, dois dias depois, na tomada da Bastilha.
50. Medéia, personagem do ciclo dos Argonautas, na mitologia grega. Filha de Aiete, rei da Cólquida, era tida como feiticeira por sua perícia nas artes mágicas. Conta a lenda que ela se apaixonou por Jasão, que viera, com seus companheiros de aventura, em busca do Velocino de Ouro, e o ajudou a conseguir o troféu, fugindo com o herói para a Grécia. Perseguidos, Medéia não titubeou em matar o irmão, Apsirto, esquartejá-lo e espalhar os membros pelo mar. Detendo-se para recolher os restos de seu filho, Aiete atrasou-se e não pôde alcançar os fugitivos.

(I,5)

Um quarto. Danton e Marion.

MARION – Não, deixe-me! Assim, aos seus pés. Quero lhe contar...
DANTON – Você poderia empregar melhor seus lábios.
MARION – Não, deixe-me assim. Minha mãe era uma mulher inteligente, ela sempre me dizia que a castidade é uma bela virtude. Quando vinha gente lá em casa e começava a falar de certos assuntos ela me mandava sair da sala; e se eu, depois, perguntava o que as pessoas queriam dizer, ela respondia que eu devia me envergonhar; e se me dava um livro para ler, era obrigada quase sempre a saltar algumas páginas. Mas a Bíblia eu podia ler à vontade, aí tudo era sagrado; mas nela havia algo que eu não compreendia; eu também não gostava de perguntar a ninguém; eu ficava remoendo comigo mesma. Então chegou a primavera e por toda a parte ao meu redor acontecia algo de que eu não participava. Acabei mergulhando em uma estranha atmosfera que quase me sufocava; eu observava o meu corpo, parecia-me às vezes como se eu fosse dois seres e depois me fundia novamente em um só. Naquele tempo um rapaz começou a freqüentar a nossa casa; ele era bonito e falava amiúde coisas malucas; eu não sabia bem o que ele queria, mas eu dava risada. Minha mãe pedia-lhe que viesse mais vezes, o que nos agradava a ambos. Por fim não víamos por que, em vez de ficarmos sentados em duas cadeiras, um ao lado do outro, não haveríamos de nos deitar juntos, entre dois lençóis. Isso me dava mais prazer do que a sua conversação e eu não entendia por que desejariam me conceder o prazer menor e negar o maior. Fazíamos tudo às escondidas e assim continuamos por algum tempo. Mas eu me tornei como um mar que tudo traga e se revolve cada vez mais fundo e mais fundo. Para mim só havia o meu oposto, todos os homens se fundiam em um só corpo. Minha natureza era assim, quem poderia contrariá-la? Por fim, ele percebeu isso. Certa manhã chegou e me beijou como se quisesse me sufocar, seus braços se enroscaram em torno do meu pescoço, senti um medo horrível. Aí ele me soltou, riu e disse que estivera a ponto de cometer uma grande tolice, que eu devia apenas preservar o meu vestido e usá-lo à vontade; ele acabaria se gastando sozinho; não pretendia estragar meu prazer antes do tempo, pois, afinal de contas, era o único que eu tinha. Depois foi embora;

mais uma vez eu não sabia o que ele queria. Nesse anoitecer fiquei sentada à janela; sou muito sensível e me relaciono com tudo o que me rodeia somente através do sentimento; mergulhei nas ondas do ocaso. Então surgiu um bando de gente descendo a rua, as crianças corriam à frente, as mulheres espiavam pelas janelas. Olhei para baixo, eles o carregavam em um cesto, a lua iluminava sua testa pálida, seus cachos estavam molhados, ele tinha se afogado. Tive que chorar. Foi essa a única quebra em meu ser. As outras pessoas têm seus domingos e dias úteis, trabalham durante seis dias e rezam no sétimo, ficam comovidas uma vez por ano, no dia de seu aniversário e meditam uma vez por ano, no dia de Ano Novo. Eu não consigo compreender isso. Não conheço pausa, nem mudança. Sou sempre a mesma. Um desejo voraz e sem trégua, uma chama, uma correnteza. Minha mãe morreu de desgosto; as pessoas apontam o dedo para mim. Isso é estupidez. Não importa no que a gente encontra prazer, nos corpos, nas imagens de Cristo, nas flores ou nos brinquedos de criança; o sentimento é o mesmo e quem mais goza, mais reza.

DANTON – Por que não posso acolher em mim toda a sua formosura, abraçá-la por inteiro?

MARION – Danton, seus lábios têm olhos.

DANTON – Eu desejaria ser uma parte do éter para banhá-la em minha torrente e para quebrar-me na onda de seu formoso corpo.

Entram Lacroix, Adelaide e Rosalie.

LACROIX (*Parando na soleira da porta*) – Que vontade de rir, que vontade de rir!

DANTON (*A contragosto*) – Que há?

LACROIX – Estou me lembrando do que vi na rua.

DANTON – E então?

LACROIX – Na rua havia dois cachorros, um dogue e um cachorrinho pequinês, que se atormentavam.

DANTON – E daí?

LACROIX – É que me lembrei disso agora e me deu vontade de rir. Era um espetáculo edificante! As meninas estavam olhando pelas janelas; dever-se-ia ter mais cuidado e não deixá-las ficar sentadas ao sol, senão as moscas lhes fazem aquilo nas mãos, e isso dá o que pensar.

Legendre e eu percorremos quase todas as celas; as freirinhas da revelação através da carne nos seguravam pela aba do casaco e queriam a bênção. Legendre deu penitência a uma delas, mas vai ter de jejuar um mês por isso. Aqui trago duas dessas devotadas sacerdotisas do corpo.

MARION – Bom dia, *demoiselle* Adelaide, bom dia, *demoiselle* Rosalie.

ROSALIE – Há muito não tínhamos o prazer de vê-la.

MARION – Senti imensamente.

ADELAIDE – Por Deus! Estamos ocupadas dia e noite.

DANTON (*Para Rosalie*) – Olá, pequena, você ficou com os quadris esguios.

ROSALIE – Ah sim, a gente melhora a cada dia.

LACROIX – Qual é a diferença entre um Adônis[51] antigo e um moderno?

DANTON – E Adelaide tornou-se de uma pudicícia interessante! Uma transformação bem picante! Seu rosto parece uma folha de figueira, com a qual esconde o corpo todo. Uma figueira como essa em uma estrada tão usada dá uma sombra refrescante.

ADELAIDE – Eu seria um caminho de gado, se *monsieur*...

DANTON – Compreendo; só não precisa zangar-se, senhorita.

LACROIX – Ouça, pois; um Adônis moderno não é estraçalhado por um javali, mas, sim, por porcas; não fica ferido na coxa, mas, sim, na virilha, e de seu sangue não brotam rosas, mas, sim, rebenta uma floração de mercúrio.

DANTON – A senhorita Rosalie é um torso restaurado, no qual somente os quadris e os pés são antigos. Ela é uma agulha magnética na qual aquilo que o pólo da cabeça repele o pólo dos pés atrai, o meio é um equador, onde cada um que o cruza pela primeira vez recebe um batismo de sublimado.

LACROIX – Duas irmãs de caridade, cada qual serve num hospital, isto é, em seu próprio corpo.

ROSALIE – Vocês deviam envergonhar-se por deixar nossos ouvidos tão vermelhos!

ADELAIDE – Deviam ter mais modos.

Adelaide e Rosalie saem.

---

51. Adônis, na mitologia grega, um formoso jovem gerado por Mirra ou Smirna com seu pai, Ciniras, rei de Chipre. Este, por ter-se recusado a cultuar Afrodite, provoca a animosidade da divindade e atrai sua vingança, que é a de inspirar um amor incestuoso à filha do incréu. Ao descobrir o crime, o rei tenta matar Mirra e ela se transforma num pé de murta, do qual nasce Adônis. Afrodite apaixona-se pelo rapaz, porém Marte, enciumado, leva-o a dedicar-se à caça e, ao perseguir um javali, ele é morto pela fera. A deusa, inconformada, converte o sangue de seu amado em anêmonas ou rosas.

Danton – Boa noite, lindas meninas!

Lacroix – Boa noite, suas minas de mercúrio![52]

Danton – Tenho pena delas, ficaram sem o jantar.

Lacroix – Escuta, Danton, estou chegando dos Jacobinos.

Danton – Nada mais?

Lacroix – Os lioneses leram uma proclamação; acham que não lhes resta alternativa senão enrolar-se na toga. Cada um deles fazia uma cara como se quisesse dizer ao vizinho – "Peto[53], não está doendo!" Legendre gritou que se pretendia destruir os bustos de Chalier e Marat; acredito que ele queira tingir de novo o seu rosto de vermelho; ele saiu inteiro do terror; as crianças na rua puxam seu casaco.

Danton – E Robespierre?

Lacroix – Tamborilava os dedos sobre a tribuna e dizia – a virtude deve dominar pelo terror. A frase me dá dor de garganta.

Danton – Ela aplaina tábuas para a guilhotina.

Lacroix – E Collot gritava como um possesso – é preciso arrancar as máscaras.

Danton – Aí os rostos irão juntos.

Entra Páris.

Lacroix – O que há, Fabrício?[54]

Páris – Ao sair dos Jacobinos, fui ter com Robespierre. Exigi uma explicação. Ele tentou fazer uma cara como a de Bruto[55] sacrificando os filhos. Falou em geral dos deveres; disse que em

---

52. Mercúrio, este metal era utilizado no tratamento rotineiro da sífilis, sob a forma de cloreto de mercúrio.

53. Citação da frase de Arria, esposa de Secina Peto, a qual, no momento em que seu marido ia ser executado por ordem do imperador Cláudio, entrega-lhe a espada depois de tê-la cravado no próprio peito, dizendo-lhe: *"Paete, non dolet"*.

54. Caio Fabrício Luscino (III a.C.), cônsul romano em 282 a.c., tornou-se uma figura proverbial como paradigma de frugalidade e probidade, tendo lutado contra os samnitas e Pirro, que tentou em vão corrompê-lo. No texto, trata-se do cognome de Félix Páris, um partidário de Danton.

55. Lúcio Júnio Bruto, herói romano, segundo a tradição sobrinho de Tarquínio, o Soberbo, rei de Roma. Para escapar à sorte de seu irmão, morto pelo tio, fez-se de idiota, o que lhe valeu o cognome de Bruto. Depois do ultraje a Lucrécia e do suicídio desta, chefiou a rebelião que expulsou os Tarquínios e instaurou em Roma a República, de que se tornou o primeiro cônsul e sua fidelidade ao novo regime foi de tal ordem que não titubeou em matar seus próprios filhos quando estes tentavam reconduzir os Tarquínios ao poder.

defesa da liberdade não tem consideração por ninguém e que sacrificaria tudo, a si mesmo, seu irmão, seus amigos.

Danton – Isso é falar claro, basta apenas inverter a ordem e ele estará embaixo segurando a escada para seus amigos. Devemos agradecer a Legendre por tê-los obrigado a falar.

Lacroix – Os hebertistas ainda não estão mortos e o povo está na miséria; isto é uma terrível alavanca. O prato da balança, do lado do sangue, não pode subir, se não quiserem que o Comitê de Salvação Pública acabe pendurado numa lanterna. Robespierre precisa de lastro, precisa de uma cabeça de muito peso.

Danton – Sei muito bem... a Revolução é como Saturno[56], ela devora seus próprios filhos. (*Após uma curta reflexão.*) Ainda assim, eles não se atreverão.

Lacroix – Danton, você é um santo morto, mas a Revolução não conhece relíquias; ela já atirou a ossada de todos os reis para o meio da rua e todas as estátuas para fora da igreja. Você acredita que vão deixá-lo de pé como monumento?

Danton – Meu nome! O povo!

Lacroix – Ora, seu nome! Você é um moderado, como eu, como Camille, Phillipeau, Hérault. Para o povo, moderação e fraqueza são a mesma coisa. Ele mata quem fica para trás. Os alfaiates da seção dos barretes vermelhos vão sentir a história romana inteira vibrar em suas agulhas, se o homem de Setembro for um moderado comparado com eles.

Danton – É verdade. E, além disso... o povo é como uma criança; precisa quebrar tudo para ver o que tem dentro.

Lacroix – E, afora isso, Danton, nós somos corrompidos, como diz Robespierre; isto é, gozamos a vida, enquanto o povo é virtuoso, isto é, não tem prazer com nada porque o trabalho embotou seus órgãos de fruição; não se embriaga porque não tem dinheiro e não vai ao bordel porque seu hálito fede a queijo e arenque e as meninas têm nojo disso.

Danton – Ele odeia os que têm prazer como um eunuco odeia os homens.

Lacroix – Chamam-nos de canalhas e (*Inclinando-se para o ouvido de Danton*) nisso, cá entre nós, há algo de verdadeiro. Robespierre e o povo continuarão virtuosos, Saint-Just escre-

---

56. Saturno, mítico rei de Roma, que teria introduzido a agricultura e instalado a cidadela no Capitólio. Objeto de culto, foi identificado com Cronos. No relato da mitologia grega, este titã devorava seus filhos recém-nascidos para não ser destituído do poder sobre o universo, tendo falhado unicamente com Zeus, salvo por um ardil de sua mãe Rea.

verá um romance, Barère[57] vai cortar uma nova carmanhola[58] e com essa jaqueta sangrenta irá cobrir os ombros da Convenção e... eu vejo tudo.

DANTON – Você está sonhando. Nunca tiveram coragem sem mim, agora não a terão contra mim; a Revolução ainda não acabou, ainda podem necessitar de mim; vão me guardar no arsenal.

LACROIX – Precisamos agir.

DANTON – Encontrar-se-á um meio.

LACROIX – Encontrar-se-á, quando estivermos perdidos.

MARION (*Para Danton*) – Teus lábios ficaram frios, tuas palavras sufocaram teus beijos.

DANTON (*Para Marion*) – Quanto tempo perdido! Valeu mesmo a pena! (*Para Lacroix*.) Amanhã vou procurar Robespierre, vou irritá-lo; aí ele não consegue ficar calado. Até amanhã. Boa noite, meus amigos, boa noite, eu lhes agradeço.

LACROIX – Dêem o fora, meus bons amigos. Dêem o fora! Boa noite Danton, as coxas da *demoiselle* vão guilhotiná-lo, o monte de Vênus será a sua rocha Tarpéia[59]. (*Saem.*)

---

57. Bertrand Barère de Vieuzac, grafado no original de Büchner como Barrère (1755-1841), advogado brilhante, jornalista e político revolucionário. Eleito deputado aos Estados Gerais e depois à Convenção, defendia de início princípios liberais que, com o correr dos acontecimento da Revolução, se tornaram mais radicais, a tal ponto que foi escolhido duas vezes para integrar o Comitê de Salvação Pública. Mas, extremamente astuto e hábil – diziam que ele sempre trazia no bolso dois discursos opostos – soube manobrar não só entre a Gironda e a Montanha, como entre Danton e Robespierre, a quem abandonou quando da queda do Incorruptível. Os termidorianos, no entanto, o prenderam e o condenaram à deportação, pena que Barère deixou de cumprir, pois conseguiu evadir-se e, mais tarde, serviu Bonaparte, bem como Luís XVIII e Luís Filipe.

58. Carmanhola, do francês *carmagnole*, uma jaqueta de gola grande e abas curtas, introduzida em Paris, em 1792, pelos federalistas marselheses e adotada pelos revolucionários, A denominação estendeu-se a uma canção de roda dançada durante a Revolução Francesa.

59. Rocha Tarpéia, no canto sudoeste da colina do Capitólio, de onde eram precipitados os assassinos e traidores condenados à morte. O local, que nos primórdios de Roma, fora dedicado a Saturno, parece dever a sua denominação a uma vestal, Tarpéia, que, atraída pelo brilho das pulseiras e colares de ouro dos sabinos, ter-lhes-ia aberto as portas da fortaleza, sendo então esmagada sob os escudos dos invasores.

(I,6)

Um quarto. Robespierre. Danton e Páris.

ROBESPIERRE – Eu lhe digo – quem segura meu braço quando desembainho a espada é meu inimigo, seja qual for a sua intenção; e quem impede que eu me defenda, está me matando exatamente como se me atacasse.

DANTON – Lá onde termina a legítima defesa começa o homicídio; não vejo nenhum motivo que nos obrigue a prosseguir com a matança.

ROBESPIERRE – A Revolução social ainda não foi concluída – aquele que faz uma Revolução pela metade está abrindo a sua própria cova. A alta sociedade ainda não está morta; cumpre que a força saudável do povo ocupe o lugar dessa classe completamente apodrecida. O vício deve ser punido, a virtude deve dominar pelo terror.

DANTON – Não entendo a palavra punição. Você e sua virtude, Robespierre! Você nunca roubou dinheiro, nunca contraiu dívidas, nunca dormiu com uma mulher, sempre andou trajado decentemente e nunca se embriagou. Robespierre, você é de uma honestidade revoltante! Eu teria vergonha de andar por aí, entre o céu e a terra, durante trinta anos, sempre com a mesma fisionomia moral, pelo simples e mesquinho prazer de achar os outros piores do que eu.

Será que não há nada dentro de você que às vezes diz baixinho, em segredo – você está mentindo, mentindo?!

ROBESPIERRE – Tenho a consciência limpa.

DANTON – A consciência é um espelho diante do qual só um macaco se atormenta; cada um se enfeita como pode e sai em busca de seu prazer a seu próprio modo. Não vale a pena brigar por isso. Cada qual precisa defender-se quando alguém estraga o seu prazer. Você tem o direito de fazer da guilhotina um tanque para lavar a roupa suja dos outros, e de suas cabeças decepadas, sabão em pedra para limpar seus trajes imundos, só porque você continua sempre envergando um casaco bem escovado e limpo? Sim, você pode defender-se quando cospem nele ou querem rasgá-lo, mas o que importa isso a você, enquanto o deixam em paz? Se eles não se incomodam de andar assim por aí, você tem por isso o direito de enterrá-los numa cova? Você é, por acaso, o policial dos céus? E se você não consegue, ainda assim, olhar o espetáculo com a mesma indiferença de seu querido Senhor Deus, ponha o seu lenço diante dos olhos.

ROBESPIERRE – Você nega a virtude?

DANTON – E o vício também. Só há epicureus, grosseiros uns, requintados outros, é certo, Cristo foi o mais requintado; essa é a única diferença que consigo descobrir entre os homens. Cada qual age de acordo com a sua natureza, ou seja, faz aquilo que lhe faz bem. Não é verdade, Incorruptível, que é cruel pisar assim os saltos dos seus sapatos?

ROBESPIERRE – Em certos momentos, Danton, o vício se torna traição.

DANTON – Mas você não deve proscrevê-lo, por Deus! Seria ingrato de sua parte. Você lhe deve muito, por contraste precisamente... De resto, para ficarmos na sua ordem de idéias, nossos golpes precisam ser úteis à República; não se deve atingir os inocentes junto com os culpados.

ROBESPIERRE – Quem lhe disse que algum inocente foi atingido?

DANTON – Está ouvindo, Fabrício? Não morre nenhum inocente! (*Ele vai embora; ao sair dirige-se a Páris.*) Não temos um minuto a perder, precisamos nos mostrar ao povo. (*Danton e Páris saem.*).

ROBESPIERRE (*Sozinho*) – Vai! Ele quer deter os corcéis da Revolução na porta do bordel, como um cocheiro com seus pangarés amestrados; mas eles terão força suficiente para arrastá-lo até a Praça da Revolução.

Pisar nos saltos dos meus sapatos! Para ficar na sua ordem de idéias! Alto lá! Alto lá! É isto realmente? Dirão que sua figura gigantesca lançava sobre mim sombra em demasia, por isso eu tive que mandá-lo sair do sol.

E se tiverem razão?

Será isso tão necessário? Sim, sim, a República! Ele precisa ir-se. É ridículo como meus pensamentos se vigiam uns aos outros. Ele precisa ir-se. Aquele que estaca no meio da massa que avança opõe-lhe a mesma resistência que se marchasse contra ela; ele é pisoteado.

Não deixaremos que a nau da Revolução encalhe nos cálculos rasos e nos bancos de lodo dessa gente; precisamos decepar a mão que ousa retê-la, mesmo que ele a agarre com os dentes.

Fora com uma sociedade que tirou as roupas da aristocracia morta e herdou a sua lepra. Virtude alguma! A virtude, um salto de meus sapatos! Com a minha ordem de idéias!

Como isso volta sempre.

Por que não posso me livrar desse pensamento? Ele aponta o seu dedo ensangüentado sempre para lá! Posso envolvê-lo com tantos trapos quantos eu quiser, o sangue continua sempre vazando. (*Após uma pausa.*) Não sei que coisa dentro de mim engana a outra.
(*Aproximando-se da janela.*) A noite ronca sobre a terra e revolve-se em sonhos caóticos. Pensamentos, desejos apenas percebidos, imprecisos e informes, que se escondiam timidamente à luz do dia, adquirem agora forma e vestimenta e se introduzem sorrateiros na casa silenciosa do sonho. Eles abrem as portas, olham pelas janelas, tornam-se quase carne, os membros estiram-se no sono, os lábios murmuram ... E, não é o nosso despertar apenas um sonho mais claro, acaso não somos sonâmbulos, e não é nossa ação como a do sonho, apenas mais determinada, precisa e acabada? Quem vai nos censurar por isso? Durante uma hora nosso espírito executa mais ações do pensamento do que o organismo moroso de nosso corpo é capaz de reproduzir em anos. O pecado está no pensamento. Se o pensamento se torna ação, se o corpo o imita, é mera obra do acaso.

Entra Saint-Just.

ROBESPIERRE – Ei, quem está aí no escuro? Ei, luz, luz!

SAINT-JUST – Você reconhece a minha voz?

ROBESPIERRE – Ah, é você, Saint-Just. (*Uma criada traz uma vela.*)

SAINT-JUST – Você estava sozinho?

ROBESPIERRE – Danton acaba de sair.

SAINT-JUST – Encontrei-o ao passar pelo Palais-Royal. Ele franzia sua testa revolucionária e falava em epigramas; tuteava-se com os *sans-culottes*, as *grisettes* corriam atrás dele e as pessoas paravam e cochichavam uma no ouvido da outra tudo o que ele havia dito. Nós vamos perder a vantagem da iniciativa do ataque. Você ainda hesita? Vamos agir sem você. Estamos decididos.

ROBESPIERRE – O que querem fazer?

SAINT-JUST – Vamos convocar para uma sessão solene os comitês de Legislação, de Segurança e de Salvação Pública.

ROBESPIERRE – É muita cerimônia.

SAINT-JUST – Precisamos enterrar esse enorme cadáver com o devido decoro, como sacerdotes e não como assassinos. Não devemos mutilá-lo, precisamos fazê-lo baixar com todos os seus membros.

ROBESPIERRE – Seja mais claro.

SAINT-JUST – Devemos sepultá-lo com toda a sua armadura e sacrificar sobre seu túmulo seus cavalos e escravos – Lacroix...
ROBESPIERRE – Um consumado patife, antigo escrivão de advogado, atual lugar-tenente geral da França. Adiante!
SAINT-JUST – Hérault-Séchelles.
ROBESPIERRE – Uma bela cabeça.
SAINT-JUST – Ele foi a bela letra capitular pintada da carta constitucional. Não precisamos mais de enfeites assim; ele será apagado. Philippeau, Camille...
ROBESPIERRE – Também ele?
SAINT-JUST (*Entregando-lhe um papel*) – Eu já imaginava. Leia isso!
ROBESPIERRE – Ah, 'O Velho Franciscano'[60], nada mais? Ele é uma criança, ele riu de vocês.
SAINT-JUST (*Indicando uma passagem*) – Leia, leia isto, leia!
ROBESPIERRE (*Lendo*) – "Este Messias sanguinário, Robespierre, no seu monte do Calvário, entre os dois ladrões Couthon[61] e Collot, sobre o qual ele sacrifica e não é sacrificado. As beatas da guilhotina, como Maria e Madalena, encontram-se embaixo. Saint-Just, como o evangelista João, está no seu coração e comunica à Convenção as revelações apocalípticas do Mestre; ele porta a cabeça como um ostensório".

60. Velho franciscano, a referência é dupla: de uma parte, ironiza o modo de vida de Danton; de outra, alude ao Clube dos Franciscanos, associação fundada em Paris, em julho de 1790, pela extrema esquerda da Montanha (composta então, entre outros, por Danton, Desmoulins, Marat, Hébert) e que desempenhou um papel relevante no processo político da Revolução, após a prisão de Luís XVI, mas não sobreviveu à execução dos hebertistas, em março de 1794.
61. Georges-Auguste (dito Aristides, a partir de outubro de 1793) Couthon (1755-1794), advogado e presidente de tribunal em Clermont-Ferrand, conhecido por suas idéias em prol das classes desfavorecidas, foi eleito para a Assembléia Legislativa, a seguir para a Convenção Nacional e, no seu âmbito e como membro da Montanha, para o Comitê de Salvação Pública. As concepções políticas e sociais; origem profissional e familial; visão do modo de levar adiante e aos seus objetivos o processo político da Revolução, eram outras tantas afinidades eletivas entre Couthon, Robespierre e Saint-Just que, por isso mesmo, formaram um triunvirato dominante no órgão executivo da Convenção ao qual presidiu a partir de dezembro de 1793. Nesta qualidade, foi uma das peças principais na liquidação dos hebertistas e dos dantonistas e, em junho de 1794, conseguiu a aprovação de um Tribunal Revolucionário, em que os processos seriam sumários, pois dispensavam os defensores, as testemunhas e até a instrução prévia. Era como se estivesse preparando o seu fim, uma vez que, com o golpe do Termidor, ele e seus amigos e companheiros subiram ao cadafalso, sem julgamento.

SAINT-JUST – Farei com que porte a dele como São Denis[62].

ROBESPIERRE (*Continuando a ler*) – "Deve-se pensar que a impecável casaca do Messias é a mortalha da França e que seus finos dedos, tamborilando sobre a tribuna, são lâminas de guilhotina? E você, Barère, aquele que disse – Na Praça da Revolução moedas serão cunhadas. Contudo... eu não quero revolver o velho saco. Ele é uma viúva que já teve meia dúzia de maridos e ajudou a enterrá-los todos. O que se pode fazer? Tal é o seu dom – ele enxerga como Hipócrates a morte no rosto das pessoas seis meses antes que morram. Quem gostaria de sentar-se ao lado dos cadáveres e sentir-lhes o fedor?"
Então, você também, Camille?
Fora com eles! Depressa! Só os mortos nunca retornam. Você preparou a acusação?

SAINT-JUST – Isso é fácil. Você já deu as indicações no discurso aos Jacobinos.

ROBESPIERRE – Queria apenas assustá-los.

SAINT-JUST – Preciso, apenas, pôr isso em prática. Os falsários fornecerão os ovos e os estrangeiros, as maçãs. Eles vão morrer com essa refeição, dou-lhe minha palavra.

ROBESPIERRE – Então depressa, amanhã. Sem longas agonias! Fiquei muito suscetível de uns dias para cá. Mas rápido! (*Saint-Just sai.*)

ROBESPIERRE (*Sozinho*) – Pois sim, Messias sanguinário, que sacrifica e não é sacrificado... Ele os redimiu com o seu sangue e eu os redimo com o deles mesmos. Ele os tornou pecadores e eu assumo o pecado. Ele tinha a volúpia da dor e eu tenho o tormento do carrasco.
Quem negou mais a si próprio, eu ou ele?...
E, no entanto, há algo de insano nesse pensamento...
Por que será que nosso olhar fica sempre seguindo esse Único? Na verdade, o Filho do Homem é crucificado em todos nós, todos nós agonizamos suando sangue no Jardim de Getsêmani, mas ninguém resgata o outro com suas feridas... Meu Camille!... Eles estão todos se afastando de mim... está tudo vazio e deserto... estou só.

---

62. São Denis, apóstolo da Gália, primeiro bispo de Paris. Segundo narra a crônica, decapitaram-no em 258 d.C., na colina de Montmartre, e o mártir teria caminhado até o seu túmulo, com a cabeça debaixo do braço.

Segundo Ato

(II,1)

Um quarto. Danton, Lacroix, Phillipeau, Páris, Camille Desmoulins.

CAMILLE – Depressa Danton, não temos tempo a perder.
DANTON (*Vestindo-se*) – Mas o tempo nos perde.
 É muito aborrecido ter sempre primeiro de pôr a camisa e depois enfiar as calças por cima, e à noite entrar na cama e pela manhã levantar-se outra vez e sempre colocar um pé diante do outro; é uma coisa que não dá para ver como possa mudar um dia. Isso é muito triste e o fato de que milhões já fizeram assim e milhões tornarão a fazê-lo e de que, além do mais, nós somos constituídos de duas metades que fazem ambas o mesmo, de modo que tudo acontece em dobro. Isso é muito triste.
CAMILLE – Você fala em um tom absolutamente infantil.
DANTON – Moribundos muitas vezes se tornam infantis.
LACROIX – Você se precipita com sua indecisão na ruína e arrasta todos os seus amigos com você. Faça saber aos covardes que é tempo de se agruparem ao seu redor; conclame tanto aqueles que estão nos vales quanto os que estão nas monta-

nhas[63]. Brade contra a tirania dos Decênviros, fale de punhais, invoque Bruto; então você assustará as tribunas e reunirá à sua volta até os que se sentem ameaçados como cúmplices de Hébert. Você deve entregar-se à sua cólera. Ao menos não nos deixe morrer desarmados e humilhados, como o infame Hébert.

DANTON – Você tem péssima memória, você me chamou de santo morto. Você tinha mais razão do que você próprio acreditava. Estive nas seções, foram respeitosas, porém como os que convidam para um enterro. Eu sou uma relíquia e relíquias se atiram para o meio da rua, você tinha razão.

LACROIX – Por que deixou que as coisas chegassem a isso?

DANTON – A isso? Sim, na verdade, isto acabou me aborrecendo. Andar sempre por aí com o mesmo casaco e franzir a testa com os mesmos vincos! Isto é lastimável. Ser um instrumento tão miserável, no qual uma corda produz apenas um único som!

Não há quem agüente. Eu queria ficar à vontade. Consegui, a Revolução me pôs em descanso, mas de maneira diferente da que eu pensava. De resto, no que se apoiar? Nossas meretrizes poderiam, quando muito, enfrentar as beatas da guilhotina, mais do que isso não sei. Dá para contar nos dedos – os Jacobinos declararam que a virtude está na ordem do dia; os *Cordeliers*[64] chamam-me de carrasco de Hébert; a Comuna de Paris[65] faz

---

63. "Conclame tanto aqueles que estão nos vales quanto os que estão nas montanhas", o texto se refere, por certo, aos radicais (montanhases) e aos moderados (do vale, isto é, da planície).

64. A menção a "os *Cordeliers*", refere-se aos membros do clube revolucionário do mesmo nome.

65. Comuna de Paris. Estabelecida em julho de 1789, com a tomada da Bastilha, como órgão de governo municipal eleito pelos cidadãos ativos de 48 seções da capital francesa, compunha-se de um prefeito, um conselho geral de 96 membros, um procurador-síndico e dois substitutos. Na noite de 9 para 10 de agosto de 1792, 82 novos representantes escolhidos pelos munícipes ativos e passivos substituíram a Comuna legal anterior por outra insurrecional, que comandou o assalto às Tulherias no dia seguinte. Nesta nova fase, ela assumiu de fato um poder de Estado revolucionário, ordenando a mudança da família real para o Templo, criando um tribunal extraordinário e promovendo as invasões populares às prisões de Paris que resultaram nos chamados "Massacres de Setembro". Dominada pela facção de Hébert, a partir de fevereiro de 1793, proscreveu os representantes da Gironda e encetou o Terror. Entretanto, a linha de atuação política adotada, sob a égide dos radicais, entrou logo em choque com o empenho centralizador do grupo de Robespierre e, em março de 1794, com a eliminação dos hebertistas, a Comuna perdeu a sua autonomia e, despojada de seus poderes, após 9 de termidor, foi substituída por duas comissões.

penitência; a Convenção ... sim, isto seria ainda um recurso! Mas redundaria em outro 31 de maio e eles não vão ceder de boa vontade. Robespierre é o dogma da Revolução, não deve ser riscado. E nem se conseguiria. Não fomos nós que fizemos a Revolução, foi ela que nos fez.

E mesmo que se conseguisse – prefiro ser guilhotinado a mandar guilhotinar. Estou farto, para que devemos, nós, homens, lutar uns contra os outros? Deveríamos sentar-nos lado a lado e viver em paz. Houve um erro quando nos criaram, falta-nos algo, não sei que nome dar-lhe, não será das tripas uns dos outros que iremos arrancá-lo; por que então rasgar por isso os nossos ventres? Vamos, somos pobres alquimistas.

Camille – Dito de forma mais patética, isso significa – até quando a humanidade, na sua fome eterna, irá devorar seus próprios membros? Ou, até quando nós, náufragos à deriva sobre um destroço, na tortura de uma sede inextinguível deveremos sugar o sangue uns das veias dos outros? Ou ainda – até quando nós, algebristas da carne, deveremos escrever nossos cálculos com os membros mutilados à procura da incógnita x que nos foge eternamente?

Danton – Você é um eco poderoso.

Camille – Não é verdade, um tiro de pistola ressoa como um trovão. Tanto melhor para você, deveria ter-me sempre ao seu lado.

Philippeau – E a França, entregue aos seus algozes?

Danton – Que importa? As pessoas sentem-se muito bem com isso. Estão infelizes; pode alguém exigir mais para tornar-se compassivo, nobre, virtuoso ou engraçado ou para não sentir tédio algum? Que importa se morrem na guilhotina, ou de febre ou de velhice? É preferível que se retirem para os bastidores com os corpos ainda flexíveis e possam, ao sair de cena, gesticular graciosamente e ouvir os aplausos dos espectadores. É próprio e fica bem para nós, que estamos sempre no palco, mesmo que ao final sejamos apunhalados a sério.

É bom que o tempo de vida seja um pouco reduzido, o casaco era comprido demais, nossos membros não podiam preenchê-lo. A vida torna-se um epigrama, isso é bom; quem tem força e espírito suficientes para uma epopéia de cinqüenta ou sessenta cantos? É tempo de se beber o pouquinho de essência não mais dos tonéis, mas dos cálices de licor; assim ao menos a gente encherá a boca, do contrário mal se poderia destilar algumas gotas no tosco recipiente.

E finalmente... tenho vontade de gritar, mas não vale a pena, a vida não merece o esforço que se faz para conservá-la.
PÁRIS – Então foge, Danton!
DANTON – Pode-se levar a pátria nas solas dos sapatos? E por fim... e isso é o principal – eles não ousarão. (*Para Camille.*) Vem, meu rapaz, sou eu quem lhe digo, eles não ousarão. *Adieu. Adieu*! (*Danton e Camille saem.*)
PHILIPPEAU – Lá vai ele.
LACROIX – E não acredita em uma só palavra do que disse. Nada mais senão preguiça! Ele prefere ser guilhotinado a proferir um discurso.
PÁRIS – O que fazer?
LACROIX – Voltar para casa e, como Lucrécia, estudar um modo decente de cair.

(II,2)

Passeio de uma avenida. Passeantes.

UM CIDADÃO – Minha querida Jaqueline, eu queria dizer Corn... queria dizer Cor...
SIMON – Cornélia[66], cidadão, Cornélia.
CIDADÃO – Minha querida Cornélia alegrou-me com um menino.
SIMON – Deu um filho à República.
CIDADÃO – À República, isso soa muito geral, poder-se-ia dizer...
SIMON – É justamente isso, o particular deve submeter-se ao geral...
CIDADÃO – Ah sim, é o que minha mulher também diz.
CANTADOR DE FEIRA: O que é, o que é
    Que alegra e apraz a todos os homens?
CIDADÃO – Quanto ao nome, ainda estou na dúvida.
SIMON – Batize-o – Chuço, Marat.
CANTADOR DE FEIRA –

> Com desgosto, com tristeza
> Desde cedo preocupado
> Até que o dia esteja acabado.

---

66. Cornélia (c.189-110 a.C.), filha de Cipião Africano, o antigo, esposa de Tibério Semprônio Graco, pretor que se distinguiu por suas vitórias e sua lisura. Ficou viúva com doze filhos, entre os quais os célebres tribunos Caio e Tibério Graco, e entrou para a história como símbolo ideal da mãe romana. Conta-se a seu respeito que uma dama da sociedade veio visitá-la e, após exibir as suas jóias, pediu a Cornélia que lhe mostrasse as suas e ela lhe apresentou seus dois filhos [Caio e Tibério], dizendo: "Eis aqui as minhas jóias".

Cidadão – Eu gostaria de três; há algo de útil e de correto no número três; agora, já sei – Arado, Robespierre.
E o terceiro?
Simon – Chuço.
Cidadão – Eu lhe agradeço, vizinho – Chuço, Arado, Robespierre, bonitos nomes, soam bem.
Simon – Estou lhe dizendo, o seio de sua Cornélia será como a teta da loba romana; não, isso não dá certo; Rômulo[67] era um tirano; isso não dá certo. (*Afastam-se.*)
Um Mendigo (*Cantando*) –

> Um punhado de terra
> E um pouco de musgo...

Prezados senhores, formosas damas!
Primeiro Senhor – Trabalha, homem, você parece bem nutrido.
Segundo Senhor – Toma! (*Dá-lhe dinheiro.*) Ele tem mão de veludo.
É uma pouca vergonha.
Mendigo – Meu senhor, onde foi que arranjou seu casaco, senhor?
Segundo Senhor – Trabalho, trabalho! Você pode ter um igual, vou lhe dar trabalho, venha me procurar, eu moro...
Mendigo – Senhor, por que o senhor trabalhou?
Segundo Senhor – Idiota, para ter o casaco.

---

67. Rômulo, tido como fundador e primeiro rei de Roma. Sua figura está envolta em mito, embora sua possível existência e ação efetivas sejam situadas pelos anais romanos por volta de 750 a.C. Na verdade, é sob influência helênica que a narrativa lendária a seu respeito firmou-se no século III a.C., e, nos seus termos, Rômulo e seu irmão gêmeo, Remo, eram filhos do deus Marte e de Rea Sílvia, uma vestal. Por ter transgredido o voto de virgindade, o rei albano, Amúlio, seu tio, que usurpara o trono do pai dela, mandou matá-la e lançar as duas crianças ao Tibre, dentro de uma cesta. Recolhidos por uma loba que os amamentou, os gêmeos foram criados posteriormente por um casal de pastores reais e, quando crescidos, deixaram a cidade de Alba e fundaram, no local onde haviam sido salvos, às margens do rio, junto ao monte Palatino, uma nova cidade. Outorgando-se, pelo augúrio do vôo dos pássaros, a condição de rei, Rômulo traçou um sulco para marcar os limites da localidade, a chamada *Roma quadrata*, em 753 a.C., pela cronologia convencionada. O sítio e o nome escolhidos causaram uma desavença entre os irmãos e Remo, ultrapassando a demarcação estabelecida, provocou a ira de Rômulo que o matou. Atribuiu-se-lhe um dom administrativo, extensível aliás ao gênio romano, pois consta que Rômulo criou as primeiras instituições políticas e militares e organizou a cidade. Seu desaparecimento deu-se, segundo a lenda, em meio a uma furiosa tormenta e, depois, tornou-se objeto de veneração sob o nome de deus Quirino.

MENDIGO – O senhor se torturou para ter um prazer, pois um casaco assim é prazer, um trapo também resolveria.
SEGUNDO SENHOR – Com certeza, não há outro jeito.
MENDIGO – Quem me dera ser idiota. Uma coisa vale a outra. Cálido é o sol que brilha nessa esquina e tudo corre às mil maravilhas. (*Canta*) –

> Um punhado de terra
> E um pouco de musgo...

ROSALIE (*Para Adelaide*) – Anda, aí vêm soldados, desde ontem não pusemos nada de quente na boca.
MENDIGO –

> Será sobre essa terra,
> Um dia, meu último quinhão!

Meus senhores, minhas senhoras!
SOLDADO – Alto lá! Aonde vão, minhas meninas? (*Para Rosalie.*) Qual é a sua idade?
ROSALIE – A idade de meu dedo mindinho.
SOLDADO – Você é muito afiada.
ROSALIE – E você muito embotado.
SOLDADO – Então vou ficar mais afiado, esfregando-me em você. (*Ele canta.*)

> Oh Cristina, Cristina meu bem,
> Muita dor no machucado,
> Muita dor no machucado você tem?

ROSALIE (*Canta*) –

> Ah, não, senhores soldados,
> Eu gostaria de ter mais,
> De ter mais, muito mais!

Entram Danton e Camille.

DANTON – Isto aqui está animado, não é?
Sinto alguma coisa no ar, é como se o sol estivesse chocando a luxúria.
Não dá vontade de pular lá pro meio, arrancar as calças do corpo e trepar por trás como os cachorros na rua? (*Afastam-se ambos.*)

Jovem Cavalheiro – Ah, madame! O toque de um sino, a luz do crepúsculo nas árvores, o cintilar de uma estrela...
Madame – O perfume de uma flor, as alegrias naturais, este puro prazer da natureza! (*À filha.*) Veja, Eugenie, só a virtude tem olhos para essas coisas.
Eugenie (*Beijando a mão da mãe*) – Ah mamãe, só tenho olhos para a senhora.
Madame – Que boa menina!
Jovem Cavalheiro (*Cochichando ao ouvido de Eugenie*) – Está vendo ali aquela bonita senhora com o cavalheiro idoso?
Eugenie – Eu os conheço.
Jovem Cavalheiro – Dizem que seu cabeleireiro a penteou à *l' enfant*.
Eugenie (*Rindo*) – Língua maldosa!
Jovem Cavalheiro – O velho senhor caminha ao seu lado, vê o brotinho inchar-se e o leva a passear ao sol, achando que é a chuva de trovoada que o fez crescer.
Eugenie – Que indecente, tenho vontade de corar.
Jovem Cavalheiro – Isso me faria empalidecer. (*Saem.*)
Danton (*Para Camille*) – Não espere de mim nada de sério. Não compreendo por que as pessoas não param no meio da rua, rindo na cara umas das outras. Penso que deveriam rir para as janelas e para os túmulos e que o céu devia rebentar e a terra rolar de tanta risada. (*Saem.*)
Primeiro Senhor – Eu lhe asseguro, é uma descoberta extraordinária! Todas as artes técnicas adquirem assim uma nova fisionomia. A humanidade avança com passos de gigante rumo ao seu elevado destino.
Segundo Senhor – O senhor viu a nova peça? Uma Torre de Babel! Um labirinto de abóbadas, escadinhas, corredores e tudo com tanta leveza e audácia, suspenso no ar. Fica-se tonto a cada passo. Uma cabeça bizarra. (*Ele pára perplexo.*)
Primeiro Senhor – O que há com o senhor?
Segundo Senhor – Oh, nada! Sua mão, senhor! Essa poça, pronto! Eu lhe agradeço. Mal posso passar, isso poderia tornar-se perigoso!
Primeiro Senhor – Não me diga que teve medo?
Segundo Senhor – Sim, a terra é uma crosta fina, sempre imagino que poderia cair onde há um buraco assim.
É preciso pisar com cuidado para não quebrá-la. Mas siga meu conselho, vá ao teatro.

(II,3)

Um quarto. Danton, Camille, Lucile.

CAMILLE – Eu lhes digo, se não receberem tudo em cópias de madeira, distribuído em teatros, concertos e exposições de arte, então eles não têm olhos para ver, nem ouvidos para escutar. Se alguém talhar uma marionete, em que se vê pendurado dentro o fio pelo qual ele é puxado e cujos engonços rangem a cada passo em versos jâmbicos... que caráter, que coerência! Se alguém tomar um sentimentozinho, uma sentença, um conceito e lhe vestir calças e casaco, lhe fizer mãos e pés, pintar seu rosto e deixar que a coisa passe contorcendo-se durante três atos até que ao final se case ou se mate... um ideal! Se alguém toca no violino uma ópera que reproduza o fluxo e refluxo da índole humana, como um cachimbo de barro com água pode reproduzir o canto de um rouxinol... ah, isso é arte!

Sentem as pessoas do teatro nas ruas – ah, deplorável realidade! Elas esquecem o seu Senhor Deus por causa de seus maus copistas. Da criação que, ardendo, fervilhando e luzindo, nasce de novo, a cada instante, à sua volta e em seu interior, elas nada sabem e nada vêem. Elas vão ao teatro, lêem poemas e romances, fazem caretas imitando as caras que encontram lá dentro e dizem às criaturas de Deus – como são banais!

Os gregos sabiam o que estavam dizendo quando contavam que a estátua de Pigmalião[68] de fato adquiriu vida, porém não teve filhos.

DANTON – E os artistas lidam com a natureza como David[69] que em setembro desenhava a sangue frio os corpos dos assassina-

---

68. Pigmalião, rei lendário de Chipre que se enamorou de uma bela estátua de donzela esculpida em marfim (por ele mesmo, segundo Ovídio) e rogou a Afrodite que lhe desse a graça de uma esposa parecida com a imagem. A deusa foi além do pedido, insuflando vida à escultura, e Pigmalião casou-se com ela.

69. Jacques-Louis David (Paris, 1748 – Bruxelas, 1825). Filho de um merceeiro, cresceu num ambiente culto e burguês. Após quatro tentativas, ganhou em 1774 o grande Prêmio de Roma e ali permaneceu de 1775 a 1780. Sob o impacto do classicismo italiano, renegou a lição de seu mestre Vian e dos pincéis de Greuze e Fragonard, adotando o "grande estilo", que cultivou na sua volta à capital francesa, constituindo-se o seu ateliê num centro de interesse para jovens artistas. Em 1783, tornou-se membro da Academia Real de Pintura e retornou a Roma, onde pintou uma série de quadros, entre eles a tela monumental de *O Juramento dos Horácios*, que fez sensação dois anos mais

dos, à medida que da prisão de La Force eram atirados à rua, e dizia – eu colho os últimos espasmos de vida desses celerados. (*Danton é chamado para fora.*)

CAMILLE – O que diz você, Lucile?

LUCILE – Nada, gosto tanto de ouvir você falar.

CAMILLE – Mas você também me ouve?

LUCILE – Mas está claro que sim.

CAMILLE – Tenho razão? Você sabe o que eu disse?

LUCILE – Não, para falar a verdade. (*Danton volta.*)

CAMILLE – O que você tem?

DANTON – O Comitê de Salvação Pública decidiu por minha prisão. Fui prevenido e ofereceram-me um esconderijo.

Eles querem minha cabeça. Por mim, podem levá-la! O que me importa? Saberei morrer corajosamente, é mais fácil do que viver.

CAMILLE – Danton, ainda está em tempo.

DANTON – Impossível... mas eu nunca pensei...

CAMILLE – Culpa da sua indolência!

DANTON – Não sou indolente, estou cansado. Sinto as solas dos pés ardendo.

CAMILLE – Para onde você vai?

DANTON – Se alguém soubesse!

CAMILLE – Sério, para onde?

DANTON – Vou passear, meu rapaz, passear! (*Ele sai.*)

LUCILE – Ah Camille!

CAMILLE – Fique calma, meu bem.

---

tarde, no Salão de 1785, como um verdadeiro manifesto de uma nova escola. Quando estourou a Revolução, David encabeçou, na Academia, um movimento por uma livre associação de artistas e exprimiu o seu engajamento político decorando as grandes festas populares. Jacobino e amigo de Robespierre, foi deputado à Convenção e membro do Comitê de Segurança Geral. Contrapôs-se a Danton, salientando-se por sua intransigência ideológica. Sem dúvida, pode ser considerado o mais representativo pintor do período revolucionário, como o testemunha o seu quadro *A Morte de Marat*, pintado na própria cena do crime, com o corpo da vítima ainda quente... Esta obra, assim como os retratos de Maria Antonieta e de Danton revelam o observador minucioso e realista a conviver, em David, com a retórica plástica do *Antique* e da medida clássica, que, após o Termidor e sobretudo no período ulterior, celebrariam, com as tintas de um novo academismo, os fastos de Napoleão e do Império. David, depois da queda de Robespierre, de quem era partidário apaixonado, foi preso, mas soube amoldar-se à nova ordem e conseguiu ingressar na seção de pintura do Instituto de França. Com a Restauração dos Bourbons, o artista exilou-se na Bélgica, onde faleceu.

Lucile – Quando penso que eles... esta cabeça! Meu Camille! Isto é bobagem, não é verdade, estou louca?

Camille – Fique calma. Danton e eu não somos uma só pessoa.

Lucile – A terra é tão grande e há nela tantas coisas, por que então justamente essa? Quem iria tirá-la de mim? Isso seria cruel. O que pretenderiam com isso?

Camille – Volto a dizer-lhe, você pode ficar calma. Ontem falei com Robespierre, mostrou-se amável. Estamos um pouco estremecidos, isso é verdade, divergências de opiniões, nada mais!

Lucile – Vá procurá-lo.

Camille – Fomos companheiros de escola. Ele sempre foi sombrio e solitário. Só eu o procurava e, de vez em quando, o fazia rir. Sempre mostrou grande afeição por mim. Vou procurá-lo.

Lucile – Tão rápido, meu amigo? Vai! Mas antes vem cá. Só este (*Ela o beija*) e mais este. Vai! Vai! (*Camille sai.*)

Maus tempos. Infelizmente é assim. Não há nada a fazer. É preciso dominar-se.

(*Canta.*)

> Oh, separar-se, separar-se, separar-se,
> Quem inventou a separação?

Por que me vem à cabeça precisamente isto? Não é nada bom que isto tenha encontrado o seu caminho assim, por si mesmo.

Quando saiu, foi como se ele não voltasse nunca mais e devesse afastar-se de mim cada vez mais, cada vez mais.

Como ficou vazio o quarto, as janelas estão abertas como se aqui dentro tivesse jazido um morto. Não suporto mais ficar aqui em cima. (*Sai.*)

(II,4)

Descampado

Danton – Não quero ir adiante. Não quero perturbar esse silencio com o ranger de meus passos e o arquejar de minha respiração. (*Senta-se no chão, após uma pausa.*)

Falaram-me de uma doença que faz perder a memória. A morte deve ter algo disso. Depois me vem às vezes a esperança de que talvez seu efeito seja ainda mais forte e faça com que uma pessoa perca tudo. Ah, se assim fosse!

Então eu correria como um cristão para salvar meu inimigo, ou seja, minha memória.

O lugar deve ser seguro, sim, para a minha memória, mas não para mim; para mim, o túmulo me dá mais segurança, ao menos me proporciona esquecimento! Ele mata minha memória. Lá, porém, minha memória permanece viva e me mata. Eu ou ela? A resposta é fácil. (*Levanta-se e toma o caminho de volta.*)
Estou namorando com a morte; é muito agradável cortejá-la com os olhos, assim, de longe, através do lornhão. Na verdade, devo rir de toda essa história. Há um sentimento de permanência dentro de mim que me diz que amanhã será como hoje e depois de amanhã também e assim por diante, e tudo será como agora. Isto não passa de ruído vazio, querem me assustar, mas não terão coragem. (*Sai.*)

(II,5)

Um quarto. É noite.

DANTON (*à janela*) – Será então que isso nunca vai acabar? A luz nunca irá se extinguir e o som jamais há de cessar, então nunca vai haver silêncio e trevas, para não mais ouvirmos e vermos um do outro nossos torpes pecados?... Setembro!...

JULIE (*Chamando de dentro*) – Danton! Danton!

DANTON – O que é?

JULIE (*Entra*) – Você chamou?

DANTON – Eu chamei?

JULIE – Você falou em torpes pecados e depois gemeu – setembro![70]

DANTON – Eu? Eu? Não, eu não falei, estava só pensando, eram apenas pensamentos secretos e vagos.

JULIE – Você está tremendo, Danton.

DANTON – E não deveria eu tremer quando as paredes conversam? Quando meu corpo está tão dilacerado que meus pensamentos inquietos, erradios, falam com os lábios das pedras? É estranho.

JULIE – Georges, meu Georges!

DANTON – Sim, Julie, isto é muito estranho. Prefiro não pensar mais se o pensamento logo se põe a falar. Há pensamentos, Julie, para os

---

70. "Setembro!" Danton era ministro da Justiça quando a Comuna de Paris promoveu os "Massacres de Setembro" nas prisões. Ele não instigou a chacina, mas tinha conhecimento de que ela iria ocorrer e a considerou "um sacrifício indispensável".

quais não deveria haver ouvidos. Não é bom que logo ao nascer comecem a gritar, como crianças. Isso não é bom.

JULIE – Que Deus lhe conserve a razão, Georges, você está me reconhecendo, Georges?

DANTON – Ora, como não, você é um ser humano e depois é uma mulher e, por fim, é a minha mulher, e a terra tem cinco continentes, Europa, Ásia, África, América, Austrália, e dois vezes dois são quatro. Estou no meu perfeito juízo, está vendo. Alguém gritou setembro? Você não disse algo assim?

JULIE – Sim, Danton, ouvi isso por todos os quartos.

DANTON – Quando cheguei à janela... (*Ele olha para fora*) a cidade está calma, todas as luzes estão apagadas.

JULIE – Uma criança está gritando aqui perto.

DANTON – Quando cheguei à janela... por todas as ruas erguia-se um clamor – setembro!

JULIE – Você estava sonhando, Danton. Acalme-se.

DANTON – Sonhando? Sim, eu estava sonhando, mas era outra coisa, logo vou lhe dizer o quê, minha pobre cabeça anda fraca. Sim, agora me lembro! Debaixo de mim o globo terrestre resfolegava em seu impulso, eu o havia agarrado como a um cavalo selvagem; com membros gigantescos revolvi sua crina e apertei seus flancos, com a cabeça inclinada para baixo, os cabelos esvoaçantes sobre o abismo. Assim fui arrastado. Aí gritei de medo e acordei. Fui à janela... e aí ouvi aquilo, Julie.

O que está querendo dizer essa palavra? Por que justamente essa, o que tenho eu a ver com ela? Por que ela estende para mim suas mãos ensangüentadas? Não fui eu quem a cunhou. Oh, ajuda-me, Julie, minha mente está embotada. Não foi em setembro, Julie?

JULIE – Os reis se encontravam ainda a apenas quarenta horas de Paris...

DANTON – As fortalezas haviam caído, os aristocratas estavam na cidade...

JULIE – A República estava perdida.

DANTON – Sim, perdida. Não podíamos ficar com o inimigo às nossas costas, teríamos sido loucos, dois inimigos na mesma tábua, nós ou eles, o mais forte empurra o mais fraco para baixo, não é certo?

JULIE – Sim, sim.

DANTON – Nós os vencemos, não foi assassinato, era guerra interna.

JULIE – Você salvou a pátria.

Danton – Sim, salvei. Era caso de legítima defesa, tínhamos de fazê-lo. O Homem na Cruz tornou fácil a coisa para si – é de necessidade, sim, que a raiva venha, mas ai daquele por cujo intermédio a raiva vem.
É de necessidade, sim; era esta a necessidade. Quem irá amaldiçoar a mão sobre a qual caiu a maldição da necessidade? Quem declarou esta necessidade, quem? O que é isso que dentro de nós se prostitui, mente, rouba e assassina?
Somos títeres cujos fios são puxados por poderes desconhecidos; não somos nada, nada nós mesmos! Apenas as espadas com as quais os espíritos lutam, só que não se vêem as mãos, como nos contos de fadas.
Agora estou calmo.

Julie – Bem calmo, meu amor?

Danton – Sim, Julie. Vamos nos deitar!

(II,6)

Rua diante da casa de Danton. Simon. Cidadãos em armas.

Simon – A que altura estamos da noite?

Primeiro Cidadão – O quê da noite?

Simon – A que altura estamos da noite?

Primeiro Cidadão – Na altura entre o pôr do sol e o raiar do dia.

Simon – Patife, que horas são?

Primeiro Cidadão – Olhe no mostrador de seu relógio; é a hora em que os pêndulos param de oscilar debaixo dos cobertores.

Simon – Precisamos subir! Avante, cidadãos! Respondemos por isso com as nossas cabeças. Vivo ou morto! Ele tem braços enormes. Eu irei à frente, cidadãos, abrir caminho para a liberdade.
Cuidem de minha mulher! Vou lhe deixar uma coroa de folhas de carvalho.

Primeiro Cidadão – Uma coroa de bolotas de carvalho? Mesmo sem isso, deve cair no colo dela, todos os dias, um número suficiente de bolotas.

Simon – Avante, cidadãos, vocês se farão merecedores do louvor da pátria.

Segundo Cidadão – Eu gostaria que a pátria se fizesse merecedora de nosso louvor; depois de todos os buracos que fizemos nos corpos de outra gente, ainda não houve um só nas nossas calças que se tenha fechado.

Primeiro Cidadão – Você queria que a braguilha da sua calça se fechasse? Ah!, ah!, ah!
Os Outros – Ah!, ah!, ah!
Simon – Vamos, avante! (*Eles entram na casa de Danton.*)

(II,7)

A Convenção Nacional. Um grupo de deputados.

Legendre – Será que não acabará nunca a matança de deputados? Quem ainda estará seguro, se Danton cair?
Um Deputado – O que fazer?
Um Outro – Ele deve ser ouvido perante a barra da Convenção. O êxito dessa medida é certo; o que poderiam opor à sua voz?
Um Outro – Impossível, há um decreto que nos impede.
Legendre – É preciso revogá-lo ou abrir uma exceção. Vou apresentar a proposta. Conto com o apoio de vocês.
O Presidente – Está aberta a sessão.
Legendre (*Sobe à tribuna*) – Quatro membros da Convenção Nacional foram presos a noite passada. Sei que Danton é um deles, desconheço o nome dos outros. Sejam quem forem, peço que sejam ouvidos perante a barra desta assembléia. Cidadãos, declaro que considero Danton tão inocente quanto eu mesmo e não creio que me possa ser feita qualquer acusação. Não pretendo atacar nenhum membro do Comitê de Salvação Publica ou de Segurança Geral, porém motivos bem fundados me levam a temer que ódios e paixões pessoais poderiam privar da liberdade homens que à liberdade prestaram os maiores serviços. O homem que no ano de 1792 salvou a França com a sua energia merece ser ouvido; ele deve ter o direito de explicar-se quando o acusam de alta traição. (*Grande agitação.*)
Algumas Vozes – Nós apoiamos a proposta de Legendre.
Um Deputado – Estamos aqui em nome do povo; ninguém pode nos arrancar de nossos lugares contra a vontade de nossos eleitores.
Um Outro – Vossas palavras cheiram a cadáver; vós as tirastes da boca dos Girondinos. Vós quereis privilégios? A espada da justiça paira sobre todas as cabeças.
Outro – Não podemos permitir que nossos Comitês tirem os legisladores do asilo da lei para mandá-los à guilhotina.
Outro – Não há asilo para o crime; só criminosos coroados encontram asilo no trono.

Outro – Somente ladrões apelam para o direito de asilo.

Outro – Somente assassinos não o reconhecem.

Robespierre – Tamanho tumulto, que esta assembléia não conhecia há muito tempo, demonstra que se trata de uma grande causa. Hoje ficará decidido se alguns homens podem triunfar às custas da pátria. Como podeis vós negar vossos princípios básicos, concedendo hoje a alguns indivíduos aquilo que ontem recusastes a Chabot[71], Delaunay[72] e Fabre?[73] Que significa essa diferença em favor de alguns homens? O que me importam os elogios que alguém tribute a si próprio e a seus amigos? Um demasiado número de experiências nos mostrou o que se deve achar disso. Não perguntamos se um homem praticou esta ou aquela ação patriótica, perguntamos por sua carreira política como um todo.

Legendre finge não saber os nomes dos presos; a Convenção

---

71. François Chabot (1759-1794). Capuchino, um dos primeiros eclesiásticos a aceitar a Constituição Civil para o clero, foi vigário geral do bispo de Blois e bispo constitucional em Loire-et-Chere. Deputado à Assembléia Legislativa em 1791, destacou-se pelos contundentes ataques à realeza. Elegeu-se também para a Convenção, situando-se na Montanha. Pertencente aos jacobinos e aos Cordeliers e comungando com as posições mais extremadas, concebeu um *Catecismo dos Sans-culottes* e pregou o culto à deusa da Razão. Entrementes, casou-se com a irmã do banqueiro austríaco Julius Frey, o que lhe proporcionou um dote de setecentos mil libras; envolveu-se em negócios suspeitos e sua lisura ficou comprometida no escândalo que cercou a liquidação da Companhia das Índias. Tentou salvar-se, denunciando-se e delatando os seus comparsas ao Comitê de Salvação Pública, mas acabou preso e condenado com os dantonistas, sendo levado à guilhotina com eles.

72. Delaunay D'Angers, membro da Convenção, ligado a Chabot e a Fabre, de cuja sorte compartilhou. Seu nome adquiriu especial projeção no escândalo de corrupção e manobras viciosas com títulos particulares e públicos que envolveram a liquidação da Companhia das Índias e o fizeram cair, como um de seus principais protagonistas, nas malhas do Comitê de Salvação Pública, que o submeteu ao tribunal revolucionário e obteve a sua condenação, não tanto pelos crimes econômicos cometidos, quanto pela acusação de trama anti-republicana, com realistas e agentes estrangeiros, ao qual o caso ficou vinculado.

73. Phillippe Fabre, dito Fabre D'Eglantine (1750-1794). Filho de um comerciante de tecidos de Carcassonne, não completou estudos formais, mas pretendia haver recebido na juventude, por seu talento literário, a Rosa de Ouro (*Eglantine*) nos Jogos Florais de Toulouse. Fixou-se em Paris, em 1787 e alcançou grande sucesso como ator e autor de comédias políticas, além de canções sentimentais. Engajou-se na Revolução, tendo sido após 10 de agosto de 1792 secretário de Danton, representante de Paris na Convenção e coube-lhe criar os nomes do novo calendário republicano. Colocou-se contra os

em peso os conhece. Seu amigo Lacroix está entre eles. Por que Legendre finge não saber isso? Porque sabe muito bem que somente a falta de vergonha pode defender Lacroix. Ele só nomeou Danton por acreditar que esse nome está ligado a um privilégio. Não, nós não queremos privilégios, nós não queremos ídolos! (*Aplausos*.)
O que tem Danton a mais do que Lafayette[74], do que Dumouriez[75],

girondinos, a quem acusou injustamente de roubo, mas foi, por sua vez, com justiça ao que parece, acusado de receber suborno para falsificar artigos do decreto de liquidação da Companhia das Índias. Daí por que o poeta de "Está chovendo, chovendo, pastora...", canção muito popular na época, foi sentenciado e executado com os partidários de Danton, no dia 5 de abril.

74. Marie-Joseph-Paul-Yves-Roch-Gilbert du Motier, marquês de La Fayette (1757-1834), militar e político. Amigo de Benjamin Franklin, partiu para a América em 1777, como tenente, a fim de lutar contra as tropas inglesas na Guerra da Independência, em cujo transcorrer travou amizade com Washington. Nomeado major-general, defendeu a Virgínia em 1778 e em 1781 deteve as forças britânicas de Cornwallis em Yorktown. Voltou à França no ano seguinte e foi promovido a marechal de campo. Franco-maçon, comungando novas idéias, defendeu, com a aristocracia liberal, a necessidade de reformas e, em 1787, reivindicou a convocação de uma assembléia nacional. A proposta correspondia a tal ponto ao processo social, econômico e político em curso que a sua efetivação seria desencadeada quando o financista e ministro de Luís XVI, Jacques Necker (1732-1804), de quem La Fayette era amigo, reuniu os Estados Gerais em 1788, duplicando a representação do Terceiro Estado. Como representante da nobreza nos Estados Gerais, apresentou em 1789 um projeto de declaração dos direitos do cidadão e, à testa de uma delegação, felicitou os que haviam tomado a Bastilha. Investido por aclamação da chefia da Guarda Nacional, não mediu esforços para conciliar a monarquia com a Revolução, em conjunto com Mirabeau. Em 1792, com Barnave, fundou o clube dos realistas constitucionais sediado no antigo convento da ordem de São Bernardo. Comandante do exército do Centro e depois do Norte, insurgiu-se contra a suspensão de Luís XVI e, destituído de suas funções, passou para as linhas inimigas, em agosto de 1792. Os austríacos o mantiveram preso até 1797. Libertado pelo tratado de Campo-Formio entre a França e a Áustria, regressou à sua pátria em 1800 e manteve-se afastado da vida política até os Cem Dias, quando se manifestou pela abdicação de Napoleão. Eleito deputado liberal na Restauração, entre 1815 e 1827, voltou ao comando da Guarda Nacional em 1830 e teve papel importante nas jornadas que nesse ano elevaram o "rei burguês" ao trono, mas logo se desligou do governo e militou na oposição a Luís Filipe de Orléans, até a morte.

75. Charles-François Duperrier, dito Dumouriez (1739-1823), general e político, militar brilhante, distinguiu-se, segundo alguns historiadores, por sua incapacidade de conservar-se fiel a uma causa durante longo tempo. Lutou na Córsega, mudando constantemente de campo; depois realizou várias missões para o ministro das Relações Exteriores de Luís XV, o duque de Choiseul, na Espanha, Portugal e Polônia; comandou a Guarda Nacional em Cherburgo e dirigiu os traba-

do que Brissot[76], Fabre, Chabot, Hébert? O que é que se diz destes que não possa também ser dito dele? Acaso vós os poupastes? Por qual motivo mereceria ele mais consideração do que seus concidadãos? Talvez porque alguns indivíduos iludidos e outros, que não se deixaram iludir, cerraram fileiras a seu redor para, em seu séquito, se precipitarem nos braços da boa fortuna e do poder? Quanto mais enganou os patriotas que nele depositavam confiança, tanto mais energicamente deverá experimentar o rigor dos amigos da liberdade.

Querem vos insuflar o temor ao abuso de um poder que vós mesmos exercestes. Clamam contra o despotismo dos Comitês como se a confiança que o povo vos outorgou e que vós delegastes a esses Comitês já não fosse uma segura garantia do vosso patriotismo. Fazem de conta que estão tremendo. Mas eu vos digo que quem neste momento treme é culpado, pois a

---

lhos do porto desta cidade, onde a Revolução o surpreendeu. Ingressou então na vida política, filiando-se aos jacobinos em 1790, ao mesmo tempo que mantinha contatos secretos com o rei e tentava orientá-lo em sentido contrário aos propósitos republicanos. Suas relações com os girondinos valeram-lhe entre outros postos governamentais o de ministro dos Negócios Estrangeiros, em 1792. Neste cargo, provocou a declaração de guerra da França à Áustria e, no mesmo ano, já sob a Convenção, depois de permanecer três dias na pasta da Guerra (12-15 de junho), assumiu o comando do exército do Norte, com qual bateu os prussianos em Valmy e os austríacos em Jemmapes, ocupando a Bélgica; mas em março de 1793 sofreu a derrota de Neerwinden. Começou então a negociar secretamente com a Áustria, razão pela qual a Convenção despachou comissários com a incumbência de reconduzi-lo a Paris, porém foi o general que os deteve e passou para o lado do inimigo, levando consigo o duque de Chartres, futuro Luís Filipe. Seus planos, no entanto, não vingaram, ele não obteve o apoio que esperava dos austríacos e Dumouriez se pôs a serviço da Inglaterra, que soube explorar as suas qualidades militares e o seu ódio por Napoleão.

76. Jacques-Pierre Brissot, dito Brissot de Warville (1754-1793), jornalista e político, décimo terceiro filho de um hoteleiro de Chartres, começou a trabalhar como escrevente em escritórios de advocacia em sua cidade e foi para Paris a fim de estabelecer-se como advogado, mas sua efetiva atuação neste primeiro momento deu-se na boêmia literária e no jornalismo. A publicação do panfleto, *Testamento Político da Inglaterra*, em 1780, rendeu-lhe trabalho durante um ano em *Le Courier de l'Europe*. Quis voltar à banca de causídico, sendo obstado pelo desconforto que o seu livro *Théorie des lois criminelles*, 1781, causara no meio jurídico. Em 1783, foi a Londres e, interessado na ciência, fundou dois periódicos científicos, ambos malogrados. Retornou à França e escreveu folhetos contra a rainha e o governo, o que lhe valeu a prisão na Bastilha, até 1784. Quatro anos depois, criou, inspirado no movimento anti-escravagista inglês, a Sociedade dos Amigos dos Negros. Em seguida viajou para a América, mas regressou ao seu país natal, quando os Estados Gerais

inocência nunca treme diante da vigilância pública. (*Aplauso geral.*)

Quiseram também me assustar, deram-me a entender que o perigo, ao se aproximar de Danton, poderia abrir caminho até a minha pessoa.

Escreveram-me, os amigos de Danton me assediaram com a idéia de que a recordação de uma velha amizade e a fé cega em virtudes simuladas poderiam induzir-me a moderar meu zelo e minha paixão pela liberdade.

Declaro, pois, que nada me deterá, nem mesmo se o perigo que Danton estiver correndo possa tornar-se também o meu. Todos nós necessitamos de um pouco de coragem e de grandeza d'alma. Somente criminosos e almas vis temem ver seus semelhantes caírem ao seu lado, pois, se nenhum bando de cúmplices não mais os esconde, eles se vêem expostos à luz da verdade. Mas se há almas assim nessa assembléia, também há almas heróicas. O número de velhacos não é grande. Precisamos ape-

---

foram convocados. Lançou então o jornal *Le Patriote Français*, em maio de 1789. Eleito para a primeira Comuna de Paris, recebeu as chaves da Bastilha por ocasião de sua queda. No Clube dos Jacobinos, defendeu a emancipação dos negros e atacou a inviolabilidade do rei, granjeando grande popularidade. Deputado por Paris à Assembléia Legislativa, integrou a comissão de assuntos estrangeiros, propondo uma luta sem quartel contra os príncipes, os nobres emigrados e as intervenções das monarquias absolutistas. Julgava que a guerra era uma necessidade. Em um de seus discursos, dizia: "Só poderemos ficar tranqüilos quando a Europa e toda a Europa estiver em fogo...". Apesar da oposição de Robespierre, em abril de 1792, ele conseguiu o seu intento: a França declarou guerra à Áustria. Entretanto, à medida que a luta entre as facções republicanas se acentuou e a Montanha, no seu todo, galgou as trilhas políticas que a levaram ao poder, Brissot começou a perder prestígio e, em outubro de 1792, foi expulso dos jacobinos. Ainda assim, teve força para eleger-se convencional pelo Eure-et-Loire, tornar-se um dos principais líderes dos girondinos, que também eram conhecidos como "brissotinos", e manter uma influência ponderável no comitê diplomático que levou a Convenção a votar as hostilidades contra a Inglaterra e a Holanda. Isso não impediu que as difíceis condições internas da República, as derrotas na frente de combate, as traições no exército e a questão da pena capital para Luís XVI, polarizadas nos conflitos ideológicos e políticos dos partidos se compusessem numa seqüência de acontecimentos e numa acumulação de motivações e posições que respaldaram a investida contra a Gironda e precipitaram sua queda. Brissot, embora não tivesse uma atuação conspícua nesse embate, foi preso em junho de 1793, evadiu-se, sendo recapturado, sentenciado à pena capital pelo Tribunal Revolucionário na tarde de 30 de outubro e guilhotinado no dia seguinte. Durante o período que esteve encarcerado, escreveu as suas *Mémoirs* em dois volumes.

nas atingir algumas cabeças e a pátria estará salva. (*Aplauso.*) Eu exijo que a proposta de Legendre seja rejeitada. (*Os deputados se levantam, em sinal de aprovação.*)

SAINT-JUST – Parece que há nessa assembléia alguns ouvidos sensíveis que não conseguem suportar bem a palavra sangue. Algumas considerações gerais talvez possam convencê-los de que não somos mais cruéis do que a natureza e o tempo. A natureza segue tranqüila e irresistível as suas leis, o homem é aniquilado quando entra em conflito com elas. Uma mudança na composição do ar, um avivamento do fogo telúrico, uma oscilação no equilíbrio de uma massa de água, uma epidemia, uma erupção vulcânica, uma inundação sepultam milhares. Qual é o resultado? Uma mudança insignificante da natureza física, mal perceptível no todo, que passaria sem deixar vestígios se não deixasse cadáveres no seu caminho.

Pergunto agora: deve a natureza moral ter mais consideração em suas revoluções do que a natureza física? Não deve uma idéia, tanto quando uma lei da física, destruir aquilo que se lhe opõe? Não deve em geral um acontecimento que modifica a estrutura da natureza moral, ou seja, da humanidade, atrever-se a passar através do sangue? O espírito do universo serve-se, na esfera espiritual, de nossos braços assim como se serve, na esfera física, dos vulcões e das inundações. Que importa morrer por obra de uma epidemia ou da Revolução?

Os passos da humanidade são lentos, só é possível contá-los por séculos, atrás de cada um deles erguem-se túmulos de gerações. A conquista dos mais simples inventos e princípios custou milhões de vidas que pereceram no caminho. Não é, pois, evidente que, em um tempo quando a marcha da História é mais rápida, um número maior de homens perca a respiração? Concluímos de forma breve e simples: uma vez que fomos todos criados em condições iguais, somos todos iguais, descontadas as diferenças feitas pela própria natureza. Daí por que todos devem ter prerrogativas e ninguém quaisquer privilégios, quer se trate de indivíduos, quer de classes mais ou menos numerosas de indivíduos. Cada cláusula desta proposição, aplicada na realidade, já matou seus homens. O dia 14 de julho, o dia 10 de agosto e o dia 31 de maio são seus sinais de pontuação. Ela precisou de quatro anos para tornar-se realidade no universo corporal, e em circunstâncias normais, teria necessitado de um século e seria pontuada por gerações. É pois de admirar

que o caudal da Revolução despeje seus cadáveres a cada novo patamar, a cada curva de seu caminho? Cumpre acrescentar ainda algumas conclusões à nossa proposição; deverão algumas centenas de cadáveres nos impedir de fazê-lo?
Moisés guiou seu povo através do Mar Vermelho para o deserto, até que a velha geração se consumisse, antes de fundar o novo Estado. Legisladores! Não temos nem o Mar Vermelho nem o deserto, mas temos a guerra e a guilhotina.
A Revolução é como as filhas de Pélias[77]; despedaça a humanidade para rejuvenescê-la. A humanidade há de se erguer com membros titânicos desse caldeirão de sangue como a terra se ergueu das ondas do Dilúvio, tal como se tivesse sido criada pela primeira vez. (*Aplausos prolongados. Alguns convencionais levantam-se entusiasmados.*)
Conclamamos todos os inimigos secretos da tirania, que na Europa e no mundo inteiro trazem sob suas vestes o punhal de Bruto[78], a partilhar conosco desse momento sublime. (*O público e os deputados entoam a Marselhesa.*)

77. Filhas de Pélias, na mitologia grega consta que seu tio usurpara o trono de Iolcos, na Tessália, que por ordem de sucessão deveria caber a Iason e, na seqüência, a Jasão, cuja educação fora confiada ao centauro Queiron. Quando o rapaz atingiu a maioridade e voltou a Iolcos para reivindicar o seu direito, Pélias, alertado por um oráculo e planejando livrar-se do sobrinho, declarou que lhe entregaria o trono se ele trouxesse o Tosão de Ouro. Daí a expedição dos Argonautas e o retorno do herói com o troféu, acompanhado de Medéia (v. nota 50). Conta a lenda que a feiticeira da Cólquida, para vingar-se de Pélias pelo malfeito à família de seu amado, restaurou primeiro a juventude de Jasão, imergindo-o num caldeirão fervente de ervas mágicas e, depois, persuadiu as filhas de Pélias a fazer o mesmo com o pai. Entretanto, consta que Medéia trocou as ervas e Pélias morreu. Para rematar a história, o mito pretende que Acasto, filho de Pélias, expulsou o casal que se refugiou em Corinto e lá Jasão abandonou Medéia, casando-se com Glauce, filha do rei de Corinto.
78. Marco Júnio Bruto (85-42 a.C.), nasceu em Roma, sobrinho de Catão de Utica, partidário de Pompeu na guerra civil de 48 a.C., combateu em Farsália, obtendo depois o perdão de César, que o nomeou governador da Gália Cisalpina e finalmente pretor. Republicano convicto e convencido de que Júlio César alimentava pretensões monárquicas, uniu-se a Cássio na conjura para eliminá-lo numa sessão do Senado. Contam os anais romanos que César já se havia abandonado ao seu destino nas mãos dos assassinos, quando, divisando entre eles Bruto com o punhal erguido em sua direção, teria exclamado em grego: "Até tu, Bruto!" Abandonando Roma, os conspiradores dirigiram-se para a Macedônia, onde se prepararam para enfrentar o novo triunvirato, do qual faziam parte Otaviano e Marco Antônio. Derrotado no primeiro confronto, Cássio matou-se e, a segunda peleja, que teve igual desfecho, levou Bruto igualmente ao suicídio.

TERCEIRO ATO

(III,1)

O Luxemburgo. Uma sala com presos. Chaumette, Payne, Mercier, Hérault de Séchelles e outros prisioneiros.

CHAUMETTE[79] (*Puxando a manga de Payne*) – Escute Payne[80], a coisa poderia afinal de contas ser assim, isto me ocorreu há pouco,

79. Pierre-Gaspard Chaumette, dito Anaxágoras (1763-1794), filho de um sapateiro, de reduzida instrução formal, foi copista e secretário de procurador. Após a Revolução, destacou-se como um dos mais vibrantes oradores do Clube dos Cordeliers. Membro dirigente da Comuna insurrecional de Paris, foi designado para o cargo de procurador-síndico, com Hébert como substituto; participou dos "Massacres de Setembro" e tornou-se particularmente conhecido pelo esforço de descristianizar o povo, queria propagar o ateísmo substituindo a fé cristã pelo credo da Razão. Em novembro, organizou a imponente Festa da Razão na Notre-Dame, reformada para converter-se no templo do novo culto. Inimigo dos ricos, pretendia que as fortunas fossem submetidas a controle e planejou, com Hébert, sublevar as seções parisienses contra a Convenção. A notícia da articulação vazou e seus promotores foram detidos em 13 de março de 1794. Sem considerar os méritos de Chaumette na democratização do ensino e da saúde pública, além de sua militância revolucionária, o Tribunal o condenou por seu extremismo político, que Robespierre julgava ameaçador para a ordem republicana, e ele foi guilhotinado em 13 de abril de 1794, logo depois dos dantonistas.

80. Thomas Paine ou Payne (1737-1809), inglês, depois de encontrar-se

de repente; hoje estou com dor de cabeça, ajude-me um pouco com suas conclusões; tenho medo.

PAYNE – Então venha, filósofo Anaxágoras[81], vou catequizá-lo. Não há nenhum Deus, pois ou Deus criou o mundo ou não o criou. Se ele não o tivesse criado, o mundo teria sua origem em si mesmo e, neste caso, não há nenhum Deus, já que Deus só se torna Deus por conter a origem de todo ser... Mas Deus não pode ter criado o mundo, pois ou a criação é eterna como Deus, ou ela tem um começo. Se for este o caso, então Deus deve ter criado o mundo num determinado ponto do tempo. Deus deve também, segundo isso, ter descansado uma eternidade para tornar-se ativo em certo momento, deve portanto ter sofrido em si uma transformação que permite aplicar-lhe o conceito de tempo, o que vai contra a essência de Deus. Logo, Deus não pode ter criado o mundo. Mas como sabemos com toda a clareza que o mundo ou, ao menos o nosso eu, existe e que, como já foi dito, deve ter sua origem em si mesmo ou em qualquer coisa que não seja Deus, não pode haver nenhum Deus. *Quod erat demonstrandum.*

CHAUMETTE – É verdade. Isso me devolve a luz, eu lhe agradeço, obrigado.

com Benjamin Franklin, foi para a América, onde se fez um dos mais ardorosos advogados da independência americana que defendeu em panfletos, no jornalismo e como diretor do *Pennsylvania Magazine*, em Nova York. Durante uma estada na Inglaterra, viu-se condenado em 1791 pela edição de seu livro, *Os Direitos do Homem*, obra que causou grande sensação por defender a Revolução Francesa. Em seguida, refugiou-se na França, onde os girondinos o acolheram com entusiasmo e a Assembléia Legislativa conferiu-lhe, como reconhecimento por sua luta pela causa democrática, o título de cidadão francês. Esta consagração traduziu-se, em setembro de 1792, na eleição de Payne para a Convenção por vários departamentos. Moderado, pronunciou-se, com Condorcet, contra a aplicação da pena de morte a Luís XVI. Sob o Terror, a sua origem inglesa valeu-lhe o encarceramento em janeiro de 1794, na prisão de Luxemburgo, onde permaneceu detido até novembro do mesmo ano, quatro meses após a queda de Robespierre. No cárcere, redigiu a sua famosa obra *A Idade da Razão*, cuja primeira parte veio a público antes de seu autor ser libertado, e a segunda, em 1796. Solto, teve assento mais uma vez como convencional e deixou a França sob o Consulado.

81. Anaxágoras (500-428 a.C.), filósofo grego, nasceu em Clazomena, na Jônia. Aos vinte anos, deixou sua propriedade a seus parentes, para dedicar a vida a um fim mais elevado e foi estudar em Atenas, onde viveu durante trinta anos. Amigo e mestre de Péricles e Eurípides, suas concepções pareceram sacrílegas aos atenienses. Salvou-o a eloqüência de Péricles que soube transformar em multa a pena para um crime cuja punição era a morte. Retirou-se para

MERCIER[82] – Espere, Payne, e se a criação for eterna?

PAYNE – Então não será mais uma criação, então será una com Deus ou um atributo deste, como diz Spinoza[83], então Deus estará contido em tudo, no senhor meu caro, no filósofo Anaxágoras e em mim; isso não seria tão mau assim, mas o senhor há de convir que não será digno da Majestade celeste se o querido Senhor Deus puder ficar em cada um de nós com dor de dente, pegar gonorréia, ser enterrado vivo ou, ao menos, ter a desagradável impressão disso.

MERCIER – Mas deve haver uma causa primeira.

PAYNE – E quem o nega? Mas quem lhe disse que essa causa primeira é aquilo que concebemos como Deus, ou seja, a perfeição? O senhor acha que o mundo é perfeito?

Lampaco, cidade em que veio a falecer. Compôs um tratado, em que desenvolveu uma teoria dos átomos, segundo a qual a natureza é constituída de um número infinito de elementos semelhantes (*homeomerias*) em cuja composição residiria a origem de todas as coisas. No entanto, é o espírito, suprema inteligência, que movimenta tudo no universo.

82. Louis-Sébastien Mercier (1740-1814), um bem-sucedido romancista e teatrólogo, escreveu entre outras obras um romance sobre o futuro, *O Ano 2440*, uma tragédia histórica, *Jean Hennuyer*; um ensaio a respeito *Du théâtre ou Nouvel essai sur l'art dramatique* e o importante testemunho sobre a vida do povo parisiense antes da Revolução, *Tableau de Paris*, em doze volumes. Politicamente "indulgente", isto é, moderado, opôs-se aos jacobinos com determinação e foi preso como adepto da Gironda em outubro de 1793.

83. Baruch Spinoza (1632-1677), filósofo, nasceu em Amsterdã e morreu em Haia. Filho de um mercador judeu oriundo de Portugal, recebeu esmerada educação religiosa e laica. Entrou cedo em contato com o pensamento científico e filosófico de Galileu, Giordano Bruno e Descartes. Sob o seu impacto desenvolveu um racionalismo e uma crítica dos dogmas de sua fé ancestral inaceitáveis para os ortodoxos que por isso o excomungaram. Mudou-se então para Haia, onde fez do polimento de lentes o seu labor profissional e da reflexão filosófica a sua ocupação intelectual. Com este empenho, avesso aos bens materiais e às dignidades mundanas, dedicou-se à construção de um sistema filosófico impressionante, como uma catedral barroca, por seu travejamento lógico e por seu vôo metafísico. Seus dois primeiros livros, *Princípios da Filosofia de Descartes* (1663) e o *Tratado Teológico-político* (1670), em que analisa os pressupostos do cartesianismo, no primeiro, e une, no segundo, uma crítica racionalista aos fundamentos da religião revelada a uma mensagem libertária no âmbito político e social da época, foram alvo de ataques acerbos que o levaram a não mais publicar em vida seus outros escritos. De fato, após a morte do filósofo, vieram à luz a *Ética*, a sua obra principal, o *Tratado sobre a Reforma do Entendimento* e o *Tratado Político*. Disposta, numa seqüência lógico-dedutiva, geometrico demonstrata na *Ética*, a doutrina de Spinoza baseia-se na idéia de que a natureza e Deus constituem uma e mesma substância, cujos atributos são infinitos, sendo

Mercier – Não.

Payne – Como, então, de um efeito imperfeito o senhor quer inferir uma causa primeira perfeita?

Voltaire, que ousava tão pouco indispor-se com Deus quanto com os reis, fez isso. Mas quem nada possui além da razão e não sabe empregá-la de forma conseqüente é um borra-botas.

Mercier – Pergunto então: pode uma causa perfeita ter um efeito também perfeito, ou seja, pode aquilo que é perfeito gerar algo perfeito? Não será isto impossível, pois o que é criado não pode ter seu fundamento em si mesmo, o que, como o senhor disse, pertence à perfeição?

Chaumette – Cale-se! Cale-se!

Payne – Acalme-se, filósofo. O senhor tem razão; mas se Deus precisa criar, só poderá criar algo imperfeito, de modo que deixa de fazê-lo. Será que não é demasiado humano o fato de sermos capazes de conceber Deus apenas como criador? Por necessitarmos estar sempre em movimento e agitação para podermos sempre nos dizer: nós existimos!, só por isso precisamos também atribuir a Deus essa triste necessidade? Precisamos nós, quando o nosso espírito mergulha na essência de uma harmônica e em si repousante bem-aventurança eterna, aceitar imediatamente que lhe cumpre esticar os dedos e em cima da mesa amassar homúnculos de miolo de pão, devido a uma transbordante necessidade de amor, como dizemos em tom misterioso uns aos ouvidos dos outros? Precisamos disso tudo apenas para nos tornarmos filhos dos deuses? Eu prefiro um pai menos importante, ao menos não poderei censurá-lo depois por ter-me educado abaixo de sua condição, num chiqueiro ou nas galés. Eliminem a imperfeição, pois só assim lhes será possível demonstrar Deus. Foi o que tentou Spinoza. Pode-se negar o mal mas não a dor; somente a razão pode demonstrar Deus; o sentimento se rebela contra isso. Repare, Anaxágoras, por que

---

apenas dois apreensíveis ao homem, o da extensão, isto é, da matéria, e o do pensamento, isto é, do espírito. Apesar de se apresentar sob dois modos, em todas as ocorrências fenomenais há uma correspondência entre o movimento mecânico que governa a extensão com o psíquico, que governa o pensamento, e ambos traduzem uma só determinação do modo de ser de Deus, na sua absoluta perfeição. Chegar pelo entendimento humano a conhecê-lo na sua multiplicidade é a suprema beatitude de conhecê-lo na sua unidade, atingindo-se a consciência da liberdade pelo conhecimento da necessidade, na medida em que só Deus é inteiramente livre e ao homem cabe apenas uma liberdade relativa.

estou sofrendo? Este é o rochedo do ateísmo. A mais leve contração de dor, e ainda que produzida apenas num átomo, abre uma fenda na criação de alto a baixo.

MERCIER – E a moral?

PAYNE – Primeiro os senhores demonstram Deus a partir da moral e depois a moral a partir de Deus. O que pretendem, pois, com a sua moral? Eu não sei se existe algo que em ou por si seja mau ou bom, e não tenho por isso que mudar meu modo de agir. Eu ajo de acordo com a minha natureza; aquilo que lhe é adequado está bom para mim e eu o faço, e aquilo que a contraria é mau para mim e eu não o faço, e me defendo disso, quando o encontro no caminho. O senhor pode, como se diz, permanecer virtuoso e armar-se contra os assim chamados vícios sem precisar por isso desprezar seus adversários, o que é um sentimento muito triste.

CHAUMETTE – É verdade, bem verdade!

HÉRAULT – Ó filósofo Anaxágoras, mas também se poderia dizer que, para Deus ser tudo, deveria Ele ser também o seu próprio contrário, ou seja, perfeito e imperfeito, bom e mau, feliz e sofredor, o resultado seria certamente igual a zero, as duas coisas se anulariam mutuamente, e nós chegaríamos ao nada. Alegre-se, você se sai de maneira feliz. Você pode com toda a tranqüilidade adorar, em Madame Momoro[84], a obra-prima da natureza; ao menos ela lhe deixou para tanto uma coroa de rosas na virilha

CHAUMETTE – Eu lhes agradeço muito, meus senhores. (*Sai.*)

PAYNE – Ele ainda não confia, há de fazer ainda para ter um bom fim com que lhe ministrem a extrema-unção, lhe ponham os pés voltados para Meca e o circuncidem, para se garantir assim de todas as eventualidades.

Danton, Lacroix, Camille, Phillipeau são trazidos.

HÉRAULT (*Corre ao encontro de Danton e o abraça*) – Bom dia, boa noite deveria dizer. Não posso perguntar como você dormiu. Como vai dormir?

DANTON – Bem, é preciso ir para a cama rindo.

MERCIER (*Para Payne*) – Esse dogue com asas de pombo! Ele é o gênio mau da Revolução; desafiou sua mãe, mas ela foi mais forte do que ele.

---

84. Sophie Momoro. Casada com o impressor-editor hebertista, Antoine-François Momoro, esta antiga atriz, de grande formosura, representou a Deusa da Razão, na celebração organizada por Chaumette, em novembro de 1793. Foi executada com os partidários de Hébert, em 24 de março de 1794.

Payne – Sua vida e sua morte são igualmente uma grande infelicidade.
Lacroix (*Para Danton*) – Eu não imaginava que viriam tão depressa.
Danton – Eu sabia disso, me preveniram.
Lacroix – E você não disse nada?
Danton – Para quê? Um ataque apopléctico é a melhor das mortes, ou você preferiria adoecer antes? E... eu não pensei que se atreveriam. (*Para Hérault.*) Mais vale deitar na terra do que criar calos correndo sobre ela; prefiro tê-la como travesseiro do que como banquinho.
Hérault – Ao menos não será com verrugas nos dedos que acariciaremos as faces da linda dama putrefação.
Camille (*Para Danton*) – Não se dê ao trabalho. Por mais que você ponha a língua para fora da garganta, não vai conseguir lamber com ela o suor de morte de sua testa. Ó Lucile, isto é uma terrível lástima!

Os presos aglomeram-se em torno dos recém-chegados.

Danton (*Para Payne*) – Aquilo que o senhor fez pelo bem de sua terra, eu tentei fazer pela minha. Fui menos feliz, mandaram-me para o cadafalso; de minha parte, não vou tropeçar no caminho.
Mercier (*Para Danton*) – É o sangue dos vinte e dois[85] que o afoga.
Um Preso (*Para Hérault*) – O poder do povo e o poder da razão são uma só coisa.
Um Outro (*Para Camille*) – E agora, senhor procurador geral da lanterna? Sua melhoria na iluminação das ruas não tornou mais claras as coisas na França.
Outro – Deixem-no! Foram esses os lábios que pronunciaram a palavra misericórdia. (*Ele abraça Camille, numerosos presos seguem seu exemplo.*)
Philippeau – Somos sacerdotes que rezaram à cabeceira dos moribundos, fomos contagiados e morreremos da mesma epidemia.
Algumas Vozes – O golpe que os atinge nos mata a todos.
Camille – Meus senhores, lamento imensamente que nossos esforços tenham sido em vão. Vou subir ao patíbulo porque meus olhos ficaram úmidos diante do destino de alguns infelizes.

(III,2)

Um quarto. Fouquier-Tinville. Herman.

---

85. Alusão aos vinte e dois girondinos levados à guilhotina em outubro de 1793.

Fouquier[86] – Tudo pronto?

Herman[87] – Vai ser difícil; se Danton não estivesse no meio seria fácil.

Fouquier – Ele terá de puxar a dança.

Herman – Vai assustar os jurados; ele é o espantalho da Revolução.

Fouquier – Os jurados terão de consentir.

Herman – Sei de um meio, mas vai ferir a forma legal.

Fouquier – Diga logo.

Herman – Não sorteamos, porém escolhemos os mais firmes.

Fouquier – Deve dar certo. Vai dar uma boa fogueira. São dezenove. Foram reunidos a dedo. Os quatro falsários, depois alguns banqueiros e estrangeiros. Um prato picante. O povo precisa de algo assim. Bem, então homens de confiança! Quem, por exemplo?

Herman – Leroi[88], ele é surdo e não ouve nada de tudo o que os acusados apresentam. Danton pode se esgoelar até ficar rouco.

Fouquier – Muito bem. Adiante!?

Herman – Vilatte e Lumière, o primeiro anda sempre na taberna e o outro está sempre dormindo; ambos só abrem a boca para dizer a palavra: culpado!

Girard parte do princípio de que ninguém que é levado ao tribunal deve escapar. Renaudin...

---

86. Antoine-Quentin Fouquier-Tinville (1746-1795), filho de agricultores, fez seus estudos de Direito em Paris e adquiriu um cargo de procurador, mas, endividado, precisou vendê-lo para saldar o que devia. Quando eclodiu a Revolução, encontrava-se em situação econômica deplorável, com numerosa prole e mal ganhando o seu sustento num posto subalterno em delegacia de polícia. Democrata fervoroso, graças a Camille Desmoulins foi nomeado comissário de seu distrito, em seguida jurado e, por fim, em março de 1793, promotor público do Tribunal Revolucionário. Distinguiu-se desde logo pela forma implacável e, segundo Michelet, conforme a vontade de quem estivesse no poder, de acusar todos aqueles que se lhe apresentavam no banco dos réus, inclusive Camille Desmoulins, seu amigo e parente. Embora mostrasse não menos ardor ao indigitar o Incorruptível, não escapou à ira dos convencionais que o indiciaram quando Barère, já no Termidor, o indicou mais uma vez para o mesmo cargo no novo tribunal e, não obstante a feroz autodefesa que empreendeu, foi guilhotinado em maio de 1795.

87. Armand Herman (1749-1795), juiz, presidente do Tribunal Revolucionário até ser substituído por outro ainda mais implacável, um antigo padre, René-François Dumas (1757-1794). Nas últimas semanas do regime de Robespierre, Herman tornou-se um efetivo ministro do governo e, como tal, foi preso alguns dias após a execução do Incorruptível, sendo sentenciado por seu próprio tribunal e executado, com Fouquier.

88. Leroi, Vilatte, Lumière, Girard e Renaudin são cinco membros do júri do Tribunal Revolucionário.

FOUQUIER – Também esse? Uma vez ajudou alguns padrecos a escapar.
HERMAN – Fique tranqüilo. Há alguns dias ele me procurou e exigiu que todos os condenados fossem submetidos a uma sangria, antes da execução, para debilitá-los um pouco; a atitude arrogante da maioria deles o irrita.
FOUQUIER – Ah! Ótimo. Então posso confiar.
HERMAN – Deixe comigo!

(III,3)

A Conciergerie[89]. Um corredor. Lacroix, Danton, Mercier e outros presos andando de um lado para o outro.

LACROIX (*Para um preso*) – Como? Tantos infelizes num estado tão miserável?
O PRESO – As carretas da guilhotina nunca lhes disseram que Paris é um matadouro?
MERCIER – Não é verdade, Lacroix? A igualdade brande sua foice sobre todas as cabeças; a lava da Revolução escorre; a guilhotina republicaniza! Aí as galerias batem palmas e os romanos esfregam as mãos, mas eles não ouvem que cada uma dessas palavras é o estertor de uma vítima. Sigam vocês uma vez que sejam as suas frases até o ponto em que elas tomam corpo.
Olhem ao redor, tudo isso foi dito por vocês, é uma tradução mímica de suas palavras. Esses infelizes, seus algozes e a guilhotina são os discursos de vocês que adquiriram vida. Vocês construíram seus sistemas como Bajazet[90] suas pirâmides, com cabeças humanas.
DANTON – Você tem razão. Hoje em dia trabalha-se tudo em carne humana. É a maldição do nosso tempo. Meu corpo também será usado agora.
Há exatamente um ano criei o Tribunal Revolucionário. Peço desculpas por isso a Deus e aos homens; eu queria prevenir novas chacinas como as de setembro, eu esperava salvar inocentes; mas este lento assassinato, com suas formalidades, é

---

89. La Conciergerie, parte medieval do atual Palácio da Justiça, localizado na ilha da *Cité*, em Paris. Antes de 1392, quando foi transformada em prisão, serviu de palácio real. Durante o Terror, os condenados à morte eram em geral aí encerrados antes de serem conduzidos ao cadafalso, como aconteceu com Maria Antonieta, Danton e outros.
90. Bajazet ou Baiesid I (*c.*1360 -1403), sultão otomano, iniciou o cerco a Constantinopla, venceu os cruzados e foi derrotado e aprisionado por Tamerlão.

ainda mais atroz e não menos inevitável. Meus senhores, eu esperava fazê-los todos sair deste lugar.

MERCIER – Sair, sairemos.

DANTON – Agora estou com vocês, só o céu sabe como isto irá acabar.

(III,4)

O Tribunal da Revolução.

HERMAN (*Para Danton*) – Seu nome, cidadão?

DANTON – A Revolução conhece meu nome. Dentro em breve, minha morada será o nada e meu nome estará no panteão da História.

HERMAN – Danton, a Convenção o acusa de ter conspirado com Mirabeau[91], com Dumouriez, com Orléans[92], com os

---

91. Honoré-Gabriel Riquetti, conde de Mirabeau (1749-1791), político e grande orador, conhecido também por seu brilho intelectual. Duramente tratado pelo pai, teve uma juventude conturbada, marcada por paixões, duelos e exílios. Nos quatro anos em que esteve confinado em Vincenne, até 1781, por causa de uma ligação amorosa com a esposa de um marquês, escreveu as famosas *Cartas a Sofia*, além de ensaios sobre as *Lettres de Cachet* e as prisões de Estado. Em liberdade, encarregado de uma missão diplomática em Berlim, publicou anonimamente dois livros, um acerca da monarquia prussiana no reinado de Frederico, o Grande, e outro sobre a história secreta da corte em Berlim, que causaram grande celeuma. De volta à França, a nobreza recusou-lhe a deputação em 1789, mas o Terceiro Estado o escolheu como seu representante. Nesta condição, interveio nos principais tópicos da agenda constitucional, financeira e política em pauta na época. Mas, partidário de uma monarquia constitucional, defendeu o direito de veto absoluto de Luís XVI e, no desenrolar dos acontecimentos, pôs-se a serviço da corte, o que *post-mortem*, quando vieram à luz os documentos reveladores de seu conluio com o rei, o levou do Panteão, onde o haviam sepultado em 2 de abril de 1791, para uma cova comum.

92. Louis-Philippe-Joseph d'Orléans, duque de Orléans, dito Filipe Igualdade (1747-1793), bisneto do regente que governou a França durante e menoridade de Luís XV e parente da dinastia reinante. Era tido como avarento, embora dispusesse de uma grande fortuna pessoal, o que não o impediu de nutrir simpatias pela Revolução Americana, declarar-se publicamente adepto do regime republicano e avesso ao despotismo. Na verdade, sua oposição a Luís XVI, mais do que movida por opções ideológicas o era por um jogo de interesses políticos e de ambições ao cargo real, o que o converteu em um dos focos de manobras e intrigas contra o rei e sobretudo a rainha, sua inimiga figadal. Escolhido para os Estados Gerais, aderiu à Revolução e granjeou a confiança dos jacobinos, financiando Choderlos de Laclos no semanário *Jounal des Amis de la Constitution*. Candidatou-se à Convenção e, ainda que visto com maus

Girondinos, com os estrangeiros e com a facção de Luiz XVII[93].

DANTON – Minha voz, que ergui tantas vezes pela causa do povo, não terá dificuldade em refutar essa calúnia. Que compareçam aqui os miseráveis que me acusam e eu os cobrirei de ignomínia! Que venham aqui os Comitês; responderei somente diante deles. Preciso deles como acusadores e como testemunhas. Que se apresentem!

Quanto ao mais, que me importam vocês e suas sentenças? Já disse: o nada será em breve meu asilo – a vida se tornou para mim um fardo, que a arranquem de mim, só desejo livrar-me dela.

HERMAN – Danton, a audácia é própria do crime, a serenidade da inocência.

DANTON – A audácia pessoal deve ser sem dúvida censurada, mas aquela audácia em prol da nação, da qual dei tantas provas e com a qual lutei tantas vezes pela liberdade, é a mais meritória das virtudes. É essa a minha audácia, é dela que aqui me sirvo, para o bem da República e contra meus mesquinhos acusadores. Como posso me conter, quando me vejo caluniado de modo tão abjeto? Não se pode esperar uma defesa fria de um revolucionário como eu. Homens de meu feitio são inestimáveis em revoluções; paira sobre a sua testa o gênio da liberdade. (*Sinais de aplauso entre os ouvintes.*)

Acusam-me de haver conspirado com Mirabeau, com Dumouriez, com Orléans e de ter-me arrastado aos pés de miserá-

---

olhos por Robespierre, foi eleito deputado. Como tal votou pela abolição da realeza e pela execução de Luís XVI, fazendo jus ao cognome de Filipe Igualdade que lhe fora dado anteriormente. Mas, não obstante não escapou à suspeita de estar tramando a sua própria ascensão ao trono, com a cumplicidade de Dumouriez, mesmo porque este, ao bandear-se levara consigo o filho de Luís Filipe, o futuro "rei burguês" da França, de modo que, por via das dúvidas, o duque foi guilhotinado em novembro 1793.

93. Segundo filho de Luís XVI e Maria Antonieta, duque da Normandia e depois, com a morte de seu irmão mais velho, delfim da França (1785-1795). Preso com a família em 4 de junho de 1789, no Templo, morreu, devido à insalubridade reinante no cárcere, em 8 de julho de 1795, sendo sepultado em segredo, o que deu azo a dúvidas sobre o acontecido, que foram exploradas politicamente, e vários impostores que se apresentaram como sucessores, do quais o mais célebre foi o relojoeiro Naundorf, o qual, ao contrário do pobre príncipe, teve longa vida e morreu em 1845.

veis déspotas; é a mim que intimam a responder diante da justiça inexorável e inflexível!

Por esta blasfêmia, você, infame Saint Just, será responsável perante a posteridade!

HERMAN — Exijo que responda com calma, lembre-se de Marat[94], foi com profundo respeito que se apresentou aos juízes.

DANTON — Vocês puseram as mãos sobre toda a minha vida; que ela se erga, pois, e os enfrente; sob o peso de cada uma de minhas ações eu os sepultarei. Não me orgulho disso. É o destino quem guia nosso braço, mas somente naturezas poderosas são os seus órgãos.

No Campo de Marte[95] eu declarei guerra à realeza; eu a derrotei em 10 de agosto, eu a matei em 21 de janeiro e atirei aos reis, como luva de desafio, uma cabeça real. (*Renovados sinais de aprovação. Danton agarra os autos de acusação.*) Quando olho para esse documento infame, sinto tremer todo o meu ser. Quem são aqueles que tiveram de forçar Danton a mostrar-se naquele memorável dia, no 10 de agosto? Quem são esses seres privilegiados dos quais ele emprestou a sua energia? Meus acusadores podem apresentar-se! Estou em meu perfeito juízo ao exigi-lo. Vou desmascarar os vis canalhas e jogá-los de volta ao nada, de onde nunca deveriam ter rastejado para fora.

HERMAN (*Tocando a campainha*) — Não está ouvindo a campainha?

DANTON — A voz de um homem que defende sua honra e sua vida deve soar mais alto do que a sua campainha.

Fui eu quem, em setembro, alimentou as crias da Revolução com os corpos despedaçados dos aristocratas. Minha voz fundiu as armas do povo com o ouro dos aristocratas e dos ricos. Minha voz foi o furacão que sepultou os satélites do despotismo sob as vagas das baionetas. (*Palmas ruidosas.*)

HERMAN — Danton, sua voz se exauriu. Exaltou-se demais. Concluirá

---

94. "...lembre-se de Marat...", Herman, em sua fala, refere-se ao julgamento de Marat que, levado pelos girondinos ao Tribunal Revolucionário, em abril de 1793, foi absolvido por aclamação popular.

95. Campo de Marte. Em 17 de julho de 1791, uma petição contra o rei provocou o choque com a Guarda Nacional e, no confronto com a massa aí reunida, muitos pessoas foram mortas. O incidente, chamado também de "Massacre do Campo de Marte", assinalou o início do republicanismo entre o povo.

sua defesa da próxima vez. O senhor precisa de descanso. Está encerrada a sessão.

DANTON – Agora vocês conhecem Danton; dentro de algumas poucas horas ele vai adormecer nos braços da glória.

(III,5)

O Luxemburgo. Um cárcere. Dillon, Laflotte, um carcereiro.

DILLON[96] – Cara, não ilumina assim o meu rosto com o seu nariz! Ah, ah, ah!
LAFLOTTE[97] – Cala a boca, a sua meia-lua tem um halo! Ah, ah, ah!
CARCEREIRO – Ah! Ah! Ah! E o senhor acredita, cavalheiro, que poderia ler a essa claridade? *(Aponta para um bilhete que segura na mão.)*
DILLON – Me dá aqui!
CARCEREIRO – Cavalheiro, minha meia-lua me deixou maré baixa.
LAFLOTTE – Suas calças dão a impressão de maré cheia.
CARCEREIRO – Não, elas absorvem água. *(Para Dillon.)* Minha meia-lua escondeu-se diante de seu sol, cavalheiro, o senhor precisa me dar algo para que ela se torne de novo brilhante, se quiser ler à sua luz.
DILLON – Toma cara! Se manda! *(Ele lhe dá dinheiro. O carcereiro sai. Dillon lê.)* Danton assustou o tribunal, os jurados hesitam, o público murmura. A afluência foi extraordinária. O povo apinhava-se em torno do Palácio de Justiça, postado até as pontes. Uma mão cheia de dinheiro, enfim um braço, hum, hum! *(Ele anda de um lado para o outro e de vez em quando toma um trago de uma garrafa.)* Ah, se eu pudesse ao menos pôr um

---

96. Arthur Dillon, conde de Dillon (1750-1794), proveniente de uma família aristocrática de extração anglo-irlandesa exilada na França a partir da revolução inglesa de 1688, ingressou ainda adolescente na vida militar, chegando à patente de general. Apesar de realista convicto, serviu a República. Acusado de conspirar, foi detido em 1793 e permaneceu na prisão até ser julgado por tramar com os dantonistas contra a nova ordem e em 13 de abril de 1794 foi guilhotinado. No momento da execução, relata a crônica, Dillon teria gritado: "Viva o rei!".
97. Alexandre de Laflotte (1766-?), personagem de biografia e atuação obscuras. Sabe-se que exerceu a profissão de advogado sem ter formação acadêmica, que serviu como diplomata em Gênova e Florença e que, em 30 de março de 1794, quando o Terror desencadeou uma onda de prisões, em boa parte arbitrárias, ele foi detido ao mesmo tempo que Danton e Camille Desmoulins. Ignora-se qual tenha sido o seu destino.

pé na rua. Não permitiria que me massacrassem desse jeito. Sim, apenas um pé na rua!

LAFLOTTE – E na carreta, é o mesma coisa.

DILLON – Você acha? Há alguns passos ainda no entremeio, compridos o suficiente para medi-los com os cadáveres dos Decênviros. Chegou o momento de os homens de bem erguerem a cabeça.

LAFLOTTE (*Para si mesmo*) – Tanto melhor, será mais fácil acertar nela. Vamos, velhote, mais alguns tragos e eu, Laflotte, ficarei flutuando!

DILLON – Os patifes, os idiotas, no fim acabarão ainda guilhotinando-se a si próprios. (*Corre de um lado para outro.*)

LAFLOTTE (*À parte*) – Poder-se-ia voltar, de novo, a gostar devidamente da vida, como de um filho, quando este nos é dado por nós mesmos. Mas não é muito freqüente que alguém pratique assim o incesto com o acaso e se torne seu próprio pai. Pai e filho ao mesmo tempo. Um Édipo[98] confortável!

DILLON – Não se alimenta o povo com cadáveres. As mulheres de

---

98. Édipo, literalmente "pés inchados" em grego, filho de Laio, rei de Tebas, e de Jocasta. Advertido pelo oráculo de que seria morto pelas mãos de seu próprio filho, Laio mandou expor o recém-nascido com os pés perfurados por cravos e atados a uma árvore, no monte Citéron. Mas, recolhido por um pastor que o entregou ao seu amo, foi criado como filho legítimo de Políbio, rei de Corinto, e sua esposa, Mérope. Um dia veio a saber que estes não eram seus verdadeiros pais e resolveu ir a Delfos consultar o oráculo, tendo recebido como única resposta o vaticínio de que mataria o seu pai e cometeria incesto com sua mãe. Crendo tratar-se dos pais de criação, decidiu não voltar para Corinto e tomou o caminho de Tebas. Numa encruzilhada, porém, após uma violenta altercação, matou um indivíduo a quem não conhecia. Era Laios. O jovem não deu maior importância ao incidente e não se preocupou em identificar a vítima. Prosseguiu viagem e chegou a Tebas. A cidade estava a braços com um temível flagelo. À sua entrada, sentara-se uma Esfinge que propunha um enigma a quem passasse por ali, e se a pessoa não resolvesse o problema, o monstro a devorava. No seu desespero, os tebanos, pela voz de Creonte, então regente do reino, ofereceram a quem os livrasse da calamidade o trono e a mão de Jocasta. Aconteceu que o forasteiro decifrou o enigma, levando a Esfinge a precipitar-se do penhasco. Édipo ganhou assim o reino e casou-se com a rainha. Do enlace nasceram quatro filhos, Etéocles, Polinice, Antígona e Ismênia. Em conseqüência dessa união incestuosa, os deuses castigaram Tebas com a peste e o rei, querendo livrar-se da calamidade, mandou consultar o oráculo, o qual lhe fez saber que a cidade deveria expulsar o assassino de Laios. Na tentativa de identificá-lo, Édipo acabou sabendo que ele próprio abatera o pai e unira-se à mãe. Ante a evidência do crime e do incesto, Jocasta enforcou-se e Édipo cegou-se, pondo-se a vagar pela Grécia, guiado por Antígona, até chegar a Colonos, onde Teseu os acolheu e Édipo viveu até o fim de seus dias.

Danton e Camille deveriam distribuir assinados[99] entre o povo; é melhor do que cabeças.

LAFLOTTE (*À parte*) – Eu é que não me arrancaria depois os olhos; eu poderia necessitar deles para chorar a morte do bom general.

DILLON – Levantar a mão contra Danton! Quem ainda se sente seguro? O medo os unirá.

LAFLOTTE (*À parte*) – Mas ele está perdido. O que há de mais, pois, se eu pisar sobre um cadáver para sair fora do túmulo?

DILLON – É só pôr um pé na rua! Vou encontrar gente bastante, velhos soldados, Girondinos, antigos fidalgos; arrombaremos as prisões; precisamos nos entender com os presos.

LAFLOTTE (*À parte*) – Bem, isso cheira, sem dúvida, um pouco a patifaria. Mas, que importa? Eu também gostaria de experimentar isso, até aqui fui demasiado unilateral. A gente fica com remorso, afinal é uma variação, não é tão desagradável assim cheirar seu próprio fedor.

A perspectiva da guilhotina já se tornou para mim enfadonha; ter que esperar tanto tempo por ela! Em espírito já a experimentei vinte vezes. Isso já não tem mais nada de picante; tornou-se inteiramente banal.

DILLON – É preciso fazer chegar um bilhete às mãos da esposa de Danton.

LAFLOTTE (*À parte*) – E além disso... eu não temo a morte, mas sim a dor. Pode doer, quem me garante que não? Dizem, é verdade, que é apenas um instante, mas a dor tem um compasso mais sutil, fraciona até uma terça. Não! A dor é o único pecado e o sofrimento o único vício; eu quero permanecer virtuoso.

DILLON – Escuta, Laflotte, onde foi parar aquele sujeito? Eu tenho dinheiro, isto deveria dar certo, precisamos forjar o nosso ferro, meu plano está pronto.

LAFLOTTE – Logo! Logo! Conheço o carcereiro, vou falar com ele. Pode contar comigo, general, nós vamos sair do buraco (*Para si mesmo, ao sair*) para entrar em outro; eu, no maior de todos, o mundo... ele, no mais estreito, o túmulo.

(III, 6)

O Comitê de Salvação Pública. Saint-Just, Barère, Collot d'Herbois e Billaud-Varennes.

---

99. Assinados, *assignats*, papel-moeda emitido pela Revolução Francesa, entre 1790 e 1796. Seu valor era afiançado (*assigné*) pelos bens nacionais.

BARÈRE – O que está escrevendo Fouquier?
SAINT-JUST – A segunda audiência terminou. Os prisioneiros exigem o comparecimento de vários membros da Convenção e do Comitê de Salvação Pública; apelam ao povo devido à recusa das testemunhas. Dizem que a agitação dos ânimos é indescritível. Danton parodiava Júpiter[100] e sacudia os cachos.
COLLOT – Tão mais facilmente Samson[101] o agarrará por aí.
BARÈRE – É melhor não aparecermos, as peixeiras e os trapeiros podem nos achar menos imponentes.
BILLAUD[102] – O povo tem o instinto de se deixar espezinhar, mesmo que seja apenas por simples olhares e gosta, do mesmo modo, de fisionomias insolentes. Carrancas assim são piores do que um brasão de nobreza; a sutil aristocracia do desprezo pelos

---

100. Júpiter, o significado latino do nome é "o céu brilhante". Originalmente, na religião romana, representava um espírito celeste ou nume associado à semeadura e à colheita da uva; mais tarde, tornou-se uma divindade de Estado, invocada como senhor da luz e, por extensão, do relâmpago e do trovão, assumindo, em épocas posteriores, várias figurações. Cultuado como protetor da vitória das armas, na guerra, e, em tempo paz, como o penhor da união da comunidade, da moralidade pública, da justiça e dos juramentos, passou a ser o deus mais importante do panteão romano como *Jupiter Optimus Maximus* e, nesta condição, com o influxo dos elementos gregos na vida de Roma, foi identificado com o Zeus olímpico.

101. Henri Samson sucedeu em abril de 1793 a seu pai, Charles-Henri, no cargo de carrasco oficial de Paris, que sua família exercia há quase dois séculos. Coube ao filho do verdugo de Luís XVI, guilhotinar, com toda a perícia de sua arte, Maria Antonieta, os girondinos, os hebertistas, os dantonistas e os robespierristas, entre outros...

102. Jacques-Nicolas Billaud-Varenne (1756 -1819), filho de um causídico, advogado ele próprio, durante muito tempo tentou exercer a profissão, mas sem êxito. Antes da Revolução, escreveu um livro sobre o *Despotismo dos Ministros*. Começou a ser notado nos Jacobinos, após a fuga do rei, como orador veemente e causou aí grande agitação, ao lançar a idéia de que o futuro da França talvez exigisse a instauração da República como forma institucional. Membro da Comuna insurrecional, tomou parte saliente nos "Massacres de Setembro", elegeu-se por Paris para a Convenção, formulou os princípios do governo revolucionário, que foram aprovados pelo plenário em novembro de 1793. Combateu Hébert e Danton, empenhou-se no Terror com particular fúria sanguinária e, depois de ter sido partidário ardoroso de Robespierre, constituiu-se num dos principais arquitetos de sua queda. O Termidor, porém, não o perdoou e Varenne foi deportado para as Guianas, com seus amigos Collot d'Herbois e Barrère, em 1795. Libertado pelo 18 de brumário, recusou-se a reconhecer a nova ordem instaurada por Bonaparte e foi para o Haiti, onde permaneceu até a morte em Port-au-Prince.

homens as habita. Todos aos quais revolta suportar um olhar de alto a baixo, deveriam ajudar a abatê-las.

BARÈRE – Ele é como o córneo Siegfried[103]; o sangue dos "setembrizados" o tornou invulnerável.

O que diz Robespierre?

SAINT-JUST – Faz tudo como se tivesse algo a dizer.

Os jurados deveriam dar-se por suficientemente instruídos e encerrar os debates.

BARÈRE – Impossível, isso não dá.

SAINT-JUST – É preciso dar um fim neles a qualquer preço e ainda que os estrangulemos com nossas próprias mãos. Ousem! Não terá sido em vão que Danton nos ensinou a palavra. A Revolução não tropeçará em seus cadáveres, mas se Danton ficar vivo vai agarrá-la pelas vestes e ele tem algo em sua figura como se fosse capaz de estuprar a liberdade. (*Saint-Just é chamado para fora.*)

Entra um carcereiro.

CARCEREIRO – Em Sainte-Pélagie[104] há prisioneiros à beira da morte, eles exigem um médico.

BILLAUD (*Para si próprio*) – É desnecessário, tanto menos trabalho para o carrasco.

CARCEREIRO – Há mulheres grávidas entre eles.

BILLAUD – Tanto melhor, assim seus filhos não precisarão de ataúde.

BARÈRE – A tísica de um aristocrata poupa uma sessão ao Tribunal Revolucionário. Qualquer remédio seria contra-revolucionário.

COLLOT (*Pegando um papel*) – Uma petição; um nome de mulher!

---

103. Siegfried, em nórdico antigo, Sigurd, personagem lendária da mitologia nórdica e germânica, que aparece no *Canto dos Nibelungos*. Da sua saga nos diferentes relatos, três episódios são comuns: o nascimento do herói e sua educação em casa de um ferreiro e sua luta com o dragão; a aquisição do tesouro; e o despertar da donzela adormecida. Independentemente das numerosas versões sobre a sua origem, Siegfried, inadaptado ao mister da forja, desavém-se com seus companheiros de trabalho, quebra a bigorna, enfrenta o dragão, e consegue matá-lo, na sua primeira e mais significativa façanha. Queimando o dedo na boca do monstro de língua de fogo, ele o põe na sua própria boca e percebe, de repente, que passa a entender a linguagem dos pássaros. Em seguida, banha-se no sangue do dragão e a pele de Siegfried torna-se dura como a córnea, tornando-o invulnerável, exceto em um único ponto. (E é a isto que Barère alude em sua fala.)

104. Sainte-Pélagie, originalmente um convento em Paris, que se transformou numa das mais terríveis prisões, na época da Revolução.

Barère – Talvez uma daquelas que gostariam de ser forçadas a escolher entre o estrado da guilhotina e a cama de um Jacobino. Uma daquelas que, como Lucrécia, depois de perder a honra morrem, porém um pouco mais tarde do que a romana, de parto, de câncer ou de velhice. Talvez não seja tão desagradável assim banir um Tarquínio[105] da república virtuosa de uma virgem.

Collot – Ela é velha demais. Madame pede a morte, sabe expressar-se bem, a prisão pesa sobre ela como a tampa de um caixão. Está presa apenas há quatro semanas. A resposta é fácil – (*Ele escreve e lê o que escreveu.*) "Cidadã, ainda não passou tempo suficiente para que deseje a morte". (*Carcereiro sai.*)

Barère – Muito bem dito! Mas, ouça Collot, não é bom que a guilhotina comece a dar risada, as pessoas não têm mais medo dela. A gente não deve tornar-se tão familiar.

Saint-Just retorna.

Saint-Just – Acabo de receber uma denúncia. Estão conspirando dentro das prisões; um jovem chamado Laflotte descobriu tudo. Estava preso com Dillon na mesma cela. Dillon bebeu e falou demais.

Barère – Ele corta o seu próprio pescoço com uma *bouteille*, já não é a primeira vez que isso acontece.

Saint-Just – As esposas de Danton e Camille devem distribuir dinheiro entre o povo e Dillon deve evadir-se; querem libertar os presos e explodir a Convenção.

Barère – São contos de fadas.

Saint-Just – Sim, porém, com esses contos de fadas vamos fazê-los dormir. A denúncia está nas minhas mãos; além disso, há o atrevimento dos acusados, o resmungar do povo, a perplexidade dos jurados; vou preparar um relatório.

Barère – Sim, vai, Saint-Just, e fia a teia das suas frases em que cada vírgula é um golpe de espada e cada ponto uma cabeça decepada.

Saint-Just – A Convenção deve decretar que o tribunal leve à frente

---

105. A menção do texto é ao filho de Tarquínio, o Soberbo, sétimo e último rei de Roma (*c.* 534 – *c.* 509 a.C.), a quem a tradição atribuiu um governo tirânico, porém, ao mesmo tempo, responsável pelo desenvolvimento da cidade-Estado romana e por sua hegemonia no Lácio. Não obstante, uma revolta do povo o expulsou do trono porque Tarquínio Sexto, seu filho, estuprou Lucrécia, esposa do Lúcio Tarquínio Colatino, sobrinho de Tarquínio, o Soberbo.

o processo sem interrupções e tenha o direito de excluir dos debates qualquer acusado que falte com o devido respeito ao tribunal ou provoque incidentes.

BARÈRE – Você tem um instinto revolucionário, a proposta parece comedida e, no entanto, terá o devido efeito. Eles não podem silenciar, Danton precisa gritar.

SAINT-JUST – Conto com o apoio de vocês. Há pessoas na Convenção que são tão doentes quanto Danton e receiam a mesma cura. Agora recobraram coragem e vão protestar contra a violação das formas legais...

BARÈRE (*Interrompendo-o*) – Eu lhes direi: em Roma, o cônsul que descobriu a conspiração de Catilina e puniu os criminosos com a morte no mesmo instante, foi acusado de violar as formalidades legais. Quem eram seus acusadores?

COLLOT (*Em tom patético*) – Vai, Saint-Just. A lava da Revolução escorre. A liberdade sufocará com os seus abraços os fracalhões que pretendiam fecundar seu imenso colo; a majestade do povo lhes aparecerá como Júpiter a Semele[106], por entre relâmpagos e trovões e os reduzirá a cinzas. Vai, Saint-Just, nós o ajudaremos a arremessar o raio do trovão na cabeça dos covardes. (*Saint-Just sai.*)

BARÈRE – Você ouviu a palavra "cura"? Ainda vão transformar a guilhotina em um específico contra a sífilis. Eles não combatem os moderados, combatem o vício.

BILLAUD – Até agora seguimos juntos o mesmo caminho.

BARÈRE – Robespierre quer transformar a Revolução num auditório para aulas de moral e usar a guilhotina como cátedra.

BILLAUD – Ou como genuflexório.

COLLOT – No qual, porém, ele não ficará de pé, mas, sim, deitado.

BARÈRE – Nada mais fácil. O mundo deveria ficar de pernas para o ar se os assim chamados canalhas fossem enforcados pelos assim chamados homens de bem.

COLLOT (*A Barère*) – Quando você vai voltar a Clichy?

BARÈRE – Quando o médico não vier mais me visitar.

COLLOT – Não é verdade, sobre aquele lugar paira uma estrela bri-

---

106. Júpiter (Zeus) e Semele, filha de Cadmo, por sua vez filho de Agenor, rei de Tiro. Amada por Zeus, foi instigada pela ciumenta Hera a pedir ao senhor do Olimpo que lhe aparecesse com todo o esplendor de sua divindade. Ele assim o fez e Semele foi consumida pelos relâmpagos do supremo deus que, todavia, salvou das cinzas o filho de ambos, que estava por nascer, implantando-o em uma de suas coxas, da qual nasceu Dioniso, a termo.

lhante, uma *stella syphilitica*, sob cujos raios chamuscantes a sua medula está ficando toda ressecada.

BILLAUD – Logo mais os graciosos dedos da encantadora Demahy a irão sacar de sua bainha e pendurá-la às costas como um rabicho.

BARÈRE (*Dando de ombros*) – Psiu! Disso, o Virtuoso[107] não deve saber.

BILLAUD – Ele não passa de um Maomé impotente. (*Billaud-Varenne e Collot d'Herbois saem.*)

BARÈRE (*Sozinho*) – Esses monstros! "Não faz muito que você desejava a morte!" Essas palavras deviam secar a língua de quem as pronunciou.

E eu?

Quando os Setembristas invadiram as prisões, um prisioneiro sacou da faca e, misturando-se ao bando dos assassinos, cravou-a no peito de um padre; estava salvo! Quem pode ter algo contra isso? Se eu me misturo ao bando dos assassinos ou me sento com o Comitê de Salvação Pública ou se eu uso a lâmina de um canivete ou a da guilhotina? O caso é o mesmo, apenas em circunstâncias um pouco mais complexas, porém as condições básicas são idênticas.

E se ele devia assassinar um, por que então não deveria assassinar também dois, também três, também outros mais? Onde está o limite? É como os grãos de cevada, dois fazem um monte, três, quatro, quantos então? Vem consciência minha, vem meu franguinho, vem piu, piu, piu, piu, toma, aqui está a comida. No entanto... também eu fui prisioneiro? Era suspeito, o que dá no mesmo, minha morte era certa. (*Sai.*)

(III,7)

A Conciergerie. Lacroix, Danton, Philippeau, Camille.

LACROIX – Você gritou muito bem, Danton; se você tivesse se dado ao trabalho um pouco antes de defender assim a sua vida, agora seria diferente. Não é verdade que as coisas mudam quando a morte chega perto tão descarada, fedendo tanto pela boca e de modo cada vez mais insistente?

CAMILLE – Ainda se ela pegasse a pessoa à força e com unhas e dentes arrancasse sua presa dos membros ainda quentes! Mas assim, com todas as formalidades, como no casamento com

---

107. "O Virtuoso", outro cognome de Robespierre.

uma mulher velha, quando são afixados os proclamas, convocadas as testemunhas, pronunciado o amém, e quando, depois, a colcha é erguida e ela se enfia no leito lentamente, com seus membros gelados!

DANTON – Se fosse ao menos uma luta corpo a corpo! Mas eu me sinto como se tivesse caído na engrenagem de um moinho e meus membros fossem torcidos devagar e sistematicamente pela fria violência física. Ser morto assim, de forma tão mecânica!

CAMILLE – Ficar aqui deitado, sozinho, frio, duro, no úmido vapor da putrefação; talvez a morte arranque, pouco a pouco, das fibras da pessoa a vida que ela tem, para, com consciência, deixá-la apodrecer!

PHILLIPEAU – Calma, meus amigos. Somos como narcisos do outono que deitam semente só depois do inverno. Das flores que são transplantadas, diferimos apenas pelo fato de, na tentativa, federmos um pouco. Isso é tão mau assim?

DANTON – Uma perspectiva edificante! De um monte de esterco para outro! A divina teoria das classes, não é? Da primeira para a segunda, da segunda para a terceira e assim por diante? Estou farto dos bancos escolares, criei calos nas nádegas, como um macaco, de tanto ficar sentado neles.

PHILLIPEAU – E o que você quer então?

DANTON – Paz.

PHILLIPEAU – A paz está em Deus.

DANTON – No nada. Mergulhe em algo mais pacífico do que o nada e se a paz suprema é Deus, o nada não é Deus? Mas eu sou ateísta. A frase maldita: uma coisa não pode tornar-se em nada! E eu sou alguma coisa, essa é a lástima!

A criação fez-se tão ampla, nela não há nada vazio, tudo cheio de torvelinhos.

O nada matou-se a si mesmo, a criação é sua ferida, nós somos suas gotas de sangue, o mundo é a cova em que ele apodrece.

Parece loucura, mas há uma certa verdade nisso.

CAMILLE – O mundo é o Judeu Errante[108], o nada é a morte, mas ela é

---

108. "O Judeu Errante" ou Ahasverus, personagem de uma lenda cristã, segundo a qual o povo hebreu teria sido condenado a errar eternamente. A figura ganhou grande força simbólica e difusão, sobretudo a partir do século XIX, quando passou a ser veiculada pela imprensa e pela literatura, assim como pelo teatro e pelas demais artes, servindo de referência polêmica, dramática ou da condição histórica, social, política e nacional da Diáspora judaica.

impossível. Oh não poder morrer, não poder morrer, como diz a canção.

DANTON – Estamos todos sepultados vivos e, como reis, enterrados em caixões triplos ou quádruplos, debaixo do céu, dentro de nossas casas, metidos em nossos casacos e camisas.
Estamos arranhando, há cinqüenta anos, a tampa do caixão.
Oh, se alguém pudesse crer no aniquilamento, esse seria ajudado!
Não há esperança na morte; ela é apenas uma podridão mais simples; a vida é outra, mais complexa e organizada, eis toda a diferença!
Mas eu já me acostumei com esse modo de apodrecer, só o diabo sabe como me daria com outro.
Oh Julie! Se eu partisse sozinho! Se ela me deixasse só!
E quando eu me decompor inteiramente, quando me dissolver inteiramente... então eu seria um punhado de pó martirizado, cada um de meus átomos só junto dela acharia repouso.
Não posso morrer, não, não posso morrer. Devemos gritar, terão de me arrancar cada gota de vida dos membros de meu corpo.

(III,8)

Um quarto. Fouquier, Amar, Voulland.

FOUQUIER – Não sei mais o que responder, eles estão exigindo uma comissão.
AMAR[109] – Temos os canalhas em nossas mãos, aqui você tem o que deseja. (*Entrega um papel a Fouquier.*)
VOULLAND[110] – Isso os deixará satisfeitos.

---

109. Jean-Baptiste-André Amar (1755-1816), advogado, pertenceu ao parlamento de Grenoble. Deputado à Convenção, seu presidente em abril de 1794, membro do Comitê de Segurança Geral, partidário zeloso e draconiano do Terror, foi o grande acusador dos girondinos e opôs-se a Danton. Voltou-se contra Robespierre em julho de 1794, isto é, no Termidor, e contribuiu para a sua queda. Denunciado na Convenção, após o golpe, detiveram-no em abril de 1795, mas logo depois um decreto de anistia o pôs em liberdade, em outubro do mesmo ano. Conspirou com Babeuf na conjura dos Iguais contra o Diretório e, quando a trama veio a ser descoberta, conseguiu escapar da guilhotina, assim como, mais tarde, das proscrições de 1815, embora houvesse votado em 1793 pela condenação à morte de Luís XVI.

110. Jean-Henri Voulland, grafado no texto de Büchner como Vouland (1751-1801), advogado de raiz protestante, foi secretário e presidente da

Fouquier – Realmente, é do que estávamos precisando.
Amar – Agora depressa, de modo que nós e eles tiremos isso da cabeça.

(III,9)

O Tribunal Revolucionário

Danton – A República está em perigo e ele não recebeu instruções! Apelamos para o povo, minha voz ainda é forte o suficiente para pronunciar a oração fúnebre dos Decênviros. Repito, nós exigimos uma comissão, temos importantes revelações a fazer. Retirar-me-ei para a cidadela da razão, farei prorromper o canhão da verdade e reduzirei meus inimigos a pó. (*Sinais de aprovação.*)

Entram Fouquier, Amar, Vouland.

Fouquier – Silêncio em nome da República, respeito à lei. A Convenção deliberou o seguinte:
Considerando que se apresentaram indícios de rebelião nas prisões; considerando ainda que as esposas de Danton e de Camille distribuem dinheiro entre o povo e que o general Dillon pretende evadir-se e colocar-se à frente dos revoltosos para libertar os acusados; considerando, por fim, que esses últimos empenharam-se em provocar desordens e procuraram ofender o Tribunal; fica o Tribunal autorizado a prosseguir o inquérito sem interrupção e excluir dos debates todo acusado que faltar ao respeito aos olhos da Lei.

Danton – Pergunto aos presentes se alguma vez nós escarnecemos o Tribunal, o povo ou a Convenção Nacional?

Numerosas Vozes – Não! Não!

Camille – Os miseráveis, eles querem assassinar a minha Lucile!

Danton – Algum dia a verdade será conhecida. Vejo uma grande desventura se abater sobre a França. É a ditadura, ela rasgou o véu que a encobria e agora caminha de cabeça erguida sobre

---

Convenção e membro do Comitê de Segurança Geral. Engajado na política do Terror a ponto de ser um de seus expoentes, ainda que sua relação com Robespierre fosse conflituosa, quer em nível pessoal, quer em matéria de crença religiosa, pois não concordava com o ateísmo do Incorruptível. Sua ação na derrubada dos jacobinos não obstou que o incriminassem, posteriormente, duas vezes por seu papel durante o Terror, sendo absolvido na primeira vez e anistiado na segunda.

nossos cadáveres. (*Apontando para Amar e Vouland.*) Olhem aí os covardes assassinos, vejam aí os abutres do Comitê de Salvação Pública!
Eu acuso Robespierre, Saint-Just e seus carrascos de alta traição. Eles querem sufocar a República em sangue. Os sulcos das carretas da guilhotina são as estradas por onde os exércitos estrangeiros deverão penetrar no coração da pátria.
Por quanto tempo ainda deverão ser túmulos as pegadas da liberdade?
Vocês querem pão e eles lhes atiram cabeças. Vocês têm sede e eles os fazem lamber o sangue dos degraus da guilhotina. (*Violentas manifestações na platéia e gritos de aprovação.*)

NUMEROSAS VOZES – Viva Danton, abaixo os Decênviros! (*Os prisioneiros são levados à força para fora da sala.*)

(III,10)

Praça diante do Palácio da Justiça.
Um ajuntamento de populares.

ALGUMAS VOZES – Abaixo os Decênviros! Viva Danton!

PRIMEIRO CIDADÃO – Sim, é verdade, cabeças em vez de pão, sangue em vez de vinho.

ALGUMAS MULHERES – A guilhotina é um péssimo moinho e Samson um mau padeiro, queremos pão, pão!

SEGUNDO CIDADÃO – O pão de vocês, foi Danton quem o comeu, sua cabeça dará de novo pão a todos vocês; ele tinha razão.

PRIMEIRO CIDADÃO – Danton estava conosco no 10 de agosto, Danton estava conosco em setembro. Onde estavam as pessoas que o acusaram?

SEGUNDO CIDADÃO – E Lafayette também estava com vocês em Versalhes e, no entanto, era um traidor.

PRIMEIRO CIDADÃO – Quem disse que Danton é um traidor?

SEGUNDO CIDADÃO – Robespierre.

PRIMEIRO CIDADÃO – E Robespierre é um traidor.

SEGUNDO CIDADÃO – Quem disse isso?

PRIMEIRO CIDADÃO – Danton.

SEGUNDO CIDADÃO – Danton tem roupas bonitas, Danton tem uma casa bonita, Danton tem uma mulher bonita, ele se banha em vinho da Borgonha, come faisão em baixelas de prata e dorme com as mulheres de vocês e suas filhas quando está bêbado. Danton era pobre como vocês. De onde lhe veio tudo isso?

Foi o Veto quem lhe comprou isso, para que lhe salvasse a coroa.

Foi o duque de Orléans quem lhe deu isso de presente, para que roubasse para ele a coroa.

Foi o estrangeiro quem deu isso a ele, para que atraiçoasse a vocês todos. O que possui Robespierre? O virtuoso Robespierre. Todos vocês o conhecem.

Todos – Viva Robespierre! Abaixo Danton! Abaixo o traidor!

Quarto Ato

(IV,1)

Um quarto. Julie e um menino.

JULIE – Está tudo acabado. Tremiam diante dele. Eles o matam por medo. Vai!, eu o vi pela última vez, diga-lhe que não posso vê-lo assim. (*Ela lhe dá uma madeixa de cabelo.*) Olha, leva-lhe isto e diga-lhe que não irá sozinho. Ele há de entender, e, depois, volte depressa; quero ler o olhar dele nos seus olhos.

(IV,2)

Uma rua. Dumas, um cidadão.

CIDADÃO – Como é possível condenar à morte tantos infelizes depois de semelhante interrogatório?
DUMAS – Isso é de fato fora do comum, mas os revolucionários têm um sentido, que falta aos outros homens e este sentido nunca os engana.
CIDADÃO – É o sentido do tigre... Você tem uma esposa.
DUMAS – Em breve poderei dizer que eu tive.
CIDADÃO – Então é verdade?
DUMAS – O Tribunal Revolucionário vai pronunciar o nosso divórcio, a guilhotina vai nos separar de cama e mesa.
CIDADÃO – Você é um monstro!
DUMAS – Idiota! E você admira Bruto?

Cidadão – Com toda a minha alma.

Dumas – Será que é preciso ser cônsul romano e cobrir a sua cabeça com a toga para sacrificar à pátria o que se tem de mais caro? Eu vou enxugar os olhos com a manga do meu fraque vermelho, essa é toda a diferença.

Cidadão – Isso é horrível.

Dumas – Vai, você não me compreende. (*Eles saem.*)

(IV,3)

A Conciergerie. Lacroix e Hérault (numa cama), Danton e Camille (noutra).

Lacroix – Os cabelos da gente crescem tão depressa e as unhas também que realmente dá vergonha.

Hérault – Tenha um pouco de cuidado, está espirrando poeira em toda a minha cara.

Lacroix – E o senhor pare de me pisar assim os pés, meu caríssimo, tenho calos.

Hérault – E também piolhos e pulgas.

Lacroix – Ah, se eu pudesse ao menos me livrar inteiramente dos vermes.

Hérault – Bem, trate de dormir. Temos que ver como nos ajeitar um com o outro, temos pouco espaço.

E não me arranhe com suas unhas durante o sono. Assim! E não puxe assim a mortalha, faz frio aqui embaixo.

Danton – Sim, Camille, amanhã seremos sapatos usados, que a gente atira no regaço dessa mendiga que é a terra.

Camille – O couro de vitelo do qual, segundo Platão[111], os anjos fizeram chinelos para si e com os quais tateiam a terra. Mas é assim que a coisa anda. Minha Lucile!

---

111. Platão, filósofo grego (*c.*427 – *c.*348 a.C.), ateniense, de uma família nobre, dedicou-se de início à poesia, mas encontrou Sócrates por volta de 407 a.C. e interessou-se pela filosofia. Esteve na Magna Grécia, onde entrou em contato com a escola pitagórica. De volta a Atenas, começou a ensinar no bosque de oliveiras consagrado a Academo e teve Aristóteles como um de seus discípulos na Academia. Por duas vezes tentou ingressar na política, mas, desiludido primeiro com a condenação de Sócrates e, depois, com as vilanias dessa prática, renunciou ao projeto. Escritor de grande talento, compôs um conjunto exemplar de *Diálogos* que, para a sorte da cultura e do pensamento humanos, chegaram quase incólumes até os nossos dias. Desenvolveu aí, por um debate contínuo de Sócrates, seu *alter ego*, com outros expoentes da indagação filosófica e do espírito ático de seu tempo, os temas que deveriam

DANTON – Fique calmo, meu rapaz.
CAMILLE – Como posso? Você crê, Danton? Posso? Eles não poderão deitar as mãos sobre ela. A luz da beleza, que se derrama de seu doce corpo, é inextinguível. Impossível! Veja, a terra não ousaria cobri-la, ficaria arqueada ao seu redor, os vapores do túmulo cintilariam como orvalho em seus cílios, cristais brotariam como flores em torno de seus membros e límpidas fontes a embalariam no sono com seus murmúrios.
DANTON – Dorme, meu rapaz, dorme.
CAMILLE – Ouve, Danton, cá entre nós, é tão triste ter de morrer. E não muda nada. Quero ainda roubar da vida os derradeiros olhares de seus belos olhos, quero manter os olhos abertos.
DANTON – Eles vão ficar abertos de qualquer modo, Samson não fecha os olhos de ninguém. O sono é mais misericordioso. Dorme, meu rapaz, dorme.
CAMILLE – Lucile, seus beijos tecem fantasias sobre os meus lábios, cada beijo torna-se um sonho, minhas pálpebras caem e os meus olhos o encerram.
DANTON – Será que o relógio não vai parar? A cada batida ele empurra as paredes à minha volta e tudo se estreita, até que se torna tão estreito como um ataúde. Quando criança, li certa vez uma história assim, os meus cabelos ficaram em pé.
Sim, quando criança! Valeu mesmo a pena me alimentar e agasalhar para crescer? Apenas trabalho para o coveiro!
É como se eu já estivesse fedendo. Meu querido corpo, vou tapar o nariz e imaginar que você é uma mulher a suar e feder de tanto dançar e vou lhe dizer galanteios. Já nos divertimos muito um com o outro.
Amanhã você será um violino quebrado, a melodia que tocava acabou. Amanhã você será uma garrafa vazia, o vinho já foi bebido, mas não me deixou bêbado e eu vou dormir sóbrio. Felizes são as pessoas que ainda podem se embriagar. Amanhã você vai ser uma calça puída, jogada ao fundo de um guarda-roupa e devorada pelas traças; você pode feder quanto quiser.

---

fundamentar um verdadeiro saber e que, aceitos, contestados, retomados ou refundidos, permanecem na pauta do exame crítico das idéias sobre o ser, a ética, a estética, a política e o próprio conhecimento. Cosmologia, física, psicologia, lógica, teoria do Estado, legislação, doutrina da alma e sua relação com Deus polarizam-se no seu idealismo metafísico e fazem da escola platônica um interlocutor direta ou indiretamente onipresente não só no seu mundo histórico, como no da posteridade.

Ah, não adianta nada! Sim, é tão triste ter de morrer. A morte macaqueia o nascimento, ao morrer estamos tão nus e desamparados como crianças recém-nascidas. Sem dúvida, recebemos a mortalha como fralda. De que adianta? Podemos gemer no túmulo tão bem como no berço.
Camille! Está dormindo! (*Curvando-se sobre ele.*) Há um sonho brincando entre seus cílios. Não quero tirar de seus olhos o orvalho dourado do sono.
(*Ele se levanta e vai até a janela.*) Não irei só, eu lhe agradeço, Julie. No entanto, gostaria de morrer de outra forma, assim sem qualquer esforço, como cai uma estrela, como se extingue um som, beijando-se com os próprios lábios no beijo da morte, como um raio de luz que se sepulta nas ondas claras do mar.

Como lágrimas cintilantes, as estrelas explodiram dentro da noite; deve haver uma grande mágoa nos olhos de onde se derramaram.

CAMILLE – Oh! (*Ele senta na cama e tateia na direção do teto.*)
DANTON – O que há com você, Camille?
CAMILLE – Oh, oh!
DANTON (*Sacudindo-o*) – Você quer fazer o teto desabar?
CAMILLE – Ah, é você, você? Ó, me segura! Fale qualquer coisa. Você!
DANTON – Você está tremendo no corpo todo, há suor na sua testa.
CAMILLE – Ah, esse é você, este sou eu, então. Esta é a minha mão! Sim, agora me lembro. Ó Danton, foi horrível.
DANTON – O que houve?
CAMILLE – Eu estava assim deitado, entre o sono e a vigília. De repente, o teto desapareceu e a lua mergulhou aqui dentro, bem perto, bem espessa, eu a segurei com o braço. A abóbada celeste com todas as suas luzes viera abaixo, eu batia contra ela, eu apalpava as estrelas, eu bracejava como alguém que se afoga sob uma camada de gelo. Foi horrível, Danton.
DANTON – A lâmpada lança contra o teto um reflexo redondo, foi o que você viu.
CAMILLE – A meu ver, não é preciso muito para fazer a gente perder o pouco de razão que ainda nos resta. A loucura me agarrou pelos cabelos (*Ele se ergue*), não quero mais dormir, não quero enlouquecer. (*Apanha um livro.*)
DANTON – O que você está pegando?
CAMILLE – Os "Pensamentos Noturnos"[112].

---

112. "Pensamentos Noturnos", abreviação de *Lamento ou Pensamentos Noturnos sobre a Vida, Morte e Imortalidade*, poema do inglês Edward Young

DANTON – Você quer morrer de antemão? Eu vou pegar "La Pucelle"[113]. Quero esgueirar-me da vida não como de um genuflexório, mas como quem sai da cama de uma irmã de caridade. A vida é uma meretriz ordinária, fornica com o universo inteiro.

(IV,4)

Praça diante da Conciergerie. Um carcereiro, dois carreteiros com suas carroças, mulheres.

CARCEREIRO – Quem os mandou vir aqui?

PRIMEIRO CARRETEIRO – Eu não me chamo Vir-Aqui, este é um nome muito curioso.

CARCEREIRO – Idiota, quem lhe deu o encargo?

PRIMEIRO CARRETEIRO – Não recebi nenhuma encargo, deram-me apenas dez *sous*[114] por cabeça.

SEGUNDO CARRETEIRO – Esse patife quer tirar o meu pão.

PRIMEIRO CARRETEIRO – O que está chamando de seu pão? (*Apontando para a janela dos presos.*) Aquilo aí é comida de vermes.

SEGUNDO CARRETEIRO – Meus filhos também são vermes e eles também querem a sua parte. Oh, as coisas vão mal em nosso ofício e, no entanto, somos os melhores carreteiros.

PRIMEIRO CARRETEIRO – Como assim?

SEGUNDO CARRETEIRO – Quem é o melhor carreteiro?

PRIMEIRO CARRETEIRO – O que vai mais longe e mais depressa.

SEGUNDO CARRETEIRO – E então, seu burro, quem vai mais longe do que aquele que vai para o outro mundo e quem vai mais rápido do que aquele que o faz em um quarto de hora? Bem medido, leva-se exatamente um quarto de hora daqui até a Praça da Revolução.

CARCEREIRO – Depressa, seus marotos! Mais perto do portão; abram espaço aí, moças.

PRIMEIRO CARRETEIRO – Fiquem onde estão! Com uma moça não se dá a volta, deve-se ir sempre no meio.

(1683-1765), escrito por ocasião da morte da esposa, da filha e do genro do poeta, publicado entre 1742 e 1745, foi bastante difundido e traduzido na Europa continental, na segunda metade do século XVIII.

113. "La Pucelle", Danton refere-se ao poema herói-cômico de Voltaire, *La Pucelle d'Orléans* (*A Donzela de Orléans*), em que a história de Joana d'Arc é contada de uma maneira picante e burlesca.

114. *Sou(s)*, soldo(s), antiga moeda francesa que valia a vigésima parte do franco.

Segundo Carreteiro – Sim, bem que acredito, você pode entrar com carreta, cavalo e tudo; encontrará boa passagem, mas terá que ficar de quarentena quando sair.

Eles avançam as carretas.

Segundo Carreteiro (*Para as mulheres*) – O que estão aí olhando embasbacadas?

Uma Mulher – Estamos à espera de velhos clientes.

Segundo Carreteiro – Pensam que minha carreta vai ser um bordel? É uma carreta decente, já levou para o banquete o rei e todos os senhores distintos de Paris.

Lucile (*Entra e vai sentar-se numa pedra, sob a janela dos prisioneiros*) – Camille! Camille! (*Camille aparece à janela.*) Camille, você me faz rir com esse longo casaco de pedra e essa máscara de ferro diante do rosto; você consegue se curvar? Onde estão os seus braços?

Quero atraí-lo, meu querido passarinho, para junto de mim

(*Canta*) –

> Há duas estrelinhas lá no céu.
> Elas brilham mais que o luar.
> A primeira na janela de meu bem,
> a outra, à porta de sua alcova.

Venha, venha meu amigo! Sobe a escada de mansinho, todos estão dormindo. Há muito que a lua me ajuda a esperar. Mas você não pode entrar pela porta assim vestido, é uma traje intolerável. Essa brincadeira foi longe demais, acabe com ela. Você não se mexe, por que não fala? Está me dando medo.

Ouça! As pessoas dizem que você deve morrer e fazem cara séria. Morrer! Tenho que rir de suas caras. Morrer! Que palavra é essa? Me diga, Camille. Morrer! Preciso pensar nisso. Ali, ali está. Vou correr atrás, vem, meu doce amigo, me ajuda a pegar, vem, vem! (*Ela sai correndo.*)

Camille (*Chamando*) – Lucile! Lucile!

(IV,5)

A Conciergerie. Danton a uma janela que dá para o quarto ao lado. Camille, Philippeau, Lacroix, Hérault.

Danton – Agora, você está calmo, Fabre.

Uma Voz – (*De dentro*) – À morte.

Danton – E você sabe o que mais vamos fazer agora? A coisa ainda poderia andar se eu deixasse minhas prostitutas para Robespierre e as minhas panturrilhas para Couthon.

Lacroix – Teríamos transformado a liberdade numa prostituta!

Danton – O que ela também é! A liberdade e uma prostituta são o que há de mais cosmopolita sob o sol. Agora ela há de prostituir-se decentemente no leito nupcial do advogado de Arras. Mas penso que irá desempenhar contra ele o papel de Clitemnestra[115]; não lhe dou mais de seis meses de prazo; eu o arrasto comigo.

Camille (*Para si mesmo*) – Que o céu ajude a ela a ter uma agradável idéia fixa. As idéias fixas comuns, às quais batizamos de sadio bom senso, são insuportavelmente enfadonhas. O homem mais feliz foi aquele que pôde se convencer de que era Deus Pai, Filho e Espírito Santo.

Lacroix – Os burros vão gritar "Viva a República" à nossa passagem.

Danton – Que importa? O dilúvio da Revolução pode despejar os nossos cadáveres onde quiser; sempre poderão partir os crânios de todos os reis com nossos ossos fossilizados.

Hérault – Sim, desde que se encontre um Samson[116] para usar as nossas queixadas.

Danton – Eles são irmãos de Caim.

Lacroix – Nada demonstra melhor que Robespierre é um Nero[117] do que a circunstância de que ele nunca foi tão afável com Camille como dois dias antes de sua prisão. Não é assim, Camille?

---

115. Clitemnestra, na mitologia grega, filha de Tíndaro e Leda, mulher de Agamenon, rei lendário de Micenas, mãe de Orestes, Electra e Ifigênia. Para vingar-se do marido, a quem não perdoara o sacrifício de Ifigênia, oferecido por ele a Ártemis a fim de que enfunasse as velas dos navios levando os gregos a Tróia, passou a viver em adultério com Egisto e, quando do regresso de Agamenon com Cassandra, Clitemnestra e o amante o mataram. Sete anos depois, Orestes e Electra, para vingar o sangue do pai, mataram a mãe e Egisto.

116. Hérault, nesta fala, superpõe a figura do verdugo oficial do Terror, Samson, ao herói da passagem bíblica, Juízes 15, 15, na qual se diz que Sansão "achou uma queixada verde de um jumento e, estendendo a mão, tomou-a, e matou mil homens".

117. Lúcio Domício Aenobarbo, que recebeu o nome de Nero ao ser adotado pela família Claudiana (37-68), imperador romano de 54 a 68. De início, governou com moderação, cercou-se de conselheiros como Sêneca, ao mesmo tempo que cultivava um esteticismo desenvolvido graças a uma instrução primorosa no que Roma e a Grécia tinham de mais requintado. Homem de

Camille – Quanto a mim, que me importa? (*Para si mesmo.*) Que encantadora criança ela deu à luz, na sua loucura. Por que devo partir agora? Poderíamos juntos fazê-la rir, acalentá-la e beijá-la.

Danton – Se a História um dia abrir suas sepulturas, o despotismo poderá ainda sufocar com o mau cheiro de nossos cadáveres.

Hérault – Já fedemos bastante enquanto vivos.

Isso são frases para a posteridade, não é verdade, Danton? a nós elas realmente pouco importam.

Camille – Ele faz uma cara como se devesse ficar petrificado e ser desenterrado pela posteridade como uma peça *antique*[118].

Vale também a pena fazer beicinhos, pintar-se com carmim e falar com bom acento; deveríamos de uma vez por todas tirar as máscaras; então, como num gabinete de espelhos, veríamos por toda parte apenas aquela primitiva, desdentada e indestrutível cabeça de asno, nem mais, nem menos. As diferenças não são tão grandes assim, somos todos patifes e anjos, cretinos e gênios e, a bem dizer, tudo isso em conjunto; as quatro coisas encontram bastante lugar no mesmo corpo, não são tão grandes quanto se imagina. Dormir, digerir, pôr filhos no mundo, isso toda gente faz; as demais coisas são apenas variações com diferentes tonalidades sobre o mesmo tema. Para que é preciso, então, ficar na ponta dos pés e fazer caretas, para que ter vergonha uns dos outros? Todos nós nos comemos à mesma mesa até a indigestão e estamos agora com cólicas. Por que vocês seguram o guardanapo diante do rosto? Gritem e gemam à vontade.

Apenas não façam caretas tão virtuosas e tão espirituosas, tão heróicas e tão geniais; nós nos conhecemos uns aos outros, poupem-se do esforço.

---

múltiplos talentos artísticos, desenhava, pintava, modelava e poetava, promoveu as artes, os concursos musicais e dramáticos. Seus pendores não foram bem vistos pelos patrícios e pelos meios dirigentes do Império e se seu ascenso à cadeira imperial nasceu de um crime, o envenenamento de Cláudio por Agripina, mãe de Nero, e sua consolidação, da morte de Britânico, prestigioso filho de Cláudio, e do assassinato da própria Agripina por ordem de seu filho, o desvio que a personalidade de Nero sofreu a partir de certo momento e as sucessivas conspirações com que se defrontou, lançaram-no a uma sucessão de atos brutais de terror que o fizeram perder o controle do poder e, como conseqüência, de seu principal esteio nesta fase final, os guardas pretorianos, levando-o ao suicídio – o de um grande poeta, como ele próprio ter-se-ia qualificado ou como o anedotário da história quis caracterizar ironicamente essa controvertida figura que pôs fogo em Roma, para reconstruí-la a seu gosto.

118. O termo *antique* refere-se à arte produzida pelos Antigos. No século XVIII, a palavra era usada para designar as obras da Antigüidade greco-romana.

Hérault – Sim, Camille, vamos nos sentar um ao lado do outro e gritar; nada é mais estúpido do que apertar os lábios quando dói alguma coisa.
Gregos e deuses gritavam, romanos e estóicos faziam carrancas heróicas.

Danton – Uns eram tão bons epicureus quanto os outros. Sabiam dar-se ao prazer de um bem confortável sentimento de auto-estima. Não é tão mau assim drapejar-se com sua toga e olhar ao redor para ver se a sombra projetada é bastante comprida. Para que nos esticarmos? Que diferença faz se cobrimos a vergonha com folhas de louro, coroas de rosas ou folhas de parreira, ou se trazemos a coisa feia à mostra e deixamos que seja lambida pelos cães?

Phillipeau – Meus amigos, é preciso justamente não estar muito acima da terra para não ver mais nada de todo esse tumultuado oscilar e tremeluzir e para ter os olhos cheios de algumas grandes linhas divinas. Há um ouvido para o qual o convulso clamor que nos ensurdece é uma torrente de harmonia.

Danton – Mas nós somos os pobres músicos e os nossos corpos, os instrumentos. Será que os sons horrorosos, que neles são sarrafaçados, existem apenas para penetrar cada vez mais alto e mais alto e, por fim, perder-se baixinho como um voluptuoso suspiro e morrer nos ouvidos celestiais?

Hérault – Será que somos como leitões, que são vergastados até a morte para as mesas principescas, a fim de que sua carne se torne mais saborosa?

Danton – Será que somos crianças que são assadas nos chamejantes braços deste mundo-Moloch[119] e às quais se fazem cócegas com raios de luz para que os deuses se alegrem com o riso delas?

Camille – Será que o éter, com seus olhos de ouro, é uma travessa de carpas douradas, servidas à mesa dos deuses bem-aventurados e que os deuses bem-aventurados riem eternamente e os peixes morrem eternamente e que os deuses se rejubilam eternamente com o jogo de cor da luta de morte?

Danton – O mundo é o caos. O nada é o nascituro deus do mundo.

Entra o carcereiro.

---

119. Moloch, divindade amonita, representada com cabeça de touro, a quem eram oferendados sacrifícios de crianças pelo fogo. O nome foi relacionado a ritos com a queima de vítimas humanas, praticados nos "lugares altos" de Canaã e nas sepulturas rituais cartaginesas.

CARCEREIRO – Meus senhores, podem partir, as carruagens estão à espera diante do portão.
PHILLIPEAU – Boa noite, meus amigos; estendamos tranqüilamente sobre nós o grande cobertor, sob o qual todos os corações se apagam e todos os olhos se fecham. (*Eles se abraçam uns aos outros.*)
HÉRAULT (*Pegando o braço de Camille*) – Alegre-se, Camille, vamos ter uma linda noite. As nuvens pendem no calmo céu crepuscular como um Olimpo[120] que se apaga com figuras de deuses que empalidecem e se abismam. (*Eles saem.*)

(IV,6)

Um quarto

JULIE[121] – O povo corria pelas ruas, agora tudo é silencio.
Não gostaria que ele esperasse por mim um só instante.
(*Tira um frasquinho.*) Vem, querido sacerdote, cujo amém nos manda para a cama.
(*Ela vai até a janela.*) É tão belo despedir-se, tenho apenas de fechar a porta atrás de mim. (*Ela bebe o conteúdo do frasquinho.*) Gostaria de ficar sempre assim. O sol se pôs. As feições da terra eram tão nítidas à sua luz, mas agora seu semblante é tão tranqüilo e grave como o de um moribundo. Com que encanto brinca a luz do crepúsculo em sua testa e nas suas faces.
Fica cada vez mais pálida; como um cadáver ela desce boiando na torrente do éter; será que não há nenhum braço que a segure pelos cachos dourados e a retire da correnteza para lhe dar sepultura?
Vou-me embora de mansinho. Não vou beijá-la para que nenhum sopro, nenhum suspiro a desperte de sua sonolência. Dorme, dorme.(*Ela morre.*)

(IV,7)

A Praça da Revolução. Chegam as carretas e param diante da guilhotina. Homens e mulheres cantam e dançam a Carmanhola. Os prisioneiros entoam a Marselhesa.

---

120. Olimpo, maciço montanhoso ao norte da Tessália, onde os gregos situavam a morada dos deuses.
121. Julie, segunda esposa de Danton. Na peça, a personagem, desconsolada com a sorte do marido, suicida-se. Trata-se de uma morte teatral, pois, na realidade, ela tornou a casar-se e sobreviveu por mais de vinte anos ao próprio Büchner.

Uma Mulher com Crianças – Afastem-se! Afastem-se! As crianças estão gritando, elas têm fome. Preciso de um lugar de onde vejam bem para que fiquem quietas. Afastem-se!

Uma Mulher – Ei Danton, agora você pode fornicar com os vermes.

Uma Outra – Hérault, vou mandar fazer uma peruca para mim com seus lindos cabelos.

Hérault – Não tenho mato suficiente para um monte de Vênus tão devastado.

Camille – Malditas bruxas! Ainda hão de gritar: "Montanhas, caiam sobre nós!"

Uma Mulher – A montanha caiu sobre vocês, ou melhor, foram vocês que caíram embaixo dela.

Danton (*Para Camille*) – Calma, rapaz, você já está rouco de tanto gritar.

Camille (*Dando dinheiro ao carreteiro*) – Toma, velho Caronte[122], sua carreta é uma boa bandeja.

Meus senhores, quero ser o primeiro a me servir. Esse é um banquete clássico; estamos deitados em nossos lugares e derramamos um pouco de sangue como libação. Adeus Danton. (*Ele sobe ao estrado da guilhotina, seguem-no os demais, um após o outro. Danton sobe por último.*)

Lacroix (*Para o povo*) – Vocês nos matam no dia em que perderam a razão; vão matá-los no dia em que a recuperarem.

Algumas Vozes – Isso já foi dito antes, que coisa aborrecida!

Lacroix – Os tiranos vão partir o pescoço sobre os nossos túmulos.

Hérault (*Para Danton*) – Ele acha que seu cadáver é estrumeira da liberdade.

Phillipeau (*No cadafalso*) – Eu vos perdôo; eu desejo que a hora da vossa morte não seja mais amarga do que a minha.

Hérault – Eu bem que sabia, ele não podia deixar de tocar mais uma vez no próprio peito e mostrar a essa gente aí embaixo como é limpa a sua roupa íntima.

Fabre – Adeus, Danton. Morro duas vezes.

Danton – *Adieu*, meu amigo. A guilhotina é o melhor médico.

Hérault (*Querendo abraçar Danton*) – Ah Danton, não consigo

---

122. Caronte ou Cáron, na mitologia grega o velho barqueiro esquálido que transportava os mortos do Stix para o Hades e recebia um óbulo de cada passageiro por seu trabalho.

dizer mais nada de espirituoso. Chegou a hora. (*Um carrasco o empurra para trás.*)

DANTON (*Para o carrasco*) – Você quer ser mais cruel do que a morte? Acaso você pode evitar que nossas cabeças se beijem no fundo do cesto?

(IV,8)

Uma rua

LUCILE – No entanto, há algo de sério nisso. Preciso refletir. Começo a compreender um pouco.
Morrer... Morrer...
Tudo tem, sim, de viver, tudo, aquele pequeno mosquito ali, o pássaro. E por que então ele não? O fluxo da vida deveria estancar, se apenas uma de suas gotas fosse derramada. A terra deveria ter uma ferida causada pelo golpe.
Tudo se move, os relógios andam, os sinos repicam, as pessoas correm, a água escorre, e assim, assim tudo segue até aí, até lá – não!, não pode acontecer, não – eu quero me sentar no chão e gritar para que tudo pare de susto. Tudo estaque, não mais se mova. (*Ela senta-se no chão, cobre os olhos com as mãos e solta um grito. Depois de uma pausa, levanta-se.*)
Isso não adianta, aqui tudo permanece como antes, as casas, a rua, o vento que sopra, as nuvens que passam. – Temos que nos resignar.

Algumas mulheres descem a rua.

PRIMEIRA MULHER – Belo homem, aquele Hérault.
SEGUNDA MULHER – Na Festa da Constituição[123], quando o vi todo imponente debaixo do arco do triunfo, pensei comigo mesma – esse aí deve fazer boa figura na guilhotina. Foi uma espécie de pressentimento.
TERCEIRA MULHER – Sim, é preciso ver as pessoas em todas as circunstâncias; é muito bom que atualmente o morrer tenha se tornado tão público. (*Elas se afastam.*)
LUCILE – Meu Camille! Aonde irei procurá-lo, agora?

---

123. Festa da Constituição, a celebração realizada no dia 10 de agosto de 1793, em Paris, e na qual um elaborado cortejo preparado pelo pintor David e encabeçado por Hérault de Séchelles passou por uma série de "estações" alusivas aos sucessos da Revolução para comemorar a nova constituição.

(IV,9)

*A Praça da Revolução. Dois carrascos,
atarefados com a guilhotina.*

PRIMEIRO CARRASCO (*Em pé no estrado da guilhotina, cantando*) –

> E quando pra casa eu volto
> brilha tão linda a lua no alto...

SEGUNDO CARRASCO – Ei, olá! Você já está pronto?
PRIMEIRO CARRASCO – Já, já.

(*Canta*) –
Brilha na janela da casa de meu velho pai,
Por que demorou tanto com as putas, rapaz?

Pronto! Passa o casaco pra cá. (*Saem ambos cantando.*)

> E quando pra casa eu volto
> brilha tão linda a lua no alto.

LUCILE (*Entra e senta-se nos degraus da guilhotina*) – Eu vou sentar-me no seu regaço, silencioso anjo da morte.
(*Ela canta*) –

> Há um ceifeiro chamado morte.
> O Deus supremo guia seu corte.

Ó querido berço que embalou meu Camille no sono e o sufocou sob suas rosas.
Ó sino da morte cujo doce canto o acompanhou até a tumba.

(*Ela canta*) –

> São centenas de milhares incontados,
> o que quer que caia sob a foice.

Entra uma patrulha.

UM CIDADÃO – Ei, quem está aí?
LUCILE – Viva o rei!
CIDADÃO – Em nome da República. (*Ela é cercada pela guarda e retirada.*)

Luís II, grão-duque de Essen, e seus familiares em 1844.

Qaurto típico de estudante em Giessen, 1835.

Lenz[1]
[Uma Novela]

1. Esta novela inacabada, que Georg Büchner quis escrever sobre Lenz, é um testemunho da atração que a obra desse desventurado poeta e dramaturgo exerceu sobre o autor de *Woyzeck*; e não apenas sobre ele, pois o mesmo impacto tornou-se visível em gerações ulteriores e, mais sensivelmente, a partir do movimento expressionista. Na verdade, pode-se dizer que, se a vida desse expoente do pré-romantismo alemão do *Sturm und Drang* oferece um antecedente impressionante da figura existencial e prefigura a moldagem que dela se fixou como representativa do escritor romântico a vivenciar na sua carne o *mal du siècle*, a literatura do jovem "gênio maldito", que tanto lutou para se tornar um êmulo de Goethe, sem conseguir no entanto "classicizar-se" mesmo romanticamente, constituiu-se numa produção, sobretudo a dramática, que é uma das mais irrecusáveis anunciações de uma arte cuja explosão seria a da vanguarda artística do século XX e de sua revolução estética. Não é por acaso que depois de Büchner, Brecht retomará e explorará com sua genialidade poética e consciência política as possibilidades teatrais e crítico-sociais do "drama em farrapos" não só em sua adaptação de *O Preceptor*. Jakob Michael Reinhold Lenz (1751-1792) nasceu na região báltica, estudou teologia em Dorpat e Koenigsberg, onde a conselho de Kant leu Rousseau. Contratado como preceptor por uma família nobre de Estrasburgo, quando conheceu Goethe – um encontro que desencadearia o mecanismo de seu fatídico destino. Além de inspirados poemas de amor, com os quais procurou ganhar as graças de Friederike Brion (1752-1813), que fora amante de Goethe, Lenz traduziu em versos livres e estruturas menos rígidas várias comédias de Plauto e compôs as peças *O Preceptor* e *Os Soldados*. Em 1777, restabelecendo-se das perturbações que o texto de Büchner descreve e que o levaram de volta a Estrasburgo, retornou à região natal e, finalmente, foi para a Rússia, vindo a falecer numa rua de Moscou, no mais completo abandono.

Figura da página anterior: Jakob Michael Reinhold Lenz, desenho.

A (20 de janeiro) Lenz atravessou as montanhas. Os cumes e os altiplanos cobertos de neve; vales embaixo, rochedos cinzentos, chapadas verdes, penhascos e pinheiros. Fazia um frio úmido, a água escorria pelas rochas abaixo e saltava sobre o caminho. Os galhos dos pinheiros pendiam pesados no ar úmido. No céu arrastavam-se nuvens cinzentas, mas tudo era tão espesso, e depois a névoa fumeava para o alto e estirava-se úmida e a custo pelo matagal, tão lenta, tão densa. Ele prosseguiu indiferente, pouco lhe importava o caminho, ora para cima, ora para baixo. Cansaço ele não tinha, apenas lhe era desagradável, às vezes, não poder andar de ponta cabeça. De início sentia um aperto no peito quando as pedras saltavam daquele jeito no caminho, quando a floresta cinzenta se agitava lá embaixo e o nevoeiro ora lhe devorava as formas, ora semi-encobria os seus membros poderosos; sentia-se premido, estava em busca de algo, como de sonhos perdidos, mas nada encontrava. Tudo lhe era tão pequeno, tão próximo, tão molhado, gostaria de pôr a terra atrás da estufa, não compreendia por que precisava de tanto tempo para descer uma encosta, atingir um ponto distante; pensava poder medir tudo com alguns passos. Só às vezes, quando a tempestade atirava as grossas nuvens para os vales, e o vapor subia da floresta, e as vozes acordavam nos rochedos, ora como trovões perdendo-se na distância, e depois avizinhando-se com intenso fragor, em sonâncias como se quisessem em seu júbilo selvagem celebrar a terra, e as nuvens acorriam a galope como relinchantes cavalos selvagens, e o sol as atravessava pelo meio e surgia e desfechava seu gládio cintilante sobre as planuras nevadas, de modo que uma luz clara, ofuscante, talhava de sobre os cumes até os vales; ou quando a tempestade impelia as nuvens para baixo e rasgava nelas um luminoso lago azul, e depois o vento se calava, e lá embaixo, do fundo dos precipícios, do cimo dos pinheiros, seu sussurro se erguia como uma cantiga de ninar e um repicar de sinos; e do azul profundo alçava-se um vermelho suave, e pequenas nuvenzinhas perpassavam sobre asas de prata e todos os picos de montanha, nítidos e firmes, longe sobre o solo refulgiam e brilhavam – isto dilacerava-lhe o peito; estacava, ofegante, com o corpo curvado para frente, olhos e boca bem abertos, devia, pensava, aspirar para dentro de si a tempestade, apreender tudo dentro de si; esticava-se e deitava-se na terra, enterrava-se no Todo, era um prazer que lhe causava dor; ou ficava quieto e pousava a cabeça no musgo e entrefechava os olhos, e então tudo se distanciava, a Terra fugia sob seu corpo, tornava-se pequena como uma estrela errante e mergulhava em um caudal efervescente que arrastava debaixo dele sua água clara. Mas eram apenas instantes, e depois levantava-se sóbrio, firme, calmo, como se um jogo de sombras tivesse passado por ele; não sabia de mais nada. Perto do anoitecer, chegou aos altos das montanhas, ao campo de neve, de onde se desce de novo para a planície a oeste; sentou-se ali em cima. Tudo se tornara mais calmo perto do anoitecer; as nuvens estavam firmes e imóveis no firmamento, até onde a vista alcançava, nada senão cumes de onde desciam largos declives, e tudo tão silencioso, cinzento, crepuscular; sentiu-se terrivelmente só, estava só, inteiramente sozinho; queria falar consigo mesmo, mas não conseguia, mal ousava respirar, a flexão de seus pés ressoava como um trovão atrás dele; precisou sentar-se; foi tomado de um medo indizível nesse nada, estava no vazio, levantou-se de um salto e desceu voando penhasco abaixo. A escuridão havia chegado, céu e terra fundiram-se numa só coisa. Era como se atrás dele algo o seguisse, e como se algo horrível devesse atingi-lo, algo que seres humanos não podem suportar, como se a loucura o perseguisse a galope. Finalmente ouviu vozes, viu luzes, sentiu-se aliviado, disseram-lhe que ainda levaria meia hora para chegar a Waldbach[2]. Atra-

---

2. Walbach, na realidade Waldersbach, pequena cidade alsaciana no Steintal, a sudoeste de Estrasburgo.

vessou a aldeia, as luzes brilhavam através das janelas, de passagem espreitou o interior das casas: crianças à mesa, mulheres velhas, mocinhas, tudo tranqüilo, rostos serenos, era como se a luz devesse emanar deles; sentiu-se desafogado, logo viu-se no presbitério de Waldbach. Estavam à mesa, entrou; os cachos loiros caíam-lhe em torno do rosto pálido, um estremecimento vibrou em seus olhos e seus lábios, sua roupa estava rasgada. Oberlin[3] deu-lhe as boas-vindas, tomando-o por um artífice. "Seja bem-vindo, embora eu não o conheça." "Sou amigo de Kaufmannn[4] e trago-lhe saudações de sua parte." "Seu nome, por favor?" "Lenz". "Ha, ha, ha, esse nome já não saiu impresso? Já não li algumas peças de teatro, atribuídas a um senhor com esse nome?" "Sim, mas queira não me julgar por isso." Continuaram conversando, ele buscava as palavras e narrava depressa, como se estivesse sobre brasas; pouco a pouco ficou mais calmo, a sala acolhedora e as faces tranqüilas que se destacavam na sombra: o límpido rosto de criança sobre o qual parecia repousar toda a luz e o olhar curioso, confiante, voltado para cima, na direção da mãe, que atrás, na sombra, se encontrava sentada em tranqüilidade angelical. Ele começou a contar de sua terra natal; desenhou muitos de seus trajes típicos, seus ouvintes comprimiam-se com interesse à sua volta; sentiu-se logo em casa, com seu pálido rosto infantil, que agora sorria, com a vivacidade de sua narrativa; ficou tranqüilo, era como se da escuridão saíssem de novo antigas figuras, semblantes esquecidos; velhas cantigas despertavam, estava longe, muito longe. Finalmente chegou a hora de se recolher, levaram-no ao outro lado da rua: o presbitério era muito pequeno, deram-lhe um quarto na escola. Ele subiu, fazia frio lá em cima, naquele aposento vazio, com um leito muito alto ao fundo; depôs a vela sobre a mesa e começou a andar de um lado para o outro; recordou-se mais uma vez do dia, de como chegara até ali onde estava; a sala da casa paroquial com suas luzes e os rostos queridos, era como se fosse uma sombra, um sonho, e como antes na montanha sentiu-se vazio, mas agora não podia mais preenchê-lo, a luz se apagara, as trevas engoliram tudo; um medo indizível

---

3. Johann Friederich Oberlin (1740-1826), pároco protestante de Waldbach, durante 59 anos. Distinguiu-se e tornou-se querido pelas ações generosas que praticou em prol de sua comunidade. No inverno de 1778, acolheu Lenz, já mentalmente perturbado, e anotou em um diário as vicissitudes dessa convivência.

4. Amigo de Lenz e Oberlin, Christoph Kaufmann (1753-1795) era também ligado a Herder e Goethe.

apoderou-se dele, levantou-se de um salto, correu para fora do quarto, escada abaixo, para fora da casa; mas em vão, tudo escuro, não se via nada, ele era um sonho de si mesmo, alguns pensamentos esgueiraram-se, segurou-os com firmeza, era como se precisasse sempre dizer "Pai Nosso"; já não mais conseguia encontrar-se, um instinto obscuro o impelia a salvar-se, tropeçou nas pedras, arranhava-se com as unhas, a dor começou a devolver-lhe a consciência, ele se atirou no poço, mas a água não era profunda, chapinhou lá dentro. Aí chegaram pessoas, haviam escutado, chamaram por ele. Oberlin veio correndo; Lenz voltara de novo a si, a consciência toda de sua situação se lhe apresentava, sentiu-se mais uma vez aliviado, agora se envergonhava e estava desolado por ter assustado aquela boa gente; ele lhes disse que tinha o costume de tomar banho gelado, e tornou a subir; o esgotamento permitiu que por fim repousasse.

No dia seguinte as coisas correram bem. Com Oberlin, percorreu o vale a cavalo: largas chapadas de encostas que, descendo de grandes alturas, se contraíam num estreito e tortuoso vale, que se estendia em muitas direções para o alto das montanhas; grandes massas rochosas que se alargavam para baixo, pouca floresta, mas tudo em tintura cinzenta e austera; um panorama para oeste terra adentro, e sobre a cadeia de montanhas, que se lançava reta para baixo rumo ao sul e ao norte, e cujos picos grandiosos se alteavam em severa e taciturna serenidade como um sonho crepuscular. Imponentes massas de luz que por vezes, dos vales, se intumesciam como uma torrente dourada, depois, de novo, grossas nuvens que pairavam sobre o mais alto píncaro, e depois, lentamente, floresta abaixo, descaíam, ou, no refulgir do sol, como um prateado fantasma alado, abatiam-se e ascendiam; nenhum ruído, nenhum movimento, nenhum pássaro, nada a não ser o soprar, ora próximo, ora longínquo, do vento. Apareciam também pontos, esqueletos de cabanas, tábuas cobertas de palha, de cor escura, sombria. As pessoas, silenciosas e graves, como se não ousassem perturbar a quietude de seu vale, os saudavam tranqüilas, quando passavam junto delas em seu trote. Dentro das cabanas reinava animação, comprimiam-se à volta de Oberlin, ele orientava, dava conselho, consolava; por toda a parte olhares confiantes, preces. As pessoas contavam sonhos, premonições. Depois, rápido, a vida prática; caminhos traçados, canais escavados, a escola visitada. Oberlin era incansável, Lenz sempre seu acompanhante, ora na conversação, ora ativo no negócio, ora imerso na natureza. Tudo exercia sobre ele um efeito benéfico e apaziguador, tinha com freqüência que olhar Oberlin nos olhos, e a paz imensa que nos assalta frente à natureza em repouso, na profundeza da floresta, nas noites de verão derretendo-se à luz clara do luar, essa paz parecia-lhe ainda mais próxima, nesses olhos serenos, nesse semblante sério, venerável. Era tímido, mas fazia observações, falava; para Oberlin, sua conversa era muito agradável, e o delicado rosto infantil de Lenz causava-lhe grande alegria. Porém, somente enquanto a luz morava no vale era-lhe suportável; ao entardecer, via-se acometido de um estranho temor, desejaria correr atrás do sol; à medida que os objetos se tornavam mais e mais ensombrecidos, tudo lhe parecia tão onírico, tão adverso: apossava-se dele a angústia como a de crianças que dormem no escuro; era como se estivesse cego; agora o medo crescia, o pesadelo da demência sentava-se a seus pés; o pensamento sem salvação, como se tudo fora apenas o seu sonho, abria-se diante dele; agarrava-se a todos os objetos, vultos passavam por ele céleres, esforçava-se por alcançá-los, eram sombras, a vida esvaía-se dele e seus membros ficaram inteiramente tesos. Falava, cantava, recitava trechos de Shakespeare, agarrava-se a tudo que pudesse fazer seu sangue correr mais depressa, ele tentava tudo, mas fazia frio, frio. Precisava então sair ao ar livre, a fraca luz dispersa pela noite, tão logo seus olhos se acostumavam à escuridão, fazia-lhe bem; ele se atirava no poço, o penetrante efeito da água fazia-o sentir-se melhor; nutria também a secreta expectativa de uma doença, ele agora tomava seu (banho) com menos barulho. Quanto mais se habituava àquela vida, mais calmo ficava; ajudava Oberlin, desenhava, lia a Bíblia; antigas esperanças passadas nele renasciam; o Novo Testamento vinha aqui ao seu encontro (*lacuna ou falha no texto original*). Quando Oberlin lhe contara como u'a mão invisível o segurara sobre a ponte, como, lá nas alturas, um brilho havia ofuscado seus olhos, como ouvira uma voz, como esta conversara com ele no meio da noite, e como Deus o habitara tão inteiramente que ele, qual uma criança, tirava a sorte do bolso para saber o que devia fazer – essa fé, esse eterno céu em vida, esse ser em Deus; só agora a Sagrada Escritura se lhe abria. Como a natureza chegava tão perto das pessoas, toda ela em mistérios celestes; não violentamente majestosa, porém ainda assim familiar! – Certa manhã saiu de casa, de noite tinha caído neve, no vale havia uma clara luz do sol, mas adiante o nevoeiro meio encobria a paisagem. Logo abandonou a estrada, e galgou uma suave elevação, nenhum vestígio de pegadas mais, até um pinheiral ao lado, o sol recortava cristais, a neve em flocos era fofa; aqui e acolá rastros ligeiros de caça que se estendiam montanha adentro. Nenhum movimento no ar, apenas o rumor de um pássaro a sacudir levemente a neve da cauda. Tudo tão silencioso, e as árvores na distância com brancas penas oscilantes no azul profundo. Pouco a pouco, tudo se lhe tornava íntimo, os uniformes e imponentes planos e linhas que pareciam às vezes falar-lhe em tons violentos estavam encobertos, um secreto sentimento natalino o dominou: achava às vezes que sua mãe, majestosa, havia de aparecer de trás de uma árvore e dizer-lhe que o presenteara com tudo aquilo; ao descer, viu que ao redor de sua sombra pusera-se um arco-íris de raios; era como se algo o tivesse tocado na testa, o ser lhe dirigia a palavra. Chegou lá embaixo. Oberlin estava na sala, Lenz aproximou-se dele alegre e disse-lhe que gostaria de um dia fazer a prédica. – "O senhor é teólogo?"[5] "Sim!". – "Bem, no próximo domingo".

Lenz subiu contente para o seu aposento; pensava em um texto para a prédica e absorvia-se em meditação, e suas noites tornaram-se calmas. Veio a manhã de domingo, ocorrera um degelo. Nuvens passantes, azul no entremeio, a igreja ficava perto, montanha acima, sobre uma saliência; o cemitério à sua volta. Lenz encontrava-se lá em cima quando soaram os sinos e os fiéis que iam ao serviço, as mulheres e as mocinhas com seus austeros trajes pretos, o lenço branco dobrado sobre o livro de cânticos e o galho de rosmaninho, vinham do alto e de baixo pelos vários lados das estreitas trilhas, entre os rochedos. Pairava por vezes uma nesga de sol sobre o vale, o ar morno movia-se devagar, a paisagem flutuava em perfume, longínquos toques de sino, era como se tudo se dissolvesse em uma onda harmônica.

No pequeno cemitério a neve havia desaparecido, musgo escuro debaixo das cruzes pretas, uma roseira temporã estava encostada no muro; flores tardias, além disso, a despontar sob o musgo, às vezes sol, depois de novo sombra. O serviço começou, as vozes humanas encontravam-se em um som claro e puro; uma impressão de quem contempla uma transparente e límpida torrente de montanha. O cantar cessou, Lenz falou, era tímido, sob a música do canto a sua tensão havia passado inteiramente, toda a sua dor agora acordava e instalava-se em seu coração. Uma doce sensação de infinito bem-estar apoderou-se dele. Falou com simplicidade às pessoas, todas elas sofriam junto com ele, e era um consolo para ele quando conseguia trazer o sono a alguns olhos cansados de chorar e a paz a corações atormentados, quando lograva conduzir aos céus essas existências torturadas por necessidades materiais. Ele havia se tor-

5. Lenz, de fato, tinha formação em teologia.

nado mais seguro, quando concluiu; então as vozes entoaram de novo:

> Deixa que em mim as santas dores
> irrompam de suas fundas nascentes;
> seja o padecer todo o meu benefício,
> seja o padecer meu ofício divino.

A inquietação em seu íntimo, a música e a dor abalaram-no. O Todo estava para ele em chagas; sentia uma dor profunda, indizível, por isso. Agora era um outro ser, lábios divinos, frementes, inclinavam-se sobre ele e sugavam seus lábios; subiu para seu quarto solitário. Estava só, só! Aí a fonte rumorejou, rios irromperam de seus olhos, ele se torceu dentro de si, seus membros tremiam; era como se tivesse de dissolver-se, não conseguia encontrar nenhum termo para a sua volúpia; finalmente alvoreceu em seu imo, sentiu uma profunda e mansa compaixão por si próprio, chorou de pena de si mesmo, sua cabeça tombou sobre o peito, adormeceu, a lua cheia pairava no céu, os cachos caíam-lhe sobre as têmporas e a face, as lágrimas pendiam-lhe dos cílios e secavam sobre as maçãs do rosto; assim deitado, agora, permanecia ali sozinho, e tudo estava silencioso e quieto e frio e a lua brilhou a noite toda e pairava sobre as montanhas.

Na manhã seguinte ele desceu e contou calmamente a Oberlin que à noite a mãe lhe tinha aparecido; do escurecido muro do cemitério ela surgira em um vestido branco, trazia uma rosa branca e outra vermelha enfiadas no corpete; depois ela mergulhara em um canto do muro, e as rosas lentamente cresceram sobre ela, com certeza estava morta; não tinha dúvida disso. Oberlin contou-lhe então que estava sozinho no campo quando da morte de seu pai, e ouvira então uma voz, de modo que soubera que seu pai estava morto, e que ao chegar em casa tal fato sucedera. Isso os levou adiante: Oberlin falou ainda do povo das montanhas, de moças que pressentem a presença de água e de metal debaixo da terra, de homens que em alguns picos montanhosos são agarrados e lutam com um espírito; contou-lhe também como certa vez, na serrania, caíra numa espécie de sonambulismo ao fitar uma torrente de água profunda nas montanhas. Lenz disse que o espírito das águas o possuíra, que então teria experimentado algo de seu ser peculiar. E prosseguiu: a mais simples e pura natureza humana está mais estreitamente ligada à mais elementar; quanto mais apuradamente o homem sente e vive o espiritual, mais embotado fica esse sentido elementar; ele não o considerava um estado superior por não ser bastante independente, mas julgava que devia haver uma infinita sensação de deleite em ser tocado por toda e qualquer forma dessa vida peculiar; ter alma para pedras, metais, água e plantas; acolher dentro de si tão sonhadoramente cada ser da natureza, como as flores acolhem o ar com o crescer e o minguar da lua.

Ele continuou a externar o que lhe ia no coração dizendo como em tudo havia uma indescritível harmonia, uma sonância, uma ventura, que nas formas superiores com mais órgãos desenvolvidos a partir dela mesma, soa, capta e, por isso mesmo, é tanto mais profundamente afetada, assim como nas formas inferiores tudo é mais reprimido e limitado, mas em troca nelas a paz é maior. Ele prosseguiu nessa idéia. Oberlin o interrompeu, isso o levava para longe de sua maneira simples de ser. De outra vez Oberlin mostrou-lhe uma série de pequenas tábuas coloridas e explicou-lhe quais eram as relações que cada uma das cores mantinha com os homens; exibiu os doze Apóstolos, cada qual representado por uma cor. Lenz apanhou essa idéia, continuou a tecê-la, teve sonhos angustiantes e começou como Stilling[6] a ler o Apocalipse e leu muito a Bíblia.

Nessa época, Kaufmann veio com sua noiva para Steintal. O encontro, a princípio, foi desagradável para Lenz; havia arranjado para si um cantinho como aquele, era-lhe tão precioso este pouquinho de tranqüilidade, e agora vinha alguém ao seu encontro que lhe recordava tanta coisa, com quem deveria falar, conversar, alguém que conhecia a sua situação. Oberlin de nada sabia; ele o havia acolhido, cuidara dele; via isso como um decreto de Deus que lhe enviara o infeliz e ele o amava com ternura. Todos ali também achavam necessário que ele ali estivesse, ele pertencia a eles, como se aí já estivesse de há muito e ninguém lhe perguntava de onde viera e para onde iria. À mesa, Lenz recuperou o bom humor; falava-se de literatura, ele estava em seu terreno; o período idealista[7] começava então, Kaufmannn era um adepto dele, Lenz o contestou com veemência. Ele falou: os poetas de quem se diz que retratam a realidade tampouco têm a menor idéia dela, mas ainda são mais suportáveis do que aqueles que pretendem transfigurá-la. Ele dizia: o bom Deus

---

6. Johann Heinrich Jung Stilling (1740-1817), um autodidata que chegou a ser doutor e acadêmico, foi autor de livros pietistas, bem como de um famoso romance autobiográfico, *A Mocidade de Heinrich Stilling*.

7. A indicação não pode ser tomada ao pé da letra, pois Büchner, a bem dizer, antecipa um fenômeno que irá ocorrer a partir de 1770, ou seja, a eclosão da escola idealista alemã.

fez o mundo como deve ser, e nós, decerto, não podemos fazê-lo melhor; nosso único esforço deve ser o de copiá-lo um pouco. Eu exijo que haja sempre em tudo – vida, possibilidade de existência e aí está bem; não é necessário então perguntar se é belo ou feio, o sentimento de que aquilo que foi criado tem vida, está acima de ambos e é o único critério na arte. Aliás, ele se nos depara raramente, em Shakespeare encontramo-lo e nas canções populares soa por inteiro, em Goethe de vez em quando. Todo o resto pode ser jogado no fogo. As pessoas também não sabem desenhar uma casa de cachorro. Querem figuras idealistas, mas tudo o que delas vi são bonecos de pau. Esse idealismo é o mais vergonhoso desprezo pela natureza humana. Seria preciso experimentá-lo alguma vez e mergulhar na vida das criaturas mais ínfimas e reproduzi-la, em seus espasmos, em suas insinuações, todo esse fino, quase imperceptível, jogo de expressões faciais; ele o havia experimentado no *Hofmeister* (*O Preceptor*) e nos *Soldados*[8]. São as pessoas mais prosaicas do mundo; mas a veia do sentimento é a mesma para quase todos os homens, somente o invólucro que ela deve quebrar é mais ou menos espesso. Basta a gente ter olhos e ouvidos para isso. Ontem, quando vinha subindo perto do vale, vi duas moças sentadas numa pedra, uma delas enrolava os cabelos para cima e a outra ajudava; o cabelo dourado caía solto, em um grave semblante pálido, e no entanto tão jovem, a de traje negro, e a outra tão cuidadosamente prestativa. As mais belas e as mais comoventes obras da velha escola alemã[9] mal dão idéia disto. A gente gostaria às vezes de ser uma cabeça de medusa para transformar em pedra um grupo como aquele, e depois chamar as pessoas. As jovens levantaram-se, a linda cena ficou destruída; mas ao descerem por entre os penhascos, uma nova imagem se constituiu. Os mais belos quadros, os tons mais inflamados se agrupam e se dissolvem. Permanece apenas uma coisa: uma infinita beleza, que passa de uma forma para outra, eternamente desfolhada, transmudada; nem sempre, porém, é possível fixá-la e expô-la em museus ou transpô-la em notas musicais e depois chamar gente moça e provecta, meninos e velhos para comentar a respeito e deixar-se encantar. É preciso amar a humanidade para penetrar na essência particular de cada criatura, nenhuma

---

8. Trata-se das duas obras principais de Lenz publicadas em 1774 e 1776, respectivamente.

9. Cabe supor que a referência, no caso, é à pintura alemã dos séculos XV e XVI, isto é, às obras de Dürer, Altdorfer e os Cranachs, entre outras.

delas deve parecer a cada um de nós demasiado pequena, demasiado feia, pois só então é possível compreendê-la; o rosto mais insignificante causa uma impressão mais profunda do que a pura sensação do belo, e pode-se deixar as figuras saírem de si, sem copiar algo de fora no seu interior, onde nenhuma vida, nenhum músculo, nenhum pulso se intumescem e palpitam. Kaufmann objetou-lhe que não se encontra na realidade nenhum modelo de um Apolo de Belvedere[10] ou de uma Madona de Rafael[11]. E o que importa isso, replicou-lhe Lenz: devo confessar que me sinto inteiramente frio diante disto. Quando o elaboro dentro de mim, também posso muito bem sentir algo nisso, mas eu o faço o melhor que posso. Prefiro o poeta e artista plasmador que me dá a natureza na expressão mais real, de modo que a criação me leva a sentir; todo o resto me perturba. Prefiro os pintores holandeses aos italianos, eles são, aliás, os únicos pintores compreensíveis; conheço apenas dois quadros, e na verdade ambos da Holanda, que me causaram uma impressão como a do Novo Testamento; um deles, que não sei de quem é, representa Cristo e os Discípulos de Emaús[12]. Quando se lê como os discípulos partiram, imediatamente toda a natureza se coloca naquelas poucas palavras. É um sombrio e crepuscular anoitecer, uma réstia rubra e uniforme no horizonte, semi-escuridão sobre o caminho, aí um desconhecido vem a eles, conversam, ele parte o pão; então eles o reconhecem, de um modo simples e humano, e os divinos traços sofredores lhes falam claramente, e eles se atemorizam, pois já escureceu e algo de incompreensível no ar apossou-se deles, mas não se trata de nenhum pavor espectral; é como se um morto querido, no crepúsculo, ao modo antigo, viesse ao encontro da gente, assim é o quadro, com o seu uniforme tom acastanhado, com o seu turvo entardecer silencioso. Depois um outro[13]. Uma mulher sentada em sua alcova, com o livro de orações na mão. Tudo

---

10. Cópia romana do século IV de um original ateniense considerado, sobretudo na Renascença, como o modelo perfeito da masculinidade. Durante muito tempo ela esteve exposta no Belvedere do Vaticano.

11. Madona de Rafael Sanzio (1483-1520), um dos principais mestres da pintura renascentista. Seu trabalho deu ao Renascimento algumas das Madonas mais exemplares do período, as quais, no curso de vários séculos, foram tidas como o ápice insuperável da arte da pintura, sobretudo no romantismo.

12. A menção parece remeter a um quadro de Carel van Savoy que ainda se encontra no museu de Darmstadt.

13. Supõe-se que se trata de uma tela de Nicolaes Maes, discípulo de Rembrandt.

dominicalmente arrumado, a areia espalhada, límpida e cálida intimidade. A mulher não pôde ir à igreja e faz a sua devoção em casa, a janela está aberta, a mulher olha em sua direção, e é como se flutuando por sobre a vasta paisagem plana chegasse à janela o jubiloso repique dos sinos da aldeia e nela se perdesse o cântico da congregação vindo da igreja, e a mulher fosse acompanhando o texto no livro. Lenz continuou a falar dessa maneira; ouviam-no com atenção, muita coisa acertava, o calor das palavras o deixara afogueado, e ora sorrindo, ora grave, sacudia os cachos louros. Esquecera-se inteiramente de si próprio. Depois da refeição Kaufmann chamou-o à parte. Havia recebido cartas do pai de Lenz[14]; o filho deveria voltar, para ajudá-lo. Kaufmann disse-lhe que ali ele estava desperdiçando a vida, perdendo-a sem proveito, que precisava fixar-se em um objetivo e assim por diante. Lenz replicou furioso: "Ir embora daqui, ir embora! Para casa? E lá enlouquecer? Você sabe, eu não consigo agüentar em parte alguma, exceto aqui, nessa região; se eu não pudesse às vezes escalar uma montanha e dali ver a redondeza, e depois descer de novo para casa, passar pelo jardim, e espreitar pela janela – ficaria louco, louco! Deixem-me em paz! Só um pouco de paz, agora que me sinto um pouco melhor! Ir embora daqui? Não entendo isso, com essas três palavras o mundo ficou estragado. Cada qual tem algo de que precisa; quando pode descansar, o que mais poderia precisar! Ficar sempre subindo, lutar e assim até a eternidade, jogar fora tudo o que o instante dá, e sempre sofrer privações, para um dia desfrutar; padecer de sede, enquanto nascentes cristalinas puras brotam no caminho. A vida me é agora suportável e aqui quero ficar; por quê? Por quê? Justamente porque me sinto bem; o que deseja meu pai? Pode ele me dar mais? Impossível! Deixem-me em paz." Ele ficou muito exaltado, Kaufmann se foi, Lenz estava melindrado.

No dia seguinte Kaufmannn quis partir; ele convenceu Oberlin a acompanhá-lo à Suíça. O desejo de poder também conhecer pessoalmente Lavater[15], a quem conhecia de há muito por carta, foi decisivo. Aceitou. Foi preciso esperar um dia a mais por causa dos preparati-

---

14. Kaufmann encontrara o pai de Lenz no ano anterior, em 1777, na Rússia, e a menção tem a ver também com o difícil relacionamento entre pai e filho.

15. Johann Kaspar Lavater (1741-1801), filósofo, poeta e teólogo protestante, natural da Suíça, que adquiriu fama em toda Europa por sua obra em 5 volumes, *Fragmentos Fisiognômicos*, em que sustentava serem a alma interna e o espírito uma imagem do corpo e sobretudo do semblante.

vos. Lenz sentia-o no coração, agarrava-se ansiosamente a tudo para libertar-se do seu infinito tormento; sentia em alguns momentos bem fundo que apenas estava acertando tudo para si; tratava a si mesmo como a uma criança doente; de certos pensamentos, de certas emoções só com a maior angústia ele conseguia livrar-se, mas logo era de novo impelido com incessante força, ele tremia, os cabelos quase se lhe eriçavam, até que se esgotava na mais avassaladora tensão. Procurava salvação numa figura que flutuava sempre diante de seus olhos, e em Oberlin; suas palavras, seu semblante faziam-lhe infinito bem. Assim, foi com temor que aguardou a partida de Oberlin.

Era pavoroso para Lenz ficar agora sozinho na casa. O tempo tornara-se mais ameno e ele decidiu acompanhar Oberlin até as montanhas. Do outro lado, onde os vales desembocam na planície, separaram-se. Ele regressou sozinho. Cruzou as montanhas em diferentes direções, amplas chapadas estendiam-se até os vales embaixo; escassa floresta, nada mais senão linhas imponentes e, adiante, a longínqua planície enevoada, no ar o soprar violento do vento, em parte alguma o menor traço humano, a não ser aqui e ali, apoiada à encosta, uma cabana abandonada, onde os pastores passavam o verão. Ele se aquietou, talvez quase sonhando, tudo diante dele fundiu-se numa só linha, como uma onda que se alteia e desaba entre céu e terra; era como se estivesse deitado à beira de um mar infindo que docemente fluía e refluía. Às vezes sentava-se; depois tornava a andar, mas lentamente, em sonho. Não procurava caminho algum. Já era noite escura quando chegou a uma cabana habitada, na vertente além de Steintal. A porta estava trancada, foi até a janela pela qual se filtrava uma réstia de luz. Uma lâmpada iluminava apenas um ponto, sua luz caía sobre o rosto pálido de uma moça que repousava ao fundo, com os olhos semicerrados movia de leve os lábios. Um pouco adiante, no escuro, uma velha, sentada, entoava um cântico do hinário. Depois de muito bater, ela abriu a porta; era meio surda, serviu alguma comida a Lenz e indicou-lhe um lugar para dormir, enquanto não parava de cantar o seu hino. A jovem não se mexera do lugar. Passado algum tempo, entrou um homem, ele era alto e seco, raros cabelos grisalhos, com um semblante inquieto, perturbado. Ele se aproximou da moça, ela estremeceu e ficou agitada. O homem tirou da parede uma planta seca e pôs as folhas na mão da jovem, de modo que ela se acalmou e começou a murmurar palavras inteligíveis num lento tom arrastado e pungente. Ele contou que ouvira uma voz na montanha e que depois vira um relampejar sobre os vales, que também o agarrara e com o qual lutara como

Jacó. Ele se atirou ao chão e rezou baixinho com fervor, enquanto a enferma cantava num moroso tom arrastado que ia se perdendo, suavemente. Então entregou-se ao repouso.

Lenz dormitou em sonhadora sonolência, e depois ouviu, no sono, o tiquetaquear do relógio. Por entre o suave canto da moça e a voz da velha, soava ao mesmo tempo o zunir do vento, ora mais próximo, ora mais distante e logo o luar, ora claro, ora encoberto, lançava sua oscilante luz de sonho pela sala adentro. De súbito, os sons tornaram-se mais altos, a jovem falava com clareza e determinação, dizia que em frente, sobre os penhascos, havia uma igreja. Lenz levantou os olhos e ela, com olhos arregalados, estava sentada, ereta, atrás da mesa, e a lua derramava uma luz suave sobre suas feições, das quais parecia irradiar-se um brilho espectral, ao mesmo tempo em que ressoavam os tons guturais da velha e nessa incessante flutuação de luz, de tons e vozes Lenz por fim adormeceu profundamente.

Despertou cedo, na penumbra da sala tudo dormia, também a moça se aquietara, ela estava recostada, as mãos dobradas sob a face esquerda; o fantasmagórico desaparecera de seus traços, tinha agora uma expressão de indescritível sofrimento. Ele foi até a janela, abriu-a e o ar frio da manhã bateu nele de frente. A casa situava-se no extremo de um vale estreito e profundo que se abria para o leste, raios rubros trespassavam o céu cinzento da manhã, atingiam a penumbra do vale coberto de névoa branca, faiscavam na rocha cinzenta e incidiam nas janelas das cabanas. O homem acordou, seus olhos detiveram-se numa imagem iluminada na parede, fitaram-na, fixos e imóveis, então seus lábios começaram a mover-se e a rezar baixinho, depois mais alto e cada vez mais alto. Nisso chegou gente à cabana, todos se ajoelharam em silêncio. A moça caíra em convulsão, a velha roufenhava seu cântico e tagarelava com os vizinhos. As pessoas contaram a Lenz que aquele homem chegara à região há muito tempo, vindo não se sabe de onde; tinha fama de santo, enxergava a água debaixo da terra e era capaz de esconjurar os espíritos, e o povo vinha até ele em peregrinação. Lenz soube ao mesmo tempo que se afastara muito de Steintal, e partiu com alguns lenhadores que iam para aquelas bandas. Fez-lhe bem ter encontrado companhia; sentia-se agora apavorado com aquele homem poderoso, que lhe parecia por vezes falar num tom aterrador. Também temia a si mesmo naquela solidão.

Voltou para casa. Mas a noite anterior lhe causara viva impressão. O mundo tinha sido para ele luminoso, e ele sentia dentro de si uma inquietação, um comichão por um abismo que o atraía com força inexorável. Ele se remoía agora no âmago. Comia pouco; passava metade das noites em prece e em sonhos febris. Um violento urgir em seu íntimo e a seguir uma exausta prostração; deitado, desfazia-se em lágrimas ardentes, depois, de súbito, adquiria força e levantava-se frio e indiferente, suas lágrimas pareciam-lhe então como gelo, era obrigado a rir. Quanto mais se exaltava, mais funda era a queda que se seguia. Tudo confluía de novo. Lampejos de seu estado anterior faziam-no estremecer e projetavam clarões no caos desolado de seu espírito. Durante o dia costumava ficar sentado embaixo, na sala; Madame Oberlin entrava e saía; ele desenhava, pintava, lia, apegava-se a toda e qualquer distração, tudo às pressas, saltando de uma coisa para a outra. No entanto, sentia-se agora particularmente ligado à Madame Oberlin, quando ela ficava sentada ali, com o negro hinário diante de si, junto a um vaso de planta e com o filho mais novo entre os joelhos; também Lenz se ocupava muito com a criança. Estava assim sentado certo dia quando de repente sentiu-se angustiado, ergueu-se de um salto e se pôs a andar de cá para lá. A porta estava entreaberta, ouviu então a criada cantar, primeiro de maneira ininteligível, depois vieram as palavras:

> Nesse mundo não tenho alegrias,
> tenho um amor e ele está bem longe.

Isso o tocou, a canção quase fê-lo sucumbir. Madame Oberlin fitava-o. Lenz cobrou coragem, já não podia mais calar-se, precisava falar disso. "Cara Madame Oberlin, poderia dizer-me o que faz essa moça cujo destino me pesa tanto no coração?"[16] "Mas senhor Lenz, não sei de nada".

Ele tornou a calar-se e ficou andando de um lado para outro pela sala; depois recomeçou: "Veja a senhora, quero partir; meu Deus, vocês são ainda as únicas pessoas entre as quais eu poderia suportar isso, e no entanto... no entanto preciso ir, para junto dela... mas não posso, não devo". Tomado de violenta agitação, saiu da sala.

Perto do anoitecer Lenz retornou, na sala a noite descia; sentou-se ao lado de Madame Oberlin. "Veja", começou de novo, "quando ela caminhava assim pela sala, e cantava assim quase que para si mesma, e cada passo era uma música, havia tanta felicidade nela, e isso transbordava para dentro mim, eu estava sempre calmo quando a fitava, ou quando ela encostava a cabeça no meu ombro e meu

---

16. Tudo faz crer que se trata de Friederike Brion, por quem Lenz se apaixonara.

Deus!, meu Deus... Há muito que eu já não me sentia tão tranqüilo [*lacuna no texto*] uma completa criança; era como se o mundo fosse para ela demasiado vasto, ela se retraía assim em si mesma, procurava o canto mais exíguo da casa, e permanecia ali sentada, como se toda a sua felicidade se concentrasse em um único e pequeno ponto, e então eu também me sentia assim; eu poderia então brincar como uma criança. Agora tudo me parece tão estreito, tão apertado, veja, às vezes é como se minhas mãos batessem no céu; oh, sufoco! Muitas vezes é como se eu sentisse uma dor física, aqui no lado esquerdo, no braço, com o qual outrora eu a segurava. No entanto, já não consigo mais lembrar-me de suas feições, sua imagem me escapa, e isso me martiriza; só às vezes, quando tudo se torna inteiramente claro para mim, sinto-me de novo muito bem." – Mais tarde, voltou freqüentemente a falar disso com Madame Oberlin, mas, em geral, com frases entrecortadas; ela quase não sabia o que lhe responder, ainda assim isso fazia bem a Lenz.

Entrementes, prosseguiam seus tormentos religiosos. Quanto mais vazio, mais gelado, mais agonizante ele ficava interiormente, tanto mais era impelido a acender em si um novo fervor; vinham-lhe lembranças dos tempos em que tudo dentro dele se agitava, em que arquejava sob tantas sensações; e, agora estava tão inane. Desesperava-se consigo mesmo, jogava-se ao chão, torcia as mãos, revolvia tudo em seu íntimo; mas estava morto!, morto! Suplicava então a Deus que o marcasse com um sinal, depois remoía-se no âmago, jejuava, jazia por terra entregue aos sonhos. Em 3 de fevereiro ouviu contar que uma criança em Fouday havia morrido (chamava-se Friederike); ele converteu isso numa idéia fixa. Retirou-se para o seu quarto e jejuou durante um dia. No quarto dia Lenz entrou de repente na sala onde estava Madame Oberlin; havia besuntado o rosto de cinzas, e pediu um saco velho; ela se assustou mas deu-lhe o que pedia. Ele se envolveu no saco, como um penitente, e tomou o caminho de Fouday. A gente do vale já havia se acostumado a ele; contavam toda espécie de coisas estranhas a seu respeito. Chegou à casa onde jazia a criança. As pessoas cuidavam, indiferentes, de suas ocupações; indicaram-lhe um quarto; a criança, vestida com uma camisa, estava estendida sobre palha, em cima de uma mesa de madeira.

Lenz estremeceu ao tocar os membros gelados e ver os olhos vítreos entreabertos. A criança pareceu-lhe tão desamparada e ele próprio tão só e abandonado; atirou-se sobre o cadáver; a morte o apavorava, foi dominado por uma dor violenta, esses traços, esse rosto sereno iam decompor-se, lançou-se ao chão, suplicou com todos os lamentos do desespero, fraco e infeliz como era, que Deus lhe desse um sinal, e que a criança pudesse ressuscitar; então imergiu totalmente em si e concentrou toda a sua vontade em um único ponto, e assim ficou sentado por muito tempo com o olhar fixo. Depois ergueu-se e pegou as mãos da criança e falou alto e firme: "Levanta e caminha!" Mas as paredes ecoaram sóbrias o tom de sua voz, parecendo zombar dele, e o cadáver permaneceu frio. Então, meio tresloucado, atirou-se ao chão, depois algo o compeliu a pôr-se em pé e correr para as montanhas. As nuvens moviam-se rápidas diante da lua; ora tudo ficava no escuro, ora a paisagem nebulosa e fugidia se mostrava ao luar. Ele corria para cima e para baixo. Em seu peito ressoava um hino triunfal do inferno. O vento soava como um cântico de titãs, era como se pudesse brandir aos céus um punho imenso, arrancar Deus das alturas e arrastá-lo por entre as suas nuvens; como se pudesse triturar o universo com os dentes e cuspi-lo na face do Criador; jurava, blasfemava. Assim chegou ao cume das montanhas, e a luz incerta espalhava-se para baixo, no vale, lá onde jaziam esbranquiçadas massas de rochas, e o céu era um estúpido olho azul, e nele a lua pairava completamente ridícula, apatetada. Lenz teve de rir alto, e com o riso o ateísmo o agarrou e o prendeu de maneira absolutamente segura, tranqüila e firme. Já não sabia mais o que antes o havia agitado tanto, sentia frio; pensou que gostaria de ir dormir, e caminhou frio e imperturbável através da inquietante escuridão – tudo lhe parecia vazio e oco, precisou correr e foi para a cama.

No dia seguinte, foi tomado de um imenso pavor diante de seu estado no dia anterior, encontrava-se agora à beira do abismo, onde uma volúpia alucinada o impelia a olhar sempre de novo para baixo, e a repetir esse tormento. Então seu medo intensificou-se, o pecado contra o Espírito Santo estava diante dele.

Alguns dias depois Oberlin voltou da Suíça, bem mais cedo do que o esperado. Lenz ficou perturbado com o fato. Mas alegrou-se quando Oberlin lhe falou de seus amigos na Alsácia. Enquanto isso, Oberlin caminhava pelo aposento de um lado para o outro, e desfazia as malas, guardando coisas. Entrementes, falava de Pfeffel[17], enaltecendo a vida feliz de um clérigo de aldeia. Nisso exortou Lenz a conformar-se com a vontade do pai, a viver de acordo com a sua vocação, a voltar para casa. Disse-lhe: "Honra teu pai e tua mãe" e assim por diante. Por causa dessa conversa Lenz ficou agitado;

---

17. Gottlieb Konrad Pfeffel (1736-1809), poeta, dramaturgo e tradutor, bem como educador e filantropo.

soltava suspiros profundos, lágrimas marejavam-lhe os olhos, pronunciava palavras entrecortadas. "Sim, mas eu não agüento isso; o senhor quer me expulsar? Só no senhor está o caminho para Deus. Mas para mim tudo acabou! Estou degradado e banido por toda a eternidade, eu sou o judeu errante". Oberlin disse-lhe que Jesus morrera por isso, que deveria voltar-se para Ele com fervor, e ele haveria de partilhar da sua Graça.

Lenz ergueu a cabeça, torceu as mãos, e disse: "Ah! Ah! Consolo divino". Depois, perguntou de repente com amabilidade como ia a moça. Oberlin disse que não sabia de nada, mas que gostaria de ajudá-lo em tudo e aconselhá-lo, desde que lhe informasse sobre o lugar, as circunstâncias e a pessoa. Lenz nada respondeu exceto palavras soltas: "Ah, ela está morta! Vive ainda? Você, meu anjo, ela me amava... eu a amava, ela era digna, oh meu anjo. Maldito ciúme, eu a sacrifiquei... ela amava um outro também... eu a amava, ela era digna... oh minha bondosa mãe, também ela me amava. Eu sou um assassino". Oberlin retorquiu: talvez todas essas pessoas ainda estivessem vivas, talvez contentes; mas como quer que fosse, Deus poderia e iria, quisesse ele converter-se ao Senhor, demonstrar a essas pessoas, ante as lágrimas e preces de Lenz, tantas benesses que o proveito então auferido Dele excederia quiçá, de longe, o dano que porventura lhes houvesse causado. Com isso, ele foi pouco a pouco se acalmando e retornou à sua pintura.

Voltou de novo à tarde; trazia sobre o ombro esquerdo um pedaço de pele e na mão um feixe de vergas, que lhe deram para entregar a Oberlin, com uma carta. Ele estendeu as varas a Oberlin pedindo-lhe que o vergastasse com elas. Oberlin as tomou de sua mão, deu-lhe alguns beijos na boca e disse que essas eram as chibatadas que ele tinha para lhe dar, que ficasse tranqüilo, que resolvesse seus casos com Deus sozinho, todos os possíveis golpes não apagariam um só de seus pecados; Jesus já cuidara disso, a Ele é que deveria dirigir-se. Lenz saiu.

Durante o jantar estava, como de costume, um pouco pensativo. No entanto, falava de muitos e diferentes assuntos, mas com ansiosa precipitação. À meia-noite, Oberlin foi despertado por um rumor. Lenz corria pelo pátio aos gritos, invocando o nome de Friederike com uma voz cava e dura, pronunciada com extrema rapidez, confusão e desespero; depois atirou-se no tanque da fonte, chapinhou nele, saiu e subiu para o seu aposento, tornou a voltar e a jogar-se no tanque, voltou a sair e assim algumas vezes seguidas, até que por fim aquietou-se. As criadas, que dormiam no quarto das crianças, sob o quarto dele, disseram ter ouvido com freqüência, em especial porém naquela mesma noite, um zunido que não saberiam comparar a nada exceto ao som de uma avena. Talvez fosse o seu gemer, com voz cava, terrível e desesperada.

Na manhã seguinte demorou muito para Lenz aparecer. Por fim Oberlin subiu ao seu quarto, ele estava deitado na cama, sossegado e imóvel. Oberlin teve que perguntar muitas vezes antes de obter resposta; finalmente ele disse: "Sim, senhor Pároco, veja, o tédio, o tédio! Oh!, tanto tédio, não sei mais o que devo dizer, eu já desenhei as figuras todas na parede". Oberlin disse-lhe que deveria dirigir-se a Deus; aí ele riu e falou: "Sim, se eu fosse tão feliz, como o senhor, a ponto de descobrir um passatempo tão agradável, então, sim, poder-se-ia preencher assim o tempo. Tudo por ociosidade. Pois a maioria das pessoas reza por fastio; outras se enamoram por tédio; algumas são virtuosas, outras, pecadoras, e eu, nada, nada, nem mesmo suicidar-me eu quero: é por demais enfadonho!

> Ó Deus, em tua onda radiosa,
> na tua claridade ardente do meio-dia
> são despertos meus olhos feridos.
> Nunca mais então há de fazer-se noite?".

Oberlin olhou para ele indignado e quis ir embora. Lenz esgueirou-se atrás dele e disse-lhe, fitando-o com um olhar inquietante: "Veja, agora me ocorreu algo, se ao menos eu pudesse distinguir se estou sonhando ou acordado: veja, isso é muito importante, vamos examiná-lo com atenção" – e arrastou-se para a cama. À tarde Oberlin quis fazer uma visita pela vizinhança; sua mulher já havia saído; ele estava pronto para sair quando bateram na porta e Lenz entrou com o corpo curvado para frente, cabisbaixo, com o rosto todo ele e a roupa aqui e ali cobertos de cinza, segurando com a mão direita o braço esquerdo. Pediu a Oberlin que lhe esticasse o braço, que havia torcido ao atirar-se pela janela; mas, como ninguém o vira, não queria também contar isso a ninguém. Oberlin assustou-se muito, porém não disse nada e fez o que Lenz desejava, ao mesmo tempo escreveu ao mestre-escola, Sebastian Scheidecker, de Bellefosse; pediu-lhe que descesse o vale e deu-lhe instruções. Em seguida, partiu a cavalo. O homem veio. Lenz já o vira muitas vezes e se afeiçoara a ele. Sebastian agiu como se quisesse falar algo com Oberlin e depois fez menção de ir embora. Lenz pediu-lhe que ficasse, e assim permaneceram juntos. Lenz sugeriu um passeio para Fouday. Visitou o túmulo da criança que ele quisera ressuscitar, ajoelhou-se várias vezes, beijou a terra do túmulo, parecia orar, mas numa grande agitação, arrancou algumas flores da coroa que estava em pé sobre o túmulo, como lembrança, e regressou a Waldbach, depois tornou a voltar ao cemitério, sempre acompanhado de Sebastian. Às vezes andava devagar e queixava-se de grande fraqueza nas pernas, ou então punha-se a caminhar com rapidez desesperada; a paisagem o apavorava, era tão estreita que receava esbarrar em tudo. Um indescritível sentimento de mal-estar o assaltou, por fim a presença de seu acompanhante tornou-se para ele incômoda, como se este adivinhasse o seu intento e procurasse meios para afastá-lo. Sebastian fingiu ceder, mas achou um jeito furtivo de avisar a seu irmão do perigo, e agora Lenz tinha dois guardiões em vez de um. Ele os fez andar galhardamente por toda a redondeza, ao fim seguiu de volta para Waldbach e, quando estavam perto da aldeia, volveu-se como um raio e saltou como um cervo na direção de Fouday. Os homens foram ao seu encalço. Enquanto o procuravam em Fouday, vieram dois mercadores e lhes contaram que, numa casa, havia sido amarrado um forasteiro, o qual se fazia passar por assassino, mas isso com certeza não devia ser verdade. Correram para essa casa e o encontraram assim: um jovem o tinha amarrado, temeroso ante a veemente pressão. Eles o desamarraram e o trouxeram a salvo a Waldbach, para onde, nesse ínterim, Oberlin e sua esposa já haviam retornado. Ele parecia desvairado, mas vendo que o recebiam com carinho e cordialidade, cobrou novamente ânimo; seu rosto tomou uma expressão melhor, ele agradeceu, gentil e afetuoso, aos dois acompanhantes e a noite decorreu calma. Oberlin suplicou-lhe com insistência que não mais se banhasse no tanque, que passasse a noite tranqüilo na cama e, se não conseguisse dormir, que conversasse com Deus. Ele prometeu e assim o fez naquela noite; as criadas ouviram-no rezar durante quase toda a noite. Na manhã seguinte entrou no quarto de Oberlin com um ar de satisfação. Depois de conversarem sobre vários assuntos, Lenz disse com uma cordialidade excepcional: "Querido Pároco, a moça de quem lhe falei morreu, sim, morreu, o meu anjo!" – "Como sabe disso?" – "Hieróglifos, hieróglifos"... – e olhou para o céu e disse de novo: "Sim, morreu... hieróglifos". Depois disso, nada mais foi possível arrancar-lhe. Ele sentou-se e escreveu algumas cartas, entregou-as a Oberlin, pedindo-lhe que acrescentasse algumas linhas.

    Entrementes, seu estado era cada vez mais desesperado, toda a paz que haurira do convívio com Oberlin e da quietude do vale havia desaparecido; o mundo que ele quisera aproveitar apresentava agora uma enorme fissura, não sentia mais ódio, nem amor, tampouco esperança, apenas um vazio pavoroso e, no entanto, uma torturante inquietação a fim de preenchê-lo. Não tinha nada. Tudo o que fazia, fazia-o com toda consciência e, ainda assim, compelia-o um instinto interno. Quando estava sozinho, sentia-se tão terrivelmente solitário que falava constantemente consigo mesmo em voz alta, gritava e então se assustava de novo e era como se uma voz estranha lhe falasse. Durante a conversa, estacava amiúde, um medo indescritível assaltava-o, havia perdido o final de suas frases; então achava que devia reter a última palavra pronunciada, e só com muito esforço reprimia esse desejo. Afligia profundamente aquela boa gente quando, às vezes, em momentos tranqüilos, sentava-se ao seu lado e começava a falar com desembaraço e depois estacava e uma indizível angústia pintava-se em suas feições e ele agarrava convulsivamente o braço das pessoas que estavam sentadas junto dele e só pouco a pouco voltava a si. Quando ficava sozinho ou lendo era ainda pior; toda a sua atividade intelectual ficava às vezes presa a um único pensamento; se pensava em uma pessoa estranha, ou se a evocava vivamente, era como se ele se transformasse nela própria, ficava completamente confuso e, nisso, possuía-o um impulso infinito de, em espírito, lidar, a seu capricho, com tudo o que o rodeava; a natureza, as pessoas, à exceção de Oberlin, tudo como num sonho, friamente; divertia-se em virar as casas com os telhados para baixo, em vestir e despir as pessoas, em imaginar as brincadeiras mais extravagantes. Às vezes sentia um ímpeto irresistível de executar aquilo que lhe vinha à cabeça e fazia então caretas horríveis. Uma vez, estava sentado junto a Oberlin e o gato deitado em frente numa cadeira, de repente os olhos de Lenz fixaram-se, ele os manteve cravados na direção do animal; depois escorregou lentamente cadeira abaixo e o gato fez o mesmo, estava como que enfeitiçado por seu olhar e, tomado de imenso pavor, eriçou-se e rosnou temeroso, enquanto Lenz revidava-lhe com os mesmos sons, com o rosto horrivelmente contorcido; então, como que em desespero, atiraram-se um sobre o outro, até que, por fim, Madame Oberlin levantou-se para separá-los. Aí ele se sentiu de novo profundamente envergonhado. Os seus acessos noturnos intensificaram-se a um grau terrível. Só conseguia dormir à custa dos maiores esforços, depois de haver tentado pouco antes esquecer o medonho vazio. Então, entre a vigília e o sono, caía num estado horroroso; deparava-se com algo pavoroso, horrendo; a loucura se apoderava dele, saltava da cama dando gritos medonhos, alagado de suor, e só pouco a pouco voltava a si. Precisava então começar pelas coisas mais simples a fim de recompor-se. A bem dizer, não era ele próprio quem o fazia, porém um poderoso instinto de preservação; era como se ele fosse duplo[18] e uma parte procurasse salvar a outra, e chamasse por si mesma; ele narrava histórias, recitava em meio às maiores angústias poemas atrás de poemas, até voltar de novo a si.

Também durante o dia tais acessos acometiam-no; aí tornavam-se ainda mais terríveis, pois anteriormente a claridade o guardava disso. Sentia então como se somente ele existisse, como se o mundo existisse apenas na sua imaginação, como se fosse nada, como se ele próprio fosse o eternamente danado, o satã; sozinho com suas imagens torturantes. Ele repassava sua vida com uma rapidez frenética e depois dizia: "conseqüente, conseqüente"; e quando alguém dizia: "inconseqüente, inconseqüente"; era o abismo da loucura irremediável, uma loucura por meio da eternidade. O instinto de preservação espiritual fazia-o reagir; lançava-se aos braços de Oberlin, agarrava-se a ele, como se quisesse penetrar nele, era a única criatura que, para ele, estava viva e através da qual a vida se lhe revelava de novo. Pouco a pouco as palavras de Oberlin traziam-no então de volta a si, ele se punha de joelhos diante de Oberlin, as mãos nas mãos de Oberlin, o rosto coberto de suor frio no regaço dele, o corpo todo tremendo e palpitando. Oberlin sentia infinita compaixão, a família toda se ajoelhava e rezava pelo infeliz, as criadas fugiam e tomavam-no por um possesso. E quando ficava mais calmo, era como o lamento de uma criança; ele soluçava, sentia uma profunda, profunda compaixão por si mesmo; eram esses também os seus momentos mais felizes. Oberlin lhe falava de Deus. Lenz afastava-se com tranqüilidade e fitava-o com uma expressão de infinito sofrimento, e dizia finalmente: "Mas eu, se fosse onipotente, veja o senhor, se eu fosse assim, não poderia tolerar o sofrimento, eu iria salvar, salvar, não quero senão paz, paz, apenas um pouco de paz e poder dormir". Oberlin dizia que isso era uma profanação. Lenz sacudia a cabeça, inconsolável. Essas meias tentativas de suicídio, que agora praticava seguidamente, não eram de todo sérias; eram menos o desejo de morte, para ele não havia repouso e nem esperança na morte; eram antes, em momentos de tremenda angústia ou do amortecimento na paz à beira do nada, uma tentativa de trazer a si de volta a si mesmo através da dor física. Os momentos em que seu

---

18. Essa passagem é tida como a primeira na literatura alemã a realizar uma descrição completa, pontuada por uma seqüência inteira de sintomas, de uma crise de esquizofrenia.

espírito parecia, ao contrário, cavalgar algures uma idéia louca ainda eram os mais felizes. Havia então, apesar de tudo, um pouco de paz e o seu olhar transtornado não era tão assustador quanto o pavor sequioso de salvação, o eterno tormento da inquietação! Freqüentemente batia a cabeça na parede ou então causava a si mesmo uma violenta dor física.

Na manhã do dia 8 ficou na cama, Oberlin subiu; Lenz estava deitado quase nu sobre o leito, sob profunda comoção. Oberlin quis cobri-lo, ele porém se queixava muito de como tudo era pesado, tão pesado, ele nem mesmo acreditava que pudesse andar; agora, por fim, sentia o colossal peso do ar. Oberlin procurou, com suas palavras, levantar seu ânimo. Mas ele permaneceu em seu estado anterior e continuou assim a maior parte do dia, sem aceitar tampouco nenhum alimento. Por volta do anoitecer, Oberlin foi chamado para ver um doente em Bellefosse. O tempo estava ameno e havia luar. No regresso, encontrou Lenz. Parecia inteiramente sensato e falava de um modo calmo e amável com Oberlin. Este lhe pediu que não se afastasse muito, ele lhe prometeu; no caminho, voltou-se de repente e veio de novo para bem perto de Oberlin e disse rapidamente: "Veja, senhor Pároco, se ao menos eu não tivesse mais que ouvir isto, já seria de grande ajuda." – "O que, meu caro?" – "Então o senhor não ouve nada, não ouve a voz tenebrosa que grita por todo o horizonte, e à qual se costuma chamar de silêncio? Desde que cheguei a este vale silencioso, ouço-a sempre, não me deixa dormir, sim senhor Pároco, se ao menos eu pudesse dormir de novo". Depois, meneando a cabeça, seguiu o seu caminho. Oberlin regressou a Waldbach e ia enviar alguém à procura de Lenz quando o ouviu subir as escadas que davam para o seu quarto. Um instante depois, algo estatelou-se no pátio com um estrondo tão forte que pareceu impossível a Oberlin provir da queda de um homem. A ama entrou mortalmente pálida e toda trêmula (*grande lacuna no texto*[19]).

Ele permanecia sentado no carro com fria resignação, enquanto viajavam pelo vale em direção do oeste. Pouco lhe importava para onde o levavam; por diversas vezes, quando o carro corria perigo, devido ao mau estado dos caminhos, continuou sentado, muito tranqüilo; tudo lhe era absolutamente indiferente. Nesse estado de espírito percorreu o caminho através das montanhas. Perto do anoitecer encontra-

---

19. Nas versões subsistentes do texto original, o parágrafo final vem em seguida. Mas a crítica supõe que Büchner deve ter escrito várias páginas intermediárias, que se perderam.

vam-se no vale do Reno. Afastavam-se pouco a pouco das montanhas que se erguiam agora no rubro poente como uma onda de cristal azul profundo e sobre a qual brincavam os raios avermelhados do crepúsculo; por sobre a planície, no sopé das montanhas, pairava uma cintilante teia azulada. Escurecia à medida que se aproximavam de Estrasburgo; no céu, lua cheia, muito alta, todos os objetos distantes na penumbra, apenas a montanha próxima desenhava uma linha nítida, a terra feito uma taça de ouro sobre a qual corriam espumosas as ondas douradas do luar. Lenz, tranqüilo, olhava fixamente para fora, sem qualquer pressentimento, sem qualquer impulso; apenas um medo surdo crescia dentro dele quanto mais os objetos se perdiam na escuridão. Tiveram de procurar uma hospedaria; aí tornou a fazer várias tentativas de atentar contra si próprio, mas estava sob estrita vigilância. Na manhã seguinte, com um tempo nublado e chuvoso, chegou a Estrasburgo. Parecia estar em plena posse de seu juízo, conversava com as pessoas; fazia tudo o que os outros faziam, mas havia em seu íntimo um vazio pavoroso, não sentia mais nenhum medo, nem desejo; sua existência era-lhe um fardo necessário. Assim viveu desde então[20].

---

20. Lenz ficou aos cuidados de seu amigo Johann Georg Schlosser, cunhado de Goethe, e outros mais, até o ano seguinte, quando foi levado para a casa de um de seus irmãos, em Riga. Mais tarde, foi para Moscou, onde morreu.

LEONCE E LENA
Uma Comédia

Prefácio[1]
Alfieri: E la fama?
Gozzi: E la fame?

1. As duas sentenças epigrafadas como Prefácio e atribuídas a Alfieri e a Gozzi, foram forjadas por Büchner, pois não se conseguiu localizá-las nos autores citados, e as perguntas que fazem: "E a fama?", "E a fome?", parecem mais voltadas para o próprio dramaturgo, preocupado, na ocasião, com o seu desempenho numa competição literária. Vittorio Alfieri (1749-1803), dramaturgo italiano, autor de 21 tragédias, entre as quais, *Orestes* e *Virgínia,* e seis comédias, além de um ensaio sobre a tirania. Carlo Gozzi (1720-1806), escritor e dramaturgo, opôs-se às tendências realistas de Goldoni e procurou restaurar o palco de máscaras e improvisos da Commedia dell'Arte, tendo escrito, entre outras peças, *O Amor de Três Laranjas* e *Turandot*, obras que vieram a ligar-se à renovação moderna da arte cênica.

Figura da página anterior: Grossherzog Ludewig I, desenho.

Personagens

    Rei Pedro, do reino Popo
    Príncipe Leonce: filho do Rei Pedro, noivo da
    Princesa Lena, do reino Pipi
    Valério
    A Governanta
    O Preceptor
    O Mestre-de-cerimônias
    O Presidente do Conselho de Estado
    O Capelão da Corte
    O Prefeito Provincial
    O Mestre-escola
    Rosetta
    Criados, Conselheiros de Estado, Camponeses

Primeiro Ato

> *Ó, fosse eu um bobo da corte!*
> *Minha ambição estaria num casaco colorido.*
>
> *Como Gostais*, Shakespeare

Primeira Cena: Um Jardim

Leonce meio recostado sobre um banco. O Preceptor.

Leonce – Meu senhor, o que quer de mim? Preparar-me para a minha profissão? Minhas mãos não chegam para o que preciso fazer, não sei como dar conta de tanto trabalho. Veja, primeiro devo cuspir trezentos e sessenta e cinco vezes seguidas aqui sobre essa pedra. O senhor nunca experimentou fazer isso? Pois então experimente, é um divertimento muito peculiar. E depois... está vendo esta mão cheia de areia? (*Pega areia, joga-a para o alto e a apara de novo com o dorso da mão.*) Agora jogo-a para o alto. Vamos apostar? Quantos grãozinhos tenho agora no dorso de minha mão? Par ou ímpar?... Como? O senhor não quer apostar? O senhor é ateu? Acredita em Deus? Costumo apostar comigo mesmo e sou capaz de passar dias e dias nisso. Se o senhor souber de alguém que tenha prazer de apostar comigo às vezes, eu lhe ficaria muito agradecido. Depois... preciso refletir como se poderia conseguir um jeito para que eu veja uma vez o topo de minha cabeça... como seria se eu pudesse me ver de pernas para o ar. Ó, pudesse alguém enxergar o topo de sua cabeça! Este é um dos meus ideais. Faria tão bem para mim. E depois... e depois uma quantidade infinita de coisas dessa espécie. Será que sou um vadio? Será que não tenho ocupação?... Sim, isso é triste...

PRECEPTOR – Muito triste, Sua Alteza!

LEONCE – Que as nuvens estejam há três semanas passando do oeste para o leste. Isso me deixa profundamente melancólico!

PRECEPTOR – Uma melancolia muito bem fundamentada.

LEONCE – Homem, por que não me contradiz? O senhor está com pressa, não é verdade? Sinto tê-lo retido por tanto tempo. (*O Preceptor afasta-se, com uma profunda mesura.*) Meu senhor, felicito-o pelos belos parênteses que suas pernas formam quando o senhor se inclina.

LEONCE (*Sozinho, estica-se sobre o banco*) – As abelhas pousam tão preguiçosas sobre as flores, e a luz do sol deita tão indolente seus raios pelo chão. Grassa uma ociosidade medonha. O ócio é a origem de todos os vícios. O que as pessoas não fazem por causa do tédio! Estudam por tédio, rezam por tédio, se apaixonam, casam, multiplicam-se por tédio e, finalmente, morrem de tédio e – aí está o engraçado – fazem tudo com a cara mais séria do mundo, sem saber por que e, nisso, pensam Deus sabe o quê. Todos esses heróis, esses gênios, esses idiotas, esses santos, esses pecadores, esses pais de família não passam, no fundo, de refinados vadios. Mas por que logo eu tenho de saber disso? Por que não posso eu levar-me a sério e vestir o pobre boneco com um fraque e colocar-lhe um guarda-chuva na mão, para que ele se torne muito correto, muito útil e cheio de moral? Aquele homem que há pouco saiu daqui, eu o invejo, eu seria capaz surrá-lo de tanta inveja. Oh, se algum vez a gente pudesse ser alguém outro! Só por um minuto!

Valério entra correndo, meio bêbado.

LEONCE (*Segura-o pelo braço*) – Como corre o sujeito! Meu Deus, soubesse eu de algo sob o sol que ainda me fizesse correr assim!

VALÉRIO (*Posta-se diante do Príncipe, coloca o dedo sobre o nariz e olha fixamente para ele*) – Sim!

LEONCE (*Do mesmo modo*) – Certo!

Valério – O senhor me compreendeu?
Leonce – Perfeitamente!
Valério – Bem, então falemos de outra coisa. (*Ele se deita na grama.*) Vou deitar-me na grama e deixar que meu nariz floresça por sobre os talos e inale sensações românticas quando as abelhas e borboletas se balouçarem nele como se fosse uma rosa.
Leonce – Mas cuidado, meu caro, não aspire com tanta força, senão as abelhas e borboletas hão de morrer de fome devido às enormes pitadas que o senhor extrai das flores.
Valério – Ah, senhor, não imagina que sentimento eu tenho pela natureza! A grama está tão bonita que a gente gostaria de ser um boi para comê-la, e depois voltar a ser homem e comer o boi que comeu semelhante grama.
Leonce – Infeliz, você também parece afligir-se por ideais.
Valério – É uma lástima. Não se pode pular de uma torre de igreja sem quebrar o pescoço. Não se pode comer quatro quilos de cerejas com caroço sem ficar com dor de barriga. Veja, meu senhor, eu poderia me sentar em um canto qualquer e cantar desde cedo pela manhã até o anoitecer: "Ei, aí está uma mosca na parede! Uma mosca na parede! Uma mosca na parede!" e assim por diante, até o fim da minha vida.
Leonce – Cala a boca! Para com essa sua canção, ela pode deixar qualquer um louco!
Valério – Já é ser alguma coisa! Um louco! Um louco! Quem quer barganhar a troca de sua loucura pela minha razão? Ah! Eu sou Alexandre, o Grande! Veja como o sol faz brilhar uma coroa dourada nos meus cabelos, como refulge o meu uniforme! Senhor Generalíssimo Gafanhoto, mande avançar as tropas! Senhor Ministro das Finanças Aranha Cruzeira, eu preciso de dinheiro! Querida Dama de Honor Libélula, como vai minha querida esposa Talo de Feijão? Ah! Meu caro Senhor Medicus Cantáride[2], eu estou precisando de um príncipe herdeiro. E por essas deliciosas fantasias, recebe-se uma boa sopa, uma boa carne, um bom pão, uma boa cama e o corte de cabelo é gratuito – quer dizer, no hospício – enquanto eu, com a minha saudável razão, poderia no máximo empregar-me apenas para fomentar o amadurecimento de uma cerejeira, para...

---

2. O besouro seco Cantharis Vesicatoria ou Mosca Espanhola, de colora-

LEONCE – Para que as cerejas, pelos buracos que você tem nas calças, fiquem rubras de vergonha! Mas meu ilustríssimo, e o seu ofício, a sua profissão, o seu negócio, a sua posição e a sua arte?

VALÉRIO (*Com dignidade*) – Meu senhor, eu tenho a grande ocupação de andar ocioso, eu tenho uma incomum habilidade de não fazer nada, eu possuo uma imensa perseverança na preguiça. Veja, nenhum calo envergonha minhas mãos, o solo ainda não bebeu uma só gota de suor da minha fronte, ainda sou virgem no trabalho, e se não fosse por demais trabalhoso, eu me daria ao trabalho de lhe explicar melhor todos os meus méritos.

LEONCE (*Com entusiasmo cômico*) – Venha me dar um abraço! É você um desses seres divinos que caminham sem esforço, com a testa limpa de suor e de poeira, pela estrada real da vida, e que entram no Olimpo com pés brilhantes e corpos vigorosos, qual deuses bem-aventurados? Venha! Venha!

VALÉRIO (*Canta ao sair*) – Ei! Aí está uma mosca na parede! Uma mosca na parede! Uma mosca na parede! (*Saem ambos de braços dados*).

SEGUNDA CENA: UM QUARTO

Rei Pedro está sendo vestido por dois camareiros.

Pedro[3] (*Enquanto está sendo vestido*) – O homem deve pensar e eu devo pensar por meus súditos, porque eles não pensam, não pensam. A substância é o "em si" e isso sou eu. (*Ele corre pelo quarto, quase nu.*) Compreenderam? Em si é em si, entendido? Agora vêm meus atributos, modificações, afecções e acidentes, onde está minha camisa, minha calça?... Pare, que feio, o livre arbítrio está inteiramente aberto bem aqui na frente. Onde está a moral, Onde estão as abotoaduras? As categorias encontram-se na mais nociva confusão, dois botões foram abotoados a mais, a tabaqueira está no bolso direito. Todo meu sistema está arruinado. Ei, o que significa esse nó no meu lenço? Oh rapaz, o que significa esse nó, do que é que eu queria mesmo me lembrar?

ção verde-dourada com reflexos avermelhados, era usado como vesicatório para fins diuréticos ou como afrodisíaco.

3. As palavras de Pedro indicam que ele está se distanciando da vida real. Alguns críticos tendem a ver no que ele diz uma paródia da filosofia racionalista, a que Büchner, com seu materialismo organicista e mecanicista, se

PRIMEIRO CAMAREIRO – Quando aprouve à Sua Majestade dar esse nó no seu lenço, Sua Majestade queria...
PEDRO – Então?
PRIMEIRO CAMAREIRO – Lembrar-se de alguma coisa.
PEDRO – Uma resposta enrolada!... Bem, e agora o que o senhor acha?
SEGUNDO CAMAREIRO – Sua Majestade queria lembrar-se de alguma coisa quando lhe aprouve dar esse nó no seu lenço.
PEDRO (*Corre de baixo para cima*) – O quê? O que? As pessoas me deixam confuso, estou todo atrapalhado. Não consigo decidir por mim.

Entra um criado.

CRIADO – Sua Majestade, o Conselho de Estado está reunido.
PEDRO (*Contente*) – Ah, sim! É isso, é isso. Eu queria lembrar-me de meu povo! Vamos, meus senhores! Andem simetricamente. Não está muito quente? Peguem, pois, os lenços e enxuguem o suor. Eu fico sempre tão constrangido, quando devo falar em público! (*Saem todos.*)

Rei Pedro. O Conselho de Estado.

PEDRO – Meus amados e fiéis súditos, eu desejaria por esse meio dar a público e fazer saber, dar a público e fazer saber ... ou o meu filho se casa ou não se casa (*Põe o dedo no nariz*)... ou, ou... vocês me compreendem, não é? Não há terceira alternativa. O homem deve pensar. (*Fica meditando por algum tempo*). Quando falo tão alto, não sei mais muito bem quem fala, eu ou um outro, isto me atemoriza. (*Depois de refletir longamente.*) Eu sou eu. O que acha disso, Senhor Presidente?
PRESIDENTE (*De modo lento e grave*) – Majestade, talvez seja assim, mas talvez também não seja assim.
TODO CONSELHO DE ESTADO (*Em coro*) – Talvez seja assim, mas talvez também não seja assim.
PEDRO (*Com emoção*) – Ó meus sábios!... Mas do que efetivamente falávamos? Do que eu queria falar mesmo? Presidente, por que o senhor está com a memória tão fraca numa ocasião tão solene? A sessão está suspensa. (*Ele se afasta solenemente, todo o Conselho de Estado o segue.*)

Terceira Cena: Um Salão Ricamente
Decorado. Velas Acesas.

Leonce com alguns criados.

Leonce – Estão todas as janelas fechadas? Acendam as velas! Fora com o dia! Eu quero a noite, uma profunda noite ambrosiana. Coloquem as lâmpadas debaixo dos sinos de cristal entre os loureiros, para que cintilem como olhos de menina a despontar sonhadores entre os cílios das folhas. Tragam as rosas para mais perto e que o vinho borbulhe nas taças como gotas de orvalho. Música! Onde estão os violinos? Onde está Rosetta? Fora! Saiam todos!

Os criados saem. Leonce estira-se no sofá. Rosetta entra, graciosamente vestida. Ouve-se música à distância.

Rosetta (*Aproxima-se, lisonjeira*) – Leonce!
Leonce – Rosetta!
Rosetta – Leonce!
Leonce – Rosetta!
Rosetta – Os seus lábios estão preguiçosos. De beijar?
Leonce – De bocejar!
Rosetta – Oh!
Leonce – Ah, Rosetta, tenho o pavoroso trabalho...
Rosetta – De?
Leonce – Nada fazer...
Rosetta – Senão amar?
Leonce – Sem dúvida, é um trabalho!
Rosetta (*Melindrada*) – Leonce!
Leonce – Ou uma ocupação.
Rosetta – Ou ócio.
Leonce – Você tem razão, como sempre. Você é uma menina inteligente e eu aprecio muito a sua perspicácia.
Rosetta – Então você me ama por tédio?
Leonce – Não, eu tenho tédio porque a amo. Mas amo o meu tédio como a você. Vocês são uma só coisa. *O dolce far niente*, eu sonho ao ver seus olhos, como junto a fontes misteriosas e profundas; a carícia de seus lábios me adormece como o murmúrio das ondas. (*Ele a abraça.*) Vem, querido tédio, seus beijos são um lascivo bocejo e teus passos um delicado hiato.

Rosetta – Você me ama, Leonce?

Leonce – E por que não?

Rosetta – Para sempre?

Leonce – Essa é uma palavra comprida: sempre! E se eu amar você por mais cinco mil anos e sete meses, é suficiente? Na verdade, é muito menos do que sempre, mas ainda assim é um tempo considerável, e nós dois podemos nos dar tempo para nos amarmos.

Rosetta – Ou o tempo pode nos tirar o amor.

Leonce – Ou o amor, o tempo. Dança, Rosetta, dança, para que o tempo passe ao compasso dos seus graciosos pezinhos.

Rosetta – Meus pés gostariam mais de sair do tempo. (*Ela dança e canta.*)

> Oh, pezinhos meus tão cansados,
> em sapatos coloridos, vocês têm de dançar,
> quando o que mais gostariam
> é de repousar fundo, bem fundo no chão.
>
> Oh, faces minhas tão cálidas,
> em carícias selvagens, vocês têm de arder,
> quando o que mais gostariam
> é de florir, como duas níveas rosas.
>
> Oh, pobres olhos meus,
> à luz das velas, vocês têm de brilhar,
> quando o que mais gostariam
> é de dormir no escuro até esvair as dores.

Leonce (*Entrementes, falando sonhadoramente para si próprio*) – Oh, um amor agonizante é mais belo do que um amor nascente. Sou um romano; durante o delicioso banquete, à sobremesa, os peixes dourados brincam nas cores de sua morte. Veja como vai morrendo o rubor de suas faces, como se apaga quietamente o fulgor de seus olhos, como aumenta e diminui o suave ondular de seus membros! *Adio, adio,* meu amor, quero amar o seu cadáver. (*Rosetta aproxima-se dele novamente.*) Lágrimas, Rosetta? Que sutil epicurismo... poder chorar. Ponha-se ao sol, para que as preciosas gotas se cristalizem, devem dar belos diamantes. Você pode mandar fazer um colar para si.

Rosetta – São mesmo diamantes, cortam-me os olhos por dentro. Ah Leonce! (*Quer abraçá-lo.*)

Leonce – Tome cuidado! Minha cabeça! Enterrei o nosso amor dentro dela. Olhe pelas janelas dos meus olhos. Está vendo como o pobrezinho está bem morto? Está vendo as duas rosas brancas nas suas faces e as duas rosas vermelhas no seu peito? Não me toque para que seu bracinho não se quebre, seria uma pena. Devo manter a cabeça ereta sobre os ombros, como a carpideira que carrega o caixão de uma criança.

ROSETTA (*Brincando*) – Doido!

LEONCE – Rosetta! (*Rosetta lhe faz uma careta.*) Graças a Deus! (*Tapa os olhos.*)

ROSETTA (*Assustada*) – Leonce, olhe para mim!

LEONCE – Por nenhum preço!

ROSETTA – Só um olhar!

LEONCE – Nenhum! Você está chorando? Mais um pouquinho e meu querido amor retornaria ao mundo. Estou contente por tê-lo enterrado. Guardo a impressão.

ROSETTA – (*Afasta-se triste e lentamente, cantando enquanto sai.*)

> Sou uma pobre órfã,
> tenho medo de estar só.
> Ah, desgosto querido...
> Não quer vir pra casa comigo?

LEONCE (*Sozinho*) – Que coisa estranha é o amor. Um ano a fio você fica na cama num sono desperto e, de repente, numa bela manhã, você acorda, toma um copo d'água, põe sua roupa, passa a mão na testa e cai em si... cai em si. Meu Deus, quantas mulheres são necessárias para cantar toda a escala do amor para cima e para baixo? Uma só mal preenche um tom. Por que o nevoeiro sobre nossa Terra é um prisma que rompe o branco raio incandescente do amor em um arco-íris?... (*Ele bebe.*) Em que *bouteille* estará o vinho com o qual devo me embebedar hoje? Será que nem isso consigo fazer uma vez sequer? Estou como que sentado sobre uma máquina pneumática. O ar é tão cortante e rarefeito que sinto um frio como se estivesse patinando em calças de seda. Minhas senhoras e meus senhores, vocês também sabem o que Calígula e Nero[4] foram? Eu sei... Vamos Leonce, diga um monólogo, eu quero ouvir. Minha vida boceja para mim

---

antepunha, pois, a seu ver, o ser não requer a mediação da mente (espírito), para se colocar à consciência.

4. A referência aos dois imperadores romanos, que ficaram marcados na história por sua crueldade, não parece assinalar algo de caráter político ou ligado à natureza do poder, mas relacionar-se à própria crise existencial que domina Leonce, o qual não sabe o que quer e o que fazer e, por isso mesmo,

como uma grande folha de papel em branco que devo preencher, mas eu não consigo escrever uma só letra. Minha cabeça é um salão de dança vazio, algumas rosas murchas e fitas amarrotadas pelo chão, violinos rachados a um canto, os últimos bailantes tiraram as máscaras e fitam uns aos outros com olhos mortificados de sono. Todo dia eu me viro vinte e quatro vezes, como uma luva. Oh, eu me conheço, sei o que vou pensar e o que vou sonhar daqui a um quarto de hora, dentro de oito dias, de um ano. Deus, que crime cometi para que o Senhor me faça repetir tantas vezes a lição, como se eu fosse um escolar? Bravo, Leonce, bravo! (*Ele bate palmas.*) Me faz muito bem aplaudir quando chamo a mim mesmo assim! Ei, Leonce! Leonce!

VALÉRIO (*Aparece embaixo de uma mesa*) – Sua Alteza me parece estar realmente no melhor caminho para tornar-se um verdadeiro louco!

LEONCE – Sim, visto à luz do dia, na verdade também me parece assim.

VALÉRIO – Espere, vamos conversar logo sobre isso com mais detalhes. Preciso apenas acabar de comer um pedaço de assado que roubei da cozinha e um pouco de vinho, da sua mesa. Logo estarei pronto.

LEONCE – Que boca, vai tudo no estalo! Esse sujeito me inspira sensações inteiramente idílicas; eu poderia começar de novo pelo mais simples, eu poderia comer queijo, beber cerveja, fumar tabaco. Vai logo, pára de grunhir com essa sua tromba e castanholar com seus caninos.

VALÉRIO – Mui digno Adônis[5], o senhor está temendo por suas coxas? Esteja tranqüilo, não sou nem vassoureiro nem mestre escola. Não preciso de varas para chicotear.

LEONCE – Você nunca fica devendo a resposta.

VALÉRIO – Gostaria que assim fosse com meu Senhor.

LEONCE – Com isso você quer dizer que precisa apanhar mais? Você está tão preocupado com a sua educação?

VALÉRIO – Oh céus, é mais fácil chegar a ser procriado do que a ser educado. É triste ver em que condições outras condições podem deixar alguém ficar. Que trabalhos passei, desde que minha mãe entrou em trabalho de parto. Quantos bens eu recebi para que deva ser grato à minha concepção?

LEONCE – No atinente à sua concepção, ela não poderia encontrar um

---

sente-se propenso a praticar atos desatinados e desumanos como o tratamento que dispensa a Rosetta.

5. Adônis, jovem de rara beleza de quem Vênus se enamora e que se tornou, nas pegadas da mitologia grega, o símbolo da beleza masculina.

resultado melhor para ser atingido. Você deve expressar-se melhor ou terá a mais desagradável impressão de minha expressão.

Valério – Quando a minha mãe navegava à volta do Cabo da Boa Esperança[6]...

Leonce – E seu pai naufragava no corno do Cabo Horn...

Valério – Certo, pois ele era guarda-noturno. Mas não punha tantas vezes o corno nos lábios quanto os pais de filhos nobres o punham na testa.

Leonce – Homem, você possui uma sem-vergonhice divina. Sinto uma certa necessidade de entrar em contato mais íntimo com ela. Tenho muita gana de chicoteá-lo.

Valério – É uma resposta chicoteante e uma prova definitiva.

Leonce (*Avança sobre ele*) – Ou você é uma resposta chicoteada. Por isso vai receber chicotadas pela resposta!

Valério (*Sai correndo, Leonce tropeça e cai*) – E o senhor é uma prova que ainda precisa ser provada, pois tropeça sobre as próprias pernas, que, em última análise, precisam elas próprias ser ainda comprovadas. São quando muito barrigas de perna improváveis e coxas muito problemáticas.

*Entra em cena o Conselho de Estado. Leonce
fica sentado no chão. Valério.*

Presidente – Sua Alteza, perdoe...

Leonce – Como a mim mesmo! Como a mim mesmo! Perdôo-me a bondade de ouvi-lo. Meus senhores, não querem tomar assento? Que caras as pessoas fazem quando ouvem a palavra "assento"! Sentem-se no chão e não se envergonhem. Afinal, este é o último lugar na terra que um dia os receberá, mas ele nunca rende nada a ninguém, a não ser ao coveiro.

Presidente (*Estalando os dedos, constrangido*) – Se Sua Alteza houver por bem...

Leonce – Mas pare de estalar assim os dedos, se não quiser fazer de mim um assassino.

Presidente (*Estalando cada vez mais os dedos*) – Quisesse o Digníssimo levar em consideração...

Leonce – Meu Deus, enfie as mãos no bolso da calça ou sente-se em cima delas. Você está completamente fora de si. Controle-se.

---

6. Jogo intraduzível de palavras em alemão, com a "boa esperança" que uma gravidez traz a uma futura mãe, no caso a de Valério, esperança que Leonce ironiza.

VALÉRIO – Não se deve interromper as crianças quando estão fazendo xixi, senão podem ter uma retenção.

LEONCE – Homem, contenha-se. Pense na sua família e no Estado. O senhor corre o risco de sofrer um ataque apoplético, se engolir a sua fala.

PRESIDENTE (*Tira um papel do bolso*) – Se Sua Alteza permitir...

LEONCE – O quê? O senhor já sabe ler? Pois então...

PRESIDENTE – Que se deve esperar para amanhã a tão ansiada chegada da prometida noiva de Sua Alteza, a sereníssima princesa Lena de Pipi, é o que Sua Real Majestade manda informar a Sua Alteza.

LEONCE – Se a minha noiva me espera, eu lhe farei a vontade e a deixarei esperando por mim. Ontem à noite eu a vi em sonho, tinha um par de olhos tão grandes que as sapatilhas da minha Rosetta lhe serviriam de sobrancelhas, e nas faces não se viam covinhas, porém um par de valas para o riso. Eu acredito em sonhos. O senhor também sonha de vez em quando, Senhor Presidente? O senhor também tem premonições?

VALÉRIO – É evidente. Sempre na noite anterior ao dia em que (da mesa real) um assado vai queimar, um capão estrebuchar ou Sua Majestade Real vai ficar com dor de barriga.

LEONCE – *A propos*, o senhor tem ainda alguma coisa a dizer? Ponha tudo pra fora.

PRESIDENTE – No dia do enlace, é disposição da Suprema Vontade Real depositar suas mais altas expressões de vontade nas mãos de Sua Alteza.

LEONCE – Diga à Suprema Vontade Real que farei tudo, exceto aquilo que deixarei de fazer, o que, porém não será em todo caso tanto quanto se fosse uma vez mais. Meus senhores, desculpem-me se não os acompanho, justo agora estou com ganas de permanecer sentado, no entanto, minha graça é tão grande que não consigo medí-la com as pernas. (*Ele abre as pernas.*) Senhor Presidente, peço-lhe que tire a medida para que mais tarde o senhor possa lembrar-me dela. Valério, acompanhe os Senhores e não me replique.

VALÉRIO – Replique? Devo pendurar uma sineta no pescoço do Senhor Presidente? Devo conduzi-los como se andassem de quatro?

LEONCE – Homem, você não é nada senão um mau trocadilho. Você não tem pai nem mãe, apenas as cinco vogais juntas o geraram.

VALÉRIO – E o senhor, meu Príncipe, é um livro sem letras, que só tem reticências, nada mais... Venham agora, meus senhores! Há algo de triste neste verbo "vir": para que advenha o lucro, é preciso roubar; só ao ser enforcado, a gente vem a público; encontra-se guarida apenas quando sobrevém a morte; e uma conseqüência vem a cada momento com a piada que se faz, quando não se sabe mais o que dizer, como eu agora mesmo, e os senhores antes ainda de terem dito algo. Os senhores vêm de encontrar a sua despedida e são solicitados agora a convir com sua saída. (*Saem Valério e o Conselho de Estado*.)

LEONCE (*Sozinho*) – Como fui ordinário fazendo-me de nobre cavaleiro com esses pobres diabos! Mas existe um certo prazer numa certa crueldade... Hum! Casar! Isso significa beber de uma cisterna até que ela fique vazia. Oh Shandy[7], velho Shandy, quem me daria o seu relógio! (*Valério retorna*.) Ah! Valério, você ouviu o que ele disse?

VALÉRIO – Então o Senhor vai ser rei, isso é uma coisa engraçada. A gente pode passear o dia inteiro e estragar os chapéus das pessoas de tanto que vão tirá-los da cabeça. Pode-se recortar de homens ordeiros, soldados ordeiros, de modo que tudo se torna inteiramente natural; pode-se transformar fraques pretos e gravatas brancas em servidores públicos e quando se morre todos os botões lustrosos ficam azuis e as cordas dos sinos rebentam como fios de linha de tanto badalar. Isso não é divertido?

LEONCE – Valério! Valério! Nós precisamos fazer outra coisa. Dê o seu conselho!

VALÉRIO – Ah, a ciência, a ciência! Vamos nos tornar sábios!, *a priori*?, ou *a posteriori*?

LEONCE – *A priori*, isso temos de aprender com o meu querido Senhor Pai; e *a posteriori* tudo se inicia, como nos velhos contos de fada: era uma vez!

VALÉRIO – Então vamos ser heróis. (*Ele marcha de um lado para o outro, tocando trombeta e batendo tambor.*) Trom-trom-plerre-plem!

LEONCE – Mas o heroísmo fede terrivelmente a álcool e fica com febre de hospital militar e não pode sobreviver sem tenentes e recrutas. Ao diabo com seu romantismo alexandrino e napoleônico!

VALÉRIO – Então vamos nos tornar gênios literários.

LEONCE – O rouxinol da poesia voeja o dia todo sobre a nossa cabe-

---

7. Alusão a uma personagem de Laurence Sterne, o pai de Tristram Shandy, que se faz notar, na velhice, por seu cuidado com o relógio da família e por se pautar com rígida regularidade na rotina de suas ações.

ça, porém o mais delicado vai pro diabo até que lhe arranquemos as penas e as mergulhemos nas tintas ou nas cores.

VALÉRIO – Então vamos nos tornar membros úteis da sociedade humana.

LEONCE – Prefiro apresentar a minha demissão da condição de ser humano.

VALÉRIO – Então vamos pro diabo.

LEONCE – Oh, o diabo só existe como contraste, para entendermos que no céu, apesar de tudo, há algo. (*Levantando-se de um salto.*) Ah Valério, Valério, agora peguei! Você não está sentindo o soprar do vento sul? Não está sentindo como o ardente éter azul profundo voga para cima e para baixo, como a luz refulge na dourada terra ensolarada, do salgado fluxo da maré sagrada e das colunas e corpos marmóreos? O grande Pã dorme e as figuras antigas sonham à sombra, ao distante rumorejar das ondas, com o velho mago Virgílio, com tarantelas e pandeiros, com noites profundas e loucas, repletas de máscaras, archotes e guitarras. Um Lazzaroni[8]! Valério, um Lazzaroni! Nós vamos para a Itália.

QUARTA CENA: UM JARDIM.

Princesa Lena, paramentada de noiva. A governanta.

LENA – Sim, agora. É isso. Eu passava o tempo pensando em nada. Ele ia passando assim, e, de repente, o dia está aí, diante de mim. Tenho uma coroa nos cabelos... e os sinos, os sinos! (*Ela se inclina para trás e fecha os olhos.*) Veja, eu queria que a grama crescesse assim sobre mim e as abelhas zumbissem ao meu redor; veja, agora estou vestida e tenho rosmaninho[9] nos cabelos. Não há uma velha canção assim:

Quero dormir no campo-santo
como uma criancinha no berço...

---

8. *Lazzaroni* é, a rigor, o plural de *Lazzarone*; em Nápoles, designava os indivíduos pertencentes à mais baixa classe social, mendigos, ladrões e parasitas. O italianismo tornou-se corrente na Europa, principalmente na Alemanha, França e Inglaterra.

9. O rosmaninho é uma erva cujas pequenas flores aromáticas estão associadas ao matrimônio e à morte.

Governanta – Pobre criança, como está pálida sob suas pedras cintilantes.

Lena – Ó Deus, eu poderia amar, por que não? A gente caminha tão só e tateia por uma mão que nos segure, até que o anjo da morte separe as mãos e as cruzes sobre o peito de cada um. Mas por que bater um prego através de duas mãos que não se procuravam? O que fez a minha pobre mão? (*Ela tira um anel do dedo.*) Este anel fere-me como a picada de uma víbora.

Governanta – Mas...dizem que ele é já um verdadeiro Dom Carlos[10].

Lena – Mas... um homem...

Governanta – E então?

Lena – A quem não se ama. (*Ela se ergue.*) Arre! Veja você, estou envergonhada. Amanhã toda fragrância e brilho terão desaparecido de mim. Sou por acaso como uma pobre fonte indefesa, obrigada a refletir, no seu fundo silencioso, toda imagem que sobre ela se debruça? As flores abrem e fecham, como elas querem, as pétalas ao sol da manhã ou ao vento da tarde. Será que a filha de um rei é menos do que uma flor?

Governanta (*Chorando*) – Meu querido anjo, você é um verdadeiro cordeiro do sacrifício.

Lena – Sim, de fato... e o sacerdote já ergue a faca. Meu Deus, meu Deus, então é verdade que devemos nos purificar com a nossa dor? Então é verdade que o mundo é um Salvador crucificado, o sol a sua coroa de espinhos e as estrelas, os pregos e lanças cravados em seus pés e nas suas mãos?

Governanta – Minha filha, minha filha! Não posso vê-la assim. Isso não pode continuar assim, isso está acabando com você. Talvez, quem sabe! Tenho algo em mente. Vamos ver. Venha! (*Ela conduz a princesa para fora.*)

---

10. Herói na peça de Schiller e na ópera do mesmo nome, de Verdi.

Segundo Ato

Como que uma voz em mim ressoou
no imo de meu ser,
e de uma só vez devorou
todo o meu lembrar.

Adalbert von Chamisso[11]

Primeira Cena: Campo Livre.
Uma Taberna ao Fundo.

Entram Leonce e Valério, que carrega um fardo.

Valério (*Arquejando*) – Pela minha honra, Príncipe, o mundo é um edifício terrivelmente extenso.
Leonce – Que nada! Que nada! Eu mal ouso esticar as mãos, como se estivesse dentro de uma estreita sala de espelhos, por medo

---

11. Erudito e poeta romântico de origem francesa (1781-1831), cujo nome verdadeiro era Louis Charles Adelaide de Chamisso de Boncourt. Autor de *A Maravilhosa História de Peter Schlemihl*, história de um homem que vendeu a sombra ao diabo. Foi também naturalista e diretor do Jardim Botânico de Berlim.

de esbarrar em toda parte, deixando as belas figuras deitadas no chão em cacos e eu parado diante da parede lisa e nua.

VALÉRIO – Estou perdido.

LEONCE – Nisso, ninguém terá nada a perder, salvo quem vier a encontrá-lo.

VALÉRIO – Vou me colocar logo mais na sombra de minha sombra.

LEONCE – Você está se volatilizando totalmente ao sol. Está vendo aquela bela nuvem ali em cima? Ela é no mínimo um quarto de seu tamanho. E contempla com toda satisfação a sua massa grosseiramente material, embaixo.

VALÉRIO – Não faria mal à sua cabeça, se a tosassem e deixassem que sobre ela a nuvem caísse gota a gota. Uma idéia genial! Nós já passamos por uma dúzia de principados[12], por meia dúzia de grão-ducados e por alguns reinos, e isso na maior pressa, em meio dia apenas, e por quê? Porque alguém deve tornar-se rei e casar com uma bela princesa. E o senhor continua vivendo em tal situação? Não compreendi a sua resignação. Não compreendo como o senhor ainda não tomou arsênico, não subiu ao parapeito da torre da igreja e não deu um tiro na cabeça, tudo isso só para ter absoluta certeza de não errar.

LEONCE – Mas Valério, e os ideais? Eu tenho o ideal de uma mulher dentro de mim e devo perseguí-lo. Ela é infinitamente bela e infinitamente fútil. Nela a beleza é tão indefesa, tão comovente, quanto uma criança recém-nascida. É um precioso contraste. Esses olhos celestialmente estúpidos, essa boca ingenuamente divina, esse perfil grego de narinas asininas, essa morte espiritual nesse corpo espiritual.

VALÉRIO – Diabos! Já estamos de novo na fronteira; esse país é como uma cebola, nada além de cascas, ou de caixinhas enfiadas umas dentro das outras; na maior não há nada mais que outras caixinhas e na menor não há nada. (*Ele joga o seu fardo no chão.*) Será que esse fardo deverá tornar-se a lápide de minha sepultura? Veja, Príncipe, estou ficando filosófico, uma imagem da vida humana. Arrasto esse fardo com os pés feridos através do frio da geada e do sol escaldante, porque ao anoitecer quero vestir uma camisa limpa, e quando, finalmente, a noite chega, a minha testa está enrugada, minhas faces, encovadas, meus olhos, fundos, e ainda me dá tempo de vestir a minha camisa, como mor-

---

12. Referência à situação da Alemanha na época, que estava dividida em um grande número de principados, pequenos e grandes, e reinos independentes.

talha. Não teria eu agido agora de maneira mais inteligente, se tivesse levantado a minha trouxa do bastão em que a carrego, vendendo-a no primeiro botequim, e depois tivesse me embriagado e dormido na sombra, até que ficasse noite, e não tivesse suado e criado calos? E agora, Príncipe, vem a aplicação e a prática. De pura vergonha queremos agora vestir também o homem interior, metendo-lhe por dentro paletó e calças. (*Os dois dirigem-se à taberna.*) Ei, amado fardo, que olor delicioso, que aroma de vinho e cheiro de assado! Ei, queridas calças, como vocês estão enraizadas no chão e verdejam e florescem, enquanto as longas e pesadas uvas pendem sobre a minha boca e seu mosto fermenta nos tonéis. (*Eles saem.*)

A Princesa Lena e a Governanta chegam.

GOVERNANTA – Deve ser um dia encantado, o sol não se põe, e já passou um tempo sem fim desde a nossa fuga.

LENA – Não ainda, minha querida. As flores que colhi como despedida, quando saímos do jardim, mal começaram a murchar.

GOVERNANTA – E aonde vamos descansar? Ainda não chegamos a lugar algum. Não vejo nenhum convento, nenhum eremita, nenhum pastor.

LENA – Havíamos sonhado tudo diferente, lendo os nossos livros atrás do muro do nosso jardim, entre mirtos e loureiros.

GOVERNANTA – Oh, o mundo é horroroso! Nem pensar em encontrar um filho de rei perdido.

LENA – Oh! O mundo é belo e tão vasto, tão infinitamente vasto. Eu gostaria de caminhar sempre assim, dia e noite.
Nada se move. Que brilho avermelhado das flores de cuco brinca sobre os prados, e as montanhas ao longe jazem sobre a terra como nuvens que repousam.

GOVERNANTA – Meu Jesus, o que irão dizer? E, no entanto, é tão delicado e feminino. É uma renúncia. É como a fuga da Santa Otília[13]. Mas temos de procurar um abrigo. Está anoitecendo.

LENA – Sim, as plantas estão juntando suas folhinhas para dormir e os raios do sol embalam-se na grama como libélulas cansadas.

---

13. Santa alsaciana do século VIII, que fugiu de casa para não ser obrigada pelo pai a desposar um duque alemão e que foi salva de seus perseguidores por um milagre, quando uma rocha se abriu para abrigá-la.

Segunda Cena: A Estalagem Num Outeiro, Junto a Um Rio.
Vista Ampla. O Jardim Diante da Taberna.

Valério. Leonce.

Valério – E então, Príncipe, suas calças não fornecem uma bebida deliciosa? Suas botas não correm goela abaixo com a maior facilidade?

Leonce – Você está vendo as velhas árvores, as sebes, as flores? Tudo isso tem as suas histórias, suas doces e secretas histórias. Você está vendo aqueles rostos envelhecidos e amáveis sob as videiras, junto da porta da casa? Olha como eles estão sentados, um segurando as mãos do outro, com medo por serem tão velhos e o mundo ainda tão jovem. Ah Valério, e eu sou tão jovem e o mundo, tão velho! Às vezes temo por mim, e eu poderia sentar-me nalgum canto e derramar lágrimas quentes com pena de mim mesmo.

Valério (*Dá-lhe um copo*) – Toma esse sino, esse sino de mergulhador, e afunde no mar de vinho, para que suas pérolas de espuma batam sobre você. Olhe como os elfos pairam sobre o buquê do cálice do vinho, com sapatos dourados, tocando os címbalos.

Leonce (*Erguendo-se de um salto*) – Vem, Valério, precisamos fazer alguma coisa, alguma coisa. Vamos nos entregar a pensamentos profundos; vamos investigar como é que a cadeira fica de pé sobre três pernas e não sobre duas, porque a gente limpa o nariz com a ajuda das mãos e não como as moscas que o fazem com os pés. Vem, vamos arrancar as pernas das formigas, vamos contar os estames; eu ainda hei de arranjar um passatempo principesco. Ainda vou descobrir um chocalho de criança que só vai me cair da mão quando eu catar flocos e puxar os fios do cobertor. Ainda tenho uma certa dose de entusiasmo para gastar; mas quando eu tiver cozinhado tudo isso muito bem, vou precisar de um tempo infinito para achar uma colher com a qual vou comer o meu prato, é disso que tudo depende.

Valério – *Ergo bibamus*[14]. Essa garrafa não é uma amante, não é uma idéia, não causa dores de parto, ela não fica entediada, não se torna infiel, ela permanece a mesma da primeira à última gota. Você rompe o selo e todos os sonhos que nela dormitam, jorram ao seu encontro.

---

14. *Ergo bibamus*, "Logo bebamos", refrão de uma canção de estudantes e *clercs* medievais.

Leonce – Oh Deus! Que a metade de minha vida seja uma prece, se apenas me presentearem com um talo de palha sobre o qual eu possa cavalgar, como sobre um soberbo cavalo, até que eu mesmo esteja deitado sobre a palha. Que noite sinistra. Ali embaixo tudo é silêncio e ali em cima as nuvens se modificam e passam e o brilho do sol desaparece e torna a aparecer. Veja, que figuras estranhas se perseguem ali, veja as sombras brancas e longas, com horrorosas pernas magras e asas de morcego, e tudo tão rápido, tão confuso, e ali embaixo não se move uma folha, um galho. A terra se encolheu amedrontada, como uma criança, e sobre o seu berço caminham os fantasmas.

Valério – Não sei o que senhor deseja, eu estou muito bem. O sol parece a tabuleta de uma estalagem e as nuvens esbraseadas sobre ele, a inscrição "Estalagem do Sol Dourado". A terra e a água lá embaixo são como uma mesa sobre a qual derramaram vinho e nós estamos deitados em cima dela como cartas de baralho, com as quais Deus e o Diabo, por enfado, jogam uma partida, e o senhor é o rei de copas e eu o valete, falta apenas uma dama, uma formosa dama, com um grande coração de pão de mel no peito e uma enorme tulipa na qual afunde sentimentalmente o comprido nariz (*Entram em cena a Governanta e a Princesa*), e, por Deus, aí está ela! Não se trata, porém, na verdade, de uma tulipa mas de uma pitada de rapé e, na verdade, não é um nariz, mas, sim, uma tromba. (*Para a Governanta.*) Por que, mui Digníssima Senhora, caminha com tanta pressa, que se vê suas vetustas panturrilhas até a altura de suas respeitáveis ligas?

Governanta (*Violentamente enraivecida, detém-se*) – E por que, oh Estimado Senhor, escancara tanto a boca que abre um buraco em nossa paisagem?

Valério – Para que a Estimada Senhora não bata o nariz no horizonte, fazendo-o sangrar. Seu nariz é como a torre do Líbano[15], que se ergue em direção a Damasco.

Lena (*Para a Governanta*) – Minha querida, será que o caminho é tão longo assim?

Leonce (*Sonhadoramente, para si mesmo*) – Ó, todo caminho é longo! O picar do caruncho em nosso peito é lento e cada gota de sangue mede o seu tempo, e nossa vida é uma febre rastejante. Para pés cansados, todo caminho é longo demais...

---

15. Referência ao Cântico dos Cânticos (7:5).

Lena (*Que o ouve amedrontada e pensativa*) – E para olhos cansados toda luz é forte demais, e para lábios cansados todo sopro é pesado demais (*Sorrindo*), e para ouvidos cansados cada palavra é excessiva. (*Ela entra com a governanta na casa.*)

Leonce – Oh, querido Valério. Não poderia eu também dizer, como Hamlet: "Não seria isto, senhor, e mais uma floresta de penas, com duas rosetas provençais sobre meus sapatos esfolados...?" Eu disse isso, creio, bem melancolicamente. Graças a Deus, começo a ficar livre de minha melancolia. O ar já não é mais tão claro e frio, o céu baixa ao meu redor, denso e ardente, e caem pesadas gotas. Oh, essa voz: Será assim tão longo o caminho? Muitas vozes falam sobre este mundo e a gente acha que falam de outras coisas, mas eu a entendi. Ela repousa sobre mim como o espírito quando pairava sobre as águas, antes de fazer-se a luz. Que fermentação nas profundezas, que germinar do ser dentro de mim, como a voz se derrama pelo espaço. – Será que o caminho é tão longo assim? (*Sai.*)

Valério – Não. O caminho para o hospício não é tão longo assim, é fácil encontrá-lo, eu conheço todas as veredas, todos os atalhos e estradas pavimentadas, até lá. Já o vejo indo por uma larga alameda, num gélido dia de inverno, com o chapéu embaixo do braço: pára nas longas sombras sob as árvores peladas e abana-se com o lenço de bolso. Ele é louco! (*Segue-o.*)

Terceira Cena: Um Quarto.

Lena. A Governanta.

Governanta – Não pense naquela pessoa.

Lena – Ele era tão velho sob seus cachos loiros. A primavera nas faces e o inverno no coração. É triste. Um corpo fatigado encontra um travesseiro em toda parte, mas quando o espírito está cansado, onde irá repousar? Acorre-me um pensamento terrível, creio que há gente infeliz, incuravelmente infeliz, só porque existe. (*Ela se levanta.*)

Governanta – Para onde vai, minha filha?

Lena – Quero descer ao jardim.

Governanta – Mas...

Lena – Mas, querida mãezinha, você sabe que na realidade deveriam ter me colocado dentro de um vaso. Eu preciso de orvalho e do ar noturno, como as flores. Você está ouvindo as harmonias da noite? Como os grilos cantam chamando o dia e as violetas da noite o adormecem com o seu perfume! Não posso ficar no quarto. As paredes caem sobre mim. (*Sai.*)

Quarta cena: O jardim. Noite e luar.

Vê-se Lena, sentada na grama.

Valério (*Um pouco distante*) – É uma bela coisa a natureza, mas seria ainda mais bela se não houvesse pernilongos, se as camas das estalagens fossem mais limpas e se os carunchos não picassem assim as paredes. Dentro da casa roncam os homens e fora coaxam os sapos, dentro cricrilam os grilos de casa e fora os grilos do campo. Querido gramado, isto é uma louca decisão. (*Deita-se na grama.*)

Leonce (*Aparece*) – Oh noite, balsâmica como a primeira que baixou sobre o paraíso. (*Percebe a princesa e aproxima-se dela silenciosamente.*)

Lena (*Falando consigo mesma*) – A toutinegra chilreava em sonho, a noite dorme mais profundamente, sua face torna-se mais pálida e sua respiração mais silenciosa. A lua é como uma criança adormecida, os cachos dourados caíram durante o sono sobre o rostinho querido. Oh, o seu sono é a morte. Qual um anjo morto repousa sobre o seu escuro travesseiro e as estrelas como velas queimam ao seu redor. Pobre criança, logo virão as escuras assombrações buscá-la? Onde está sua mãe? Ela não quer beijá-la ainda uma vez? Ai, como é triste, morta e tão sozinha.

Leonce – Levanta-te no teu vestido branco e caminha atrás do cadáver através da noite, e canta-lhe a canção da morte.

Lena – Quem está falando aí?

Leonce – Um sonho.

Lena – Os sonhos são venturosos.

Leonce – Então sonhe-se venturosa e deixe que eu seja o seu sonho venturoso.

Lena – A morte é o mais venturoso dos sonhos.

Leonce – Então deixe que eu seja o seu anjo da morte. Deixe que os meus lábios desçam, como asas, sobre os seus olhos. (*Ele a beija.*) Belo cadáver, você repousa tão docemente sobre a negra mortalha da noite, que a natureza detesta a vida e se apaixona pela morte.

LENA – Não, me deixe. (*Ela se ergue de um salto e se afasta rapidamente.*)
LEONCE – É demais, é demais! Todo meu ser está nesse momento único. Agora morre. Mais não é possível. Quão fresca em sua respiração, cintilante em sua beleza, a criação irrompe do caos, ao meu encontro. A terra é uma taça de ouro escuro; como espuma a luz dentro dela e escorre sobre sua borda e dela estouram as estrelas faiscantes como pérolas. Meus lábios sugam-na: essa gota de ventura me converte em delicioso recipiente. E agora, para baixo santo cálice! (*Ele quer se atirar no rio*)
VALÉRIO (*Dá um salto e o abraça*) – Alto lá, Sereníssimo.
LEONCE – Me deixe!
VALÉRIO – Eu o deixarei tão logo o senhor se deixar acalmar, e prometer deixar a água.
LEONCE – Estúpido!
VALÉRIO – Será que Sua Alteza ainda não superou o romantismo de tenente, para jogar pela janela o copo com o qual se bebeu à saúde de sua amada?
LEONCE – Estou quase achando que você tem razão.
VALÉRIO – Console-se. Mesmo que o senhor hoje à noite não durma debaixo da grama, pelo menos vai dormir em cima dela. Constituiria também uma tentativa não menos suicida ir deitar-se numa das camas. A gente fica deitado sobre a palha como um morto e é mordida pelas pulgas como um vivo.
LEONCE – Por mim... (*Deita-se no gramado.*) Homem, você me impediu de cometer o mais belo suicídio. Nunca mais em minha vida vou encontrar um momento tão oportuno, e o tempo está tão agradável. Agora já perdi a vontade. Esse sujeito com o seu casaco amarelo e suas calças em azul-celeste[16] estragou tudo. Que o céu me conceda um sono pesado e sadio.
VALÉRIO – Amém. E eu salvei uma vida humana e vou aquecer hoje à noite o meu estômago com a minha boa consciência. À sua, Valério!

---

16. Travestimento cômico da vestimenta de Werther, a célebre personagem de Goethe.

TERCEIRO ATO

PRIMEIRA CENA

Leonce, Valério.

VALÉRIO – Casar? Desde quando Sua Alteza adotou o calendário da eternidade?

LEONCE – Você também sabe, Valério, que até o mais ínfimo dos homens é tão grande que a vida ainda é muito curta para que se possa amá-lo? E depois, eu posso, afinal, dar alegria a um certo tipo de pessoas que metem na cabeça que nada é tão belo e sagrado que não devam torná-lo ainda mais belo e mais sagrado. Há um certo prazer nessa doce arrogância. E por que não haveria eu de lhes conceder isso?

VALÉRIO – Muito humano e filobestial! Mas ela sabe quem o Senhor é?

LEONCE – Ela só sabe que me ama.

VALÉRIO – E Sua Alteza também sabe quem ela é?

LEONCE – Bobão! Pergunte ao cravo e à gota de orvalho o nome que têm.

VALÉRIO – Quer dizer então que ela é alguma coisa, se isto não for por demais indelicado e não cheirar a uma identificação por sinais característicos. Mas, como vai funcionar isso? Hum! Príncipe, serei ministro, se o senhor ainda hoje, diante de seu pai, for conjungido mediante a inefável e inominável bênção matrimonial? O senhor me dá sua palavra?

LEONCE – Palavra!

VALÉRIO – O pobre diabo, Valério, recomenda-se a Sua Excelência, o Senhor Ministro de Estado Valério de Valvalério. – "O que está querendo esse sujeito? Eu não o conheço. Fora malandro!" (*Ele sai correndo, Leonce o segue.*)

SEGUNDA CENA: DESCAMPADO DIANTE
DO CASTELO DO REI PEDRO.

O Prefeito. O Mestre-Escola. Camponeses em trajes domingueiros, segurando galhos de pinheiros.

PREFEITO – Caro senhor mestre-escola, como se comporta a sua gente?

MESTRE-ESCOLA – Eles se comportam tão bem no seu sofrimento que já há bastante tempo se suportam uns aos outros. Despejam uma boa aguardente goela abaixo, senão lhes seria impossível agüentar o sol por tanto tempo. Coragem, minha gente! Estiquem bem seus galhos de pinheiro para os outros pensarem que vocês são um pinheiral, e seus narizes, morangos, seus tricornes, chifres da caça e suas calças de couro de veado, o luar, e observem, o último torna sempre a correr diante do primeiro, a fim de parecer que vocês foram elevados ao quadrado, em número.

PREFEITO – E mestre-escola, o senhor está postado diante da sobriedade.

MESTRE-ESCOLA – Compreende-se, pois de tanta sobriedade mal posso continuar de pé.

PREFEITO – Prestem atenção, minha gente, no programa consta: "Todos os súditos deverão, de livre e espontânea vontade, bem trajados, bem alimentados e com fisionomias satisfeitas, postar-se ao longo da estrada". Não nos façam passar vergonha!

MESTRE-ESCOLA – Mantenham-se firmes! Não cocem as orelhas, não assoem o nariz com os dedos quando estiver passando o casal real, e mostrem a devida comoção, ou serão utilizados meios que a provoquem. Reconheçam o bem que se lhes faz, pois vocês foram dispostos de tal maneira que o vento da cozinha passe por cima de vocês e vocês, uma vez na vida, sintam o cheiro de um assado. Vocês ainda sabem a sua lição? Hein? Vi!

OS CAMPONESES – Vi!

MESTRE-ESCOLA – Vat!
CAMPONESES – Vat!
MESTRE-ESCOLA – Vivat!
CAMPONESES – Vivat!
MESTRE-ESCOLA – E então, Senhor Prefeito. Como pode ver, a inteligência está em ascenso. Considere que é latim. Mas daremos também, hoje à noite, um transparente baile por meio dos buracos de nossas calças e casacos, e vamos socar, com os nossos punhos, cocares nas cabeças.

TERCEIRA CENA: GRANDE SALÃO. HOMENS E MULHERES BEM ATAVIADOS E CUIDADOSAMENTE AGRUPADOS.

O Mestre-de-Cerimônias, com alguns criados, à frente.

MESTRE-DE-CERIMÔNIAS – É uma lástima! Tudo estragado! Os assados já estão ressecando. As felicitações estão sustadas. Todos os parricidas pendem como melancólicas orelhas de porco. As barbas e as unhas dos camponeses já estão crescendo de novo. Os cachos dos cabelos dos soldados estão se desfazendo. Das doze inocentes virgens, não há uma que não prefira a posição horizontal à vertical. Em seus vestidinhos brancos elas parecem coelhos exaustos e o poeta da corte está grunhindo em torno delas como um aflito porquinho da Índia. Os senhores oficiais perderam toda a sua postura. (*Dirigindo-se a um criado.*) Diga pois ao senhor candidato a professor que seria melhor ele mandar seus garotos darem uma mijada. O pobre Capelão da Corte! A sua casaca deixa pender a cauda de maneira bastante melancólica. Creio que ele possui ideais e transforma todos os camareiros em urinóis de câmara. Ele está cansado de ficar de pé.
PRIMEIRO CRIADO – Toda carne estraga quando fica parada. Também o Capelão da Corte está exausto de tanto ficar de pé desde que ficou em pé hoje cedo.
MESTRE-DE-CERIMÔNIAS – As damas da corte estão aqui paradas, feito marmotas das salinas, o sal se cristaliza em seus colares.
SEGUNDO CRIADO – Ao menos procuram ficar à vontade. Não se pode dizer delas, de maneira alguma, que carregam muito sobre os ombros. Embora não estejam de coração aberto, estão de decote aberto até o coração.

Mestre-de-Cerimônias – Sim, são bons mapas do império turco, a gente vê os Dardanelos e o Mar de Mármara. Vamos, seus patifes! Às janelas! Aí vem Sua Majestade.

Entram o Rei Pedro e o Conselho de Estado.

Pedro – Quer dizer então que também a Princesa desapareceu? Ainda não se encontrou nenhum vestígio de nosso mui amado príncipe herdeiro? Foram cumpridas as minhas ordens? As fronteiras estão sendo vigiadas?

Mestre-de-Cerimônias – Sim, Majestade. A vista que se tem desta sala nos permite a mais severa vigilância. *(Para o primeiro criado.)* O que foi que você viu?

Primeiro Criado – Um cachorro, que procura o seu dono, correu por todo o reino.

Mestre-de-Cerimônias *(Para o outro criado)* – E você?

Segundo Criado – Alguém está caminhando pela fronteira norte, mas não é o Príncipe, eu o reconheceria.

Mestre-de-Cerimônias – E você?

Terceiro Criado – Com o seu perdão, nada.

Mestre-de-Cerimônias – Isso é muito pouco. E você?

Quarto Criado – Também nada.

Mestre-de-Cerimônias – Isso é menos ainda.

Pedro – Mas Respeitável Conselho de Estado, não havia eu decidido que a minha Real Majestade devia alegrar-se no dia de hoje e que nele seria celebrado o casamento? Não foi essa a nossa firme resolução?

Presidente – Sim, Sua Majestade, assim está protocolado e registrado.

Pedro – E eu não me comprometeria se deixasse de executar a minha resolução?

Presidente – Se fosse possível à Sua Majestade comprometer-se de forma diferente, este seria um caso no qual o senhor poderia comprometer-se.

Pedro – Não dei a minha palavra real? Sim, vou pôr imediatamente em efeito a minha resolução, vou alegrar-me. *(Ele esfrega as mãos.)* Oh, estou extraordinariamente alegre!

Presidente – Nós todos partilhamos os sentimentos de Sua Majestade até onde é possível e conveniente à condição de súditos.

Pedro – Não sei o que fazer com tanta alegria. Vou mandar confeccionar casacas vermelhas para os meus camareiros, promover alguns cadetes a tenentes, vou permitir a meus súditos ... mas,

mas, e o casamento? Não determinava a outra metade da resolução que o casamento deveria ser celebrado?
PRESIDENTE – Sim, Sua Majestade.
PEDRO – Sim, mas e se o Príncipe não vier e a Princesa também não?
PRESIDENTE – Se o Príncipe não vier e a Princesa também não... então... então...
PEDRO – E então, e então?
PRESIDENTE – Ora, então eles não poderão se casar.
PEDRO – Espera, é a conclusão lógica? Se... então... Certo! Mas, e a minha palavra, a minha palavra real?
PRESIDENTE – Console-se, Sua Majestade, com outras Majestades. Uma palavra real é uma coisa... uma coisa... uma coisa... que nada é.
PEDRO (*Para os criados*) – Vocês ainda não estão avistando nada?
O CRIADO – Não, Sua Majestade, nada, absolutamente nada.
PEDRO – E eu havia decidido a me alegrar tanto, precisamente com a batida das doze nos sinos, eu queria começar a me alegrar e ficaria alegre durante doze horas inteiras... estou ficando profundamente melancólico.
PRESIDENTE – Todos os súditos são convidados a partilhar dos sentimentos de Sua Majestade.
MESTRE-DE-CERIMÔNIAS – E para aqueles que não trouxerem consigo um lenço, o choro está interditado por uma questões de educação.
PRIMEIRO CRIADO – Esperem! Estou vendo alguma coisa! É algo parecido com uma saliência, como um nariz, o resto ainda não atravessou a fronteira, e depois vejo mais um homem e depois mais duas pessoas de sexos opostos.
MESTRE-DE-CERIMÔNIAS: Em que direção?
PRIMEIRO CRIADO – Eles estão se aproximando. Vêm vindo para o castelo. Ei-los aqui.

*Valério, Leonce, a Governanta e a Princesa
aparecem mascarados.*

PEDRO – Quem são vocês?
VALÉRIO – E eu sei? (*Ele tira, devagar, várias máscaras, uma após outra.*) Sou esse? Ou esse? Ou esse? Na verdade, estou com medo de me descascar e me desfolhar todinho.
PEDRO (*embaraçado*) – Mas... mas, afinal, algo você deve ser?
VALÉRIO – Se Sua Majestade assim o ordenar! Mas, neste caso, meus senhores, virem os espelhos para a parede e escondam seus botões brilhantes e não olhem para mim, de tal modo que

eu me veja obrigado a me espelhar nos seus olhos, ou então não saberei deveras quem realmente eu sou.

PEDRO – Esse homem me deixa confuso, me leva ao desespero. Estou na maior confusão.

VALÉRIO – Mas realmente eu gostaria de anunciar a esta subida e ilustre sociedade que aqui chegaram esses dois autômatos, mundialmente famosos, e que talvez eu seja o terceiro e o mais notável deles, se eu apenas soubesse efetivamente quem eu sou, coisa sobre a qual, aliás, ninguém deve se admirar, pois nem mesmo eu sei do que estou falando, e nem sequer sei que não sei, de modo que é altamente provável que só me deixam falar assim e, na realidade, são apenas tambores e flautas que dizem tudo. (*Com tom estridente.*) Vejam, minhas senhoras e meus senhores, duas pessoas de ambos os sexos, um homenzinho e uma mulherzinha, um cavalheiro e uma dama. Nada mais senão arte e mecanismo, apenas papelão e molas de relógio. Cada qual tem, sob a unha do mindinho do pé direito, uma delicada, delicadíssima mola de rubi; a gente pressiona um pouquinho e o mecanismo anda durante cinqüenta anos. Essas pessoas foram tão perfeitamente moldadas que não se saberia diferenciá-las de outros seres humanos se não soubéssemos que são puro papelão; na verdade, poder-se-ia transformá-las em membros da sociedade humana. Elas são muito nobres, já que usam bem o vernáculo. Têm bons hábitos, pois levantam ao bater do sino, almoçam quando o sino bate meio-dia e vão para a cama ao bater do sino, elas também têm uma boa digestão, o que prova que têm a consciência tranqüila. Possuem o mais fino senso de decoro, pois a senhora não tem uma palavra para o conceito de calças e para o senhor é absolutamente impossível subir uma escada atrás de uma senhora ou descer à frente de uma dama. São pessoas muito cultas, a senhora canta todas as óperas mais recentes e o cavalheiro usa abotoaduras. E agora atenção, meus senhores e minhas senhoras, eles se encontram neste momento em um estágio interessante, o mecanismo do amor começa a se manifestar, o cavalheiro já carregou algumas vezes o xale da dama e a dama já revirou algumas vezes os olhos e os ergueu para o céu. Ambos já sussurraram algumas vezes as palavras fé, amor, esperança! Ambos parecem já estar inteiramente de acordo, falta tão-somente aquela minúscula palavrinha: amém!

PEDRO (*Colocando o dedo sobre o nariz*) – Em efígie? Em efígie?

Presidente, quando se enforca alguém em efígie, isto não é a mesma coisa do que enforcá-lo de verdade?
PRESIDENTE – Com o perdão de Sua Majestade, isto é ainda muito melhor, pois não lhe sucederá nenhum mal e, apesar disso, será enforcado.
PEDRO – É isso. Vamos celebrar o casamento em efígie. (*Apontando para Leonce e Lena.*) Este é o príncipe e esta é a princesa. Cumprirei minha decisão, vou me alegrar. Que os sinos soem, preparem os votos de felicidades, depressa, Senhor Capelão da Corte!

O Capelão da Corte vem para frente, pigarreia, olha algumas vezes para o céu.

VALÉRIO – Começa! Pare de fazer estas suas malditas caretas e começa! Vamos!
CAPELÃO DA CORTE (*Todo atrapalhado*) – Quando nós ... ou... mas ...
VALÉRIO – Visto que e porquanto...
CAPELÃO DA CORTE – Pois...
VALÉRIO – Aconteceu antes da criação do mundo...
CAPELÃO DA CORTE – Que...
VALÉRIO – Deus se entediava...
PEDRO – Seja breve, meu caro.
CAPELÃO DA CORTE (*Recompondo-se*) – Se apraz a Sua Alteza, Príncipe Leonce, do Reino Popo, e se apraz a Sua Alteza, Princesa Lena, do Reino Pipi, se apraz a Suas Altezas mutuamente, de parte a parte, a querer-se um ao outro, então digam um alto e audível sim.
LEONCE E LENA – Sim!
CAPELÃO DA CORTE – Então eu digo: Amém.
VALÉRIO – Muito bem, curto e preciso; e assim foram então criados o homenzinho e a mulherzinha e todos os animais do paraíso ficaram em torno deles. (*Leonce tira a máscara.*)
TODOS – O príncipe!
PEDRO – O príncipe! Meu filho! Estou perdido, fui enganado! (*Ele caminha em direção da princesa.*) Quem é essa pessoa? Ordeno que tudo seja declarado nulo e sem valor!
GOVERNANTA (*Tira a máscara da princesa, triunfante*) – A princesa!
LEONCE – Lena!
LENA – Leonce!
LEONCE – Ah Lena, acho que isso foi a fuga no paraíso. Fui enganado.
LENA – Fui enganada.
LEONCE – Oh, acaso!

Lena – Oh, providência!

Valério – Tenho que rir, só dando risada. Na verdade, foi o acaso que ocasionou o encontro de Suas Altezas no caso. Espero que, para agradar o acaso, encontrem agrado um no outro.

Governanta – Oh, o que os meus velhos olhos puderam ver! Um filho de rei desgarrado! Agora posso morrer tranqüila.

Pedro – Meus filhos, estou comovido; mal sei o que fazer de tanta comoção. Sou o mais feliz dos homens! Mas também, por isso, coloco solenemente a regência em suas mãos, meu filho, e agora vou desde logo, sem estorvo, começar somente a pensar. Você, meu filho, me ceda esses sábios (*Aponta para o Conselho de Estado*) para que me amparem em meus esforços. Venham, meus senhores, nós precisamos pensar, sem que ninguém nos perturbe. (*Ele se afasta com o Conselho de Estado.*) Aquele homem me deixou, há pouco, totalmente confuso, preciso tratar de sair disso.

Leonce (*Para os presentes*) – Meus senhores, minha esposa e eu lamentamos infinitamente que tenham permanecido em serviço por tanto tempo. A posição em que se acham é tão triste que não desejaríamos, a preço algum, pôr à prova por mais tempo a perseverança dos senhores. Vão para casa agora, mas não esqueçam os seus discursos, suas prédicas e seus versos, pois amanhã, com toda a calma e conforto, recomeçaremos a brincadeira desde o início. Até logo!

Todos se afastam, com exceção de Leonce, Lena,
Valério e a Governanta.

Leonce – E então, Lena, está vendo agora como temos os bolsos cheios, cheios de bonecos e de brinquedos? O que vamos fazer com eles? Vamos pintar bigodes e pendurar espadas neles? Ou vamos vesti-los com casacas e deixar que façam infusória política e diplomacia, sentando-nos ao seu lado com o microscópio? Ou você deseja um realejo, sobre o qual ficam correndo estéticos musaranhos brancos como leite? Vamos construir um teatro? (*Lena encosta-se nele e sacode a cabeça.*) Mas eu sei muito bem o que você quer, vamos quebrar todos os relógios, proibir todos os calendários e contar as horas e as luas pelo relógio das flores, apenas pela floração e pelo fruto. E depois cercaremos nosso reinozinho com espelhos solares para que não haja mais inverno e, no verão, nós nos volatilizaremos para ir até Ischia e Capri, ficando o ano inteiro entre rosas e violetas, entre laranjas e loureiros.

VALÉRIO – E eu serei ministro de Estado e será baixado um decreto, segundo o qual aquele que criar calos nas mãos ficará sob custódia, aquele que trabalhar até ficar doente será passível de condenação por crime, todo aquele que se gabar de ganhar o pão com o suor de seu rosto será declarado louco e considerado um elemento perigoso para a sociedade humana, e depois deitaremos à sombra e pediremos a Deus macarrão, melão e figos, e gargantas musicais, corpos clássicos e uma religião cômoda!

Fragmentos Esparsos
Primeiro Ato

> *Ó, fora eu um bobo da corte!*
> *Minha ambição está num casaco colorido.*
>
> Como Gostais, Shakespeare

Primeira Cena: Um Jardim

O Príncipe meio recostado sobre um banco. O Preceptor.

Príncipe – Meu senhor, o que quer de mim? Preparar-me para a minha profissão? Minhas mãos não chegam para o que preciso fazer, não sei como dar conta de tanto trabalho. Veja, primeiro devo cuspir trezentos e sessenta e cinco vezes seguidas aqui sobre essa pedra. O senhor nunca experimentou fazer isso? Pois então experimente, é um divertimento muito peculiar. E depois... está vendo esta mão cheia de areia? (*Pega areia, joga-a para o alto e a apara de novo com o dorso da mão.*) Agora jogo-a para o alto. Vamos apostar? Quantos grãozinhos tenho agora no dorso de minha mão? Par ou ímpar?... Como? O senhor não quer apostar? O senhor é ateu? Acredita em Deus? Costumo apostar comigo mesmo e sou capaz de passar dias e dias nisso. Se o senhor souber de alguém que tenha prazer de apostar comigo às vezes, eu lhe ficaria muito agradecido. Depois... preciso refletir como se poderia conseguir um jeito para que eu veja uma vez o topo de minha cabeça... como seria se eu pudesse me ver de pernas para o ar. Ó, pudesse alguém enxergar o topo de sua cabeça! Este é um dos meus ideais. Faria tão bem para mim. E depois... e depois uma quantidade infinita de coisas dessa espécie. Será que sou um vadio? Será que não tenho ocupação?... Sim, isso é triste...

Preceptor – Muito triste, Sua Alteza!

Príncipe – Que as nuvens estejam há três semanas passando do oeste para o leste. Isso me deixa profundamente melancólico!

Preceptor – Uma melancolia muito bem fundamentada.

Príncipe – Homem, por que não me contradiz? O senhor está com pressa, não é verdade? Sinto tê-lo retido por tanto tempo. (*O Preceptor afasta-se, com uma profunda mesura.*) Meu senhor, felicito-o pelo belo parênteses que suas pernas formam quando o senhor se inclina.

Príncipe – (*Sozinho, estica-se sobre o banco.*) As abelhas pousam tão preguiçosas sobre as flores, e a luz do sol deita tão indolente seus raios pelo chão. Grassa uma ociosidade medonha. O ócio é a origem de todos os vícios. O que as pessoas não fazem por causa do tédio! Estudam por tédio, rezam por tédio, se apaixonam, casam, multiplicam-se por tédio e, finalmente, morrem de tédio e – aí está o engraçado – fazem tudo com a cara mais séria do mundo, sem saber por que e, nisso, pensam Deus sabe o quê. Todos esses heróis, esses gênios, esses idiotas, esses santos, esses pecadores, esses pais de família não passam, no fundo, de refinados vadios. Mas por que logo eu tenho de saber disso? Por que não posso eu levar-me a sério e vestir o pobre boneco com uma casaca e colocar-lhe um guarda-chuva na mão, para que ele se torne muito correto, muito útil e cheio de moral? Aquele homem que há pouco saiu daqui, eu o invejo, eu seria capaz surrá-lo de tanta inveja. Oh, se alguma vez a gente pudesse ser alguém outro! Só por um minuto!

Valério entra correndo, meio bêbado.

Príncipe – Como corre o sujeito! Meu Deus, se soubesse eu de algo sob o sol que ainda me fizesse correr assim!

Valério (*Posta-se diante do Príncipe, coloca o dedo sobre o nariz e olha fixamente para ele*) – Sim!

Príncipe (*Do mesmo modo*) – Certo!
Valério – O senhor me compreendeu?
Príncipe – Perfeitamente!
Valério – Bem, então falemos de outra coisa. (*Ele se deita na grama.*) Vou deitar-me na grama e deixar que meu nariz floresça por sobre os talos e inale sensações românticas quando as abelhas e borboletas se balouçarem nele como se fosse uma rosa.
Príncipe – Mas cuidado, meu caro, não aspire com tanta força, senão as abelhas e borboletas hão de morrer de fome devido às enormes pitadas que o senhor extrai das flores.
Valério – Ah, senhor, não imagina que sentimento eu tenho pela natureza! A grama está tão bonita que a gente gostaria de ser um boi para comê-la, e depois voltar a ser homem e comer o boi que comeu semelhante grama.
Príncipe – Infeliz, você também parece afligir-se por ideais.
Valério – Meu Deus! Já faz oito dias que corro atrás do ideal de uma carne de vaca e não o encontro na realidade.
(*Ele canta*) –

> A senhora taberneira tem uma boa criada,
> ela fica dia e noite sentada no jardim.
> Ela fica sentada em seu jardim
> até que o sino bata as doze
> para que os soldados!

(*Ele senta-se no chão.*) Vejam essas formigas, crianças queridas, é digno de admiração o instinto dessas pequenas criaturinhas, ordem, diligência... Senhor, só existem quatro modos de ganhar dinheiro humanamente: achá-lo, ganhar na loteria, herdar ou então roubar em nome de Deus, quando se tem a habilidade de não sentir nenhum remorso.
Príncipe – Você conseguiu envelhecer bastante com esses seus princípios, sem morrer de fome ou na forca!
Valério (*Fitando-o sempre*) – Sim, meu senhor, e isso eu afirmo, quem ganha dinheiro de outra maneira, é um patife.
Príncipe – Então quem trabalha é um sutil suicida, e um suicida é um criminoso, e um criminoso é um patife, logo, quem trabalha é um patife.
Valério – Sim... Mas, apesar disso, as formigas são uma bicharada muito útil e, no entanto, não são tão úteis quando não fazem estrago. Ainda assim, estimadíssima bicharada, não consigo privar-me

do prazer de chutar com o calcanhar o traseiro de algumas de vocês, limpar o nariz e cortar as unhas.

Aparecem dois policiais.

PRIMEIRO POLICIAL – Alto lá, onde está o sujeito?
SEGUNDO POLICIAL – Aqui tem dois.
PRIMEIRO POLICIAL – Você está cuidando para que nenhum deles fuja?
SEGUNDO POLICIAL – Acho que nenhum deles está fugindo!
PRIMEIRO POLICIAL – Precisamos então interrogar os dois. Meus senhores, estamos procurando alguém, um sujeito, um indivíduo, uma pessoa, um réu, um delinqüente, um acusado, um cara. (*Para o outro policial.*) Veja, nenhum deles ficou vermelho?
SEGUNDO POLICIAL – Nenhum deles ficou vermelho.
PRIMEIRO POLICIAL – Então precisamos experimentar de outro modo. Onde está a ordem de prisão, o aviso, o certificado? (*O Segundo Policial tira um papel do bolso e o entrega ao Primeiro.*) Reviste os sujeitos, eu vou ler: um homem...
SEGUNDO POLICIAL – Não serve. São dois.
PRIMEIRO POLICIAL – Bobão! Anda sobre dois pés, tem dois braços, além disso uma boca, um nariz, dois olhos, duas orelhas. Sinais particulares: é um indivíduo altamente perigoso.
SEGUNDO POLICIAL – Combina com os dois. Devo prender os dois?
PRIMEIRO POLICIAL – Dois, isso é perigoso, nós também somos dois. Mas vou fazer um relatório. É um caso de muita complicação criminal ou de criminalidade muito complicada. Pois, quando bebo muito e deito na minha cama, isso é assunto meu e não interessa a ninguém, quando, porém, bebo tanto que tenho que empenhar minha cama, isso é assunto de quem, seu pateta?
SEGUNDO POLICIAL – Eu não sei.
PRIMEIRO POLICIAL – Sim, eu também não, mas aí é que está a questão. (*Saem.*)
VALÉRIO – E há quem negue a providência. Veja o que uma pulga pode aprontar. Pois se ela não tivesse me importunado essa noite, eu não teria carregado a minha cama para expô-la ao sol da manhã e se eu não a tivesse carregado para expô-la ao sol, eu não teria conseguido chegar perto da "Taberna do Luar". E se o sol e a lua não a tivessem iluminando, eu não poderia fazer vinho do meu colchão de palha e me embebedar com ele, e se tudo isso não tivesse acontecido, eu não estaria na companhia de vocês, estimadíssimas formigas, e seria descarnado por vocês

e esturricado pelo sol, mas, ao contrário, estaria agora traçando um belo pedaço de carne e esvaziando uma garrafa de vinho – a bem dizer, no hospital.

Príncipe – Uma carreira altamente edificante.

Valério – Tenho uma carreira muito corrida. Pois o meu correr no correr dessa guerra salvou a minha vida de uma carreira que queria fazer um furo nela. Em decorrência dessa salvação de uma vida humana, adquiri uma tosse seca que fez o doutor aceitar que o meu correr se tornara um galopar e que eu tinha uma galopante consunção. Aí eu, ao mesmo tempo, verifiquei que não tinha coisa alguma para a minha consumação, de modo que caí em, ou melhor, sobre uma febre consumidora a qual diariamente, para manter vivo um defensor da pátria, obrigou-me a comer uma boa sopa, uma boa carne de vaca, um bom pedaço pão e beber um bom trago de vinho.

Príncipe – Agora, meu ilustríssimo, seu ofício, seu metiê, sua profissão, seu negócio, sua posição, sua arte?

Valério – Meu senhor, eu tenho a grande ocupação de andar ocioso, eu tenho uma incomum habilidade de não fazer nada, eu possuo uma enorme perseverança na preguiça.

Governanta (*Chorando*) – Meu querido anjo, você é um verdadeiro cordeiro do sacrifício.

Lena – De fato, e o sacerdote já ergue a faca. Ó Deus, então é verdade que nós mesmos devemos nos purificar com a nossa dor? Então é verdade que o mundo é um salvador crucificado, o sol, a sua coroa de espinhos e as estrelas, os pregos e lanças cravados em seus pés e nos seus quadris?

Governanta – Minha filha, minha filha! Não posso vê-la assim. Talvez, quem sabe. Tenho algo assim em mente. Vamos ver. Venha! (*Ela conduz a princesa para fora.*)

Segundo Ato

Como que uma voz em mim ressoou no imo de meu ser e de... (frase interrompida no texto original)
Levante-se em seu vestido branco e paire através da noite e fale ao cadáver, levante-se e caminhe.

Lena – Os lábios sagrados que assim falavam já são de há muito apenas pó.

Leonce – Oh não.

Valério – Casar?

Príncipe – Isso significa deixar que a vida e o amor se unam, que o amor é vida e a vida, amor. Você também sabe, Valério, que mesmo o mais ínfimo dos homens é tão grande, que uma vida humana ainda é pouco para que se possa amá-lo? E além disso eu posso propiciar prazer às pessoas as quais acreditam que nada é tão bom e sagrado que não devam torná-lo ainda melhor e mais sagrado. Há um certo prazer nessa opinião, por que não haveria eu de propiciá-la a vocês.

Valério – Sim, mas eu penso que o vinho não é um ser humano e que, no entanto, podemos amá-lo a vida toda. Mas ela sabe quem é o senhor.

Leonce – Ela sabe apenas que me ama.

Valério – E o senhor também sabe quem ela é?

Leonce – Palerma! Ela é uma flor, e de tal modo que mal foi batizada, um botão fechado, ainda inteiramente fechado pelo orvalho da manhã e pelo sonho do cedro da noite.

Valério – Tudo bem, por mim. Mas como é que vai funcionar isso? Príncipe, serei ministro caso o senhor seja hoje conjungido, diante de seu pai, com a inexprimível e inominável?

Leonce – Como é possível?

Valério – Isso se descobrirá, mas serei eu?

Leonce – Tem minha palavra.

Valério – Obrigado. Venha.

Woyzeck
Versão para leitura e palco

Figura da página anterior: Odenwälder Bauer, desenho.

Personagens[1]

Franz Woyzeck[2]
Marie[3]
Capitão
Doutor
Tambor-mor
Suboficial
Andres

1. Não há um texto que possa ser considerado a versão definitiva do autor para a sua criação. Büchner deixou vários manuscritos, na verdade esboços e anotações incompletos, mesmo porque a morte o surpreendeu aos 23 anos de idade, em 1837, quando trabalhava na elaboração do drama que foi chamado de *Woyzeck*. Assim, houve variações em diferentes edições da obra, conforme as avaliações dos editores sobre os fragmentos, a sua ordem e a coerência do conjunto, tanto mais quanto Büchner não numerou os seus sucessivos rascunhos nem as páginas dos manuscritos ou das cenas individuais, assim como não apontou para um título geral e tampouco arrolou uma tabela de personagens. A lista que se apresenta aqui resulta da edição alemã que serviu de base para a presente publicação.
2. A personagem apareceu inicialmente com o nome de Louis, num fragmento considerado anterior ao manuscrito da versão aqui apresentada.
3. Marie também é designada nos outros fragmentos da peça como Margreth, Louise ou, ainda, Louisel.

Margreth
Pregoeiro diante da tenda
Charlatão de feira, dentro da tenda
Velho, que canta com o realejo
Criança, que dança
O Judeu
Taberneiro
Primeiro aprendiz de ofício
Segundo aprendiz de ofício
Karl, um bobo
Käthe
Avó
Primeira criança
Segunda criança
Terceira criança
Primeira pessoa
Segunda pessoa
Oficial de justiça
Médico
Juiz
Soldados, estudantes, rapazes, moças e crianças

(1)

Campo aberto. A cidade à distância. Woyzeck e Andres cortam varas[4] nas moitas.

WOYZECK – Sim, Andres; ali naquela faixa de grama, ali à noite rola a cabeça[5], uma vez alguém a ergueu, pensou que era um ouriço. Ficou três dias e três noites deitado na serragem *(Baixinho)* Andres, eram maçons, eu descobri, eram os maçons[6], quieto!

ANDRES *(canta)* –

Dois coelhos lá sentados,
comem o verde, verde capim...

---

4. Esta passagem pode não indicar, como pareceria à primeira vista, tratar-se de uma coleta de varas para fins pacíficos, como a cestaria, pois há quem considere que as varas colhidas pelos dois soldados se destinariam à aplicação de castigos corporais nos seus companheiros de farda, como era a prática nos exércitos dos vários Estados alemães da época.

5. A alusão não é puramente metafórica, uma vez que o Woyzeck real, que serviu de modelo para Büchner, sofreu essa pena em 1824, e a forma da execução, em que o condenado era decapitado sentado numa cadeira, com um único golpe de espada, fazia com que a cabeça do executado rolasse.

6. A referência evidencia quão amplamente a maçonaria se estendera no Ocidente, em fins do século XVIII e início do século XIX.

Woyzeck – Quieto! Algo vem vindo!
Andres –

> comem o verde, verde capim
> até a raiz.

Woyzeck – Algo anda atrás de mim, debaixo de mim (*Bate os pés no chão*), oco, está ouvindo? Tudo oco aqui embaixo. Os maçons!
Andres – Tenho medo.
Woyzeck – Que silêncio esquisito! É de prender a respiração. Andres!
Andres – O quê?
Woyzeck – Diga alguma coisa! (*Olha fixamente a redondeza.*) Andres! Que claridade! Um fogo anda pelo céu e desce um estrondo como de trombetas[7]. Está se armando uma tempestade! Vamos embora! Não olhe para trás[8]. (*Puxa-o para dentro das moitas.*)
Andres (*Depois de uma pausa*) – Woyzeck! Está ouvindo?
Woyzeck – Silêncio, tudo em silêncio, como se o universo estivesse morto.
Andres – Está ouvindo? Estão tocando os tambores. Temos que ir embora.

(2)

A cidade. Marie, com seu filho, à janela. Margreth. Passa a banda militar, tendo à frente o Tambor-mor.

Marie (*Ninando a criança nos braços*) – Ei, menininho! Sa ra ra ra! Está ouvindo? Aí vêm eles.
Margreth – Que homem, como uma árvore.
Marie – Firme nos pés como um leão.

O Tambor-mor cumprimenta.

Margreth – Oh, que olhos mais amáveis, senhora vizinha, nós não estamos acostumados a vê-los assim.
Marie (*Canta*) – Soldados, são belos rapazes...

---

7. Esta é uma das várias ressonâncias bíblicas na peça e pode referir-se tanto a versículos acerca de Sodoma e Gomorra, quanto a do Apocalipse.
8. A remessa, no caso, é igualmente bíblica, como na nota anterior, pois sugere à recomendação dirigida à esposa de Lot pelo anjo.

MARGRETH – Seus olhos ainda estão brilhando.
MARIE – E daí? Leve os seus ao judeu e mande limpá-los, talvez ainda brilhem o bastante para que possam ser vendidos por dois botões.
MARGRETH – O quê senhora? O quê disse? Dona Virgem, eu sou uma pessoa honesta, mas a senhora, a senhora é capaz de enxergar através de sete calças de couro.
MARIE – Sua ordinária! (*Bate a janela.*) Venha, meu menino. Que essa gente fale. Ainda que você seja apenas um pobre filho da puta, com sua cara bastarda você traz alegria à sua mãe. Sa! Sa! (*Canta*) –

Menina, o que vai fazer agora,
com uma criança pequena e sem marido?
Ei, para que pergunto isso,
canto pois a noite inteira
aia popaia meu menininho, viva!
Ninguém me dará nada a mais por isso.

Hansel atrela os seis cavalos brancos,
dá-lhes de comer outra vez.
Aveia, eles não comem,
água, eles não bebem.
Só vinho gelado tem que ser. Viva!
Só vinho gelado tem que ser.

Batem à janela.

MARIE – Quem é? É você, Franz? Entre!
WOYZECK – Não posso. Está na hora da chamada.
MARIE – O que você tem, Franz?
WOYZECK (*Misterioso*) – Marie, houve de novo algo, muito, não está escrito: e veja, ali vai uma fumaça da terra como a fumaça do fogão?
MARIE – Homem!
WOYZECK – Veio andando atrás de mim até a entrada da cidade. O que será que vai acontecer?
MARIE – Franz!
WOYZECK – Tenho que partir. (*Sai.*)
MARIE – Esse homem! Tão fora de si. Nem olhou para o seu filho. Ainda vai enlouquecer com suas idéias. Por que está tão quieto, menininho? Está com medo? Está ficando tão escuro, dá a impressão que a gente está cega. As lanternas sempre iluminam tudo aqui dentro. Não agüento mais. Estou arrepiada. (*Sai.*)

(3)

Tendas. Luzes. Povo.

VELHO (*Que canta diante do realejo*), CRIANÇA (*Que dança*).

No mundo não há permanência,
todos nós devemos morrer,
disso sabemos muito bem!

MARIE – Ei! Upa!
WOYZECK – Pobre homem, velhinho! Pobre criança! Criancinha! Preocupações e festas! Eh Marie, e se eu a...?
MARIE – Um homem precisa ser também tolo por entender, para que possa dizer: mundo tolo! mundo bonito!
PREGOEIRO (*diante de uma tenda*) – Meus senhores! Meus senhores! Vejam a criatura como Deus a fez, nada, nada mesmo. Vejam agora a arte: anda em pé, usa calças e jaqueta, tem uma espada[9]! Oh! Faça um cumprimento! Assim você é um barão. Dê um beijo! (*Ele toca trombeta.*) O desgraçado é musical. Meus senhores, minhas senhoras, aqui podem ser vistos o cavalo astronômico e os pequenos pássaros canalhas, são queridos por todos os potentados da Europa e membros de todas as sociedades científicas; eles revelam tudo às pessoas: sua idade, quantos filhos, qual doença. Atiram com a pistola, ficam em pé numa perna só. Tudo neles é educação, apenas têm uma razão animalesca, ou antes uma animalidade inteiramente racional, não se trata de um indivíduo animalescamente burro como muita gente, com exceção do distinto público. Entrem. Agora haverá representação. O *commencement* do *commencement* logo terá início.
Vejam os progressos da civilização. Tudo progride, um cavalo, um macaco, um pássaro canalha! O macaco já é soldado, o que não é muito, o degrau inferior da espécie humana!
Vamos dar início à representação! Vamos dar início ao início! Logo será o *commencement* do *commencement*.

---

9. Nessas palavras, e no seu efeito grotesco, exprime-se, ao que parece, uma crítica ao caráter superficial da civilização, que se resumiria em roupas, modos e códigos, apenas destinados a ocultar, por trás da exterioridade humana, a sua animalidade essencial, propósito que encontra a sua confirmação no fato de esta caracterização reaparecer nos fragmentos que incluem a mesma cena.

WOYZECK – Você quer?
MARIE – Por mim... Deve ser coisa bonita. Esse homem tem tantas lantejoulas e a mulher usa calças.

Suboficial. Tambor-mor

SUBOFICIAL – Alto lá. Você a viu?! Que mulherão!
TAMBOR-MOR – Diabos, feita para a perpetuação de regimentos de couraceiros e para a procriação de tambores-mor!
SUBOFICIAL – Que porte de cabeça! É como se os cabelos negros a puxassem para baixo, como um peso, e os negros olhos...
TAMBOR-MOR – É como olhar para dentro de um poço ou de uma chaminé. Depressa, vamos atrás.
MARIE – Veja que luzes, meus olhos!
WOYZECK – Sim, a cachaça, um barril de gatos pretos com olhos de fogo. Oh, que noite.

O interior da tenda.

CHARLATÃO – Mostre seu talento! Mostre sua sabedoria animalesca! Envergonhe a sociedade humana! Meus senhores, este animal que estão vendo, com rabo no corpo, de quatro patas, é sócio de todas as sociedades cultas, é professor de nossa universidade, onde os estudantes aprenderam a cavalgar e a chicotear. Isso era de simples compreensão. E pensem agora com dupla razão. O que você faz quando pensa com dupla razão? Há algum burro aqui nessa *societé* de sábios? (*O cavalo sacode a cabeça.*) Os senhores estão vendo agora a dupla razão? Isto é a bestonômica. Sim, isto não é nenhum indivíduo bestaginoso, isto é uma pessoa. Um homem, um homem animalesco e, no entanto, um bicho, uma *bête*. (*O cavalo comporta-se mal.*) Isso, envergonhe a *societé*. Vejam os senhores, o animal ainda é natureza, natureza não-ideal! Aprendam com ele. Perguntem ao médico, é altamente nocivo. Foi dito: homem seja natural. Você foi feito de poeira, areia, lama. Quer ser mais do que poeira, areia, lama? Olhem como é ajuizado, sabe fazer contas e ainda assim não pode contar nos dedos, por quê? Só não sabe se exprimir, só não sabe explicar, é um homem transmudado! Diga aos senhores que horas são. Quem dos senhores ou das senhoras tem um relógio, um relógio?

SUBOFICIAL – Um relógio! (*Puxa com um gesto estudado e grandioso um relógio do bolso.*). Aqui está, meu senhor.
MARIE – Isso, eu preciso ver. (*Sobe para a primeira fila, ajudada pelo suboficial.*)

(4)

Quarto. Marie está sentada, com a criança no colo, tem nas mãos um pedacinho de espelho.

MARIE (*olha-se no espelho*) – Como brilham as pedras! Do que são feitas? O que foi que ele disse?... Durma, menino! Feche os olhos, bem fechados, (*A criança esconde os olhos atrás das mãozinhas*) mais ainda, fique assim, quieto, senão ele vem buscar você.

(*Canta*) –

> Menina feche a loja
> que o cigano vem aí,
> levando você pela mão,
> pra terra cigana vai partir.

(*Olha-se de novo no espelho.*) Com certeza é de ouro! Gente como nós só tem um cantinho no mundo e um pedacinho de espelho e, ainda assim, tenho uma boca tão vermelha como as grandes madames com seus espelhos de alto a baixo e seus belos cavalheiros, que lhes beijam as mãos; sou apenas uma pobre mulher. (*A criança endireita-se.*) Quieto menino, feche os olhos, lá vem o anjinho do sono! Olha como corre pela parede! (*Lança reflexos com o espelho.*) Feche os olhos, senão ele vai olhar neles, até que você fique cego.

Woyzeck entra, por detrás dela. Ela se sobressalta, pondo as mãos nas orelhas.

WOYZECK – O que é que você tem?
MARIE – Nada.
WOYZECK – Há um brilho sob seus dedos.
MARIE – Um brinquinho; eu achei
WOYZECK – Nunca achei nada igual. E dois de uma vez.

Marie – Sou por acaso uma mulher à-toa?
Woyzeck – Tá bem, Marie. Como dorme esse garoto. Segura por baixo do bracinho dele que a cadeira o está apertando. Sua testa está cheia de gotinhas claras; tudo trabalha debaixo do sol, há suor até mesmo quando se dorme. É assim com a gente pobre! Aqui tem dinheiro, Marie, o soldo e mais um pouco de meu Capitão.
Marie – Deus lhe pague, Franz.
Woyzeck – Tenho de ir embora. Até a noite, Marie. Adeus.
Marie (*Sozinha, depois de uma pausa*) – Sou mesmo uma pessoa má! Seria capaz de me matar. Ora, que mundo! Que vá tudo pro inferno, homens e mulheres!

(5)

O Capitão. Woyzeck. O Capitão sentado em uma cadeira,
Woyzeck fazendo-lhe a barba.

Capitão – Devagar, Woyzeck, devagar, uma coisa após a outra. Você me deixa inteiramente tonto. O que vou fazer com os dez minutos que você ganhou terminando mais cedo? Woyzeck, pense bem, você ainda tem uns bons trinta anos para viver, trinta anos!, isto perfaz 360 meses, com seus dias, horas e minutos! O que você quer fazer com esse tempo imenso? Você precisa dividi-lo, Woyzeck.
Woyzeck – Sim, senhor Capitão.
Capitão – Fico muito angustiado por causa deste mundo, quando penso na eternidade. Tudo é ocupação, Woyzeck, ocupação! O eterno é eterno, é eterno, isto você compreende; mas, ao mesmo tempo, não é eterno, é um momento, sim, um momento... Apavora-me, Woyzeck, quando penso que o mundo gira em torno de si mesmo em um único dia; que desperdício de tempo, onde é que isso vai parar? Já não posso mais ver uma roda de moinho, Woyzeck, sem ficar melancólico.
Woyzeck – Sim, senhor Capitão.
Capitão – Woyzeck, você parece sempre tão apressado. Um homem de bem não faz isso; um homem de bem, com a consciência tranqüila. Diga, pois, alguma coisa, Woyzeck. Como está o tempo hoje?
Woyzeck – Ruim, senhor Capitão, muito ruim; com vento.
Capitão – Já estou sentindo, é algo tão rápido lá fora; um vento assim me dá a sensação de um rato. (*Com esperteza.*) Creio que temos algo vindo do sul-norte.

Woyzeck — Sim, senhor Capitão.
Capitão — Ha! Ha! ha! Sul-norte! Ha! Ha! Ha! Oh, como você é bobo, tremendamente bobo. (*Comovido.*) Woyzeck, você é um homem de bem, um homem de bem... mas, (*Com dignidade*) Woyzeck, você não tem moral! Moral é quando se tem moralidade, você entende? É uma boa palavra. Mas você tem uma criança sem a bênção da igreja, como diz o nosso reverendíssimo senhor capelão da guarnição, sem a bênção da igreja, não fui eu quem o disse.
Woyzeck — Senhor Capitão, o bom Deus não irá reparar se o pobre verme recebeu um amém antes de ser feito. O Senhor disse: deixai vir a mim as criancinhas[10].
Capitão — O que está dizendo? Que resposta curiosa é esta? Você me deixa completamente confuso com sua resposta. Quando digo você, quero dizer você mesmo, você mesmo.
Woyzeck — Nós, gente pobre como nós. Veja, senhor Capitão, dinheiro, dinheiro. Quem não tem dinheiro... Aí alguém põe no mundo um seu semelhante por cima da moral. Também temos nossa carne e nosso sangue. A gente é afinal infeliz neste e no outro mundo. Creio que se fôssemos para o céu teríamos que ajudar a fazer os trovões.
Capitão — Woyzeck, você não tem a menor virtude, você não é um homem virtuoso. Carne e sangue? Quando estou à janela, depois da chuva e observo como as meias brancas pulam pelas ruas – maldito Woyzeck – me vem o amor. Eu também tenho carne e sangue. Mas, Woyzeck, a virtude, a virtude! E como então devo passar o tempo? Sempre digo a mim mesmo: você é um homem virtuoso (*comovido*), um homem de bem, um homem de bem.
Woyzeck — Sim, senhor Capitão, a virtude!, eu ainda não a possuo assim de todo. Veja o senhor, conosco, gente comum, não tem essa coisa de virtude, o que vem para a pessoa é só a natureza, mas se eu fosse um senhor e tivesse um chapéu, um relógio e uma bengala e pudesse falar de forma educada, por certo eu já seria virtuoso. Deve haver algo de belo na virtude, senhor Capitão. Mas eu sou um pobre sujeito.
Capitão — Está bem, Woyzeck. Você é um homem de bem, um homem de bem. Mas, você pensa demais, isso consome, você parece

---

10. São palavras do Evangelho, Marcos, 10:14, que também aparecem em Lucas e Mateus.

sempre tão apressado. Esta conversa me deixou exausto. Agora vai e não corra tanto; devagar, desça a rua devagarinho.

(6)

Quarto. Marie. Tambor-mor.

TAMBOR-MOR – Marie!
MARIE (*Olhando-o, fala com ênfase*) – Dê uns passos para frente! Peito como de um touro e barba como de um leão... Não há ninguém assim... Sou a mais orgulhosa das mulheres.
TAMBOR-MOR – Quando no domingo estou com o grande penacho e as luvas brancas, caramba, Marie, o príncipe sempre diz: Homem, você é um bichão.
MARIE (*Zombeteira*) – Não diga! (*Aproximando-se dele.*) Homem!
TAMBOR-MOR – E você também é um mulherão. Com os diabos, vamos começar uma criação de tambores-mor. Hein? (*Abraçando-a.*)
MARIE (*aborrecida*) – Me deixe!
TAMBOR-MOR – Fera selvagem!
MARIE (*Violenta*) – Não me toque!
TAMBOR-MOR – Será o demônio que olha de seus olhos?
MARIE – Pode ser. É tudo a mesma coisa.

(7)

Na rua. Marie. Woyzeck.

WOYZECK (*Olha para ela fixamente e sacode a cabeça*) – Hum, não vejo nada, não vejo nada. Oh, é preciso ver isso, agarrar isso com os punhos.
MARIE (*Intimidada*) – O que você tem, Franz? Você está louco, Franz.
WOYZECK – Um pecado tão gordo e tão grande. Fede a ponto de empestear o céu e pôr os anjinhos a correr. Você tem uma boca vermelha, Marie. Sem nenhuma borbulha[11] em cima? Adeus, Marie, você é bela como o pecado... Pode o pecado mortal ser tão belo assim?

---

11. Na ordem das cenas, a inserção desta diverge em dois dos fragmentos deixados por Büchner, tornando problemática a sua posição. Para a presente edição em português, os tradutores limitaram-se a seguir a edição alemã que utilizaram.

MARIE – Franz, você está delirando.
WOYZECK – Diabo!... Ele esteve aqui, assim, assim?
MARIE – Enquanto o dia dura e o mundo envelhece, muitas pessoas podem estar no mesmo lugar, uma depois da outra.
WOYZECK – Eu o vi.
MARIE – Pode-se ver muito quando se tem dois olhos e não se é cego e o sol brilha.
WOYZECK – Com estes olhos!
MARIE (*Astuta*) – Que seja!

(8)

Woyzeck. O Doutor.

DOUTOR – O que foi que eu vi, Woyzeck? Um homem de palavra.
WOYZECK – O que foi, senhor Doutor?
DOUTOR – Eu vi Woyzeck; você mijando na rua, contra o muro como um cachorro. No entanto, você ganha duas moedas por dia. Woyzeck, isso é mau. O mundo está ficando mau, muito mau.
WOYZECK – Mas senhor Doutor, se a natureza exige da pessoa.
DOUTOR – A natureza exige, a natureza exige! A natureza! Pois eu não demonstrei que o *musculus constrictor vesicae*[12] está subordinado à vontade? A natureza! Woyzeck, o homem é livre, no homem a individualidade se transfigura em liberdade. Não ser capaz de conter a bexiga! (*Sacode a cabeça, põe as mãos às costas e anda de um lado para o outro.*) Você já comeu suas ervilhas, Woyzeck?... Há uma revolução na ciência, eu vou explodi-la no ar. Ácido úrico 0,10, amônia clorídrica e peróxido. Woyzeck, você não está precisando mijar de novo? Vai lá pra dentro e tente.
WOYZECK – Não posso, senhor Doutor.
DOUTOR (*Com ênfase*) – Mas mijar no muro! Eu tenho isto por escrito, o acordo está na minha mão. Eu vi, eu com estes olhos, estava justamente pondo o nariz para fora da janela e deixei que os raios de sol incidissem para observar os espirros. (*Dá-lhe um pontapé.*) Não, Woyzeck, não estou irritado, irritar-se não é saudável, é anticientífico. Estou calmo, muito calmo, meu pulso está com suas costumeiras 60 pulsações e eu digo isso a você com o maior

---

12. A expressão latina refere-se ao esfíncter que controla a bexiga.

sangue frio. Deus nos guarde de nos irritarmos por causa de um homem, um homem! Mesmo que fosse um Proteu, ele rebentaria! Mas, ainda assim, você não devia ter mijado no muro.

WOYZECK – Veja, senhor Doutor, às vezes uma pessoa tem, por assim dizer, uma espécie de caráter, uma espécie de estrutura, ou algo assim... Mas com a natureza o caso é outro, veja o senhor com a natureza (*Ele estala os dedos*) é assim, como posso dizer, por exemplo...

DOUTOR – Woyzeck, você está filosofando de novo.

WOYZECK (*Em tom confidencial*) – Senhor Doutor, o senhor já viu algo que seja de natureza dupla? Quando o sol está no meio-dia e é como se o mundo ardesse em chamas, já me aconteceu que uma voz terrível falasse comigo!

DOUTOR – Woyzeck, você tem uma *aberratio*.

WOYZECK (*Pondo o dedo sobre o nariz*) – Os cogumelos senhor Doutor. Aí, aí é que está a coisa. O senhor já viu em que figuras os cogumelos crescem no chão? Soubesse alguém ler isso!

DOUTOR – Woyzeck, você tem a mais bela *aberratio mentalis partialis*, de segunda espécie, já bem caracterizada. Woyzeck, você vai receber um aumento. Segunda espécie, idéia fixa, com estado geral razoável. Ainda está fazendo tudo como sempre, barbeando o Capitão?

WOYZECK – Sim, senhor.

DOUTOR – Comendo suas ervilhas?

WOYZECK – Sempre direito, senhor Doutor. E o dinheiro para o rancho quem recebe é minha mulher.

DOUTOR – Você cumpre seu serviço?

WOYZECK – Sim, senhor.

DOUTOR – Você é um *casus* interessante. Woyzeck, você vai receber um aumento. Mantenha-se bem comportado. Mostre seu pulso! Sim.

(9)

Rua. Capitão. Doutor. O Capitão desce a rua arquejando, pára, arqueja, olha ao redor de si.

CAPITÃO – Senhor Doutor, esses cavalos me causam muita aflição quando penso que as pobres bestas precisam andar a pé. Não corra tanto. Não reme assim com a sua bengala no ar. O senhor

está correndo atrás da morte. Um homem de bem, que tem a consciência tranqüila, não anda tão depressa. Um homem de bem. (*Ele agarra o Doutor pelo casaco.*) Senhor Doutor, permita que eu salve uma vida humana. O senhor atira...
Senhor Doutor, estou tão melancólico, tenho algo de sonhador, tenho sempre vontade de chorar quando vejo meu casaco pendurado na parede, ali está ele.

DOUTOR – Hum! Inchado, gordo, pescoço grosso, constituição apopléctica. Sim, senhor Capitão, o senhor pode ser acometido de uma *apoplexia cerebralis*, mas pode, talvez, tê-la apenas de um lado, e depois ficar com essa parte paralisada ou, no melhor dos casos, o senhor pode sofrer uma paralisia mental e daí por diante ficar vegetando. Tais são mais ou menos suas perspectivas para as próximas quatro semanas. Aliás, posso lhe assegurar que o senhor é um dos casos mais interessantes e, se Deus quiser que sua língua fique parcialmente paralisada, nós faremos um dos experimentos mais imortais.

CAPITÃO – Senhor Doutor, não me assuste, já houve gente que morreu de susto, de puro e simples susto... Já estou vendo as pessoas, com os limões nas mãos, mas elas vão dizer, ele era um homem de bem, um homem de bem... Diabo Prego de Caixão.

DOUTOR (*Estendendo-lhe o chapéu*) – O que é isto, senhor Capitão? É uma cabeça oca!

CAPITÃO (*Fazendo uma prega no chapéu*) – O que é isto, senhor Doutor? Isto é uma prega no juízo, uma ingenuidade.

DOUTOR – Apresento-lhe minhas despedidas, prezadíssimo senhor Rabo da Ordem Unida.

CAPITÃO – Do mesmo modo despeço-me, caríssimo senhor Prego de Caixão.

Woyzeck desce a rua correndo.

CAPITÃO – Ei, Woyzeck, por que passa tão apressado por nós? Venha cá, Woyzeck, você corre pelo mundo feito uma navalha de barbear aberta: a gente se corta nela; você está correndo como se tivesse de barbear um regimento de castrados e fosse enforcado ainda antes de desaparecer o último pêlo. Mas, além das barbas longas, o que eu queria mesmo dizer? Woyzeck, as barbas longas...

DOUTOR – Uma barba longa debaixo do queixo, já Plínio falava de que é preciso desacostumar dela os soldados, você, você...

Capitão (*Continuando*) – Ah, e a respeito das barbas longas? Como é, Woyzeck, você ainda não encontrou um fio de barba na sua tigela? Eh, você está me compreendendo, não é?, um fio de barba de um homem, da barba de um sapador, de um suboficial, de um... de um tambor-mor? Eh, Woyzeck? Mas não, você tem uma mulher bem comportada. Não é como os outros.

Woyzeck – Sim senhor! Mas o que está querendo dizer, senhor Capitão?

Capitão – Mas que cara este sujeito está fazendo! Bem, tampouco é preciso que esteja na sopa, mas se você se apressar e virar a esquina, talvez ainda o encontre num par de lábios, Woyzeck, num par de lábios; eu também já senti o amor, Woyzeck. Homem!, você está branco como cal.

Woyzeck – Senhor Capitão, sou um pobre diabo... e não tenho nada no mundo senhor Capitão, se o senhor estiver fazendo troça...

Capitão – Troça? Eu? Troça de você, cara!

Doutor – O pulso, Woyzeck, o pulso. Rápido, duro, saltando, irregular.

Woyzeck – Senhor Capitão, a terra é um inferno de quente e eu estou gelado de frio, gelado de frio! O inferno é frio, poderíamos apostar. Impossível, homem!, homem!, impossível.

Capitão – Homem, você quer ser fuzilado, quer levar umas balas na cabeça? Você está me apunhalando com seus olhos e eu só penso no seu bem, porque você é um homem de bem, Woyzeck, um homem de bem.

Doutor – Músculos faciais hígidos, tensos, às vezes saltantes, comportamento excitado, tenso.

Woyzeck – Estou indo! É bem possível. O homem!, é bem possível. Temos bom tempo, senhor Capitão. Veja, que céu tão bonito, firme, cinzento; poderia dar vontade de cravar nele um poste e enforcar-se aí, só por causa dos pequenos hífens existentes entre sim e outra vez sim – e não, senhor, senhor Capitão sim e não? Será o não o culpado do sim ou o sim do não? Quero pensar nisso. (*Sai com passos largos, primeiro lentamente e depois cada vez mais depressa.*)

Doutor (*Correndo atrás dele*) – Um fenômeno, Woyzeck, um aumento.

Capitão – Fico completamente tonto diante dessa gente, como anda rápido esse patife alto, feito a sombra fugindo das patas de uma aranha, e o baixinho puxa a perna atrás dele. O alto é o raio e o pequeno o trovão. Há, há, atrás dele! Grotesco! Grotesco!

(10)

O posto de guarda. Woyzeck. Andres.

ANDRES (*Canta*) –

> A senhora taberneira tem uma boa criada,
> ela fica dia e noite sentada no jardim,
> sentada em seu jardim...

WOYZECK – Andres!
ANDRES – O que é?
WOYZECK – Que lindo tempo.
ANDRES – Tempo de domingo. Música fora da cidade. Há pouco as mulheres saíram, as pessoas se agitam, assim vai.
WOYZECK (*Inquieto*) – Dança, Andres, eles estão dançando.
Andres – Na taberna das Estrelas e na dos Cavalos.
WOYZECK – Dança, dança.
ANDRES – Quanto a mim.

> Ela fica sentada em seu jardim,
> até que o sino bata as doze
> para espiar os soldados.

WOYZECK – Andres, não tenho sossego.
ANDRES – Tolo!
WOYZECK – Preciso ir embora. Tudo está rodando diante de meus olhos. Dança. Dança. Que mãos quentes ela tem. Maldito Andres.
ANDRES – O que você quer?
WOYZECK – Preciso ir embora.
ANDRES – Por causa dela.
WOYZECK – Preciso ir embora, está muito quente aqui.

(11)

*Taberna. Janelas abertas. Dança. Bancos diante
da casa. Aprendizes de ofícios.*

PRIMEIRO APRENDIZ DE OFÍCIO –

> Visto uma camisa que não é minha,
> minh'alma fede a cachaça...

Segundo Aprendiz de Ofício – Irmão, você quer que por amizade eu lhe faça um buraco na natureza? Avante! Quero fazer um buraco na natureza. Eu também sou brigão, você sabe, eu vou matar todas as pulgas que ele carrega no corpo.

Primeiro Aprendiz de Ofício – Minha alma, minha alma fede a cachaça. Até mesmo o dinheiro entra em putrefação. Malmequer! Como o mundo é belo! Irmão, vou encher um pote de lágrimas até a borda. Gostaria que nossos narizes fossem duas garrafas e que pudéssemos despejá-las um na garganta do outro.

Andres (*no coro*) –

Um caçador do Palatinado,
cavalgou por um verde bosque.
Halli, halloh, muito alegre é a caçada
aqui, sobre verdes prados,
a caça é meu prazer.

Woyzeck posta-se junto à janela. Marie e o Tambor-mor passam dançando sem notá-lo.

Marie (*Ao passar dançando*) – Mais, mais.

Woyzeck (*Sufocado*) – Mais e mais! (*Levanta-se de um pulo e depois recai no banco.*) Mais! Mais! (*Bate as mãos uma na outra.*) Rodem, girem. Por que Deus não apaga o sol com um sopro, para que tudo se revolva na imundície, homem e mulher, humanos e animais? Façam-no em plena luz do dia, façam-no nas próprias mãos. Como os mosquitos... Mulher... A mulher está quente, quente!... Mais e mais. (*Ergue-se de um salto.*) O cara! Como ele a apalpa em toda parte, o seu corpo, ele, ele a possui como eu no começo!

Primeiro Aprendiz de Ofício (*Pregando em pé sobre a mesa*) – No entanto, se um peregrino, que está apoiado no rio do tempo ou então a si mesma a divina sabedoria respondesse e dissesse a si: Porque o homem é? Por que o homem é?... Porém, em verdade eu lhes digo do que viveriam o camponês, o pintor, o sapateiro, o médico, se Deus não houvesse criado o homem? Do que viveria o alfaiate se Ele não tivesse dado ao homem o sentimento da vergonha; e o soldado, se Ele não o tivesse armado da necessidade de matar? Por isso não duvidem... sim, sim, tudo é bom e ótimo, mas tudo o que é terreno é vão, até mesmo o dinheiro entra em putrefação. E, para terminar, meus queridos ouvintes, vamos mijar sobre a cruz para que morra um judeu.

(12)

Campo aberto.

WOYZECK – Mais e mais! Silêncio, música! (*Estira-se no chão.*) Hein, o que, o que vocês estão dizendo? Mais alto, mais alto... Apunhale, apunhale e mate a loba? Apunhale e mate a loba. Devo? Tenho de? Estou ouvindo também isso aqui, está o vento dizendo isso também? Ouço isso sempre, sempre: apunhale e mate, mate.

(13)

Noite. Andres e Woyzeck numa mesma cama.

WOYZECK (*Sacudindo Andres*) – Andres, Andres, não consigo dormir, quando fecho os olhos tudo gira e eu ouço os violinos tocando, mais e mais, e depois falam de dentro da parede, você não ouve?
ANDRES – Sim... deixe que eles dancem! Deus nos proteja. Amém. (*Volta a adormecer.*)
WOYZECK – E dizem sempre: apunhale!, apunhale!; e algo passa entre meus olhos como um punhal.
ANDRES – Você precisa tomar cachaça com pólvora dentro, isto corta a febre.

(14)

Taberna. Tambor-mor. Woyzeck. Gente.

TAMBOR-MOR – Sou homem! (*Bate no peito.*) Um homem, estou dizendo.
Quem vai querer alguma coisa? Quem que não for um bom Deus no porre que se apresente. Vou rebentá-lo de pancadas até enfiar seu nariz no olho do cu. Eu quero... (*para Woyzeck*). Vem cá, cara, beba, o homem tem que beber, eu gostaria que o mundo fosse cachaça, cachaça.

WOYZECK (*Assobia.*)
TAMBOR-MOR – Cara, quer que eu lhe arranque a língua da garganta e a enrole em volta de seu corpo? (*Lutam, Woyzeck perde.*) Quer que ainda que lhe deixe tanto fôlego quanto o peido de uma velha, quer?
WOYZECK (*Senta-se esgotado e trêmulo sobre o banco.*)
TAMBOR-MOR – Que o cara assobie até ficar roxo.

> Ah, a cachaça é minha vida,
> a cachaça dá coragem!

UMA – Teve o que merecia.
OUTRA – Ele está sangrando.
WOYZECK – Uma coisa depois da outra.

(15)

Venda. Woyzeck. O Judeu.

WOYZECK – Esta pistolinha é muito cara.
JUDEU – Então, vai comprar ou não vai, como é?
WOYZECK – Quanto custa o punhal?
JUDEU – Está afiadíssimo. O senhor pretender cortar o seu pescoço com ele? Então, como é? Eu lhe vendo tão barato como qualquer outro, o senhor terá sua morte bem barata, embora não gratuita. Então, como é? O senhor terá uma morte econômica.
WOYZECK – Este pode cortar mais do que pão.
JUDEU – Dois vinténs.
WOYZECK – Tome. (*Sai.*)
JUDEU – Olhe só! Como se não fosse nada. E, no entanto, é dinheiro. Que cachorro!

(16)

Quarto. Marie. O Bobo.

MARIE (*Folheando a Bíblia*) – "E não foi achado engano na sua boca". Bom Deus, bom Deus! Não olhe para mim. (*Continua folheando.*) "Mas os fariseus trouxeram-lhe uma mulher, apanhada em adultério, puseram-na no meio deles... Jesus porém disse: Nem eu tampouco a condeno: Vai e não torne a pecar". (*Junta as mãos.*) Bom Deus! Bom Deus! Eu não posso. Meu Deus, dê-me apenas o suficiente para que eu possa rezar. (*A criança aconchega-se a ela.*) O menino me dá uma pontada no coração. Karl! Ele se empertiga no sol!

BOBO (*Deitado, conta histórias para si mesmo com os dedos*): É ele que tem a coroa de ouro, o senhor rei. Amanhã vou buscar para a senhora rainha o seu filho. A morcela preta disse: venha cá morcela branca. (*Pega a criança e cala-se.*)

MARIE – Franz não veio, não veio ontem, nem hoje. Como está ficando quente, aqui. (*Abre a janela.*)

"E entrou, prostrando-se a seus pés, chorando, molhando-os com suas lágrimas e enxugando-os com os cabelos de sua cabeça, e beijando os seus pés e untando-os com ungüento". (*Bate no peito.*) Tudo morto! Meu Salvador! Salvador, quero untar seus pés!.

(17)

Caserna. Andres. Woyzeck remexe suas coisas.

WOYZECK – A camiseta, Andres, não é do uniforme, você pode ficar com ela. O crucifixo é de minha irmã e o anelzinho também, tenho também ainda um santinho, dois Sagrados Corações e tudo em ouro, encontravam-se na Bíblia de minha mãe, e lá está escrito:

Sofrimento seja todo o meu ganho,
sofrimento seja o meu culto a Deus.

Senhor, assim como teu corpo estava rubro e ferido,
deixa que meu coração assim esteja todas as horas.

Minha mãe ainda sente apenas quando o sol brilha sobre suas mãos. Isso não serve pra nada.

ANDRES (*Estarrecido, diz a tudo*) – Sim!

WOYZECK (*Tira um papel*) – Friedrich Johann Franz Woyzeck, miliciano, fuzileiro do 2º regimento, 2º batalhão, 4ª companhia, nascido no dia da Anunciação de Maria; hoje completo trinta anos, sete meses e doze dias[13].

ANDRES – Franz, você tem que ir ao hospital. Pobre sujeito, você precisa tomar cachaça com pólvora dentro, isto mata a febre.

WOYZECK – Sim Andres, quando o carpinteiro junta a serragem, jamais alguém sabe quem vai deitar nela a cabeça.

(18)

O Pátio do Doutor. Estudantes embaixo.
O Doutor à janela do sótão.

DOUTOR – Meus senhores, estou aqui no telhado, como David quando viu Batscheba[14]; mas não vejo nada senão as calcinhas de Paris da pensão de moças secando no jardim. Meus senhores chegamos à importante questão da relação do sujeito com o objeto. Se tomarmos apenas uma das coisas em que se manifesta a auto-afirmação orgânica do divino e sua relação com o espaço, com a terra, com o planetário, meus senhores, se eu arremessar esse gato pela janela, como se comportará esse ente para com o *centrum gravitationis* e para com o seu próprio instinto? Ei Woyzeck (*Berrando*), Woyzeck!

WOYZECK – Senhor professor, ele morde.

DOUTOR – Homem, você está pegando a fera tão ternamente como se fosse sua avó.

WOYZECK – Senhor Doutor, estou com tremedeira.

DOUTOR (*Muito satisfeito*) – Ai, ai, muito bem Woyzeck. (*Esfrega as mãos. Pega o gato.*) O que vejo, meus senhores, a nova espécie de piolho de lebre, uma bela espécie (*ele tira uma lupa*), meus senhores (*O gato escapa*). Meus senhores, esse bicho não tem o menor instinto científico. Meus senhores, em troca os senhores podem ver uma outra coisa, vejam esse homem, há um trimestre não come nada além de ervilhas, observem o efeito, sintam como o seu pulso é irregular, aqui e os olhos.

WOYZECK – Senhor Doutor, tudo está ficando escuro para mim. (*Senta-se.*)

---

13. O modelo de Büchner, o Woyzeck real, tinha 41 anos quando cometeu o crime.
14. Citação bíblica, II Samuel, 11:2.

Doutor – Coragem! Woyzeck, só mais uns dias e, depois, tudo está acabado. Tomem-lhe o pulso, meus senhores, tomem-lhe. (*Eles apalpam suas têmporas, pulso e peito.*)
A propósito, Woyzeck, mexa as orelhas para que os senhores vejam, eu já queria lhes mostrar isso. Dois músculos são nele ativos. *Allons*, vamos.

Woyzeck – Ah, senhor Doutor!

Doutor – Fera, devo mover suas orelhas, você quer agir como o gato! Assim meus senhores, essas são as etapas de passagem para o asno, muitas vezes também conseqüência da educação e da língua materna. Quantos cabelos sua mãe por carinho já lhe arrancou como lembrança? Eles já se tornaram ralos há alguns dias, sim, as ervilhas, meus senhores.

(19)

Marie com algumas meninas à porta da casa.

Menina –

Brilha o sol no dia da Candelária
e o trigo se ergue em flor.
Alegres, ao longo da rua eles seguiam,
seguiam aos pares, dois a dois.
À frente iam os flautistas,
E, logo atrás, os violinistas,
com meias vermelhas nos pés...

Primeira Criança – Não é bonito.
Segunda Criança – Você sempre quer outra coisa.
Terceira Criança – O que você começou primeiro?
Segunda Criança – Por quê?
Primeira Criança – Por isso!
Segunda Criança – Mas por que por isso?
Terceira Criança – Então, precisa cantar...? (*Seu olhar percorre interrogativamente o círculo e aponta para a Primeira Criança.*)
Primeira Criança – Eu não posso.
Todas as Crianças – Mariezinha, cante você pra nós.
Marie – Venham, venham caranguejinhos da lama!
 Roda, roda, rosário. Rei Herodes.
 Conte uma história, vovozinha!

Avó – Era uma vez uma pobre criança e ela não tinha pai nem mãe, estavam todos mortos e não lhe restava mais ninguém no mundo. Todos mortos, e ela chorava dia e noite. E como não lhe restava ninguém na terra, ela quis ir para o céu, e a lua a olhava com muito carinho; e quando finalmente ela chegou à lua, esta não passava de um toco de madeira podre, e então a criança foi para o sol, e quando chegou ao sol, este era apenas um girassol murcho, e quando chegou às estrelas, elas eram apenas pequenos mosquitos dourados, que estavam espetados como o picanço[15] espeta-os na ameixa brava, e quando ela quis voltar para a terra, a terra era uma vasilha entornada, e ela estava inteiramente só, e ela sentou-se e chorou, e continua sentada ali e está muito só[16].

WOYZECK – Marie!

MARIE (*assustada*) – O que é?

WOYZECK – Marie, vamos indo. Está na hora.

MARIE – Para onde?

WOYZECK – E eu sei?

(20)

Anoitecer. A cidade ao longe. Marie e Woyzeck.

MARIE – Bem, ali adiante fica a cidade. Está escuro.

WOYZECK – Fique mais um pouco. Venha cá, sente-se.

MARIE – Mas eu preciso ir.

WOYZECK – Você vai machucar os pés de tanto correr.

MARIE – Como você está, hein!

WOYZECK – Você sabe quanto tempo faz, Marie?

MARIE – Em Pentecostes fará dois anos.

WOYZECK – E você sabe também quanto tempo ainda vai durar?

MARIE – Preciso ir para preparar o jantar.

WOYZECK – Você está com frio, Marie e, no entanto, você é quente. Que lábios quentes você tem!, (quente, quente, respiração de puta e, mesmo assim, eu daria o céu para beijá-los mais uma vez) e quando se está gelado não se tem mais frio.

---

15. Ave predatória de belo canto.
16. A fala parece constituir um anti-conto de fada e sua beleza sombria tem poucos paralelos na literatura alemã.

Você não vai sentir o frio do orvalho da manhã.
MARIE – O que você está dizendo?
WOYZECK –Nada. (*Ambos se calam.*)
MARIE – Como nasce vermelha a lua.
WOYZECK – Como um ferro ensangüentado.
MARIE – O que está pretendendo? Franz, você está tão pálido. (*Ele puxa o punhal.*) Franz pare! Pelo amor de Deus, so...corro!
WOYZECK – Tome isto e mais isto! Você não sabe morrer? Assim! Assim! Ah, ela ainda se mexe, ainda não, ainda não? Ainda? (*Golpeia repetidamente.*) Você está morta? Morta! Morta! (*Pessoas se aproximam, ele foge.*)

(21)

Chegam pessoas.

PRIMEIRA PESSOA – Alto!
SEGUNDA PESSOA – Está ouvindo? Silêncio! Ali!
PRIMEIRA PESSOA – Uu! Ali! Que som.
SEGUNDA PESSOA – É a água, está chamando, faz tempo que ninguém se afoga. Vamos embora, não é bom ouvir isso.
PRIMEIRA PESSOA – Uu, agora de novo. Como um homem que está morrendo.
SEGUNDA PESSOA – É apavorante, que cerração, por todo lado neblina, cinzento e o zumbir dos besouros e escaravelhos como sinos rachados. Vamos embora!
PRIMEIRA PESSOA – Não, está muito nítido, muito alto. Ali em cima. Venha comigo.

(22)

A taberna

WOYZECK – Dancem todos, mais e mais, suem e fedam, um dia ele virá buscar todos. (*Canta.*) –

> A taberneira tem uma boa criada,
> ela fica dia e noite sentada no jardim,

sentada em seu jardim,
até que o sino toque doze vezes,
à espreita dos soldados.

(*Ele dança.*) Assim Käthe!, sente-se! Estou com calor, muito calor (*ele tira o casaco*), assim é, o diabo pega uma e deixa a outra correr. Käthe, você é quente! Por que isto? Um dia, Käthe, também você vai ficar fria. Seja sensata. Você não sabe cantar?
KÄTHE –

Para a Suábia eu não quero ir,
vestidos longos eu não uso,
vestidos longos e sapatos pontudos,
não ficam bem a nenhuma criada.

WOYZECK – Não, nada de sapatos, também se pode ir pro inferno sem sapatos.
KÄTHE (*Dança*) –

Ó, que grossura, meu bem, isso não se faz,
Guarde seu dinheiro e vá dormir sozinho.

WOYZECK – Sim, isso é verdade. Eu não gostaria de ensangüentar-me.
KÄTHE – Mas o que você tem na sua mão?
WOYZECK – Eu? Eu?
KÄTHE – Vermelho, sangue! (*Pessoas se reúnem em volta deles.*)
WOYZECK – Sangue? Sangue.
TABERNEIRO – Uuuu, sangue.
WOYZECK – Acho que eu me cortei, aqui na mão direita.
TABERNEIRO – Mas como é que chegou até o cotovelo?
WOYZECK – É porque fui limpar.
TABERNEIRO – Como? Com a mão direita no cotovelo direito? O senhor é jeitoso.
BOBO – E aí disse o gigante: sinto o cheiro, o cheiro, o cheiro de carne humana. Puh! Já está fedendo.
WOYZECK – Diabo, o que vocês estão querendo? Que lhes importa? Saiam da frente!, ou o primeiro que... diabo! Vocês acham que eu matei alguém? Sou um assassino? O que estão olhando? Olhem para si próprios! Saiam da frente! (*Ele corre para fora.*)

(23)

Noite. A cidade ao longe. Woyzeck sozinho.

O punhal? Onde está o punhal? Eu o deixei aqui. Ele me trai! Mais perto, mais perto ainda! Que lugar é esse? O que estou ouvindo? Algo se mexe. Silêncio. Aqui perto. Marie? Ah, Marie! Silêncio! Tudo tão silencioso. (Por que você está tão pálida, Marie? Por que você tem um cordão vermelho em torno do pescoço? De quem você ganhou essa gargantilha, de seus pecados? Você estava negra, negra por causa deles! Por isso eu a embranqueci agora. Por que seus cabelos negros pendem tão revoltos? Você não fez as tranças hoje?) Aqui, no chão, tem alguma coisa! Frio, molhado, silencioso. Vou-me embora daqui. O punhal, o punhal, está comigo? Gente... Ali. (*Ele sai correndo.*)

(24)

Woyzeck junto a um lago.

Então, aqui embaixo! (*Ele joga o punhal dentro d'água.*) Está afundando na água escura, como uma pedra! A lua é como um ferro ensangüentado! Será que o mundo inteiro vai me delatar? Não, está lá adiante, bem longe, quando eles vêm banhar-se (*Entra no lago e atira o punhal para mais longe*), agora está bem... mas no verão, quando mergulham à procura de conchas, bah, estará enferrujado. Quem poderá reconhecê-lo... ah, se eu o tivesse quebrado! Ainda estou ensangüentado? Preciso me lavar. Aqui tem uma mancha e ali mais uma.

(25)

Rua. Crianças.

PRIMEIRA CRIANÇA – Vamos! Mariezinha!
SEGUNDA CRIANÇA – O que há?
PRIMEIRA CRIANÇA – Você não sabe? Todos eles já saíram. Lá fora tem alguém estendido!

SEGUNDA CRIANÇA – Onde?
PRIMEIRA CRIANÇA – Ali, à esquerda, atrás da vala no bosque, onde está a cruz vermelha.
SEGUNDA CRIANÇA – Vamos depressa, pra gente ainda ver alguma coisa. Já vai ser carregada pra dentro.

(26)

Oficial de justiça. Médico. Juiz.

OFICIAL DE JUSTIÇA – Um bom assassinato, um autêntico assassinato, um belo assassinato, mais belo como não se poderia desejar, faz tempo que não tínhamos nada igual.

(27)

O Bobo. A Criança. Woyzeck.

KARL (*segura a criança diante de si, no colo*) – Este aí caiu na água, este aí caiu na água, veja, este aí caiu na água.
WOYZECK – Christian, oi garotinho!
KARL (*olhando-o fixamente*) – Este aí caiu na água.
WOYZECK (*querendo acariciar a criança, que se desvia e grita*) – Meu Deus!
Karl – Este aí caiu na água.
WOYZECK – Christian, meu garotinho, você vai ganhar um soldadinho, sa, sa. (*A criança o empurra. Para Karl.*) Tome, compre um soldadinho pro menino.
KARL (*Olha para ele fixamente*).
WOYZECK – Upa! Upa! Cavalinho.
KARL (*Soltando gritos de júbilo*) – Upa! Upa! Cavalinho! Cavalinho! (*Sai correndo com a criança.*)

Etapas da Criação

Primeira Versão: Grupo de Cenas 1

(1)

Tendas. Povo.

Pregoeiro (*diante de uma tenda*) – Meus senhores! Meus senhores! Vejam a criatura como Deus a fez. Ela não é nada, nada mesmo. Vejam agora a arte: anda em pé, usa calças e casaco, tem uma espada! Oh! Faça um cumprimento! Assim você é um barão. Dê um beijo! (*Ele toca trombeta.*) O velhaco é musical. Meus senhores, aqui podem ser vistos o cavalo astronômico e os pequenos pássaros canalhas. São os favoritos de todas as cabeças coroadas. Começar a representação! Vamos dar começo ao começo. E é pra já o *commencement* do *commencement*.

Woyzeck – Você quer?

Margreth – Por mim. Deve ser coisa bonita. Quantas borlas ele tem! E a mulher usa calças!

(2)

O interior da tenda.

PREGOEIRO – Mostre seu talento! Mostre sua racionalidade animal! Envergonhe a sociedade humana! Meus senhores, este animal que estão vendo, com rabo no corpo, de quatro patas, é membro de todas as entidades doutas, é professor de nossa universidade, com ele os estudantes aprenderam a cavalgar e a bater. Isso era de simples compreensão. E agora pense com a *raison* duplicada. O que você faz quando pensa com a *raison* duplicada? Há algum asno aqui nessa douta *societé*? (*O cavalo sacode a cabeça.*) Os senhores estão vendo agora a razão duplicada? Isto é bestonômica. Sim, isto não é um indivíduo besta, isto é uma pessoa. Um homem, um homem animal e no entanto um animal, uma besta. (*O cavalo comporta-se de modo inconveniente.*) Isso, envergonhe a *societé*. Vejam os senhores, o animal ainda é natureza, natureza sem ideal! Aprendam com ele. Perguntem ao médico, é altamente nocivo. Foi dito: homem, seja natural. Você foi feito de poeira, areia e sujeira. Você quer ser mais do que poeira, areia e sujeira? Olhem como é inteligente, sabe calcular e ainda assim não sabe contar nos dedos, por que? Só não consegue se expressar, não consegue explicar, é um homem transformado! Diga aos cavalheiros que horas são. Quem dos cavalheiros ou das damas tem um relógio, um relógio?

SUBOFICIAL – Um relógio! (*Tira com um gesto estudado e imponente um relógio do bolso.*) Aqui está, meu senhor.

MARGRETH – Preciso ver isso. (*Sobe para a primeira fila, ajudada pelo suboficial.*)

SUBOFICIAL – (*No texto original há um quarto de página em branco.*)

(3)

Margreth sozinha

O outro lhe deu ordens e ele precisou ir-se. Ah! Um homem antes do outro.

(4)

Pátio da caserna. Andres. Louís.

ANDRES (*canta*) –

> A senhora taberneira tem uma boa criada,
> ela fica dia e noite sentada no jardim,
> sentada em seu jardim,
> até que o sino toque as doze,
> para espiar os soldados.

LOUIS – Ei Andres, não tenho sossego!
ANDRES – Tolo!
LOUIS– O que quer dizer? Então diga!
ANDRES – Então?
LOUIS – Por que acha que estou aqui?
ANDRES – Porque o tempo está bom e hoje eles dançam.
LOUIS – Preciso ir embora, preciso ver!
ANDRES – O que você quer?
LOUIS – Cair fora!
ANDRES – Inquieto, por causa da sujeita.
LOUIS – Preciso ir embora.

(5)

*Taberna. As janelas estão abertas. Há dança. Sentado
no banco diante da casa.*

LOUIS (*Espreitando a janela.*) – Ele... ela! Diabo! (*Senta-se tremendo. Espia, vai até a janela.*) Que coisa! Que rodem um por cima do outro! E ela: sempre mais... sempre mais.
O BOBO – Puf! Que cheiro.
LOUIS – Sim está cheirando! Ela tem bochechas vermelhas vermelhas e por que ela já está cheirando tanto? Carl, o que está farejando assim?
O BOBO – Sinto cheiro, cheiro de sangue.
LOUIS – Sangue? Por isso tudo está tão vermelho aos meus olhos. Sinto como se eles rodassem num mar de sangue, todos juntos! Ah, mar vermelho.

(6)

Campo aberto

Louis – Mais e mais! Hisch!, hasch!, assim soam os violinos e os pífaros. Mais e mais! Mais e mais! Quem está falando aí? Aí em baixo surgindo do chão, bem baixinho, o que, o que? (*Ele se agacha.*) Fure! Fure! Fure os Woyzecks até morrerem! Fure! Fure os Woyzecks até morrerem! Sempre os Woyzecks! Está sibilando, rumorejando e trovejando.

(7)

Um quarto. Louis e Andres.

Andres – Ei!
Louis – Andres!
Andres (*Murmurando no sono.*)
Louis – Ei, Andres!
Andres – O que é?
Louis – Não tenho sossego; ouço isso o tempo todo, violinos que tocam e gente que salta, mais e mais, mais e mais! E quando fecho os olhos, isso relampeja o tempo todo, é um punhal grande e largo e ele está sobre a mesa junto à janela e é numa estreita viela escura e um velho está lá sentado. E o punhal fica sempre no meio de meus olhos.
Andres – Dorme! Tolo!

(8)

Pátio da caserna

Louis – Você não ouviu nada?
Andres – Ele está aí com mais um camarada.
Louis – Ele disse alguma coisa.
Andres – De onde você sabe? O que devo dizer. Bem, ele riu e depois disse: uma delícia de mulher! Ela tem coxas e tudo tão quente!
Louis (*Totalmente frio*) – Então, ele disse isso?
  Com que foi mesmo que eu sonhei esta noite? Não foi com um punhal? Que sonhos estúpidos a gente tem.

Andres – Para onde você vai, camarada?
Louis – Meu oficial. Buscar vinho... Mas Andres, ela era uma moça especial, não é?
Andres – Quem?
Louis – Nada. Adeus.

(9)

O Oficial. Louis.

Louis (*Sozinho*) – O que foi que ele disse? Ah sim? Sim, afinal nem todo dia é noite.

(10)

Uma taberna. Barbeiro. Suboficial.

Barbeiro –

> Ai filha, filha querida,
> o que você pensou,
> quando se meteu com carroceiros
> e condutores de diligência?

O que não pode o bom Deus, o que? Desfazer o que aconteceu. Ha, ha, ha!... Mas é assim e é bom que assim seja. Porém melhor é melhor. (*Canta.*) –

> A cachaça é minha vida,
> a cachaça dá coragem.

E um homem direito ama a sua vida, e um homem que ama a sua vida não tem coragem, um homem virtuoso não tem coragem. Quem tem coragem é um canalha.
Suboficial (*Com dignidade*) – O senhor está faltando com o respeito na presença de um corajoso.
Barbeiro – Falo sem referências, não falo com consideração, como falam os franceses, e foi muito bonito de sua parte. Mas quem tem coragem é um canalha.

SUBOFICIAL – Diabo!, seu vasinho de barba quebrada, seu espuma de sabão passada, comigo você vai beber sua urina, comigo vai engolir sua navalha de barbear!

BARBEIRO – Senhor, sua senhoria está sendo injusta, por acaso me referi a ele, por acaso disse que ele tem coragem? Senhor, ele que me deixe em paz! Eu sou a ciência. Eu recebo por minha cientificidade meio florim toda semana, caso sua senhoria não esteja justamente batendo em mim ou então morro de fome. Eu sou uma *Spinosa pericyclyda*; tenho costas latinas. Eu sou um esqueleto vivo. Toda a humanidade me estuda. O que é o homem? Ossos! Poeira, areia, sujeira. O que é a natureza? Poeira, areia, sujeira. Mas os homens são tolos, os homens são tolos. Precisamos ser amigos. Se vocês não tivessem coragem, não haveria ciência. Apenas natureza, sem amputação (*texto ilegível no original*). O que é isso? Perna, braço, carne, ossos, veias? O que é isso? Sujeira? O que há dentro da sujeira? Deixo cortar assim o braço? Não. O homem é egoísta, ele bate, atira, fere, fornica. (*Ele soluça.*) Amigos, estou comovido. Vejam, eu gostaria que nossos narizes fossem duas garrafas e que nós pudéssemos uns aos outros vertê-las garganta abaixo. Ah como o mundo é belo! Amigo! Um amigo! O mundo! (*Comovido.*) Veja o sol saindo por entre as nuvens, como se um *potchambre* fosse derramado. (*Ele chora.*)

(11)

A taberna. Louis está sentado diante da taberna. Há pessoas saindo.

ANDRES – O que está fazendo aqui?
LOUIS – Que horas são?
ANDRES – ....
LOUIS – Ainda não é mais do que isso? Achei que passaria mais depressa. Gostaria que fosse depois de amanhã à noite.
ANDRES – Por quê?
Louis – Por que então teria passado.
ANDRES – O que?
LOUIS – Siga o seu caminho.
ANDRES – Por que está aí sentado diante da porta?
LOUIS – Estou bem sentado aqui, e eu sei... mas há algumas pessoas sentadas diante da porta e elas não sabem disso: há algumas que são carregadas porta afora com os pés à frente!

ANDRES – Venha comigo!
LOUIS – Estou bem sentado e seria melhor ainda se eu pudesse estar deitado assim. Sim Andres, grossas aparas também servem de colchões. Se todas as pessoas soubessem que horas são, elas tirariam a roupa e vestiriam uma camisa de seda, sacudindo de si aparas.
ANDRES – Ele está bêbado.
LOUIS – O que há ali? Agora brilha tanto. Salta diante de meus olhos. Como brilha! Eu preciso ter isso.

(12)

Campo aberto

LOUIS (*Ele coloca o punhal dentro de uma cova.*) – Não matarás. Fique aí! Vou embora! (*Afasta-se rapidamente.*)

(13)

Noite. Luar. Andres e Louis numa mesma cama.

LOUIS (*Baixinho*) – Andres!
ANDRES (*Sonhando*) – Aí... alto!... Eu.
LOUIS – Ei, Andres!
ANDRES – O que?
LOUIS – Não tenho paz! Andres.
ANDRES – É um pesadelo que o oprime?
LOUIS – Lá fora há algo. No sótão. Apontam o tempo todo para aquilo e você está ouvindo agora, agora, como estão batendo nas paredes? Há pouco um deles espiou aqui dentro pela janela. Não está ouvindo? Eu os ouço o dia inteiro. Fure!, fure os Woyzecks até que morram.
ANDRES – Deite-se Louis. Você precisa ir para o lazareto. Você precisa tomar cachaça com pólvora, isto corta a febre.

(14)

Margreth com uma menina diante da porta de casa.

Menina –

> Como brilha o sol no dia da Candelária
> e o trigo se ergue em flor.
> Alegres, ao longo da rua eles seguiam,
> seguiam aos pares, dois a dois.
>
> à frente iam os flautistas,
> e logo atrás os violinistas.
> Com meias vermelhas nos seus pés...

Primeira Criança – Não é bonito.
Segunda Criança – Você sempre quer outra coisa!
        Aquilo que você começou primeiro
                Por quê?
    Não posso
                Por isso!
    Precisa cantar
                Mas por que por isso?
    Margreth querida, cante para nós.
Margareth – Venham, caranguejinhos da lama!
    Roda, roda, roda, pé, pé, pé.
Conte uma história vovozinha!
Avó – Era uma vez uma pobre criança e ela não tinha pai nem mãe, estavam todos mortos e não lhe restava mais ninguém no mundo. Todos mortos, e ela ficou vagando e chorava dia e noite. E porque na terra não havia mais ninguém, a criança queria ir para o céu e a lua a olhava com muito carinho; e quando finalmente chegou à lua, esta não passava de um toco de madeira podre, e então ela foi para o sol e quando chegou ao sol, ele era apenas um girassol murcho, e quando chegou às estrelas, elas eram pequenos mosquitos dourados, que estavam espetados assim como o picanço os espeta na ameixa brava, e quando ela quis voltar para a terra, a terra era uma vasilha entornada, e ela estava inteiramente só, e ela sentou-se e chorou, e continua sentada ali e está muito só.
Louis – Margreth!
Margareth (*Assustada*) – O que é?
Louis – Margreth, vamos indo. Está na hora.
Margareth – Para onde?
Louis – E eu sei?

(15)

Margreth e Louis.

MARGARETH – Bem, ali adiante fica a cidade. Está escuro.
LOUIS – Fica mais um pouco. Vem cá, sente-se.
MARGARETH – Mas eu preciso ir.
LOUIS – Você vai machucar os pés de tanto correr.
MARGARETH – Como você está, ein!
LOUIS – Você sabe quanto tempo faz, Margreth?
MARGARETH – Em Pentecostes, dois anos.
LOUIS – E você sabe também quanto tempo ainda vai durar?
MARGARETH – Preciso ir para preparar o jantar.
LOUIS – Você está com frio, Margreth e, no entanto, você é quente. Que lábios quentes você tem! (Quente, quente, respiração de puta) e, mesmo assim, eu daria o céu para beijá-la mais uma vez (*texto ilegível no original*) e quando se está gelado não se tem mais frio. Você não vai sentir o frio orvalho da manhã.
MARGARETH – O que você está dizendo?
LOUIS – Nada. (*Ambos se calam.*)
MARGARETH – Como nasce vermelha a lua.
LOUIS – Como um ferro ensangüentado.
MARGARETH – O que está pretendendo? Louis, você está tão pálido. Louis pare! Pelo amor Deus, so...corro!
LOUIS – Tome isto e mais isto! Você não sabe morrer? Assim! Assim! Ah, ela ainda se mexe, ainda não, ainda não? Ainda? (*Golpeia repetidamente.*) Você está morta? Morta! Morta! (*Pessoas se aproximam, ele foge.*)

(16)

Chegam pessoas

PRIMEIRA PESSOA – Alto!
SEGUNDA PESSOA – Está ouvindo? Silêncio! Ali.
PRIMEIRA PESSOA – Uu! Ali! Que som horrível.
SEGUNDA PESSOA – É a água, está chamando, faz tempo que ninguém se afoga. Vamos embora, não é bom ouvir isso.
PRIMEIRA PESSOA – Uu, agora de novo. Como um homem que está morrendo.

SEGUNDA PESSOA – É apavorante, que cerração, por todo lado neblina, cinzento, e o zumbir dos besouros e escaravelhos como sinos rachados. Vamos embora!
PRIMEIRA PESSOA – Não, está muito nítido, muito alto. Ali em cima. Venha comigo.

(17)

A taberna

LOUIS – Dancem todos, mais e mais, suem e fedam, um dia vira buscar todos. (*Canta*) –

> A taberneira tem uma boa criada,
> ela fica dia e noite sentada no jardim,
> sentada em seu jardim,
> até que o sino toque doze vezes,
> espiando os soldados.

(*Ele dança.*) Assim Käthe! Sente-se! Estou com calor, muito calor (*Ele tira o casaco*), assim é, o diabo pega uma e deixa a outra correr. Käthe, você é quente! Por que isto? Um dia, Käthe, também você vai ficar fria. Seja sensata. Você não sabe cantar?
KÄTHE –

> Para a Suábia eu não quero ir,
> vestidos longos eu não uso,
> vestidos longos e sapatos pontudos,
> não ficam bem a nenhuma criada.

LOUIS – Não, nada de sapatos, também se pode ir pro inferno sem sapatos.
KÄTHE (*Dança*) –

> Ó, que grossura, meu bem, isso não foi elegante.
> Guarde o seu dinheiro e vá dormir sozinho.

LOUIS – Sim, isso é verdade!. Eu não gostaria de ensangüentar-me.
KÄTHE – Mas o que você tem na sua mão?
LOUIS – Eu? Eu?
KÄTHE – Vermelho, sangue! (*Pessoas se reúnem em volta deles.*)
LOUIS – Sangue? Sangue.
TABERNEIRO – Uu, sangue.

Louis – Acho que eu me cortei, aqui na mão direita.
Taberneiro – Mas como isto chegou até o cotovelo?
Louis – É porque fui limpar.
Taberneiro – Como? Com a mão direita no cotovelo direito? O senhor é jeitoso.
Bobo – E aí disse o gigante: sinto o cheiro, o cheiro, o cheiro de carne humana. Puh! Já está fedendo.
Louis – Diabo, o que vocês estão querendo? Que lhes importa? Saiam da frente!, ou o primeiro que... diabo! Vocês acham que eu matei alguém? Sou um assassino? O que estão olhando? Olhem para si próprios! Saiam da frente! (*Ele corre para fora.*)

(18)

Crianças

Primeira Criança – Vamos! Margareth, queridinha!
Segunda Criança – O que há?
Primeira Criança – Você não sabe? Todos eles já saíram. Lá fora tem alguém estendido!
Segunda Criança – Onde?
Primeira Criança – Ali, à esquerda, atrás da vala no bosque, onde está a cruz vermelha.
Segunda Criança – Vamos depressa, pra gente ainda ver alguma coisa. Já vai ser carregado pra dentro.

(19)

Louis sozinho

O punhal? Onde está o punhal? Eu o deixei aqui. Ele me trai! Mais perto, mais perto ainda! Que lugar é esse? O que estou ouvindo? Algo se mexe. Silêncio. Aqui perto. Margareth? Ah, Margareth! Silencio! Tudo tão silencioso. (Por que você está tão pálida, Margareth? Por que você tem um cordão vermelho em torno do pescoço? De quem você ganhou essa gargantilha, de seus pecados? Você estava negra, negra por causa deles! Por isso eu a embranqueci agora. Por que seus cabelo negros pendem tão revoltos? Você não fez as tranças hoje?) Aqui, no chão, tem algo!

Frio, molhado, silencioso. Vou-me embora daqui. O punhal, o punhal, está comigo? Assim! Gente... Ali. (*Ele sai correndo.*)

(20)

Louis junto a um lago

Então, aqui embaixo! (*Ele joga o punhal dentro do lago.*) Está afundando na água escura, como uma pedra! A lua é como um ferro ensangüentado! Será que o mundo inteiro vai me delatar? Não, ele está lá adiante, bem longe, quando eles vem banhar-se (*entra no o lago e atira o punhal para mais longe*), agora está bem... mas no verão, quando mergulham à procura de conchas, bah, estará enferrujado. Quem poderá reconhecê-lo... ah, se eu o tivesse quebrado! Ainda estou ensangüentado? Preciso me lavar. Aqui tem uma mancha e ali mais uma.

(21)

Oficial de justiça. Barbeiro. Médico. Juiz.

OFICIAL DE JUSTIÇA – Um bom assassinato, um autêntico assassinato, um belo assassinato, mais belo não se poderia desejar, faz tempo que não tínhamos nada igual.
BARBEIRO – Ateísta dogmático. Comprido, magro, covarde, malvado, científico.

Primeira Versão: Grupo De Cenas 2

(1)

Campo aberto. A cidade ao longe. Woyzeck. Andres. Andres e Woyzeck cortam varas nas moitas.

Andres (*assobia e canta*) –

> Eis a bela caçada,
> atirar é livre a todos,
> é onde quero ser caçador,
> para lá quero ir.
>
> Se ali passa um coelho correndo,
> me perguntam se sou caçador.
> Também já fui caçador,
> mas atirar eu não sei.

Woyzeck – Sim, Andres, é este aqui – o lugar é amaldiçoado. Você está vendo aquela faixa brilhante, acima da grama, ali onde crescem os cogumelos? É aí que à noite roda a cabeça, uma vez alguém a pegou, pensou que era um ouriço. Ficou três dias e três noites deitado na serragem, virou um anão e morreu. (*Baixinho.*) Eram os maçons, eu descobri.

Andrés – Está escurecendo, você está me deixando com medo. (*Ele canta.*)

Woyzeck (*agarrando-o*) – Está ouvindo, Andres? Está ouvindo, há algo andando perto de nós, debaixo de nós? Vamos embora, a terra está tremendo sob as solas de nossos sapatos. Os maçons! Como se agitam! (*Ele o arrasta.*)

Andres – Deixe-me! Você está louco! Com o diabos!

Woyzeck – Será que você é uma toupeira, estão suas orelhas cheias de areia? Está ouvindo o tremendo estrondo no céu? Sobre a cidade. Tudo em fogo! Não olhe para trás. Como troveja. E tudo estala.

Andres – Você me dá medo.

Woyzeck – Não olhe para trás! (*Eles se escondem nas moitas.*)

Andres – Woyzeck, eu não ouço mais nada.

Woyzeck – Quieto, tudo quieto, como a morte.

Andres – Estão tocando os tambores lá dentro. Temos que ir.

(2)

A cidade. Louise e Margareth à janela. Passa a banda militar, tendo à frente o Tambor-mor.

Louise – Eh! Menininho! Aí vem eles.
Margareth – Que belo homem.
Louise – Como uma árvore!

O Tambor-mor cumprimenta

Margareth – Oh, que olhos mais alegres, senhora vizinha, nós não estamos acostumados a ver uma coisa assim.

Louise – Soldados, são belos rapazes...

Margareth – Seus olhos ainda estão brilhando.

Louise – E o que tem isso? Leve os seus ao judeu e mande limpá-los, talvez ainda brilhem o bastante para que se possa vendê-los como um botão.

Margareth – A senhora! A senhora! Dona Virgem, eu sou uma pessoa honesta, mas a senhora, a senhora é capaz de enxergar através de sete calças de couro.

Louise – Sua ordinária! (*Fecha a janela.*) Venha, meu menino. O que quer essa gente! Ainda que você seja apenas um pobre filho da puta, sua cara desonesta dá alegria à sua mãe. Sa! Sa! (*Canta.*) –

Hansel atrela seus seis cavalos brancos.
dá-lhes de comer outra vez.
Aveia, eles não comem,
água, eles não bebem,
Só vinho gelado tem que ser. Viva!
Só vinho gelado tem que ser.

Menina, o que você vai fazer agora,
com uma criança pequena e sem marido?
Ei, para que estar perguntando?
Vou cantar o dia inteiro,
Aia popaia meu menininho, viva!
Ninguém me dará nada por isso.

(*Batem à janela*) – Quem ě? É você, Franz? Entre!
Woyzeck – Não posso. Está na hora da chamada.
Louise – Você cortou varas para o major?
Woyzeck – Sim, Louise.
Louise – O que tem Franz, parece tão preocupado?
Woyzeck – Psiu! Quieta! Eu descobri! Os maçons! Havia um tremendo estrondo no céu e tudo em fogo! Estou na pista certa! Muito certa.
Louise – Homem!
Woyzeck – Você acha? Olhe ao seu redor! Tudo imóvel, duro, escuro, algo se move ali atrás. Algo que não podemos pegar. Passa quieto, o que nos tira a razão, mas eu descobri. Tenho que ir embora!
Louise – E o garoto?
Woyzeck – Ai, menino! Hoje à noite na feira. Economizei de novo um pouco. (*Sai.*)
Louise – Esse homem ainda vai pirar, ele me deu medo. Que pavor, não gosto de permanecer aqui quando fica escuro, acho que estou cega, ele transmite isso pra gente. Pois, do contrário, as lanternas sempre iluminam tudo aqui dentro. Ai de nós, gente pobre. (*Ela canta*) –

E quando o berço faz criquecraque,
dorme bem meu gorducho querido.

Ela sai.

(3)

Lugar. Tendas. Luzes.

VELHO (*Que canta*). CRIANÇA (*Que dança.*) –

No mundo não há permanência,
todos devemos morrer,
disso sabemos muito bem!

Ei! Upa! Pobre homem, velhinho! Pobre criança! Criancinha! Preocupações e festas! Ei Louise, e se eu a...? (*a frase é interrompida no texto original*) É preciso que um homem seja também fraco de juízo para que possa dizer: mundo tolo! mundo bonito!
PREGOEIRO (*diante de uma tenda*). Meus senhores, minhas senhoras, aqui podem ser vistos o cavalo astronômico e os pequenos pássaros canalhas, são favoritos de todos os potentados da Europa e membros de todas as sociedades científicas; eles revelam tudo às pessoas: sua idade, quantos filhos, qual a doença. Atiram com a pistola, ficam em pé numa perna só. Tudo neles é educação, apenas têm uma razão animalesca, ou antes uma animalidade racional, não se trata de um indivíduo animalescamente burro como muita gente, com exceção do distinto público. Entrem. Agora haverá representação. O *commencement do commencement* logo terá início.
Vejam os progressos da civilização. Tudo progride, um cavalo, um macaco, um pássaro canalha! O macaco já é soldado, o que ainda não é muito, o degrau inferior da espécie humana!
SENHOR – Grotesco! Muito grotesco!
ESTUDANTE – O senhor também é ateísta! Eu sou um ateísta dogmático.
(*ilegível no texto original*) É grotesco? Eu sou amigo do grotesco. Está vendo aquilo ali? Que efeito grotesco.
(*ilegível no texto original*) Eu sou um ateísta dogmático.
SENHOR – Grotesco!

(4)

Aprendizes de ofícios.

UM APRENDIZ – Irmão! Não se esqueça de mim! Amizade! Seria capaz de encher um barril de choramingos de tanta melancolia! Ai se eu ainda tivesse rum! É só o fedor, só o cheiro. Por que este mundo é tão belo? Quando fecho um olho e olho por cima de meu nariz, tudo é cor de rosa. Cachaça é a minha vida.

UM OUTRO – Tudo parece cor de rosa quando o espinhaço dele olha por cima de seu nariz.

(*Texto ilegível no original.*) Não há ordem! O limpador de lanternas se esqueceu de me varrer os olhos, está tudo escuro. Que o diabo leve o bom Deus!

Eu me deitei no caminho e preciso pular sobre mim mesmo. Onde foi parar minha sombra? Não há mais segurança no estábulo. Tomara que alguém iluminasse com a lua o espaço entre minhas pernas para ver se eu ainda tenho a minha sombra.

Devoraram o verde, verde capim,
devoraram o verde, verde capim,
até o gra-ma-a-do.

Estrelas cadentes, eu preciso assoar o nariz das estrelas.

Isto é para mim um companheiro, o ofício está bem para você, espuma, ai, uma tolice, prazer animal de meu saudoso homem (*ilegível no texto original*) que se despede com mais filhos não concebidos.

Por que Deus criou os homens? Isto também tem sua utilidade. O que fariam o sapateiro, o alfaiate se não fosse para fazer sapatos e calças para as pessoas? Por que Deus instilou nos seres humanos o sentimento de pudor? Para que o alfaiate possa viver. Sim! Sim! Portanto! Por isso!... Para isso! Com isso! Ou porém, se Ele não tivesse feito, mas nisso vemos haver sabedoria, para que também a criação animal tivesse aparência humana., pois do contrário a humanidade seria consumida pelo animalesco. Esta criança de peito, esta criatura fraca e indefesa (*a frase é interrompida*). Agora vamos mijar na cruz para que morra um judeu.

A cachaça é minha vida,
A cachaça dá coragem

(5)

Suboficial. Tambor-mor.

SUBOFICIAL – Alto lá. Você a viu? Que mulherão!

Tambor-mor – Diabos, feita para a perpetuação de regimentos de couraceiros e para a procriação de tambores-mor!
Suboficial – Como trás a cabeça erguida! É como se os cabelos negros a puxassem para baixo, como um peso, e os negros olhos...
Tambor-mor – É como olhar para dentro de um poço ou de uma chaminé. Depressa, vamos atrás.
Louise – Veja que luzes, meus olhos!
Franz – Sim, a cachaça, um barril de gatos pretos com olhos de fogo. Oh, que noite.

(6)

Woyzeck. Doutor.

Doutor – Nunca pensei que fosse ver isso, Woyzeck? Um homem de bem? Você! Você! Você!
Woyzeck – O que foi, senhor Doutor?
Doutor – Eu vi isso, você mijando na rua como um cachorro. Eu não lhe dou todo dia três moedas e o rancho? O mundo está ficando mau, muito mau, mau digo eu. Oh! Woyzeck, isso é muito mau.
Woyzeck – Mas senhor Doutor, quando não tem outra saída?
Doutor – Não tem outra saída, não tem outra saída. Superstição, horrível superstição! Pois eu não demonstrei que o *musculus constrictor vesicae* está subordinado à vontade? Woyzeck, o homem é livre, no homem a individualidade transfigura-se em liberdade – não ser capaz de conter a bexiga! É mentira, Woyzeck! Você já comeu ervilhas? Nada além de ervilhas, nada além de cereais, *cruciferae*, anote. Na próxima semana, começaremos com carne de carneiro. Você não está precisando ir ao reservado? Vá. Estou lhe dizendo. Há uma revolução na ciência . Uma revolução! De acordo com relatório de ontem, 0,10 de ácido úrico e amônia clorídrica (*texto ilegível*).
Mas eu vi quando você mijava na parede, eu acabava de pôr a cabeça pra fora, entre as minhas flores (*texto ilegível*). Você apanhou sapos para mim? Têm cadáveres? Algum pólipo de água doce? Alguma hidra? Ventosas? Cristaisinhos? Não vá esbarrar no microscópio, pois acabo de colocar nele o molar esquerdo de um infusório. Vou explodi-los no ar, todos junto. Woyzeck, algum ovo de aranha, algum sapo? Mas mijar na parede! Eu vi. (*Dá-lhe um pontapé.*) Não, Woyzeck, não estou irritado, irritar-se não é saudável, é anticientífico. Estou calmo, muito calmo e

lhe digo com o maior sangue frio. Deus nos guarde de quem se irrita com um homem. Mesmo que fosse um Proteu, ele rebentaria! Mas ainda assim você não devia ter mijado na parede.

Woyzeck – Sim, a natureza, senhor Doutor, quando é a natureza acabou.

Doutor – O que é isso, quando é a natureza acabou?

Woyzeck – Quando é a natureza acabou, é isto, quando é a natureza acabou! Quando o mundo se torna tão tenebroso que é preciso ficar tateando nele com as mãos, que a gente pensa que ele se desfez em teia de aranha! É assim quando uma coisa é e, no entanto, não é. Quando tudo está escuro e há apenas um brilho avermelhado no oeste, como vindo de uma forja. Quando... (*Anda de um lado para o outro no aposento.*)

Doutor – Homem! Você está tateando por aí com os pés como se tivesse pernas de aranha.

Woyzeck (*Permanece inteiramente imóvel*) – O senhor já viu os anéis dos cogumelos no chão? Linhas compridas, círculos tortos, figuras, é aí que está!, aí! Se alguém soubesse ler isso.

Quando o sol está a pino ao meio-dia, e é como se o mundo devesse arder em chamas. Não está ouvindo? Quero dizer, quando o mundo fala, veja senhor, as linhas compridas, e é como se dirigisse a palavra a alguém com uma voz terrível.

Doutor – Woyzeck! Você vai parar no hospício, você tem uma bela idéia fixa, uma deliciosa *alienatio mentis*, olhe para mim, que você deve fazer? Comer ervilhas, depois comer carne de carneiro, limpar sua espingarda, isso tudo você já sabe e ali entre as idéias fixas a W... (*texto ilegível*), isto é ótimo, Woyzeck, você vai ganhar uma pataca de aumento esta semana, minha teoria, minha nova teoria, ousada, eternamente jovem. Woyzeck, vou me tornar imortal. Deixe ver seu pulso, devo medi-lo de manhã e à noite.

(7)

Rua. O Capitão. O Doutor. O Capitão vem descendo a rua arquejando, depois pára, arqueja, olha em torno.

Capitão – Onde vai tão depressa, prezadíssimo senhor Prego de Caixão?

Doutor – Onde vai tão devagar, prezadíssimo senhor Prego de Ordem Unida?

Capitão – Não tenha pressa, estimadíssimo senhor Pedra de Sepultura.

Doutor – Não roubo meu tempo como o senhor estimadíssimo... (*a frase é interrompida*).

Capitão – Não corra tanto assim, senhor Doutor, um homem de bem não anda tão depressa. Há-há-há, um homem de bem (*toma fôlego*), um homem de bem, o senhor está se apressando atrás da morte, o senhor me dá medo.

Doutor – Estou com pressa, senhor Capitão, estou com pressa.

Capitão – Senhor Prego de Caixão, o senhor vai gastar assim inteiramente as suas perninhas no calçamento. Não cavalgue assim no ar sobre a sua bengala.

Doutor – Dentro de quatro semanas ela estará morta, *via coronar congestionis*, no sétimo mês, eu já tive vinte pacientes iguais, em quatro semanas, ela pode estar certo disso.

Capitão – Senhor Doutor, não me assuste, já houve gente que morreu de susto, de puro e simples susto.

Doutor – Em quatro semanas, animal tapado, ela fornece um preparado interessante. Eu lhe digo, quatro... (*a frase é interrompida*).

Capitão – Que o diabo carregue, eu vou segurá-la senhor insolente, não a deixarei, demônio. Quatro semanas? Senhor Doutor, Prego de Caixão, mortalha, eu estou vivo enquanto estou aqui, quatro semanas, e já estou vendo os homens com limões nas mãos, mas eles vão dizer, ele era um homem de bem, um bom de bem.

Doutor – Ah, bom dia, senhor Capitão. (*Acenando com o chapéu e a bengala.*) Kikeriki! Alegro-me! Alegro-me! (*Estendendo-lhe o chapéu.*) O que é isso, senhor Capitão? Isto é uma cabeça vazia! Ah?

Capitão (*Faz uma dobra*) – O que é isto senhor Doutor? Isto não é uma ingenuidade! Há-há-há! Mas não por mal. Eu sou um homem de bem .... mas eu também posso quando quero, senhor Doutor, há-há-há, quando eu quero. Ei Woyzeck, por que passa tão apressado por nós? Venha cá, Woyzeck, você está correndo como uma navalha aberta pelo mundo, a gente pode cortar-se nela, você corre como se tivesse de barbear um regimento de castrados e fosse enforcado por causa do último pelo ainda antes dele sumir... Mas, sobre as barbas longas, o que eu queria mesmo dizer? Woyzeck, as barbas longas...

Doutor – Uma longa barba debaixo do queixo, já Plínio dizia a este respeito que é preciso desacostumar dela os soldados, você, você...

Capitão (*Continuando*) – Ah?, e falando das barbas longas...! Como é, Woyzeck, você ainda não encontrou um fio de uma barba na sua tigela? Hein, você está me compreendendo, um fio de barba de um homem, um suboficial.... um tambor-mor? Hein, Woyzeck? Mas você tem uma boa mulher. Com você, não é como os outros.

Woyzeck – Sim senhor! O que está querendo dizer, senhor Capitão?

Capitão – Mas que cara o rapaz está fazendo!, [o fio de barba] está (*ilegível*), no céu não, tampouco deve estar na sopa, mas se você se apressar e virar a esquina, talvez ainda a encontre num par de lábios, Woyzeck, num par de lábios, eu também já senti o amor, Woyzeck. Homem, você está branco como a cal.

Woyzeck – Senhor Capitão, eu sou um pobre diabo... e não tenho mais nada no mundo senhor Capitão, se estiver zombando...

Capitão – Zombando? Eu? Zombar de você, homem?

Doutor – O pulso, Woyzeck, o pulso! Rápido, duro, pulando, irregular.

Woyzeck – Senhor Capitão, a terra é quente como o inferno, mas eu estou gelado, gelado, o inferno é gelado, podemos apostar. Impossível, homem!, homem!, impossível.

Capitão – Cara, você quer ser fuzilado, quer levar umas balas na cabeça? Você está me apunhalando com seus olhos e eu só lhe desejo o bem, porque você é um homem de bem, Woyzeck, um homem de bem.

Doutor – Músculos faciais rígidos, tensos, às vezes se contraem, comportamento é tenso, excitado.

Woyzeck – Estou indo! É muito possível. O homem!, é muito possível. Temos bom tempo hoje, senhor Capitão. Veja, um céu tão bonito, firme, cinzento, dá vontade de pregar um gancho e se enforcar nele, só por causa do travessão entre sim, e outra vez sim... e não. Senhor, senhor Capitão, sim ou não? É o não o culpado do sim ou o sim, do não? Preciso refletir sobre isso. (*Sai com passos largos, primeiro lentos e depois cada vez mais rápidos.*)

Doutor (*Correndo atrás dele*) – Um fenômeno, Woyzeck, um aumento!

Capitão – Fico completamente tonto diante dessa gente, como anda rápido esse patife alto, feito a sombra fugindo das pernas de uma aranha, e o baixinho coxeia atrás dele. O alto é o raio e o pequeno o trovão. Há, há, atrás dele... Não gosto disso!, um homem de bem é... (*ilegível*) cuidadoso e ama sua vida, um homem de bem não tem coragem!, o patife é que tem coragem! Eu só fui à guerra para fortalecer o meu amor à vida. Da d... (*ilegível*) a pé, daí para (*ilegível*), daí até a coragem, como se chega a algo assim. Grotesco!, grotesco!

(8)

Woyzeck. Louisel.

Louisel – Boa tarde, Franz.
Franz (*Observando-a*) – Ah, é você ainda! Oh!, realmente não, não se vê nada, mas a gente tem que ver isso. Louisel, você é bonita.
Louisel – O que está vendo de tão estranha, Franz, tenho medo.
Franz – Que bela rua, da vontade de agente andar até ficar com calos. é bom estar aqui e também em boa companhia.
Louisel – Companhia?
Franz – Passa muita gente pela rua, não é verdade? E você pode falar com quem quiser, o que me importa! Ele esteve aí, aí, aí? Bem assim, junto de você? Assim? Eu gostaria de ser ele.
Louisel – Quem, ele? Não posso proibir e impedir que as pessoas andem na rua, que elas tragam consigo a boca quando passam.
Franz – E não deixem os lábios em casa. Seria uma pena, eles são tão bonitos! Mas as vespas gostam de pousar em cima.
Louisel – E qual foi a vespa que o picou? Você parece tão doido quanto uma vaca perseguida por moscardos.
Franz – Criatura! (*Partindo para cima dela.*)
Louisel – Não toque em mim, Franz! Eu preferiria um punhal no corpo do que sua mão sobre a minha. Meu pai não ousava me bater, quando eu tinha dez anos, se eu o encarava.
Franz – Mulher!... Não, deve ser alguma coisa em você! Todo criatura humana é um abismo, fica-se tonto quando se olha para dentro. Que seja! Ela age como a inocência. Então inocência, você tem um sinal sobre você. Que sei eu? Que sei eu? Quem sabe?

(9)

Louisel sozinha. Prece.

E nenhum engano foi encontrado em sua boca. Meu Deus!
(*dois terços da página estão em branco*)

Fragmentos Esparsos

(1)

*O Pátio do Professor. Estudantes em baixo,
o Professor na janela do sótão*

Professor – Meus senhores, estou aqui no telhado, como David quando viu Batseba; mas não vejo nada senão as calcinhas de Paris da pensão de moças secando no jardim. Meus senhores chegamos à importante questão da relação do sujeito com o objeto. Se tomarmos apenas uma das coisas em que se manifesta a auto-afirmação orgânica do divino e sua relação com o espaço, com a terra, com o planetário, meus senhores, se eu arremessar esse gato pela janela, como vai se comportar esse ente para com o *centrum gravitationis* e para com o próprio instinto? Ei, Woyzeck (*Berrando*), Woyzeck!
Woyzeck – Senhor Professor, ele morde.
Professor – Homem, você está pegando a fera tão ternamente como se fosse sua avó.
Woyzeck – Senhor Doutor, estou com tremedeira.
Doutor (*Muito satisfeito*) – Ai, ai, muito bem, Woyzeck. (*Esfrega as mãos. Ele pega o gato.*) O que vejo, meus senhores, a nova espécie de piolho de lebre, uma bela espécie, essencialmente diferente,

enfoncé, o Senhor Doutor... (*Ele saca uma lupa.*) Rícino, meus senhores... (*O gato escapa*). Meus senhores, o animal não tem instinto científico. Rícino, para cima, os mais belos exemplares, tragam seus casacos de pele. Meus senhores, em troca os senhores podem ver uma outra coisa, vejam este homem, há um quarto de ano não come nada além de ervilhas, observem o efeito, o senhores sentem como seu pulso é irregular, aqui, e os olhos.

WOYZECK – Senhor Doutor, tudo está ficando escuro. (*Senta-se.*)

DOUTOR – Coragem! Woyzeck, só mais uns dias e depois tudo está pronto, sintam, meus senhores, sintam. (*Eles apalpam suas têmporas, pulso e peito.*)

À propósito, Woyzeck, mexa as orelhas para os senhores, eu já queria lhes mostrar isso. Dois músculos são nele ativos. *Allons*, vamos!

WOYZECK – Ah, senhor Doutor!

DOUTOR – Fera, devo mover suas orelhas, você quer fazer como o gato! Assim meus senhores, são estas as etapas de passagem para o asno, muitas vezes também conseqüência da educação e da língua materna. Quantos cabelos sua mãe já lhe arrancou como lembrança, por carinho? Eles ficaram bem fininhos, há um par de dias, sim, as ervilhas, meus senhores.

(2)

O Bobo. A Criança. Woyzeck.

KARL (*Segura a criança diante de si, no colo*): Este aí caiu na água, este ai caiu na água, este ai caiu na água, veja, este aí caiu na água.

WOYZECK – Christian, oi garotinho.

KARL (*Olhando-o fixamente*) – Este aí caiu na água.

WOYZECK (*Querendo acariciar a criança, que se desvia e grita*) – Meu Deus!

KARL – Este aí caiu na água.

WOYZECK – Christian, meu garotinho, você vai ganhar um soldadinho, sa, sa. (*A criança o empurra. Para Karl.*) Tome, compre um soldadinho pro menino.

KARL (*Olha para ele fixamente.*)

WOYZECK – Upa! Upa! Cavalinho.

KARL (*Soltando gritos de júbilo*) – Upa! Upa! Cavalinho! Cavalinho! (*Sai correndo com a criança.*)

Cópia Provisória, Passada a Limpo

(1)

Campo aberto. A cidade à distância. Woyzeck e Andres cortam varas nas moitas.

Woyzeck – Sim, Andres; ali naquela faixa de grama, ali à noite rola a cabeça, uma vez alguém a ergueu, pensou que era ouriço. Ficou três dias e três noites deitado na serragem (*Baixinho*) Andres, eram maçons, eu descobri, eram os maçons, quieto!
Andres (*Canta*) –

> Dois coelhos lá sentados,
> comem o verde, verde capim...

Woyzeck – Quieto! Algo vem vindo!
Andres –

> comem o verde, verde capim
> até a raiz.

Woyzeck – Algo anda atrás de mim, debaixo de mim (*Bate os pés no chão*), oco, está ouvindo? Tudo oco aqui embaixo. Os maçons!

ANDRES – Tenho medo.
WOYZECK – Que silêncio esquisito! É de prender a respiração. Andres!
ANDRES – O que
WOYZECK – Diga alguma coisa! (*Olha fixamente a redondeza.*) Andres! Que claridade! Um fogo anda pelo céu e desce um estrondo como de trombetas. Está se armando uma tempestade! Vamos embora! Não olhe para trás. (*Puxa-o para dentro das moitas.*)
ANDRES (*Depois de uma pausa*) – Woyzeck! Está ouvindo?
WOYZECK – Silêncio, tudo em silêncio, como se o universo estivesse morto.
ANDRES – Está ouvindo? Estão tocando os tambores. Temos que ir embora.

(2)

Marie com sua criança, à janela. Margareth. Passa a banda militar, tendo à frente o Tambor-mor.

MARIE (*Ninando a criança nos braços*) – Ei, menininho! Sa ra ra ra! Está ouvindo? Aí vem eles.
MARGARETH – Que homem, como uma árvore!
MARIE – Firme nos pés como um leão.

O Tambor-mor cumprimenta.

MARGARETH – Oh, que olhos mais amáveis, senhora vizinha, nós não estamos acostumadas a vê-los assim.
MARIE (*canta*) –

Soldados são belos rapazes...

MARGARETH – Seus olhos ainda estão brilhando.
MARIE – E daí? Leve os seus ao judeu e mande limpá-los, talvez ainda brilhem o bastante para que possam ser vendidos por dois botões.
MARGARETH – O que senhora? O que disse? Dona Virgem, eu sou uma pessoa honesta, mas a senhora, a senhora é capaz de enxergar através de sete calças de couro.
MARIE – Sua ordinária! (*Fecha a janela.*) Venha, meu menino. Que

essa gente fale! Ainda que você seja apenas um pobre filho da puta sua cara bastarda traz alegria à sua mãe. Sa! Sa!
(*Canta*) –

> Menina, o que vai fazer agora,
> com uma criança pequena e sem marido?
> Ei, para que pergunto isso,
> canto pois a noite inteira
> aia popaia meu menininho. Viva!
> Ninguém me dará nada por isso.
>
> Hansel atrela os seis cavalos brancos,
> dá-lhes de comer outra vez.
> Aveia, eles não comem,
> água, eles não bebem,
> Só vinho gelado tem que ser. Viva!
> Só vinho gelado tem que ser.

Batem à janela

MARIE – Quem é? É você, Franz? Entre!
WOYZECK – Não posso. Está na hora da chamada.
MARIE – O que você tem, Franz?
WOYZECK (*Misterioso*) – Marie, houve de novo algo, muito, não está escrito: e veja, ali vai uma fumaça da terra como a fumaça do fogão?
MARIE – Homem!
WOYZECK – Veio andando atrás de mim até a entrada da cidade. O que será que vai acontecer?
MARIE – Franz!
WOYZECK – Tenho que partir. (*Sai.*)
MARIE – Esse homem! Fantasmagórico. Nem mesmo olhou para o seu filho. Ainda vai enlouquecer com suas idéias. Por que está tão quieto, menininho? Está com medo? Está ficando tão escuro, dá a impressão que a gente está cega. As lanternas sempre iluminam tudo aqui dentro. Não agüento mais. Estou arrepiada. (*Sai.*)

(3)

Tendas. Luzes. Povo.
(no texto original, uma página e meia em branco)

(4)

Marie está sentada com a criança no colo, tem nas mãos um pedacinho de espelho.

MARIE (*Olha-se no espelho*) – Como brilham as pedras! De que são feitas? O que foi que ele disse?... Dorme, menino! Feche os olhos, bem fechados, (*A criança esconde os olhos atrás das mãozinhas*), mais ainda, fique assim, quieto, senão ele vem buscar você. (*Canta*) –

> Menina fecha a loja,
> que o cigano vem aí,
> levando você pela mão,
> pra terra cigana vai partir.

(*Olha-se de novo no espelho.*) Com certeza é de ouro! Gente como nós só tem um cantinho no mundo e um pedacinho de espelho e, ainda assim, tenho uma boca tão vermelha como as grandes madames com seus espelhos de alto a baixo e seus belos senhores, que lhes beijam as mãos; sou apenas uma pobre mulher. (*A criança se endireita.*) Quieto menino, feche os olhos, lá vem o anjinho do sono! Olha como corre pela parede! (*Lança reflexos com o espelho.*) Feche os olhos senão ele vai olhar para eles, até que você fique cego.

Woyzeck entra por trás dela. Ela se sobressalta, pondo as mãos nas orelhas

WOYZECK – O que é que você tem?
MARIE – Nada.
WOYZECK – Há um brilho sob seus dedos.
MARIE – Um brinquinho; eu achei.
WOYZECK – Nunca achei nada igual. E dois de uma vez.
MARIE – Sou por acaso uma mulher à-toa?
WOYZECK – Tá bem, Marie. Como dorme esse garoto. Segure por baixo o bracinho dele, que a cadeira o está apertando. Sua testa está cheia de gotinhas claras; tudo trabalha debaixo do sol, até mesmo quando se dorme. É assim com a gente pobre! Aqui tem mais dinheiro, Marie, o soldo e mais um pouco de meu Capitão.
MARIE – Deus lhe pague, Franz.
WOYZECK – Tenho de ir embora. Até a noite, Marie. Adeus.

MARIE (*Sozinha, depois de uma pausa*) – Sou mesmo uma pessoa má! Seria capaz de me matar. Ora, que mundo! Que vá tudo pro diabo, homens e mulheres.

(5)

O Capitão. Woyzeck. O Capitão sentado em uma cadeira, Woyzeck fazendo-lhe a barba.

CAPITÃO – Devagar, Woyzeck, devagar, uma coisa após a outra. Você me deixa inteiramente tonto. O que vou fazer com os dez minutos que você ganhou terminando mais cedo? Woyzeck, pense bem, ainda tem uns bons trinta anos para viver, trinta anos! O que perfaz trezentos e sessenta meses, com seus dias, horas, minutos! O que você quer fazer com esse tempo imenso? Você precisa dividir o tempo, Woyzeck.

WOYZECK – Sim, senhor Capitão.

CAPITÃO – Fico muito angustiado por causa deste mundo, quando penso na eternidade. Tudo é ocupação, Woyzeck, ocupação! O eterno é eterno, é eterno, isto você compreende; mas, ao mesmo tempo, não é eterno, é um momento, sim, um momento... Apavora-me, Woyzeck, quando penso que o mundo gira em torno de si mesmo em um único dia; que desperdício de tempo, onde é que isso vai parar? Já não posso mais ver uma roda de moinho, Woyzeck, sem ficar melancólico.

WOYZECK – Sim, senhor Capitão.

CAPITÃO – Woyzeck, você parece sempre tão apressado. Um homem de bem não faz isso; um homem de bem, com a consciência tranqüila. Diga, pois, alguma coisa, Woyzeck. Como está o tempo hoje?

WOYZECK – Ruim, senhor Capitão, muito ruim; com vento.

CAPITÃO – Já estou sentindo, é algo tão rápido lá fora; um vento assim me dá a sensação de um rato. (*Com esperteza.*) Creio que temos algo vindo do sul-norte.

WOYZECK – Sim, senhor Capitão.

CAPITÃO – Ha! Ha! Ha! Sul-norte! Há! Há! Há! Como você é bobo, tremendamente bobo. (*Comovido.*) Woyzeck, você é um homem de bem, um homem de bem... mas (*Com dignidade*), Woyzeck, você não tem moral! Moral, isto é quando se tem moralidade, você entende? É uma boa palavra. Mas você tem uma criança sem a bênção da igreja, não fui eu quem o disse.

Woyzeck – Senhor Capitão, o bom Deus não irá reparar se o pobre verme recebeu um amém antes de ser feito. O Senhor disse: deixai vir a mim as criancinhas.
Capitão – O que está dizendo? Que resposta curiosa é esta? Você me deixa completamente confuso com sua resposta. Quando digo você, quero dizer você mesmo, você mesmo.
Woyzeck – Nós, gente pobre como nós. Veja, senhor Capitão, dinheiro, dinheiro. Quem não tem dinheiro... Aí alguém põe no mundo um seu semelhante por cima da moral. Também temos nossa carne e sangue. Afinal, a gente é infeliz neste e no outro mundo. Creio que se fôssemos para o céu teríamos que ajudar a fazer os trovões.
Capitão – Woyzeck, você não tem a menor virtude. Você não é um homem virtuoso. Carne e sangue? Quando estou à janela, depois da chuva e observo como as meias brancas pulam pelas ruas – maldito Woyzeck – me vem o amor. Eu também tenho carne e sangue. Mas, Woyzeck, a virtude, a virtude! E como então devo passar o tempo? Sempre digo a mim mesmo: você é um homem virtuoso (*Emocionado*), um homem de bem, um homem de bem.
Woyzeck – Sim, senhor Capitão, a virtude!, eu ainda não a possuo assim de todo. Veja o senhor, conosco, gente comum, não tem essa coisa de virtude, o que vem para pessoa é só a natureza, mas se eu fosse um senhor e tivesse um chapéu, um relógio e uma bengala, e pudesse falar de forma educada, por certo eu já seria virtuoso então. Há algo belo em torno da virtude, senhor Capitão. Mas eu sou um pobre sujeito.
Capitão – Está bem, Woyzeck. Você é homem de bem, um homem de bem. Mas você pensa demais, isso consome, você parece sempre tão apressado. Esta conversa me deixou exausto. Agora vai e não corra tanto; devagar, desça a rua devagarinho.

(no texto original, um terço da página em branco)

(6)

Marie. Tambor-mor.

Tambor-mor – Marie!
Marie (*Olhando-o, fala com ênfase*) – Dê uns passos pra frente! Peito como de um touro e barba como de um leão... Não há ninguém assim... Sou a mais orgulhosa das mulheres.

Tambor-mor – Quando no domingo estou com o grande penacho e com as luvas brancas, caramba, Marie, o príncipe sempre diz: Homem, você é um grande cara.
Marie (*Zombeteira*) – Não diga! (*Aproximando-se dele.*) Homem!
Tambor-mor – E você é também um mulherão. Com os diabos, vamos começar uma criação de tambores-mor. Hein? (*Abraçando-a.*)
Marie (*aborrecida*) – Me deixa!
Tambor-mor – Fera selvagem!
Marie (*Violenta*) – Não me toque!
Tambor-mor – É o demônio que olha de seus olhos?
Marie – Pode ser. É tudo a mesma coisa.

(no texto original, um terço da página em branco)

(7)

Marie. Woyzeck.

Franz (*Olha para ela fixamente e sacode a cabeça*) – Hum, não vejo nada, não vejo nada. Oh, é preciso ver isso, agarrar isso com os punhos.
Marie (*Intimidada*) – O que você tem, Franz? Você está louco, Franz.
Franz – Um pecado, tão gordo e tão grande. Fede a ponto de empestear o céu e pôr os anjinhos a correr. Você tem uma boca vermelha, Marie. Sem nenhuma borbulha em cima? Adeus, Marie, você é bela como o pecado... Pode o pecado mortal ser belo assim?
Marie – Franz, você está delirando.
Franz – Diabo!... Ele esteve aqui, assim, assim?
Marie – Enquanto dia dura e o mundo envelhece, muitas pessoas podem estar no mesmo lugar, uma depois da outra.
Woyzeck – Eu o vi.
Marie – Pode-se ver muito quando se tem um olho, não se é cego e o sol brilha.
Woyzeck – Com estes olhos!
Marie (*Astuta*) – Que seja!

(no texto original, um quinto da página não preenchido)

(8)

Woyzeck. O Doutor.

DOUTOR – O que foi que eu vi, Woyzeck? Um homem de palavra.
WOYZECK – O que, senhor Doutor?
DOUTOR – Eu vi Woyzeck; você mijando na rua contra o muro como um cachorro. No entanto, você ganha duas moedas por dia. Woyzeck, isso é muito mau. O mundo está ficando mau, muito mau.
WOYZECK – Mas senhor Doutor, se a natureza exige da pessoa.
DOUTOR – A natureza exige, a natureza exige! A natureza! Pois eu não demonstrei que o *musculus constrictor vesicae* está subordinado à vontade? A natureza! Woyzeck, o homem é livre, no homem a individualidade se transfigura em liberdade. Não ser capaz de conter a bexiga! (*Sacode a cabeça, põe as mãos às costas e anda de um lado para o outro.*) Você já comeu suas ervilhas, Woyzeck?... Há uma revolução na ciência, eu vou explodi-la no ar. Ácido úrico 0,10, amônia clorídrica e peróxido.
Woyzeck, você não está precisando mijar de novo? Vai lá pra dentro e tente.
WOYZECK – Não posso, senhor Doutor.
DOUTOR (*Com ênfase*) – Mas mijar no muro! Eu tenho isto por escrito, o acordo está na minha mão. Eu vi, eu vi com estes olhos, estava justamente pondo o nariz para fora da janela e deixei que os raios de sol incidissem para observar os espirros. (*Dá-lhe um pontapé.*) Não, Woyzeck, não estou irritado, irritar-se não é saudável, é anticientífico. Estou calmo, muito calmo, meu pulso está com as suas costumeiras 60 pulsações e eu digo isso a você com o maior sangue frio. Deus nos guarde de nos irritarmos por causa de um homem, um homem! Mesmo que fosse um Proteu, ele rebentaria! Mas, ainda assim, você não devia ter mijado no muro.
WOYZECK – Veja, senhor Doutor, às vezes uma pessoa tem por assim dizer uma espécie de caráter, uma espécie de estrutura ou algo assim... Mas com a natureza é outro caso; veja o senhor, com a natureza (*Ele estala os dedos*) é assim, como posso dizer, por exemplo...
DOUTOR – Woyzeck, você está filosofando de novo.
WOYZECK (*Em tom confidencial*) – Senhor Doutor, o senhor já viu algo que seja de natureza dupla? Quando o sol está no céu ao meio-dia e é como se o mundo ardesse em chamas, já me aconteceu que uma voz terrível falasse comigo!

DOUTOR – Woyzeck, você tem uma *aberratio*.

WOYZECK (*Pondo o dedo sobre o nariz*) – Os cogumelos senhor Doutor. Aí, aí é que está a coisa. O senhor já viu em que figuras os cogumelos crescem no chão? Soubesse alguém ler isso.

DOUTOR – Woyzeck, você tem a mais bela *aberratio mentalis partialis*, de segunda espécie, já bem caracterizada. Woyzeck, você vai receber um aumento. Segunda espécie, idéia fixa, com estado geral razoável. Ainda está fazendo tudo como sempre, barbeando o Capitão?

WOYZECK – Sim, senhor.

DOUTOR – Comendo suas ervilhas?

WOYZECK – Sempre direito, senhor Doutor. O dinheiro para o rancho quem recebe é minha mulher.

DOUTOR – Você cumpre o seu serviço?

WOYZECK – Sim, senhor.

DOUTOR – Você é um *casus* interessante. *Casus* Woyzeck, você vai receber um aumento. Mantenha-se bem comportado. Mostre seu pulso! Sim.

(no texto original, um terço da página sem nada escrito)

(9)

Capitão. Doutor.

CAPITÃO – Senhor Doutor, esses cavalos me causam muita aflição, quando penso que as pobres bestas precisam andar a pé. Não corra tanto assim. Não reme assim com sua bengala no ar. O senhor está correndo atrás da morte. Um homem de bem, que tem uma consciência tranqüila, não anda tão depressa. Um homem de bem. (*Ele agarra o Doutor pelo casaco.*) Senhor Doutor, permita que eu salve uma vida humana. O senhor atira... (*No texto original, a frase está interrompida.*)

Senhor Doutor, estou tão melancólico, tenho algo de sonhador; tenho sempre vontade de chorar, quando vejo meu casaco pendurado na parede, ali está ele.

DOUTOR – Hum! Inchado, gordo, pescoço grosso, constituição apopléctica. Sim, senhor Capitão, o senhor pode ser acometido de uma *apoplexia cerebralis*, mas pode talvez tê-la apenas de um lado, e depois ficar com esta parte paralisada, ou no melhor dos casos o senhor pode sofrer uma paralisia mental e, daí por diante, ficar vegetando. Tais são mais ou menos suas perspectivas para as próximas quatro semanas. Aliás, posso lhe assegurar que o senhor é um dos casos mais interessantes e se Deus quiser que sua língua fique parcialmente paralisada faremos um dos experimentos mais imortais.

CAPITÃO – Senhor Doutor, não me assuste, já houve gente que morreu de susto, de puro e simples susto... Já estou vendo as pessoas, com os limões nas mãos, mas elas vão dizer, ele era um homem de bem, um homem de bem... diabo prego de caixão.

(no texto original, três quartos da página estão em branco)

(10)

Posto de Guarda. Woyzeck. Andres.

ANDRES (*canta*) –

> A senhora taberneira tem uma boa criada,
> ela fica dia e noite sentada no jardim,
> sentada em seu jardim...

WOYZECK – Andres!
ANDRES – O que é?
WOYZECK – Que lindo tempo.
ANDRES – Tempo de domingo. Música fora da cidade. Há pouco as mulheres saíram, as pessoas se agitam, assim vai.
WOYZECK (*Inquieto*) – Dança, Andres, eles estão dançando.
ANDRES – Na taberna das Estrelas e na dos Cavalos.
WOYZECK – Dança, dança.
ANDRES – Quanto a mim.

> Ela fica sentada em seu jardim,
> até que o sino bata as doze
> para esperar os solda-ados.

WOYZECK – Andres, não tenho sossego.
ANDRES – Tolo!
WOYZECK – Preciso ir embora. Tudo está rodando diante de meus olhos. Dança. Dança. Que mãos quentes ela têm. Maldito Andres.

Andrés – O você que quer?
Woyzeck – Preciso ir embora.
Andres – Por causa dela.
Woyzeck – Preciso ir embora, está muito quente aqui.

(11)

*Taberna. Janelas abertas. Dança. Bancos diante
da casa. Aprendizes de ofícios*

Aprendiz de Ofício 1 –

> Visto uma camisa que não é minha.
> minh'alma fede a cachaça...

Aprendiz de Ofício 2 – Irmão, você quer que por amizade eu lhe faça um buraco na natureza? Avante! Quero fazer um buraco na paisagem da natureza. Eu também sou homem, você sabe, eu vou matar todas as pulgas que ele carrega no corpo.
Aprendiz de Ofício 1 – Minha alma, minha alma fede a cachaça! Até mesmo o dinheiro está apodrecendo. Malmequer! Como o mundo é belo! Irmão, vou encher um pote de lágrimas até a borda. Gostaria que nossos narizes fossem duas garrafas e que pudéssemos despejá-las um na garganta do outro.
Andres (*no coro*) –

> Um caçador do Palatinado,
> cavalgou por um verde bosque.
> Halli, hallo, muito alegre é a caçada
> aqui sobre verdes prados,
> a caça é minha alegria.

*Woyzeck posta-se à janela. Marie e o Tambor-mor passam
dançando, sem notá-lo.*

Marie (*Ao passar dançando*) – Mais e mais.
Woyzeck (*Sufocado*) – Mais e mais! (*Levanta-se de um pulso e depois recai no banco.*) Mais! Mais! (*Bate as mãos uma na outra.*) Rodem, girem. Por que Deus não apaga o sol com um sopro, para que tudo se revolva na imundície, homem, mulher,

seres humanos e animais. Façam-no em plena luz do dia, façam-no nas nossas próprias mãos, como os mosquitos... Mulher... A mulher está quente, quente!... Mais e mais! (*Ergue-se de um salto.*) O cara! Como ele a apalpa em toda a parte, o seu corpo, ele, ele a possui, como eu, no começo!

APRENDIZ DE OFÍCIO 1 (*Pregando em pé sobre a mesa*) – No entanto, se um viajante, que está apoiado no rio do tempo, ou então em sua divina própria sabedoria, respondesse e dissesse a si: Por que o homem é? Por que o homem é?... Porém, em verdade eu lhes digo, de que viveriam o camponês, o pintor, o sapateiro, o médico, se Deus não houvesse criado o homem? Do que viveria o alfaiate se Ele não tivesse dado ao homem o sentimento da vergonha; e o soldado, se Ele não o tivesse armado da necessidade de matar? Por isso, não duvidem... sim, sim, tudo é bom e ótimo, mas tudo o que é terreno é vão, até mesmo o dinheiro entra em putrefação. E para terminar, meus queridos ouvintes, vamos mijar sobre a cruz, para que morra um judeu.

(12)

Campo aberto

WOYZECK – Mais e mais! Silêncio música! (*Estira-se no chão.*) Ein, o que, o que vocês estão dizendo? Mais alto! Mais alto! Apunhale, apunhale e mate a loba? Apunhale e mate a loba. Devo? Tenho de? Estou ouvindo também isso aqui, está o vento dizendo isso também? Ouço isso sempre, sempre: apunhale, apunhale e mate, mate.

(13)

Noite. Andres e Woyzeck numa mesma cama.

WOYZECK (*Sacudindo Andres*) – Andres! Andres! Não consigo dormir, quando fecho os olhos, tudo gira... e eu ouço os violinos tocando, mais e mais, e depois falam de dentro da parede, você não ouve?
ANDRES – Sim ... deixe que eles dancem! Deus nos proteja. Amém. (*Volta a adormecer.*)
WOYZECK – E dizem sempre: apunhale!, apunhale!; e algo passa entre meus olhos como um punhal.

Andres – Você precisa tomar cachaça com pólvora dentro, isto corta a febre.

(14)

Taberna. Tambor-mor. Woyzeck. Gente.

Tambor-mor – Sou homem! (*Bate no peito.*) Um homem, estou dizendo.
Quem vai querer alguma coisa? Quem não for um bom Deus no porre, que se apresente. Vou rebentá-lo de pancadas até enfiar o seu nariz no olho do cu. Eu quero... (*Para Woyzeck*) vem cá, cara, beba, o homem precisa beber, eu gostaria que o mundo fosse cachaça, cachaça.
Woyzeck (*Assobia.*)
Tambor-mor – Cara, quer que lhe arranque a língua da garganta e a enrole em volta de seu corpo? (*Lutam. Woyzeck perde.*) Quer que ainda lhe deixe tanto fôlego quanto o peido de uma velha, quer?
Woyzeck (*Senta-se esgotado e trêmulo sobre o banco.*)
Tambor-mor – Que o cara assobie até ficar roxo.

Ah, a cachaça é minha vida,
a cachaça dá coragem!

Uma – Teve o que merecia.
Outra – Ele está sangrando.
Woyzeck – Uma coisa depois da outra.

(15)

Woyzeck. O Judeu.

Woyzeck – Esta pistolinha é muito cara.
Judeu – Então, vai comprar ou não vai, como é?
Woyzeck – Quanto custa o punhal?
Judeu – Está afiadíssimo. O senhor pretende cortar o seu pescoço com ele? Então, como é? Eu lhe vendo tão barato como qualquer

outro, o senhor terá sua morte bem barata, embora não gratuita.
E então? O senhor terá uma morte econômica.
WOYZECK – Este pode cortar mais do que pão.
JUDEU – Dois vinténs.
WOYZECK – Tome. (*Sai.*)
JUDEU – Olhe só! Como se não fosse nada. E no entanto é dinheiro. Que cachorro!

(No texto original, um terço da página em branco.)

(16)

Marie. O Bobo.

MARIE (*Folheando a Bíblia*) – "E não achado engano na sua boca." Bom Deus, bom Deus! Não olhe para mim. (*Continua folheando.*) "Mas os fariseus trouxeram-lhe uma mulher, apanhada em adultério, puseram-na no meio deles... Jesus porém disse: Nem eu tampouco a condeno. Vai e não torne a pecar". (*Junta as mãos.*) Bom Deus! Bom Deus! Eu não posso!. Meu Deus, dê-me apenas o suficiente para que eu possa rezar. (*A criança aconchega-se a ela.*) O menino me dá uma pontada no coração. Karl! Ele se empertiga no sol!
BOBO (*Deitado, conta para si mesmo histórias com os dedos*) – É ele que tem a coroa de ouro, o senhor rei. Amanhã vou buscar para a senhora rainha o seu filho. A morcela preta disse: venha cá morcela branca. (*Pega a criança e cala-se.*).
MARIE – Franz não veio, não veio ontem, nem hoje, como está ficando quente, aqui. (*Abre a janela.*)
"E entrou, prostrando-se a seus pés, chorando, molhando-os com suas lágrimas e enxugando-os com os cabelos de sua cabeça, e beijando os seus pés e untando-os com ungüento." (*Bate no peito.*) Tudo morto! Meu Salvador! Salvador, quero untar seus pés.

(17)

Caserna. Andres. Woyzeck remexe suas coisas.

Woyzeck – A camiseta, Andres, não é do uniforme, você pode ficar com ela. O crucifixo é de minha irmã e o anelzinho também. Tenho também um santinho, dois Sagrados Corações e tudo em ouro, encontravam-se na Bíblia de minha mãe, e lá está escrito:

Sofrimento seja todo meu ganho,
sofrimento seja meu culto a Deus.

Senhor, assim como teu corpo estava rubro e ferido,
deixa que meu coração assim esteja todas as horas.

Minha mãe ainda sente apenas quando o sol brilha sobre suas mãos. Isso tudo pra nada serve.

Andres (*Estarrecido, diz a tudo*) – Sim!

Woyzeck (*Tira um papel*) – Friedrich Johann Franz Woyzeck, miliciano, fuzileiro do 2º regimento, 2º batalhão, 4ª companhia, nascido a... de... hoje completo 30 anos, 7 meses e 12 dias.

Andres – Franz, você tem que ir ao hospital. Pobre sujeito, você precisa tomar cachaça com pólvora dentro, isto mata a febre.

Woyzeck – Sim, Andres, quando o carpinteiro junta a serragem, jamais alguém sabe quem vai deitar nela a cabeça.

Cartas[1]

Vista da Igreja de S. Tomás, em Estrasburgo, 1840. Litografia.

1. A correspondência de Georg Büchner apareceu pela primeira vez na edição das obras deste autor realizada por seu irmão, Ludwig, que publicou os textos das cartas na forma fragmentada em que elas se mantiveram nas edições posteriores, pois subsiste apenas uma parte dos autógrafos, além de passagens incompletas em cópias, e o restante dos originais, ao que consta até agora, perdeu-se em um incêndio. Portanto, as indicações de cortes entre colchetes procedem dessa fonte, cujo critério de escolha, segundo a crítica, teria sido dar registro testemunhal do contexto político e do engajamento do dramaturgo. Cumpre salientar ainda que na presente tradução para o português o leitor deparar-se-á somente com uma seleção dessa seleção, com a exclusão parcial de missivas de cunho mais pessoal.

Figura da página anterior: a noiva de G. Büchner, Louise Wilhelmine (Minna) Jaeglé, por volta de 1830.

ESTRASBURGO
1831-1833

À Família
Estrasburgo, [posterior a 4 de dezembro], 1831

[...] Quando o rumor se espalhou de que Ramorino[2] passaria por Estrasburgo, os estudantes abriram imediatamente uma subscrição e decidiram ir ao seu encontro com uma bandeira preta. Por fim chegou aqui a notícia que Ramorino chegaria à tarde, acompanhado dos generais Schneider e Langermann[3]. Reunimo-nos de pron-

2. Girolamo Ramorino (1792-1849), natural de Gênova, muito jovem juntou-se às forças francesas na Itália e, em 1830, combateu como voluntário na revolta polonesa contra o domínio russo. Nessa ocasião, seus comandados lhe outorgaram o grau de general. Após a derrota da insurreição, em setembro de 1831, logrou escapar às forças de Nicolau I e, com outros insurretos, procurou refúgio na França. Sua luta e a resistência nacional da Polônia repercutiram fortemente nos movimentos libertários da época, em que os estudantes de muitos países europeus tiveram um papel de vanguarda, como se pode ver pela carta de Büchner. Ramorino ingressou posteriormente no exército do Piemonte, tendo sido executado em Turim por desobediência de ordens.
3. Ambos, em conjunto com Ramorino, foram generais dessa malograda rebelião.

to na Academia; mas, quando quisemos cruzar o portão da cidade, o oficial do dia, que havia recebido ordens do governo para nos parar e não permitir que passássemos com a bandeira, mandou a guarda tomar posição com suas armas, a fim de nos proibir a passagem. Apesar disso, forçamos o caminho e nos postamos, de trezentos a quatrocentos homens, na grande ponte do Reno. A nós se juntou a Guarda Nacional[4]. Finalmente Ramorino apareceu, escoltado por uma multidão de cavaleiros; um estudante pronuncia um discurso, que Ramorino responde, um membro da Guarda Nacional faz o mesmo. A Guarda Nacional cerca a carruagem e começa a puxá-la; nós nos colocamos na ponta do cortejo com a bandeira, à cuja frente marcha uma grande banda musical. Assim nos dirigimos à cidade, acompanhados de uma imensa massa popular, entoando a Marselhesa e a Carmanhola[5]; por toda parte ecoava o brado: "*Vive la liberté! Vive Ramorino! À bas les ministres! À bas le juste milieu!*"[6]. A própria cidade iluminou-se, às janelas as damas acenavam seus lenços. E Ramorino foi levado em triunfo à hospedaria, onde o nosso porta-bandeira entregou-lhe o pendão com os votos de que a flâmula do luto logo pudesse transformar-se na da Polônia livre. Em seguida, Ramorino surgiu no balcão, agradeceu, ouviram-se vivas! – e a comédia está terminada [...].

À Família

Estrasburgo, 5 de abril de 1833

Hoje recebi a carta de vocês com as histórias de *Frankfurt*[7]. Minha opinião é a seguinte: se algo pode ajudar em nosso tempo, é a *violência*. Sabemos o que esperar de nossos príncipes. Tudo o que

---

4. A Guarda Nacional foi extinta por Carlos X em 1827, mas, deposto o segundo monarca da Restauração, o "rei-cidadão", Luís Filipe de Orléans, a restaurou, num gesto político e simbólico.
5. Cf. nota 58, em *A Morte de Danton*.
6. Alusão à política do "justo meio" que Luís Filipe procurou desenvolver, a fim de encontrar equilíbrio entre a corrente de esquerda, republicana, e a direita, do realismo legitimista.
7. A referência é ao malogrado levante de 3 de abril de 1833, em Frankfurt, a capital da Confederação Alemã. Nessa ocasião, um pequeno grupo de estudantes armados, encabeçados por Ludwig Weidig, tentou apoderar-se de um posto policial com o intuito de deflagrar uma revolução de massas. Vale notar que há dúvidas quanto à data dessa carta, pois a diferença de dois dias entre os acontecimentos e a redação do texto causa estranheza.

concederam foi extorquido deles pela necessidade. E mesmo o concedido nos foi jogado como uma graça esmolada e um miserável brinquedo de criança para levar o eternamente embasbacado *povo* a esquecer o tão apertado cordão nele enrolado. É uma espingarda de lata e uma espada de pau com que somente um alemão podia cometer a inépcia de brincar de soldadinho. As nossas assembléias de representantes dos Estados Provinciais[8] são uma sátira ao bom senso; podemos ainda ficar com elas nos arrastando um século por aí, e depois, quando somarmos os resultados, o povo terá sempre pago mais caro pelos belos discursos de seus representantes do que o imperador de Roma, que mandava entregar vinte mil florins aos seus poetas da corte por dois versos de pés quebrados. Os jovens são acusados pelo emprego da violência. Não estamos porém em perene estado de violência? Por termos nascido e crescido no cárcere, não percebemos mais que estamos enfiados dentro de um buraco com as mãos e os pés atados e uma mordaça na boca. E o que vocês chamam de *estado de direito*? *Uma lei* que transforma a grande massa de cidadãos em besta de carga para satisfazer as necessidades artificiais de uma minoria insignificante e degenerada? E esta lei, sustentada por um brutal poder militar e pela tola esperteza de seus agentes[9], esta lei é uma *eterna e crua violência*, aplicada ao direito e ao bom senso, e eu lutarei com a *boca* e a *mão* contra ela, onde puder. Se não tomei parte naquilo que aconteceu e não tomarei parte naquilo que talvez aconteça, isto não ocorre nem por reprovação nem por medo, mas porque, no momento, considero todo movimento revolucionário como um empreendimento vão[10] e não compartilho a cegueira daqueles que

---

8. Representações do povo em duas câmaras, nos estados provinciais independentes do período anterior à unificação da Alemanha por Bismarck. *Landstände*.

9. A carta alude aqui à bem montada rede de agentes e informantes da polícia, alguns dos quais infiltrados nos grupos clandestinos de oposição. Tudo indica que um deles, Johann Konrad Kuhl, delatou os militantes e os simpatizantes do movimento revolucionário de Essen e também, com um ano de antecedência, a intentona de Frankfurt.

10. Büchner de fato passava a não acreditar na possibilidade de levar a cabo uma revolução sem o apoio do povo. Mas, embora esse modo de ver se firmasse crescentemente no seu pensamento político, a ponto de se poder encará-lo como uma espécie de precursor no processo de idéias que levaria às formulações sobre a luta de classes em Marx, é bem provável que a afirmação contida na carta se destinasse antes a acalmar os temores de sua família, pois, um ano depois, em 1834, encontramo-lo empenhado na atividade revolucionária, organizando em Darmstadt e Giessen seções da clandestina Sociedade dos Direitos Humanos.

consideram os alemães como um povo pronto para a luta em nome de seu direito. Essa opinião maluca causou os acontecimentos de Frankfurt e o erro precisou ser expiado pesadamente. Errar não é pecado e a indiferença alemã é, na realidade, de tal espécie que afronta todos os cálculos. Lamento de todo coração pelos infelizes. Será que nenhum de meus amigos está envolvido no caso?[11] [...]

À Família

Estrasburgo, junho de 1833

[...] Embora eu vá agir sempre de acordo com os meus princípios, aprendi em tempos *recentes* que apenas a necessidade imperativa da grande massa pode provocar mudanças[12], e que todo movimento e berreiro dos *indivíduos* são obra estúpida e vã. Eles escrevem e não são lidos; gritam e não são ouvidos; agem e não são ajudados. – Vocês podem prever que não vou me envolver com a política obtusa de Giessen nem com suas infantis artimanhas revolucionárias[13].

GIESSEN E DARMSTADT
1833-1835

À Família

Giessen, 19 de novembro de 1833

[...] Ontem estive em um banquete para homenagear os deputados que retornaram. Cerca de duzentas pessoas, entre eles *Balser* e *Vogt*[14].

11. Na verdade, seus amigos estavam, sim, envolvidos na tentativa de levantar o povo de Frankfurt, tanto assim que no ano seguinte deparamos vários deles, em Darmstadt e Giessen, militando nas células do agrupamento de Weidig e Büchner.
12. Cf. nota 10.
13. O que ocorreu efetivamente foi algo bem diversos. Ainda que tenha se mantido à parte da movimentação política de seus colegas em Giessen, bem depressa acabou empenhado na formação de um novo grupo, bem mais radical em suas concepções, que se ligou a Weidig e à sua rede, com o fim de mobilizar os camponeses do Alto Essen.
14. Não encontramos dados que nos permitissem identificar Balser. Quanto a Vogt, Phillipp Friedrich Wilhelm (1787-1861), foi um docente de Medicina na Universidade de Giessen. Perdeu a sua cátedra em 1835 e aceitou um convite para lecionar em Berna.

Alguns brindes leais, até que se havia bebido o suficiente para criar coragem, e depois a canção da Polônia[15], a Marselhesa e então deram um viva aos presos em Friedberg! As pessoas entram no fogo, quando este vem de uma poncheira flamante! [...]

À Família

Giessen, fevereiro de 1834

[...] *Eu não desprezo ninguém*, menos ainda por causa de sua inteligência ou educação, porque a ninguém é dado o poder de não tornar-se um idiota ou um criminoso – porque nós em iguais circunstâncias provavelmente nos tornaríamos todos iguais, e porque as circunstâncias estão fora de nosso alcance. O *intelecto* é em todo caso apenas uma parte muito pequena de nosso ser espiritual e a educação apenas uma forma muito acidental do mesmo. Quem me acusar de semelhante desprezo, declara que eu pisoteio uma pessoa porque veste um casaco surrado. Isso é uma grosseria, que jamais se atribuiria a alguém no plano corporal, transferida para o plano espiritual, em que é ainda mais vil. Posso chamar alguém de estúpido sem *desprezá-lo* por isso; a estupidez pertence às características gerais das coisas humanas; nada posso fazer em relação ao fato de sua existência, mas ninguém pode me impedir de chamar tudo o que existe por seu nome e evitar aquilo que me é desagradável. Magoar alguém é uma crueldade, mas procurá-lo ou evitá-lo fica ao meu bel-prazer. *Daí* se explica o meu comportamento diante de velhos conhecidos; eu não magoei ninguém e me poupei de muito aborrecimento; se me julgam arrogante por não achar gosto em suas diversões ou ocupações, isso é uma injustiça; nunca me ocorreria fazer uma censura similar a outra pessoa por essa mesma razão. Chamam-me de *zombador*. É verdade, rio com freqüência, mas não rio pelo modo *como* alguém é humano, porém apenas pelo fato *de ser* um homem, coisa a cujo respeito ele nada pode fazer, e rio então de mim mesmo que compartilho de seu destino. As pessoas chamam a isso de zombaria, elas não suportam que a gente se apresente como bufão e as tuteiem; elas são desdenhosas, zombeteiras e arrogantes, porque buscam a bufonaria apenas *fora de si* mesmas. Eu tenho de

---

15. Hino composto por J. Wybicki, em 1797, que expressava a solidariedade com a aspiração polonesa de libertação e esperava encontrar nesse movimento um fator de estímulo para a luta política do povo alemão.

fato mais um tipo de zombaria, mas não é o do desprezo e sim o do ódio. O ódio é tão permitido quanto o amor, e eu o cultivo na mais ampla medida contra aqueles *que desprezam*. Há um grande número deles que de posse de uma exterioridade ridícula a que se chama educação, ou palha morta, denominada erudição, oferece à grande massa de seus irmãos seu desdenhante egoísmo. O aristocratismo é o pior menosprezo do sagrado espírito no homem; contra ele volto as suas próprias armas; arrogância contra arrogância, zombaria contra zombaria. – Seria melhor que vocês procurassem por mim junto ao meu engraxate; minha arrogância e menosprezo pelo pobre de espírito e iletrado encontraria aí talvez seu melhor objeto. Eu peço, perguntem a ele... Vocês certamente não me imputariam o ridículo da condescendência. Tenho ainda esperança de haver lançado mais o meu olhar sobre figuras sofredoras e oprimidas do que proferido palavras amargas a corações frios e distintos. – [...]

À Noiva[16]

Giessen, depois de 10 de março de 1834

Aqui não há montanha que deixe a vista livre. Colinas atrás de colinas e largos vales, uma mediania vazia em tudo; não consigo me acostumar com essa natureza e a cidade é horrível. Entre nós é primavera, posso substituir sempre o seu buquê de violetas, ele é imortal como o Lama[17]. Querida criança, como vai a boa cidade de Estrasburgo? Muita coisa está acontecendo aí e você não me diz uma só palavra disso. *Je baise les petites mains, em goûtant les souvenirs doux de Strasbourg* (Eu beijo as mãozinhas, saboreando as doces lembranças de Estrasburgo).

Prouve-moi que tu m'aimes encore beaucoup en me donnant bientôt des nouvelles. (Prove que ainda me ama muito enviando-me logo mais novidades). E eu a deixei esperar! Já há alguns dias pego a

---

16. Trata-se de Louise Wilhelmine (Minna) Jaeglé (1810-1880). Em Estrasburgo, onde iniciou o seu curso de Medicina, em outubro de 1831, Büchner hospedou-se em casa de um pastor viúvo, Johann Jakob Jaeglé. Sua filha e o jovem estudante se apaixonaram um pelo outro e noivaram em março de 1834, mas em 1837, quando o casamento estava em vias de consumar-se, o dramaturgo faleceu.

17. A imortalidade atribuída no texto ao Lama é decerto a do o chefe supremo do budismo tibetano, tido como encarnação do Bodisattva Avalokitesvara na sucessão humana dos *dalai-lama*.

Giessen. Vista da cidade, c.1820-1830.

Giessen. Praça do Mercado, em 1830.

todo momento a pena, mas me foi impossível escrever uma única palavra. Estou estudando a história da Revolução[18]. Sinto-me como que aniquilado sob o medonho fatalismo da história. Encontro na natureza humana uma terrível uniformidade; nas relações humanas, uma inelutável violência, conferida a todos e a ninguém. O indivíduo é apenas espuma sobre a onda; a grandeza, mera coincidência; o domínio do gênio, um teatro de títeres, uma luta ridícula contra uma lei de bronze; reconhecê-lo é o supra-sumo, dominá-lo é impossível. Não me ocorre mais curvar-me diante dos cavalos de parada e corretores da história. Acostumo meus olhos ao sangue. Mas não sou lâmina de guilhotina. O *deve* é uma das palavras malditas com as quais o homem foi batizado. A expressão: o desgosto há de vir, mas ai daquele por cujo intermédio ele vem – é horrível. O que é isto que dentro de nós mente, assassina, rouba? Não quero continuar a perseguir tal pensamento. Pudesse eu deitar esse coração frio e martirizado em seu peito! B.[19] deve tê-la tranqüilizado sobre o meu estado de saúde, eu escrevi a ele. Maldigo a minha saúde. Eu estava ardendo, a febre me cobriu de beijos e me abraçou como o braço da amada. A escuridão vogava em mim, meu coração intumesceu em saudade infinita, estrelas adentraram pela obscuridade, e mãos e lábios se inclinaram. E agora? E o que mais? Não tenho sequer a volúpia da dor e da saudade. Desde que atravessei a ponte do Reno estou como que aniquilado interiormente, nem um sentimento sequer surge dentro de mim. Sou um autômato; tiraram de mim a alma. A Páscoa é ainda meu único consolo; tenho parentes em Landau, seu convite e a permissão para visitá-los. Já fiz a viagem mil vezes e não me canso. – Você me pergunta: está com saudades de mim? Você chama de saudade quando só se pode viver em um único lugar e, depois, quando se é arrancado dali, a gente tem ainda apenas o sentimento de sua miséria? Dê-me pois uma resposta. Estão meus lábios tão frios? [...] – Esta carta é um charivari: eu a consolarei com uma outra.

---

18. Nesse texto é feita uma reflexão sobre o caráter da história. A palavra "fatalismo", que o missivista emprega, marcou profundamente a crítica e sua interpretação do pensamento de Büchner.
19. É bem provável que Büchner esteja se referindo a seu amigo, o estudante de Medicina e mais tarde docente em Estrasburgo, Eugen Boeckel.

À Família

Estrasburgo, abril de 1834

[...] Eu estava (em Giessen) tranqüilo por fora, no entanto por dentro imerso em profunda depressão; o que aí me angustiava eram as condições políticas; envergonhei-me de ser um servo entre servos, agradar a uma decaída dinastia de príncipes e a uma aristocracia de rastejantes servidores do Estado. Volto a Giessen nas piores condições; preocupação e desgosto deixam-me doente [...].

À Família

Giessen, 5 de agosto de 1834

[...] Pensei que tivesse contado a vocês que Minnigerode[20] foi preso meia hora antes de minha partida, levaram-no para Friedberg. Não compreendo o motivo de sua detenção. Ao nosso perspicaz inspetor da universidade[21] ocorreu descobrir uma relação entre a minha viagem, ao que parece, e a prisão de Minnigerode. Quando aqui cheguei encontrei meu armário *lacrado* e me disseram que meus papéis foram revistados. A meu pedido, os lacres foram imediatamente retirados e me devolveram também os meus papéis (nada mais do que cartas suas e de meus amigos), apenas algumas cartas francesas de W., Muston, L. e B.[22] foram retidas, provavelmente porque aquela gente precisa primeiro mandar vir um professor de línguas para lê-las. Estou indignado com semelhante comportamento, sinto-me mal quando penso que os meus mais sagrados segredos se acham

---

20. Karl Minnigerode, que fazia parte do grupo político de Büchner e Weidig e era um dos três correios encarregados de distribuir *O Mensageiro de Essen*, foi preso em 1 de agosto de 1834, quando regressava a Giessen, com 139 exemplares do panfleto escondidos no forro de seu casaco e nas botas.

21. *Universitätsrichter*: uma espécie de comissário judicial na universidade. Konrad Georgi, que exercia o cargo em Giessen, recebera instruções para deter Büchner. Este havia sido delatado, assim como Minnigerode, por um dos conspiradores, Johann Konrad Kuhl, que era informante da polícia.

22. W., Muston, L. e B. A primeira menção deve ser a Weidig; quanto às duas seguintes, não foi possível identificá-las; e a última, com certeza refere-se a Eugen Bockel, com quem Büchner esteve em Frankfurt, durante a viagem que empreendeu a fim de avisar Weidig e seus camaradas, em Butzbach, bem como o impressor clandestino do panfleto, em Offenbach, sobre a prisão de Minnigerode. Esse encontro com Bockel foi um álibi providencial para Büchner, permitindo-lhe escapar à detenção.

nas mãos desses homens imundos. E tudo isso – sabem por quê? Porque eu viajei no mesmo dia em que Minnigerode foi preso. Ante uma vaga suspeita os direitos mais sagrados foram feridos e nada mais se exigiu depois senão que eu apresentasse provas sobre a minha viagem!!! Isso, naturalmente, pude fazer com a maior facilidade; tenho cartas de B. confirmando cada palavra que disse e entre os meus papéis não há *uma única* linha que possa me comprometer. Sobre isso, vocês podem ficar inteiramente despreocupados. Estou livre e é impossível que se encontre um motivo para prender-me. Estou apenas profundamente indignado com o procedimento dos tribunais, invadindo os mais sagrados segredos de família à suspeita de uma possível suspeita. No tribunal universitário *só me perguntaram* onde estive nos últimos três dias, e para ter clareza sobre isso, já no segundo dia de minha ausência *arrombaram* minha escrivaninha e se apoderaram de meus papéis! Vou falar com alguns juristas e ver se as leis dão desagravo para uma violação como essa! [...].

A Karl Gutzkow[23]

Darmstadt, 21 de fevereiro de1835

Meu Senhor!

Talvez a observação, talvez a própria experiência, no mais infeliz dos casos, já lhe tenha feito saber que existe um grau de miséria que faz esquecer toda consideração e emudecer todo sentimento. Há pessoas, é verdade, que afirmam ser melhor em tais circunstâncias sair pelo mundo passando fome, mas eu poderia refutar isso citando um capitão que ficou cego há pouco tempo; eu o encontrei na rua e ele comentou que se mataria se não fosse obrigado a permanecer vivo para manter a sua família com o soldo. Isso é terrível. O senhor há de reconhecer que podem existir situações semelhantes que impedem a pessoa de fazer de seu corpo uma âncora de salvação para lançá-lo na água

---

23. Karl Gutzkow (1811-1878). Jornalista, romancista e dramaturgo, pertenceu ao grupo de escritores que, sob a denominação de Junges Deutschland (Jovem Alemanha), tornou-se representativo da intelectualidade liberal e de suas idéias reformadoras. Autor de peças históricas com vistas aos problemas políticos e sociais da época, entre as quais uma das mais conhecidas é o drama em versos *Uriel Acosta*, distinguiu-se também como crítico e editor literário de um influente jornal da oposição política na Alemanha, *Phönix*. A intermediação de Gutzkow foi importante, se não decisiva, para a primeira edição de *A Morte de Danton*, de Büchner.

por sobre a amurada dos destroços deste mundo, e não há de se admirar, portanto, de eu arrombar a sua porta, entrar em seu quarto, colocar um manuscrito em seu peito e exigir uma esmola. Peço-lhe, pois, ler o manuscrito tão depressa quanto possível e, no caso de sua *consciência como crítico permitir isso*, recomendá-lo ao Sr. Sauerländer[24] e responder imediatamente.

Sobre a obra em si nada mais posso dizer-lhe, além do fato de que circunstâncias infelizes me obrigaram a escrevê-la em no máximo cinco semanas. Digo isto para motivar seu julgamento sobre o escritor e não sobre a peça por si. Não sei o que devo fazer dela, sei apenas que tenho todas as razões para enrubescer frente à História; consolo-me, no entanto, com a idéia de que, a exceção de Shakespeare, todos os poetas permanecem frente a ela e à natureza como garotos de escola.

Reitero o meu pedido por uma resposta rápida; no caso de um resultado favorável, algumas linhas escritas de seu punho, ainda que cheguem aqui até a próxima quarta-feira, poderão salvar um infeliz de uma situação muito triste.

Se o senhor talvez estranhar o tom desta carta, considere que me é mais fácil mendigar coberto de farrapos do que entregar uma petição metido numa casaca e ainda quase mais fácil dizer, com a pistola na mão: *la bourse ou la vie!* (a bolsa ou a vida) do que sussurrar um Deus lhe pague!, com lábios trêmulos.

G. Büchner

ESTRASBURGO
1835-1836

À Família

Weissenburg, 9 de março de 1835

Acabo de chegar aqui são e salvo. A viagem foi rápida e confortável. Vocês podem ficar inteiramente tranqüilos no que se refere à minha segurança pessoal. Segundo informações seguras também não duvido que a permanência em Estrasburgo me será concedida. [...] Apenas as razões mais prementes poderiam me obrigar a deixar

---

24. Sauerländer era um dos poucos editores a publicar na Alemanha obras de jovens autores liberais. Büchner enviou-lhe uma cópia de seu drama sobre a Revolução Francesa no mesmo dia em que pedia, por carta, a interferência de Gutzkow.

a pátria e a casa paterna dessa forma... Eu não poderia me apresentar à nossa inquisição política; eu não teria nada a temer do resultado de uma investigação, mas teria tudo a temer da própria investigação[25]. [...] Estou convencido de que dentro de dois a três anos nada mais estará impedindo a minha volta. Esse tempo eu passaria encarcerado num calabouço caso permanecesse em Friedberg[26]; então física e espiritualmente arrebentado eu seria solto. Isto estava tão claro a de meus olhos, disso eu tinha tanta certeza que optei pelo grande mal de um exílio voluntário. Agora tenho as mãos e a cabeça livres. [...] Agora tudo está em minhas mãos. Vou me dedicar com muito afinco ao estudo das ciências médico-filosóficas[27], e *neste* campo ainda há suficiente espaço para realizar algo apreciável e nosso tempo foi feito justamente para reconhecer semelhante coisa. Desde que cruzei a fronteira tenho novo ânimo de vida, agora me encontro inteiramente só, mas precisamente isto aumenta minhas forças. Estar livre do constante medo de ser preso e de outras perseguições que me afligiam em Darmstadt é um grande alívio. [...].

A Gutzkow

Estrasburgo, março de 1835

Prezadíssimo!

Talvez o senhor tenha sabido, pelo mandado de captura publicado no jornal de Frankfurt, de minha partida de Darmstadt. Há alguns dias estou aqui; se vou ficar aqui, não sei, isto depende de diversas circunstâncias. Meu manuscrito terá feito seu caminho às escondidas.

Meu futuro é tão problemático que começa a interessar a mim mesmo, o que quer dizer muita coisa. Não consigo me decidir facilmente ao suicídio sutil pelo *trabalho*; espero poder prolongar a minha preguiça ao menos por um quarto de ano e depois receber arras, seja dos jesuítas pelo serviço a Maria ou dos sansimonistas pela *femme libre* (mulher livre) ou morro com a minha amada. Veremos. Talvez eu também

---

25. É possível que Büchner estivesse, mais uma vez, tentando tranqüilizar a família, porquanto, àquela altura, já havia sido interrogado várias vezes e, poucas semanas depois de sua fuga, circulava em Frankfurt e em Estrasburgo uma ordem oficial para prendê-lo.

26. Em geral, os presos políticos do Grão-Ducado de Essen eram confinados em Friedberg, no Alto Essen.

27. Os estudos médicos ainda compreendiam disciplinas filosóficas, nesta época.

Karl Gutzkow, em 1840

esteja presente se mais uma vez a catedral puser um gorro jacobino. O que o senhor acha disso? É apenas um gracejo meu. Mas o senhor ainda vai ver do que um alemão é capaz quando tem fome. Eu queria que toda a nação passasse o que estou passando. Quando dá um ano de carestia, nele só o cânhamo vinga! Isto deveria ser gozado, gostaríamos já de trançar juntos uma *Boa Constrictor*[28]. Meu Danton é por enquanto um fiozinho de seda, e minha musa um Samson[29] travestido.

A Gutzkow

Estrasburgo

[...] A Revolução toda já está dividida entre liberais e absolutistas e deve ser devorada pela classe pobre e iletrada; a relação entre pobres e ricos é o único elemento revolucionário no mundo; somente a fome pode se tornar a deusa da liberdade e somente um Moisés, que nos enviou as sete pragas egípcias, poderá se tornar um Messias. Cevem os camponeses e a Revolução morre de apoplexia. Uma *galinha* na panela de cada camponês faz o *galo gaulês* estrebuchar. [...]

À Família

Estrasburgo, 16 de julho de 1835

[...] Vivo aqui completamente tranqüilo; embora há algum tempo tenha chegado uma rescrito de Giessen, mas a polícia não parece ter tomado conhecimento dele [...]. Sinto um peso quando penso em Darmstadt; vejo a nossa casa e o jardim e depois sem querer a abominável casa de detenção. Os infelizes! Como é que isso vai terminar? Possivelmente como em Frankfurt, onde morre um após outro e é enterrado em silêncio. Uma sentença de morte, um cadafalso, o que é isso? Morre-se pela causa. Mas ser ralado assim, lentamente, numa prisão como essa! Isso é terrível! Vocês não podem me dizer quem está preso em Darmstadt? Aqui ouvi muita coisa, mas não consigo entender bem. Kl.[30] parece estar fazendo um papel infa-

---

28. Jibóia.
29. Cf. *A Morte de Danton*, n. 101.
30. Gustav Klemm era, na Sociedade dos Direitos Humanos, integrante da seção de Giessen. Preso por envolvimento na publicação de *O Mensageiro de Essen*, confessou sua participação e suas informações levaram a polícia a Weidig.

me. Eu gostava muito do rapaz, ele era desbragadamente apaixonado, porém aberto, vivo, corajoso e esperto. Não se ouve nada de Minnigerode? Será que ele está realmente apanhando? Isto é para mim impensável. Sua firmeza heróica deveria encher de respeito até mesmo o mais embrutecido dos aristocratas [...].

À Família

Estrasburgo, 28 de julho de 1835

[...] Devo dizer algumas palavras sobre a minha peça[31]: primeiro, preciso observar que a permissão para fazer algumas alterações foi utilizada em demasia[32]. Quase em cada página houve omissões, acréscimos e quase sempre com desvantagem para o todo. Às vezes o sentido é totalmente deturpado ou totalmente perdido e, em seu lugar, só há disparates sem graça. Afora isso, o livro está cheio dos mais horríveis erros de imprensa. Não me enviaram uma *prova tipográfica*. O título é absurdo[33] e o meu nome está ali em cima, o que eu havia proibido expressamente; ademais, ele não consta do título de meu manuscrito. Além do mais, o revisor colocou em minha boca algumas vulgaridades que eu jamais em minha vida[34], teria dito. Li as críticas brilhantes de Gutzkow e notei então, para minha alegria, que não tenho nenhuma inclinação para a vaidade. Aliás, no que se refere à assim propalada imoralidade de meu livro, digo apenas o seguinte: a meu ver, o poeta dramático não é mais do que um narrador da História, mas está *acima* deste último pelo fato de recriar a História uma segunda vez e nos transportar diretamente para a vida de uma época, em vez de nos dar uma narrativa seca e, no lugar de características nos traz caracteres e no lugar de descrições, personagens. Sua maior tarefa é aproximar-se tanto quanto possível da História tal como ela realmente aconteceu. Meu livro não deve ser mais *moral* ou *imoral* do que a *própria História*; porém a própria História não foi criada pelo bom

---

31. Trata-se do drama *A Morte de Danton*.
32. Karl Gutzkow e o editor Eduard Duller, a fim de escapar aos rigores da censura de então, expurgaram o texto da peça, efetuando mais de uma centenas de revisões. Büchner, que nesse ínterim tivera de fugir para a França, só pôde tomar conhecimento delas após a publicação.
33. O editor acrescentou o seguinte subtítulo de sua invenção: "Cenas Dramáticas do Reino do Terror na França".
34. A afirmação enfática de Büchner não corresponde às liberdades de expressão que sua linguagem apresenta.

Deus como leitura para jovens senhoras, e por isso ninguém deve me levar a mal se a minha peça tampouco se presta a isso. Não posso transformar Danton e os bandidos da Revolução em heróis virtuosos! Se quisesse descrever a sua licenciosidade teria que deixá-los licenciosos, se quisesse descrever o seu ateísmo, teria que deixar que falassem como ateístas. Se aparecem algumas expressões indecentes, que se pense na linguagem obscena daquele tempo. Aquilo que faço meus personagens dizer é apenas um leve esboço. Poderiam ainda me censurar por ter escolhido um material como esse. Mas esta objeção já foi refutada há muito. Se eu a levasse em conta, as maiores obras-primas da poesia teriam que ser rejeitadas. O poeta não é professor de moral, ele inventa e cria personagens, ele faz com que tempos passados sejam novamente tornados vivos e as pessoas aprendam com isso, tanto quanto do estudo da História e da observação daquilo que se passa na vida humana à sua volta. Se assim não fosse não se poderia estudar História, pois aí são contadas muitas coisas imorais e se haveria de atravessar a rua com os olhos vendados para não ver imoralidades e seria preciso clamar contra Deus que criou um mundo no qual acontecem tantas licenciosidades. Se me dissessem ainda que o poeta não deve mostrar o mundo como ele é, mas sim como deveria ser, responderia que não quero torná-lo melhor do que o bom Deus que certamente fez o mundo como ele deve ser. No que concerne aos assim chamados poetas de ideais, a meu ver não criaram nada mais do que marionetes com narizes azuis celestes e discursos afetados e não seres humanos de carne e osso, cujo pesar e alegria me fazem sentir empatia e cujo fazer e agir provocam em mim repulsa e admiração. Com uma palavra, tenho grande apreço por Goethe e Shakespeare, mas pouco por Schiller[35]. É evidente que ainda surgirão críticas negativas, pois os governos necessitam provar através de seus escribas pagos que os seus inimigos são bobos ou imorais[36]. Não julgo minha obra como perfeita e aceitarei agradecido toda crítica estética verdadeira.

Vocês ouviram falar do relâmpago imenso que atingiu há alguns dias a catedral? Eu nunca havia visto um brilho de fogo assim

---

35. O desapreço de Büchner por Schiller que ele inclui num grupo de poetas dados a idealizações excessivas e vazias certamente não faz justiça ao autor de *Maria Stuart* e a uma tendência da qual o próprio Büchner, a seu modo, não deixa de ser tributário.

36. Previsão certeira de Büchner, pois, alguns poucos meses mais tarde, Gutzkow e a jovem Alemanha foram alvo de violenta campanha de imprensa que os acoimava de imorais, indecentes e degenerados.

e nunca havia ouvido um trovão como esse. Fiquei como que ensurdecido por alguns momentos. O maior prejuízo de que se tem notícia. As pedras foram derrubadas com uma violência incrível e arremessadas para longe. A cem passos, nos arredores, os telhados das casas vizinhas foram quebrados pelas pedras que caíam.

Aqui chegaram novamente três refugiados, Nievergelder[37] está entre eles; em Giessen dois estudantes foram presos há pouco. Estou sendo extremamente cuidadoso. Aqui não sabemos de ninguém que tenha sido preso na fronteira. Essa história deve ser um conto da carochinha. [...]

À Família

Estrasburgo, outubro de 1835

[...] Tenho conseguido aqui informações interessantes sobre um amigo de Goethe, um poeta infeliz com o nome de *Lenz* que residiu aqui ao mesmo tempo que Goethe e ficou meio insano. Penso em escrever um ensaio sobre isso na *Deutsche Revue*[38]. Também estou à procura de material para uma dissertação de cunho filosófico ou de história natural. Agora necessito de mais um tempo de estudo e o caminho está aberto. Há pessoas aqui que profetizam um futuro brilhante para mim. Não tenho nada contra. [...]

À Família

Estrasburgo, 2 de novembro de 1835

[...] Sei, com certeza, que em Darmstadt repetem as coisas mais fabulosas a meu respeito; já fizeram com que me prendessem três vezes na fronteira. Eu acho isso natural; o extraordinário número de prisões e mandatos de captura deve chamar a atenção e como o

---

37. Christian Nievergelder, estudante de Medicina, era colega de Büchner em Darmstadt.
38. Devido a um desentendimento com o editor Düller, Kutzkow retirou-se, em agosto de 1835, da revista *Phöenix* e concebeu o projeto de lançar um outro periódico, *Deutsche Revue*, calcado na *Revue des Deux Mondes*, a fim de divulgar as idéias e as produções de seu grupo. O plano, entretanto, gorou e a revista não pôde ser impressa, uma vez que em dezembro de 1835 todas as publicações da "Jovem Alemanha", *Junges Deutschland*, foram proibidas na Confederação Alemã.

público não sabe do que se trata na realidade, levanta as mais admiráveis hipóteses. [...]

Tenho as melhores notícias da Suíça. *É possível* que ainda antes do ano novo eu obtenha o Doutorado pela faculdade de Zurique; neste caso eu começaria, já na próxima Páscoa, a lecionar lá. Com a idade de vinte e dois anos isto é o máximo que se pode exigir. [...]

Outro dia o meu nome desfilou na *Allgemeine Zeitung*. Trata-se de uma grande revista literária, a *Deutsche Revue* para a qual prometi entregar um artigo. Esta publicação já foi atacada antes de seu aparecimento, e a seu respeito se disse então que bastava nomear os senhores *Heine, Börne, Mundt, Schulz, Büchner* etc. para se ter uma idéia do sucesso que esta revista iria ter. – Sobre o modo como Minnigerode é maltratado, apareceu um artigo no *Temps*. Parece-me que foi escrito em Darmstadt; de fato é preciso ir longe para poder reclamar. Meus infelizes amigos! [...]

A Gutzkow

Estrasburgo, 1836

Caro amigo!

Fiquei durante muito tempo mudo? O que posso lhe dizer? Eu *também* estive na prisão, e a mais tediosa sob o sol. Escrevi um artigo em sua altura, largura e profundidade. Dia e noite sobre a nojenta história, não atino onde consegui a paciência. Isto é, estou com a idéia fixa de proferir no próximo semestre, em Zurique, um curso sobre o desenvolvimento da filosofia alemã, desde Cartesius; para isso preciso ter o meu diploma e as pessoas não parecem nada inclinadas a impor o capelo de doutor na cabeça de meu querido filho Danton.

O que se podia fazer no caso?

O senhor está em Frankfurt e tranqüilo?

Lamento, mas também aprecio que o senhor ainda não tenha batido à porta de Rebstöckel[39]. Sobre o estado da literatura moderna na Alemanha não sei de nada; apenas algumas dispersas brochuras, que não sei como atravessaram o Reno, me caíram nas mãos.

Na luta contra o senhor transparece uma *profunda* infâmia, infâmia muito *saudável*, não compreendendo como ainda podemos ser

---

39. Hospedaria em Estrasburgo.

tão naturais! E o escárnio de Menzel[40] sobre os bufões políticos nas fortalezas alemãs – e isso de pessoas!, meu Deus, eu poderia, aliás, lhe contar histórias edificantes.

Isso me causou profunda indignação; meus pobres amigos! O senhor não acredita que Menzel vá obter proximamente uma docência em Munique?

Aliás, para ser sincero, o senhor e seus amigos não me parecem ter seguido precisamente o caminho mais inteligente. Reformar a sociedade mediante a *idéia, a partir* da classe *cultivada*? Impossível! Nosso tempo é puramente *material*. Caso o senhor tivesse se lançado à ação pela via política direta, haveria de chegar logo ao ponto em que a reforma teria cessado por si mesma. O senhor nunca conseguirá superar a fissura entre a sociedade cultivada e a não cultivada.

Eu me convenci de que a minoria cultivada e abastada, por mais concessões do poder que almeje para si, nunca há de querer renunciar à sua relação de agudo conflito com a classe da grande maioria. E a própria classe da grande maioria? Para esta só existem duas alavancas, miséria material e *fanatismo religioso*. Todo partido que souber acionar essas alavancas, triunfará. Nosso tempo requer ferro e pão – e depois uma *cruz* ou algo assim. Acredito que nas coisas sociais é preciso partir de um absoluto princípio de *direito*, procurar a formação de uma nova vida espiritual no *povo* e mandar para o diabo a sociedade moderna decadente. Para que uma coisa como essa deve perambular entre o céu e a terra? Toda a vida deles consiste apenas de tentativas para enxotar o mais horrendo tédio. Ela pode extinguir-se, isto é a única coisa nova que ela ainda pode chegar a viver. [...]

A Eugen Boeckel

Estrasburgo, 1 de junho de 1836

Meu querido Eugen![41]

Ainda estou aqui, conforme pode ver pela data. "Muito insensato!", você dirá e eu lhe digo: por mim, tanto faz! Somente ontem o meu trabalho ficou inteiramente pronto. Ele se estendeu muito mais do que eu imaginava de início e perdi muito tempo com ele; mas, em

---

40. Wolfgang Menzel (1798-1873), um dos mentores intelectuais de Karl Gutzkow e editor do *Morgenblatt für Gebildete Stände*, em Stuttgart, folha literária publicada entre 1825 e 1849, em Stuttgart.

41. Ver nota 19.

compensação. presumo que saiu bem – e a société d'histoire naturelle (sociedade de história natural) parece ser da mesma opinião. Eu apresentei em três sessões diferentes três conferências sobre o assunto, diante do que a sociedade resolveu imprimi-la imediatamente em suas Memórias; além disso, me fez seu sócio correspondente. Como vê, o acaso voltou a me tirar mais uma vez do apuro, aliás, eu lhe devo, em geral, um muito obrigado e minha leviandade, que no fundo é uma confiança ilimitada em Deus, ganhou por causa disso, de novo, grande acréscimo. Mas eu preciso dele também; quando eu tiver pago meu Doutor, não me sobrará mais um só vintém, e escrever, eu não pude durante esse período. Devo viver por algum tempo do querido crédito e ver como vou tirar nas próximas seis ou oito semanas, um paletó e calças de minhas grande folhas de papel em branco que devo garatujar. Penso: "siga você o seu caminho" e não deixe que me perturbem.

Passei muito tempo calado? Mas você sabe por quê e me perdoará. Fiquei como um doente que toma um remédio amargo tão depressa quanto possível, de um só gole; nada pude fazer senão me livrar do trabalho desagradável. Estou me sentindo muitíssimo bem, desde que pus aquela coisa para fora de casa. – Penso em passar ainda o verão aqui. Minha mãe vem no outono. Ir agora a Zurique e voltar no outono, perdendo tempo e dinheiro, seria bobagem. De todo modo, porém, inicio no próximo semestre de inverno o meu curso, para o qual estou me preparando agora com toda calma.

Você tem dias felizes na sua viagem, como parece. Alegro-me com isso. A vida é aliás algo de muito bonito e em todo caso não é tão tediosa quanto se fosse uma vez mais tão tediosa. Apresse-se um pouco no próximo outono, venha cedo, então ainda o verei aqui. Você aprendeu muito, na viagem? A mostra de doentes e de cadáveres ainda não se tornou um fardo para você? Acho que uma volta pelos hospitais de metade da Europa deva ser muito melancólica e uma volta pelas salas de aula de nossos professores deva deixar uma pessoa meio maluca e uma volta pelos nossos Estados alemães deva deixar uma pessoa totalmente furiosa. Três coisas que, aliás, mesmo sem as três excursões, se pode atingir com muita facilidade, por exemplo, quando chove e faz frio, como há pouco; quando se tem dor de dente, como eu há oito dias atrás e quando não se pode sair de dentro de suas quatro paredes durante todo um inverno e metade da primavera, como eu este ano.

Você pode ver que estou aturando muita coisa e outro dia, antes de mandar arrancar meu dente cariado, pensei seriamente se não seria melhor dar-me um tiro, o que, em todo caso, seria menos doloroso.

Baum suspira todo dia, está ficando por isso com uma barriga enorme e faz uma cara tão suicida que eu temo que ele queira liquidar-se de maneira sutil com um ataque apoplético. Ele se irrita regularmente todo dia, desde que eu lhe assegurei que a irritação é muito boa para a saúde. Parou de esgrimir e está tão terrivelmente preguiçoso que, para grande desgosto de teu irmão, não completou ainda nenhuma das incumbências que você lhe deu. O que fazer com esse homem? Ele precisa tornar-se padre, mostra a mais bela das disposições.

Os dois Stöber[42] ainda estão presos em Oberbrunn. Infelizmente o boato relativo à senhora esposa do Pastor confirma-se. A pobre moça encontra-se aqui totalmente abandonada e lá embaixo as pessoas devem estar filosofando sobre o significado poético do adultério. Ultimamente não acredito nisso – mas a história é dúbia.

Como vai o nosso amigo e primo Zipfel? O tempo ainda não o pegou em nenhum lugar? Você vê de vez em quando o meu primo da Holanda? Mande lembranças minhas a ambos.

Wilhelmine esteve indisposta por muito tempo, ela sofreu com uma catapora crônica, sem ter estado jamais seriamente doente.

À propos, ela me entregou as tuas duas cartas, sem abri-las, mas ainda assim eu teria julgado mais próprio que você tivesse por bom tom colocado suas cartas em um envelope; se uma mulher não devia lê-las, também foi impróprio endereçá-las a uma mulher; com um envelope é uma outra coisa. Espero que você não leve a mal essa pequena reprimenda.

De qualquer forma, estarei aqui ainda nas próximas quatro semanas, durante a impressão de meu trabalho. Você ainda vai me alegrar com uma carta antes de partir de Viena? *À propos*, você está fazendo de fato belos estudos estéticos, *Dem.* Peche[43] é uma velha conhecida minha. Adeus

Seu *G. B.*

---

42. Os dois Stöber eram primos de Büchner, por parte do irmão mais velho de seu pai.
43. Trata-se da Srta. Therese Peche, uma atriz nascida em Praga em 1806, filha de um oficial austríaco e de mãe francesa. Em 1828, esteve em Darmstadt, e o epíteto "velha conhecida" deve-se, provavelmente, ao fato de o pai de Büchner ter sido médico da artista.

A Wilhelm Büchner

Estrasburgo, 2 de setembro de 1836

[...] Estou muito bem comigo mesmo, menos quando temos chuva incessante ou vento noroeste, em que me torno um daqueles que, à noite, antes de ir para a cama, se ainda têm uma meia no pé, são capazes de pendurá-la na porta do quarto, porque para eles é demais o esforço de tirar também a outra [...]. Dediquei-me agora inteiramente ao estudo das ciências naturais e da filosofia, e irei em breve a *Zurique*, na qualidade de membro supérfluo da sociedade, para pronunciar aos meus pares preleções sobre algo igualmente supérfluo, ou seja, os sistemas filosóficos alemães desde Cartesius e Spinoza. – Ao mesmo tempo estou justamente ocupado em fazer com que algumas pessoas se matem ou se casem no papel, e rogo ao bom Deus por um editor simplório e um grande público com tão pouco bom gosto quanto possível. É preciso coragem para muitas coisas sob o sol, até mesmo para ser um livre-docente de filosofia[44]. [...]

À Família

Estrasburgo, setembro de 1836

[...] Eu ainda não enviei as minhas duas peças, ainda estou insatisfeito com várias coisas e não quero que me aconteça o mesmo que da primeira vez. São trabalhos que não podem ser concluídos dentro de um prazo determinado, como a encomenda de um terno ao alfaiate. [...]

Ao Burgomestre Hess

Estrasburgo, 22 de setembro de 1836

As condições políticas na Alemanha me obrigaram a deixar a minha pátria há um ano e meio. Eu havia me destinado à carreira acadêmica. Não pude me decidir a abandonar uma meta para cuja realização todos os meus esforços estavam dirigidos; assim prossegui meus estudos em Estrasburgo, na esperança de ver meus desejos realizados na Suíça. De fato, tive há pouco a honra de ser titula-

---

44. Na ocasião, Büchner proferiu uma palestra sobre anatomia comparada.

do Doutor pela Faculdade de Filosofia de Zurique. Após um julgamento tão favorável sobre a minha capacidade científica, posso esperar ser também aceito como livre-docente na Universidade de Zurique e, no melhor dos casos, iniciar no próximo semestre as minhas preleções. Solicitei às autoridades locais um passaporte. No entanto, estas me informaram que estão proibidas pelo ministério do Interior da Suíça, fornecer um passaporte a um refugiado que não possa apresentar uma autorização por escrito de uma instância suíça para a permanência em seu cantão. Diante desse embaraço, dirijo-me ao Ilustríssimo Senhor, como o mais alto magistrado municipal de Zurique, com o pedido de que me conceda a autorização exigida pela instância local. O atestado em anexo pode comprovar que desde que parti de minha pátria mantive-me distante de toda atuação política e não pertenço, portanto, àquela categoria de refugiados contra os quais a Suíça e a França tomaram há pouco as conhecidas medidas. Creio por isso poder contar com o atendimento ao meu pedido, cuja negação teria como conseqüência a aniquilação de todo o meu projeto de vida...

Zurique
1836-1837

À Família

Zurique, 20 de novembro de 1836

[...] No que concerne à atuação política, podem ficar totalmente tranqüilos. Não se deixem perturbar pelos contos da carochinha em nossos jornais. A Suíça é uma república, e como as pessoas comumente não conhecem coisa melhor do que dizer que toda república é impossível, todos os dias elas contam aos bons alemães histórias sobre anarquia, assassinato e morte. Vocês vão ficar surpresos quando me visitarem; já no caminho há por toda parte acolhedores vilarejos com bonitas casas, e depois, quanto mais se aproximarem de Zurique e em especial do lago, verão prosperidade de todo lado; vilarejos e cidadezinhas têm uma aparência da qual não temos a menor idéia entre nós. As ruas aqui não estão cheias de soldados, candidatos a

---

45. Na verdade, o companheiro de Büchner continuava vivo e permaneceu na prisão até maio de 1837, sendo em seguida forçado a emigrar para a América, onde viveu até 1894.

Casas da Spiegelgasse 12, em 1930.
Universidade de Zurique, "Hinteramt", em 1840.

cargos públicos e preguiçosos funcionários do Estado e não se corre o risco de ser atropelado por um coche da nobreza; em vez disso, por todo lado, vê-se um povo saudável, forte e, a um custo diminuto, um governo simples, bom, puramente *republicano*, que se mantém por meio de um *imposto sobre a riqueza*, um tipo de imposto que, em nosso país, seria considerado o ápice da anarquia por uma grita geral.

Minnigerode está morto, como me escreveram, isto é, durante três anos ele foi torturado até a morte[45]. Três anos! Durante o Terror, os franceses liquidavam um indivíduo em um par de horas, o julgamento e depois a guilhotina! Mas três anos! Nós temos um governo muito humano, ele não pode ver sangue. E, assim sendo, ainda há quarenta pessoas presas, e isso não é uma anarquia, isso é ordem e direito, e esses senhores sentem-se indignados quando pensam na Suíça anárquica! Por Deus, essa gente saca um enorme capital que um dia lhe será cobrado com pesados juros, com juros muito pesados. – [...]

A Wilhelm Büchner[46]

Zurique, fim de novembro de 1836

[...] Fico de dia com o bisturi e à noite com os livros. [...].

À Noiva

Zurique, 20 de janeiro de 1837

[...] Eu me resfriei e fiquei de cama. Mas agora estou melhor[47]. Quando se está assim um pouco indisposto, a gente sente uma vontade tão grande de ficar preguiçoso; porém a roda do moinho gira sem parar. [...] Hoje e ontem eu me permiti um pouco de descanso e não li nada; amanhã volta o velho ritmo, você nem acredita quão regular e

---

46. O dramaturgo era o mais velho de duas irmãs e três irmãos. Manteve uma relação especial com Wilhelm Büchner (1816-1892), que também alimentava simpatias pelo ideário de Georg. Posteriormente, Wilhelm tornou-se um bem-sucedido industrial no campo da química e, após 1848, distinguiu-se como representante democrático em várias assembléias parlamentares, inclusive no Reichstag, depois de 1871, com a unificação da Alemanha.

47. Certamente eram os primeiros sintomas da moléstia, o tifo, que levaria prematuramente Georg Büchner ao túmulo.

ordenadamente. Funciono quase tão certo como um relógio da Floresta Negra. Mas está bem assim: depois de toda aquela vida intelectual agitada, sossego, e por cima a alegria com a criação de meus produtos poéticos. O pobre Shakespeare era escrivão durante o dia e tinha que poetar à noite, e eu, que não mereço desatar os cordões de seus sapatos, estou de longe em vantagem. – [...] Você aprenderá a cantar até a Páscoa as *canções populares*, se não for cansativo para você? Aqui não se ouve uma só voz; o *povo* não canta e você sabe o quanto amo as mulheres que berram ou lamuriam algumas notas em uma *soirée* ou um concerto. Estou me aproximando cada vez mais do povo e do Medievo, cada dia isso me é mais claro – e, você vai cantar as canções, não vai? Eu morro de saudades quando trauteio para mim uma melodia. [...] Toda noite fico sentado no cassino[48] por uma ou duas horas; você conhece a minha predileção por belas salas, luzes e pessoas à minha volta. [...].

À noiva

Zurique, 1837

[...] Mandarei publicar, no mais tardar em oito dias, *Leonce e Lena* com mais duas outras peças. [...].

---

48. A palavra "cassino" não designava uma casa de jogo, porém um lugar em que as pessoas encontravam para beber, dançar e ouvir música.

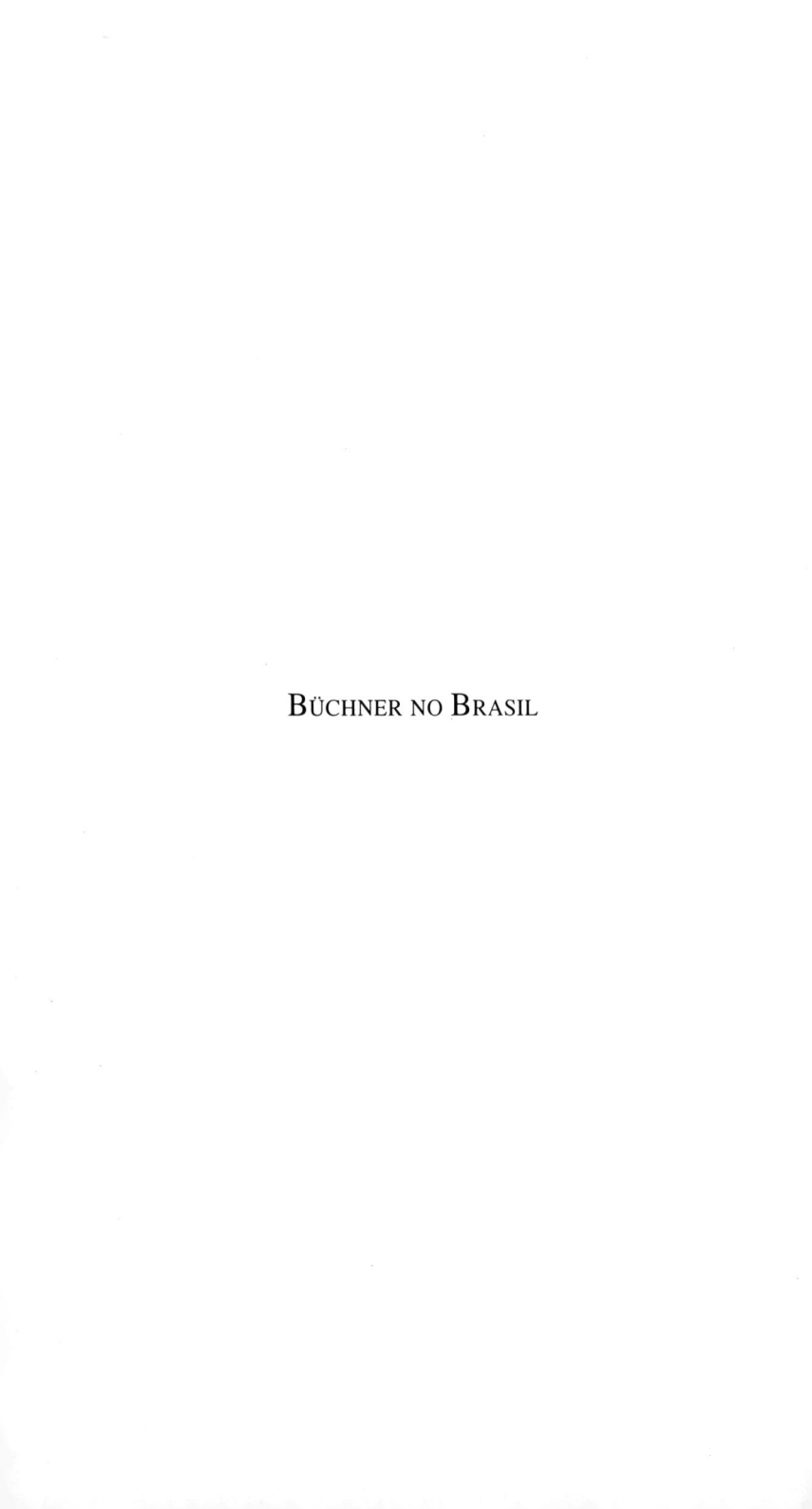

BÜCHNER NO BRASIL

A recepção de Georg Büchner no Brasil inicia-se com a encenação de *Woyzeck*, dirigida por Ziembinski. *Lua de Sangue* foi o título dado a peça encenada pela Companhia Maria Della Costa em 1948. Desde então o interesse pela obra deste autor tem sido crescente. Também Bráulio Pedroso encenou o *Woyzeck* na década de setenta no Rio, havendo notícia de que a peça foi representada em várias cidades brasileiras.

A surpreendente atualidade do teatro de Georg Büchner é ressaltada por pesquisadores e críticos. Por ocasião do sesquicentenário de nascimento do dramaturgo (1963), foi publicada uma edição especial do Suplemento Literário de *O Estado de S. Paulo* com ensaios de Otto Maria Carpeaux, Anatol Rosenfeld, Sábato Magaldi e Mario da Silva entre outros.

"Barbeiro, engraxate, lixeiro, pedreiro, burro de carga, cobaia, massa de manobra, de tudo um pouco e em tudo um pouco errado". A autodefinição do protagonista da peça *Woyzeck, o Brasileiro* exprime a preocupação com uma brasilidade que é busca e frustração, na adaptação realizada por Fernando Bonassi, com direção de Cibele Forjaz, encenada em São Paulo no Sesc Belenzinho (junho 2003).

Um dos momentos antológicos da encenação é a "decisão" de Woyzeck (vivido por Matheus Nachtergaele) ao saber da traição de Maria, com quem tem um filho. Rompendo os fiapos de lucidez que o prendiam ao mundo, Woyzeck é possuído por vozes que lhe ordenam "Mata a loba boba, mata", num ritual sinistro e obsessivo.

Woyzeck, o Brasileiro faz jus ao paradoxo de um desencantamento do mundo vazado em simbolismo religioso também pela escolha de uma olaria como cenário. A dicção poética de Bonassi surge na urbanidade explícita de personagens, como o travesti que vende a Woyzeck a arma do crime da peça, tomando o lugar desempenhado no texto pela figura do judeu. O escritor deixa sua marca também em acréscimos de sua lavra, como a cena em que o chefe da olaria esbraveja contra o trabalhador que acaba de tropeçar: "Vocês não podem perder um só tijolo, a cidade precisa de muros". A performance de Nachtergaele consegue, pela emoção que passa e pela partitura das ações físicas que executa, uma grande criação de Woyzeck. Assim como o conto da carochinha às avessas contado pela avó em Woyzeck, no qual a criança viaja para o sol, a lua e as estrelas, mas só encontra ruínas e volta para a terra vivendo ali sozinha para sempre, a contemporaneidade de Büchner é experimentada na encenação através de uma nova e inusitada leitura.

Uma nova tradução de *Woyzeck* foi realizada por Tércio Redondo para a e -ditora Hedra. Cuidadosa e anotada, aponta para a densa malha de citações bíblicas de Büchner, sobretudo ao *Apocalipse de São João*. Também uma alusão furtiva, no texto, ao adultério de Betsabéia (mulher de um mercenário) com o rei Davi antecipa a trágica sorte de Woyzeck.

Interessante, neste contexto, é o empreendimento de Fernando Marques na obra *Zé* (Perspectiva). O autor faz ali uma adaptação em verso de *Woyzeck* e inclui composições musicais de sua autoria. Sua busca é também por um olhar crítico sobre nossa "brasilidade".

WOYZECK, BÜCHNER E A CONDIÇÃO HUMANA*

Sábato Magaldi

A morte prematura não permitiu que Büchner (1813-1837) concluísse *Woyzeck*. Se não cabe agradecer à providência por ter impedido a completação da tragédia, ao menos não nos parece razoável lamentá-la em demasia: foi um feliz acaso que o texto se conservasse em esboço. Podemos admirá-lo no seu descarnamento essencial, na aspereza da superfície não polida. Nada faz falta ali. Com respeito ao dramaturgo alemão, talvez fosse heresia temer que o acréscimo de cenas ou de diálogos tornasse flácido o arcabouço. Há uma estética dos projetos, dos andaimes e das estruturas. *Woyzeck* faz jus a nova categoria: a da beleza perene das obras inacabadas. O hermetismo de certas passagens engrandece a peça com uma gama infindável de sugestões.

De *A Morte de Danton* a *Woyzeck*, o caminho é o de uma precisão maior na linguagem, o esclarecimento total da idéia de tragicidade. Nenhum ser racional escapa ao destino, nesse terrível requisitório contra a condição humana. Perseguidos e perseguidores, vítimas e algozes – todos defrontam-se com o nada, à maneira do que fará Samuel Beckett com Pozzo e Lucki, em *Esperando Godot*. Órfão da divindade ou de qualquer explicação sobre o sentido da existência, o homem büchneriano erra num mundo sem valores. Resta-lhe o mergulho nas águas – esse gesto de Woyzeck, não se sabe se suicídio ou mera armadilha da fata-

---

* Publicado no "Suplemento Literário" do *Estado de S. Paulo*, 12.10.1963, e em *O Texto no Teatro*, São Paulo, Perspectiva, 1989.

lidade, levando-o a desaparecer no lago, símbolo de um retorno ao cálido ventre do qual todos os seres são expulsos.

Büchner pode ser considerado o primeiro dramaturgo coerente do teatro do absurdo. Acautelemo-nos, porém, com as palavras. Esse teatro, como tem sido praticado, confunde-se às vezes com um certo escapismo, o cruzar de braços da impotência ante as forças dominantes do mundo. Nesse sentido, a designação não se aplica a Büchner. Se as suas personagens se assimilam a títeres, movidos por mãos invisíveis (é o que afirma Danton sobre o homem), esses títeres recusam a organização arbitrária da sociedade e se revoltam contra ela. O Capitão por exemplo, acusa Woyzeck de ter um filho sem a bênção da Igreja. A resposta não se faz esperar: "Nós, gente pobre [...]. O dinheiro, senhor Capitão, o dinheiro! Quando a gente não tem dinheiro [...] era só o que faltava, que ainda tivesse de pôr filhos no mundo de acordo com a moral!" Ecos dessa fala ouvem-se no famoso dístico de *A Ópera de Três Tostões*, de Brecht: "Comamos primeiro, depois falemos de moral". A infra-estrutura física determina o comportamento humano. Prosseguindo o raciocínio, Woyzeck diz que a "gentinha comum" não entende a virtude e "conosco, quem manda é a natureza". Um fidalgo, de cartola, relógio, monóculo e palavras distintas, pode ser virtuoso. "Deve ser uma coisa muito bonita a virtude, senhor capitão. Mas eu sou um pobre-diabo". Os pobres são desgraçados neste mundo e noutro também. Se chegarem a entrar no céu, "será para ajudar a fazer roncar o trovão".

Desamparado de uma razão superior, o homem aferra-se à natureza. Ela preencheria o vácuo da ausência do sobrenatural. Mas a natureza é ilógica, instintiva, não se subordina a mandamentos. E por isso ela se converte, também, em instrumento do suplício de Woyzeck. É curioso, na peça, como Woyzeck não se preocupa com o destino do filho, e em nenhum momento interrompe a sua jornada, por causa dele: não tem o homem interesse pela continuação de uma espécie infeliz, é-lhe indiferente um legado que não desejou com a consciência. Sobre Maria, sua amante e mãe da criança, Woyzeck fala: "Senhor Capitão, eu sou um pobre-diabo. E, a não ser ela, não tenho nada neste mundo!". Maria apresenta para ele a única satisfação completa, essa plenitude do prazer sexual, que é, também, o instante da inconsciência. Maria é bonita e está convencida da atração que exerce: "Nós só temos um cantinho neste mundo e um pedacinho de espelho – e, contudo, minha boca é tão vermelha como as das grandes damas com seus espelhos de alto a baixo e seus lindos cavalheiros, que lhes beijam a mão!". Ela não teve oportunidades, e se refugia na natureza – o contentamento fugaz da conjunção carnal. Woyzeck sofre de idéia fixa, vive alienado do mundo, alimenta-se de ervilhas e não pode representar, fisicamente, o repouso compensador do sexo. Para preencher essa função, existe, na peça, o Tambor-mor, espécime de animal belo e sadio, e que, não sendo tocado por nenhuma inquietude da racionalidade, é o único vencedor em todo o entrecho. O Tambor-mor não se contenta com o elogio rasgado de Maria "Que homem! [...]. Um peito como um boi e uma barba como um leão. Como tu não há outro!" Com a vaidade infantil de todos os seres imanentes, o Tambor-mor retruca: "E se me visses nos domingos, com o penacho no quepe e as luvas brancas, com os diabos!" O Tambor-mor não só desfruta Maria, mas também humilha Woyzeck. Quer obrigá-lo a beber, depois do instinto satisfeito, e como Woyzeck recusa (protesto orgulhoso do fraco), surra-o sem piedade.

Todas as personagens e situações aliam-se para precipitar a perda de Woyzeck. Nessa cadeia de torturas, sádicas ou involuntárias, chega-se a pensar no processo kafkiano. Woyzeck vive debaixo do terror, ao qual toma as mais diversas formas, até esmagá-lo em definitivo. Tipo vibrátil e sobreexcitado, ele procura decifrar ao enigma de um estranho ignoto com que depara na campina. Está aí sua obsessão. Diz ao amigo Andrés que numa tira de terra, em meio da grama, onde nascem muitos cogumelos, a cabeça rola, à noite. Embaixo de onde se encontram, no bosque, tudo é oco. Trata-se de uma trama da maçonaria. Ele está na boa pista. Essa idéia fixa aparenta-se, para Woyzeck, ao símbolo de um mistério que, a qualquer momento, por equívoco, pode liquidar a vida humana. O neurótico Woyzeck vê até em fantasmas os instrumentos de sua perdição.

Não se dissociam, no papel de opressores, o Capitão e o Médico. Ambos, contudo, definem-se como algozes que são também vítimas. O drama do Capitão é terrível. Domina-o o tédio metafísico. Suplicia ele Woyzeck, porque está lhe fazendo a barba com pressa. "Que quer que eu faça com os dez minutos que me sobrarão, se você hoje acabar antes da hora?". Falta-lhe um objetivo para encher o incomensurável vazio do tempo. E o homem, torturado pela eternidade, vinga-se no seu semelhante. Woyzeck serve de bode expiatório para o arremedo de poder com o qual o capitão tenta sustentar a própria fragilidade. E igual função lhe é atribuída pelo médico, empenhado em segurar cientificamente pelas rédeas um homem, quando a ciência não lhe traz nenhuma resposta para o mal de existir. A natureza levou Woyzeck a urinar na rua. O médico deseja o pleno controle dos instintos, invectivando-o: "A natureza! [...]. O homem é um ser livre, Woyzeck, no homem a individualidade sublima-se na liberdade". Nesse domínio estóico dos impulsos o médico busca o vislumbre da transcendência, que nenhuma verdade exterior ao homem lhe trouxe.

É o capitão quem, sob o pretexto de que Woyzeck é bom, lhe conta que Maria e o Tambor-mor o traíram. Sua revelação tem requintes de sadismo: "Ainda não encontrou um cabelo de barba no seu prato de sopa?". Como Woyzeck não entende a alusão, ele insiste: "Bem, talvez na sopa, não; mas se você dobrar depressa a esquina, pode ser que ainda encontre o tal cabelo de barba num par de lábios!". Os outros completam a perseguição: Andrés, o amigo, seu companheiro do posto de guarda, indica-lhe que Maria e o Tambor-mor devem estar dançando. O cerco fecha-se sobre o protagonista. Também a morte é dispendiosa. Woyzeck, na loja do belchior, troca a pistola por uma faca. O vendedor diz-lhe: "O senhor pode querer a sua morte barata, mas não de graça". Catarina, com quem Woyzeck teria um relaxamento, após o crime, chama a atenção para o sangue denunciador que lhe mancha até a roupa. O sadismo existe ainda nas crianças que, alheias à tragédia, sentem já aquela curiosidade malsã de ver o cadáver de Maria. Um polícia, numa única fala, que sintetiza o coro de meirinhos, médico, juiz e gente em volta da morta, exclama: "Um bom crime, um crime e tanto, uma beleza de crime. Não se poderia desejar nada melhor. Há muito tempo não tínhamos um crime assim".

O pessimismo sem a menor esperança leva Büchner a marcar com o sofrimento toda a trajetória humana. A criança "tem a testa emperlada de suor", enquanto dorme. Woyzeck comenta: "Tudo é trabalho debaixo do sol, até dormindo se sua! Coitados de nós!". O calor do meio-dia, aliás, assimila todo o tempo a terra ao inferno (e, à noite, cometido o crime, Woyzeck diz que "a lua parece um ferro ensangüentado!"). Na barraca, o charlatão da feira glosa o problema animal-natureza, que leva o médico a reprovar o comportamento de Woyzeck. O cavalo porta-se de modo inconveniente, dando ensejo à tirada do charlatão:

> Como vêem, o bicho está ainda no estado natural, vive segundo as leis de uma natureza não idealizada! Sigam o seu exemplo. Perguntem ao médico se proceder de outro modo não é péssimo para a saúde! Em todos os tempos se disse: homem, segue a natureza! Es feito de areia, de pó, de lodo; pretendes ser algo mais do que areia, pó e lado?

Essa visão materialista já fora expressa numa réplica magistral do protagonista, em *A Morte de Danton:* "Não há esperança na morte. É, apenas, uma podridão mais simples, e a vida é outra, mais complexa e organizada – essa a única diferença!"

Büchner empenha-se em ir até o fim de sua demonstração didática. Quase no desfecho de *Woyzeck*, uma velha, que está sentada num banco, fazendo tricô (imagem da espera resignada da morte), transmite às crianças o significado da existência e da peça, à maneira de conto da carochinha: "Era uma vez...". E o herói da história é uma pobre criança, sem pai nem mãe, sozinha no mundo. Tudo havia morrido. A criança dirige-se à lua, e "viu que não passava de um pedaço de madeira podre". Experiências igualmente melancólicas são feitas com o sol e as estrelas. Quando a criança "quis voltar de novo à terra, a terra era uma panelinha emborcada. Vendo-se toda sozinha, sentou-se e pôs-se a chorar, e ainda está ali sentada e toda sozinha". Não há parábola mais precisa a respeito da solidão humana. Nesse niilismo estarrecedor, os céus não têm o que oferecer ao homem e a terra também não o alimenta (panelinha emborcada). Woyzeck é o adulto, que sofre na carne a experiência negativa. A verdade é ensinada pela vovozinha às crianças, mostrando-lhes o caminho que percorrerão. Ao assassinar Maria, Woyzeck está destruindo o mundo que lhe falhou irremediavelmente.

Cuidou Büchner de não fazer da peça um caso de triângulo amoroso, que lhe reduziria a dimensão trágica. Grande dramaturgo, contudo, ele fundou todas as indagações transcendentes em concretas bases humanas. E o fundamento da inevitabilidade final vem do adultério que se estabelece. Maria deve ter-se atraído, em Woyzek, pela bondade, essa bondade superior do homem que, descrendo das hierarquias, nada ambiciona. Vê-se, nas várias cenas, que Woyzeck presenteia à amante o seu soldo e todo o ganho extraordinário. O que lhe sobra é para levá-la à feira de diversões, onde encontraria o prazer de um mundo mágico, diverso da prosaica realidade cotidiana. No cenário múltiplo da peça, o que se mostra com mais freqüência ao espectador é o quarto de Maria. O colóquio dos dois sexos ainda consola o homem do abandono no mundo. Maria aparentemente é a criatura amoral, votada à natureza. Depois de se sentir, com o Tambor-mor, a mais ufana das mulheres, ela o repele, provocando-lhe a pergunta: "É o diabo quem olha através dos teus olhos?". Com a melancólica indiferença da deposição de armas, ela simplesmente replica: "Por mim... Tanto faz". Não há, nenhuma vez, menção a amor, por parte de qualquer dos protagonistas. Maria era a única posse de Woyzeck neste mundo. Ao vê-la com o Tambor-mor, exclama: "Agora é dele – como no começo foi minha" (ainda o problema da posse). Logo que o soldado tenta aprofundar o motivo da falha da amante, só lhe ocorre a verificação: "Todo homem é um abismo, fica-se tonto quando se olha dentro dele!". Esse abismo não comporta sentimento sólido e repete, em outras palavras, a incapacidade que tem Danton de dizer se acredita ou não em Júlia: "Sei lá! Pouco sabemos um do outro. Somos animais de pele grossa; estendemo-nos as mãos, mas é trabalho perdido: conseguimos apenas esfregar um no outro nosso couro de paquidermes. Somos seres solitários". Woyzeck parece abrir-se numa confidência ao amigo: "Era realmente uma rapariga única, Andrés". À pergunta "Quem?", Woyzeck só pode fechar-se: "Nada". Maria, cujo contentamento era o seu "pobre filho de rameira", folheia a Bíblia, ao lado de um idiota (a desrazão deixa-o alheio à tragédia), e pede a Deus ao menos a força de rezar. A impregnação cristã que marca o homem ocidental a faz desejar ungir os pés do Salvador, no momento em que adquire consciência da culpa. A idéia de pureza e impureza, nas cores simbólicas do cristianismo, acha-se na interpelação de Woyzeck ao seu cadáver: "Estavas preta de pecados, Maria, preta! Consegui fazer-te voltar a ser branca?". Ela havia preferido a morte a ser espancada e, quando Woyzeck a apunhála, purga-se de todos os males.

Woyzeck compõe-se de vinte e cinco cenas, que não guardam unidade de lugar nem de tempo. Não se deve pensar que o texto acabado modificaria a estrutura, porque ela é semelhante em A *Morte de Danton* e *Leonce e Lena*. Cada flagrante tem unidade interna, e, a propósito dessa técnica, certamente sugerida pela liberdade shakespeariana, pode-se pensar em certos preceitos da teoria épica de Brecht: tensão desde o início, as cenas justificam-se por si mesmas e os acontecimentos apresentam-se em curvas. A admirável arquitetura cênica se organiza, como em algumas obras de Brecht, pela justaposição de cenas aparentemente soltas. Os outros requisitos do *Organon* brechtiano, não observados ainda por Büchner, é que não conferem às suas peças o qualificativo de épicas. Distante embora da poética aristotélica, na multiplicidade de cenários e na quase biografia medieval do homem, o dramaturgo alemão conserva-se fiel, a nosso ver, ao princípio da tragédia, trazendo-a para o mundo moderno, o que importa em contaminá-la com inevitável grotesco. Esclarecendo esse ponto de vista, afirmaríamos de imediato que não há uma tragédia grega, com preceitos imutáveis, mas os três grandes trágicos apresentaram imagens bastante diversas do gênero, e cada um mesmo dentro de sua escassa obra preservada. O verdadeiro denominador comum entre Ésquilo, Sófocles e Eurípides estaria na relação do homem com a divindade, que ora o submete ao seu arbítrio, ora cede ao ímpeto humano de afirmar-se livre. A tragédia de Büchner tem um travo mais amargo: o despovoamento do céu levou o homem a deblaterar-se num mundo vazio, e o nada transformou-se no seu estigma fatal. Vem do vácuo o aniquilamento. Antes da catarse, porque

Woyzeck é o agente do próprio destino, ele procura "identificar-se", num "reconhecimento" claro e definitivo. Lê uma folha de papel: "Friedrich Johann Franz Woyzeck, soldado raso, fuzileiro no segundo regimento, segundo batalhão, quarta companhia, nascido a 25 de março, dia da Anunciação de Maria. Hoje, portanto, tenho trinta anos, sete meses e doze dias". E a cena se completa com o espírito irônico da tragédia: "...quando o marceneiro prepara as tábuas de um caixão de defunto, ninguém sabe quem será metido lá dentro".

Büchner justapõe flagrantes e se dispensa dos longos intróitos preparatórios. Um diálogo é captado no clímax. O atrito das personagens surge no momento decisivo, fustigando permanentemente os nervos do espectador. Abole-se a censura, e os indivíduos falam muitas vezes como se dessem largas ao seu delírio subconsciente. Essa explosão de cada criatura faz do diálogo uma ponte de incomunicabilidade, em que todos cumprem sem remédio sua caminhada solitária. Teatralmente, pinta-se uma vertigem, que será um dos ideais do expressionismo.

Se uma das maravilhas da feira de diversão "é um ser humano transformado em cavalo", outro fenômeno é um macaco amestrado, que toca a corneta. O charlatão narra outra parábola büchneriana aquela talvez que lhe permitiu sublimar a impotência de revolucionário frustrado: a salvação pela arte. O macaco, proverbial simulacro do homem, serve ao propósito, no alegórico discurso do charlatão: "Olhem para esse bicho. Tal como Deus o criou, o coitado não é nada, nada mesmo. Mas vejam, agora, de que foi capaz a arte!". A criação humana compensa o homem de ser incriado.

Admiramos muitas peças e muitas personagens. Reconhecemos intelectualmente a genialidade de muitas obras. A Woyzeck, ama-se, como a um semelhante. Sem ser profeta, pode-se imaginar que, no futuro, ele encarnará uma nova mitologia – a mitologia do nosso tempo.

A COMÉDIA DO NIILISMO*

Anatol Rosenfeld

Georg Büchner não tinha mais que 22 anos ao escrever *Leonce e Lena*, brincando com o encanto rococó desta comédia romântica. Como a graça mozartiana e a delicada melancolia desta peça parecem distantes das trevas trágicas de *A Morte de Danton* e *Woyzeck*. Não parece haver nenhuma relação entre o furioso desespero da novela *Lenz* e a fragrância coquete e afetada, a efervescente dança dos trocadilhos e o escárnio satírico desta comédia. No entanto, ao exame mais atento revelam-se as afinidades íntimas. Amarga é também a raiz desta peça, desta pequena obra-prima que traz a primavera na face e o inverno no coração, exatamente como Leonce, segundo a palavra de Lena.

Como Danton, Leonce é um *epicureu* esteticista. "Há só *epicureus*, sejam eles grosseiros ou finos", diz Danton. "Cristo foi o mais fino". E Leonce celebra o "fino epicurismo de poder chorar", o "gozo que decorre de certa vileza". Ainda o suicídio seria volúpia para o príncipe; com prazer quase maior saboreia o fim do amor a Roseta que o início do amor a Lena: "Um amor moribundo é mais belo que um amor que nasce [...]. Adio, adio, meu amor, amarei teu cadáver".

Leonce, tão jovem, amará o amor extinto, à semelhança de certos amorosos muito experientes que, mais que a amada, amam o amor à amada.

* Publicado em *Woyzeck e Leonce e Lena*, São Paulo, Brasiliense, 1968 e *O Teatro Moderno*, São Paulo, Perspectiva, 1977.

Já Hegel analisou este gozo *epicureu*, caracterizando-o como a atitude do Eu que se isola, foge ao contato com os valores substanciais do mundo e manda tudo para o inferno. Mais certo talvez seria dizer que o Eu se isola e se fecha languidamente no círculo do seu sentimentalismo festivamente saudoso, isto é, no círculo de sentimentos motivados por sentimentos, porque nenhum valor objetivo e sobreindividual o leva a atuar e sair de si. Nesta prática do virtuosismo sentimental perde-se toda relação com as coisas e com o mundo. Como no caso do próprio Epicuro, este epicurismo é a resposta do desengano em face de valores mais substanciais que os meramente hedonísticos; a resposta à derrocada dos ideais da Revolução Francesa (Danton) ou então, como no caso de Leonce-Büchner, a reação à miséria política da Alemanha de 1830 – miséria esboçada de um modo contundente, nesta comédia, na sátira do rei Pedro que laça um nó em seu lenço para se lembrar do povo ou na risada sobre os reinos de Pipi e Popo, tão miúdos que Leonce percorre a pé mais de uma dúzia deles num só dia.

Como no caso de Epicuro, cuja filosofia do sábio cuidando das flores e do queijo é conseqüência do ocaso da pólis ateniense, a reação é, também aqui, o isolamento do *idiotes*, do homem particular que deixa de fazer parte da cidade e do mundo. Não admira que a solidão, tão característica das outras obras, seja também um dos temas centrais da comédia. Se Lena compara a lua a uma criança adormecida, a uma pobre criança "triste, morta e tão sozinha", estas palavras antecipam, quase ao pé da letra, as do sombrio conto de carochinha narrado pela velha de *Woyzeck*.

Acrobata dos sentimentos e da reflexão sobre si mesmo, Leonce vive mergulhado no seu narcisismo letárgico. O resultado deste esteticismo voluptuoso e *blasé* é o esvaziamento do mundo e do tempo, pressuposto que este vazio não seja, ao contrário, a causa. O jovem príncipe é, de fato, um descendente mais melancólico de Júlio, herói romântico do pequeno romance *Lucinde*, de Friedrich Schlegel. Júlio já dissera: "Eu não só gozava, mas saboreava e gozava o gozo" – expressão da subjetividade esvaziada para quem o mundo e a humanidade se dissolvem em fornecedores de prazeres. A manifestação deste vazio é o tédio terrível de Leonce e Danton, de Lenz e do Capitão que pede a Woyzeck que lhe raspe a barba mais devagar – "O que vou fazer com os dez minutos que você ganhou terminando mais cedo?" "Está grassando um ócio terrível" – diz Leonce – "O que as pessoas não fazem por causa do tédio! Estudam por tédio, rezam por tédio, enamoram-se, casam-se e multiplicam-se por tédio e, ao fim, acabam morrendo de tédio".

Isso corresponde exatamente a Lenz dizendo em chave mais desesperada: "Veja, o tédio, o tédio! Oh, tão tedioso! Não sei mais o que dizer; já desenhei uma série de figuras na parede".

E depois "a maioria reza por tédio, os outros enamoram-se por tédio, outros ainda são virtuosos, outros viciados e eu não sou nada, nada; nem sequer quero dar cabo de mim – isso é demasiado enfadonho!" E ainda: "O mundo [...] tinha (para Lenz) uma fenda enorme; não sentia ódio, nem amor, nem esperança – um terrível vazio [...]. Não lhe sobrava *nada*" (o grifo é do original).

Com grande acuidade Büchner liga o tédio ao vazio e ao nada – ao niilismo, portanto. Não é aqui o lugar para traçar a história moderna do tédio niilista. Ele se esboça tenuemente no romantismo, aflorando de leve ao *Weltschmerz*, na "dor do mundo" ou no *mal du siècle*, do qual a figura fictícia de Leonce é representante tão legítima como os Byron, Leopardi, Musset, Heine. É, contudo, surpreendente a lucidez com que Büchner, enquanto as suas personagens exprimem de um modo cortante este enfado que transforma tudo em cinza, consegue analisar-lhe ao mesmo tempo o fundo. Depois de Büchner os representantes e analistas do tédio se multiplicarão de Baudelaire a Tchékhov, de Thomas Mann (*Montanha Mágica*) à náusea de Sartre e a *noia* de Morávia que a define precisamente como perda de relação com as coisas, ao ponto de o mundo desorganizar-se e se tornar absurdo. Schopenhauer, para quem o tédio é uma das conseqüências imediatas da sua filosofia niilista, anota: "faltando objetivos e aspirações, ficamos relegados à própria nudez da existência e esta se revela no seu absoluto nada e vácuo" e também Kierkegaard deriva o tédio do "pecado capital de não se querer nada profunda e autenticamente". Leonce, ao ver Valério correr. exclama: "Se eu soubesse algo debaixo do sol que ainda pudesse fazer-me correr".

Tanto Danton como Lenz perderam a fé nos valores que se lhes afiguravam supremos – Danton a fé revolucionária e Lenz a fé religiosa; o céu vazio lhe esvaziou o mundo. Leonce, evidentemente, é descrente; não acredita nem sequer no diabo. Este existe só "por causa do contraste para sermos forçados a compreender que há algo de verdadeiro no tocante ao céu". É, de resto, característico que a única personagem importante de Büchner, que não sofre deste fastio, é Woyzeck, o proletário, embora mostre, no seu sentimento do mundo, fortes sintomas de angústia e alienação: o chão debaixo dos pés lhe parece oco e o mundo se lhe afigura morto. Como Morávia, Büchner tende a atribuir o "enfado metafísico" somente às classes superiores. Numa carta a Gutzkow (1836) escreve:

Para que fim deve existir entre o céu e a terra uma coisa como esta (a "minoria culta e abastada", a "sociedade moderna?"). Toda a vida da mesma só consiste em tentativas de vencer o mais hediondo tédio. Que ela definhe, isto é a única coisa nova que ainda pode experimentar.

Evidentemente, não podemos transferir, sem mais nada, a temática e os problemas de uma obra fictícia para o nível biográfico do autor, mesmo quando a sua correspondência parece confirmar a experiência real dos problemas abordados na ficção. Entre o autor e a obra medeia um complexo processo de elaboração imaginativa que assegura à obra ampla autonomia em face da experiência real do criador. Entretanto, não há dúvida de que o problema fundamental do jovem dramaturgo decorre do trauma que lhe causou a falência do idealismo, posto em xeque pelo surto fundamentalmente materialista e mecanicista das ciências naturais de então. Enquanto adolescente, Büchner ainda fora educado nos moldes da concepção idealista, manifesta na filosofia desde Kant a Hegel e na literatura clássica e romântica alemã de 1770 a 1830 (a derrocada do idealismo iniciou-se com a morte de Goethe e Hegel por volta de 1830). Em trabalhos escolares Büchner ainda exalta a liberdade e dignidade humanas, bem segundo conceitos de Kant e Schiller. De repente o jovem estudante das ciências naturais e da fisiologia acredita ter de convencer-se da precariedade das concepções idealistas. E vê-se diante do nada, diante do naufrágio de todos os valores em que acreditara. Não só como fisiologista, também como estudioso da fisiologia, Büchner se preocupou apaixonadamente com o problema do determinismo, quer biológico, quer histórico. Essa preocupação manifesta-se tanto nas suas preleções de docente universitário em Zurique como nas suas cartas e obras.

A imagem nova, extremamente pessimista, do homem, agora reduzido a ente determinado por forças exteriores à sua consciência e vontade, certamente se relaciona também com suas experiências de revolucionário fracassado. No vácuo que nele se estabelece já não acredita em qualquer possibilidade de uma ação útil por parte de minorias intelectuais. São as condições exteriores que terão de amadurecer. "A relação entre os pobres e os ricos é o único fator revolucionário no mundo", escreve numa carta. Mas não tem mais fé na ação das massas (não poucos dos camponeses a quem se distribuíram os folhetos combativos de Büchner entregaram os mesmos às autoridades). "Uma galinha na panela de cada camponês faz definhar o galo gaulês". Há só duas alavancas para mover as massas: "a miséria material e o fanatismo religioso".

Se as camadas dominantes lhe inspiram nojo, o povo de modo

algum lhe parece digno de exaltação, embora negue com veemência que o despreza. É sobretudo piedade que sente ante a terrível miséria do povo.

Entende-se a partir deste duplo desengano que a imagem do homem se lhe desfaz e corrompe. O homem torna-se um ser grotesco que lhe provoca apenas riso.

É verdade (escreve a seus pais em 1834), eu rio com freqüência, mas não me rio *da maneira de como* alguém é homem e sim apenas *do fato de que* é homem, pelo que não tem culpa nenhuma – e nisso rio de mim mesmo, visto participar do destino dele (os grifos são do original).

Danton, pouco depois, dirá:

Não compreendo por que as pessoas na rua não param dando risadas uma na cara da outra. Creio que deveriam soltar gargalhadas pelas janelas e pelos túmulos afora, o céu deveria arrebentar-se e a terra revolver-se de tanto rir.

É esse niilismo que é a raiz de *Leonce e Lena*. É bem característica a epígrafe anteposta ao primeiro ato da peça: "Oh! Se eu fosse um bobo!". O palhaço é o homem que, por assim dizer por profissão, poderia repetir a palavra de Danton: "Não queira de mim uma atitude séria".

Tal atitude encontra sua expressão irônico-trágica na interpretação da existência humana como comédia grotesca. O homem, determinado por fatores exteriores a ele, é marionete, bem segundo a exclamação de Danton: "Somos bonecos, puxados no fio por poderes desconhecidos".

É exatamente isso que se verifica com o príncipe Leonce e a princesa Lena. Ambos abandonam os seus respectivos reinos a fim de resistir, como seres livres, à razão de Estado que os quer atrelar aos projetos matrimoniais oficiais, sem que os noivos ao menos se conheçam. Sem saberem da sua identidade, os dois se encontram e apaixonam. Leonce leva a desconhecida de volta ao palácio paterno, decidido a casar-se com ela. Só então se verifica que cada um escolheu livremente com quem deveria ter casado de qualquer modo segundo os projetos dinásticos. A vontade livre apenas serviu para livremente escolher o destino predeterminado. O escárnio à liberdade do idealismo é retomado, de forma rude e quase indecente, na grande cena do rei vestindo as calças: "Alto lá! Ui! A vontade aí na frente está completamente aberta!"

A tal redução do homem a títere correspondem os pormenores: Leonce se chama a si mesmo boneco e a cena dos "autômatos mundialmente famosos" varia o tema fundamental. Esse teor grotesco, visando à redução do ser humano a planos inferiores do ser, ao animal ou ao mero objeto, explode ainda na linguagem metafórica: os narizes se transformam em trombas ou focinhos de porco, os dentes em presas de animais, as covinhas em fossas que canalizam o riso, a cabeça em salão de baile vazio etc. A própria identidade da pessoa se dissolve quando Valério tira, lentamente, uma máscara após outra da sua face. O automatismo se repete na disparada saltitante dos trocadilhos, cuja manipulação desenfreada como que reflete, no absurdo da língua, o mundo absurdo, o mundo em que "as categorias estão na mais vergonhosa confusão", segundo a expressão do rei de Popo.

Algo desse niilismo já está presente na ironia ilimitada dos românticos alemães; mas a fonte dessa ironia é a liberdade infinita do espírito, mantida como valor supremo. Como últimas linhas de retirada restaram aos românticos sempre os valores da arte e da religião. Entretanto, nenhum desses valores resiste a Leonce. No 1º ato, Valério e o príncipe passam em revista os valores da ciência, da ação heróica, da poesia, da pacata vida burguesa e todos são negados, entrando nesta queima de valores ao fim também a religião. No que se refere à marionete, sem dúvida já foi grande tema dos românticos, sobretudo de E. T. A. Hoffmann. Mas na sua obra ela surge como criação de forças demoníacas em luta com forças de bem, no âmbito de um mundo mítico que afirma valores. O títere não é ainda, como na obra de Büchner, expressão do "horrendo fatalismo da história" ou de outras determinações que transformam o homem em joguete.

Contudo, dirão, Leonce se salva pelo amor. Mas este *happy end* é uma paródia aos românticos contos de amor e de fadas. Com efeito, esta comédia é uma única paródia ao "romantismo dos tenentes". Todo o encanto poético das falas dos namorados, neutralizado e distanciado pelo rude realismo do tradicional criado Valério, revela-se intimamente suspeito. Büchner usa algo do processo com que Heine venceu em si mesmo os últimos resquícios do romantismo. A maravilha dessa comédia é a arte com que Büchner consegue mobilizar, principalmente através de Lena, princesa de puro estofo romântico, ainda não tocada pela corrupção do niilismo, todo o lirismo melodioso, toda a sedução melancólica, toda a graça lúdica do romantismo enquanto ao mesmo tempo o desmascara e, destruindo-o, lhe acrescenta uma nova dimensão além dele mesmo. Com raro equilíbrio consegue conduzir os seus bonecos, fazendo com que executem, na corda bamba dos trocadilhos e dos arabescos do diálogo, por sobre o vazio de um mundo oco, a sua coreografia elegante e crepuscular.

Brincando com o niilismo, Büchner parece negar a própria negação – como se não quisesse levar a sério o seu Danton que pretende não levar nada a sério. Não há sátira – e a peça é entre outras coisas uma grande sátira ao estado político da Alemanha de então – que não parta de afirmações positivas. Certo ou errado, ao dirigir-se, nesta comédia insólita, contra o idealismo filosófico – veja-se o rei Pedro debatendo-se comicamente com os conceitos em revolta – Büchner afirma uma posição; a posição de um realismo que está além do nada no momento mesmo em que parece exaltar, na cena final, a gostosa indolência dos "relógios quebrados". Se não bastasse a ironia do Deus que distribui macarrão, melões e figos, viria como reforço à epígrafe da peça em que ao idealismo da glória póstuma se opõe o realismo da fome atual, colocando entre aspas toda a peça com seu jogo requintado e seu ar cansado e decadente de um *fin du siècle* antecipado.

EXCELENTE ESPETÁCULO PARA SE VER DE PÉ*

Otávio Frias Filho

Se você detesta desconforto, talvez não deva ver esta peça. Não há literalmente lugar para os espectadores ficarem e eles são desalojados continuamente, conforme as cenas se deslocam por um galpão vazio do Sesc Pompéia, a antiga fábrica transformada em centro cultural na zona oeste de São Paulo. Torres de metal e pequenos palcos funcionam como praticáveis para sustentar as andanças do enredo, no meio do público, através deste conto de fadas, ao mesmo tempo lírico e satírico, de Georg Büchner. Mas em nome do conforto você pode estar perdendo um dos melhores espetáculos teatrais do ano.

Este é um dos poucos casos em que uma montagem que se pretende inovadora não resulta patética. Todos os recursos usados para adaptar o texto à sensibilidade atual, como a abertura da peça ao som de um clássico do grupo de rock The Doors, parecem diretamente comandados pelo que supomos fossem as intenções do autor. O texto foi mantido praticamente intacto, inclusive os versos cantados nesta montagem ao som de uma banda de rock que atua ao vivo.

Os recursos da atualidade são colocados à disposição da obra clássica, em vez do procedimento habitualmente inverso, e ninguém é importunado com os problemas filosóficos ou existenciais das ence-

* Publicado na "Ilustrada" da *Folha de S. Paulo*, em 10.11.1987.

nadores. O grupo A Barca de Dionisios, formado em 1986, é escrupuloso e sabe o que faz. O público não se sente engambelado e apesar do incômodo das andanças sem ter onde sentar, sai cumprimentando os atores.

Elenco Homogêneo

Outra coisa rara, os atores são bons e homogêneos. Escolheram um texto que exige o convívio de interpretações poéticas e cômicas, o que eles fazem com competência. O enredo tem uma vocação cinematográfica – uma sucessão de cenas curtas, ambientadas em lugares diferentes e separadas por muitos cortes – bem explorada pela direção, que num lance temário aboliu a separação entre palco e platéia para conseguir, afinal, entregar a cada espectador o ponto de vista de uma câmera. O espetáculo, de duas horas, é vivo e coerente.

Büchner se presta bem à sensibilidade moderna. Embora morto aos 24 anos (de tifo) e com uma obra composta por apenas dois dramas, duas novelas curtas e esta comédia, ele é considerado o inspirador da dramaturgia social, do teatro político e do teatro absurdo. Exerceu influência visível sobre grandes dramaturgos do nosso século, como o irlandês Bernard Shaw e o alemão Bertolt Brecht. Em Büchner se combinam uma vontade, política e romântica, de revolucionar as estruturas da sociedade e um intenso pessimismo com relação à impotência dos homens, reduzidos à condição de marionetes pela ordem industrial. Esse paradoxo se expande às vezes para a reflexão existencial, como em *Danton*, sua peça mais conhecida. Outras vezes ele segue na direção contrária, transtornando a própria linguagem que vira uma seqüência inescapável de jogos de palavras.

Como seu ancestral dramático Hamlet, o herói Leonce é um príncipe que tenta espantar o tédio da inação com gosto pelos jogos de palavras. Destinado a se casar com a princesa Lena, que não conhece, ele foge com seu amigo Valério (cujo ancestral bem poderia ser Mercúrio, o amigo de Romeu). Mas a mesma idéia ocorre à princesa e os dois se conhecem na Itália, onde se apaixonam. Voltam e para poderem se casar se disfarçam de "dois autômatos mundialmente famosos", uma alusão evidente à maquinização industrial do homem. Só quando tiram as máscaras, já casados, é que eles percebem que o acaso tinha cumprido a determinação social da qual fugiram.

Primeiro sem saber onde ficar e depois esgueirando-se pelo galpão enquanto a cena se move rapidamente de um canto para outro, o público logo entende a lógica do espetáculo e parece se sentir recompensado. Este *Leonce e Lena* é suficientemente bom para se dar ao luxo de exigir sacrifícios da platéia.

GEORG BÜCHNER E A MODERNIDADE EXTEMPORÂNEA*

Irene Aron

Domingo, 19 de fevereiro de 1837. Na ruela de nome Spiegelasse nº 12, em Zurique, por volta das quatro horas da tarde, morre Georg Büchner, "aos 23 anos, quatro meses e dois dias", parodiando uma frase famosa do drama *Woyzeck*. Alguns dos cidadãos mais respeitáveis da cidade prestam as derradeiras homenagens ao jovem médico e cientista. Não sabem que acompanham o féretro do precursor do teatro moderno, tampouco têm conhecimento de que aquele professor de medicina da Universidade de Zurique é o autor do panfleto revolucionário *O Mensageiro Rural de Essen* e do fragmento em prosa *Lenz*. Apenas alguns dos alunos ali presentes poderiam imaginar que seu professor estaria prestes a revolucionar também a sua disciplina, a anatomia: somente poucos anos antes, o mestre de Büchner em Giessen, Professor Wilbrand, contestara até mesmo a existência da circulação sangüínea. Büchner, ao contrário, em seus estudos científicos também dera importância à autópsia, à dissecação da realidade, tanto quanto o fizera na arte, como afirma a personagem Camille Desmoulins, no drama *A Morte de Danton*, conclamando a que se ponham as pessoas do teatro nas ruas, concluindo, "ah, a lamentável realidade!"[1]. Também

---

* Publicado em *Fundadores da Modernidade na Literatura Alemã*, Anais da VII Semana de Literatura Alemã, São Paulo, FFLCH-USP, 1994, pp. 47-56.
1. G. Büchner, *A Morte de Danton*, Ato II, Cena 3. Tradução de Irene Aron em I. Chiampi (org.), *Fundadores da Modernidade*, São Paulo, Ática, 1991, p. 49.

o fragmento em prosa, *Lenz*, igualmente despertou bem mais tarde a atenção de cientistas, por demonstrar de maneira precisa todos os sintomas de uma patologia que somente sessenta anos depois viria a ser conhecida como a esquizofrenia.

Passados 167 anos de sua morte, hoje em dia Büchner é considerado um "clássico", ao lado de Sófocles e Shakespeare. No entanto, apenas o centenário de nascimento do autor, em 1913, marcara na Alemanha sua descoberta definitiva para a literatura e para os palcos alemães, desencadeando um processo crescente e ininterrupto de aceitação e emulação provocado por sua obra.

Esses dados nos fazem refletir sobre os motivos que levam um autor alemão, precocemente falecido em 1837, antes de completar 24 anos de idade, e que não gozou junto ao seu público contemporâneo de nenhuma acolhida, a ser descoberto em seu pais de origem, e, além disso, a ser lido, pesquisado e encenado também fora da Alemanha. Pode-se responder a esta indagação a partir da estética da recepção, desenvolvida por Hans Robert Jauss, segundo a qual uma obra literária não é um objeto independente que proporcione a mesma experiência ao público de todas as épocas[2]. A recepção de uma obra literária configura-se na medida em que responde a determinações da experiência da vida diária; ou seja, uma obra literária, mesmo que tenha sido produzida num momento passado, pode recriar o conteúdo de uma experiência que, embora já tenha ocorrido na literatura, corresponde à expectativa da época histórica atual.

Críticos e pesquisadores da literatura alemã reconhecem e enfatizam a extrema importância de Büchner para a literatura contemporânea. Seu nome liga-se ao início da moderna literatura alemã, como precursor, principalmente, da dramaturgia moderna. Büchner, ao morrer no exílio em Zurique, não encontrou por parte de seus contemporâneos nenhuma aceitação, pois sua obra inclui-se inegavelmente entre aquelas que, segundo Jauss, "no momento de seu aparecimento não podem ser relacionadas a nenhum público específico e, pelo contrário, rompem totalmente o horizonte familiar da expectativa literária, de tal forma que seu público só pode surgir com o tempo"[3]. De fato, transcorreram-se várias gerações após sua morte em 1837 antes que, na época do expressionismo alemão, ocor-

---

2. H. B. Jauss, "Literaturgeschichte als Provokation der Literaturvvissenschaft". *Literaturgeschichte als Provokation*, Frankfurt/M: Suhrkamp, 1974, pp. 144-207.

3. *Idem, ibidem*.

resse a redescoberta definitiva de Büchner e a compreensão das inovações propostas por sua obra.

Georg Büchner constitui, por esse fato, um fenômeno peculiar na história da literatura alemã. Na época de seu nascimento, em Goddelau, perto de Darmstadt, Grão-ducado de Essen, a Alemanha atravessava um período de transição social e política. As idéias liberais da Revolução Francesa haviam possibilitado a ascensão de uma burguesia nacionalista nos Estados alemães. Esse processo de emancipação foi, contudo, bruscamente interrompido pelo fortalecimento do poder monárquico conservador, provocado pelas vitórias contra as forças napoleônicas em solo alemão. Justamente por ocasião do nascimento de Büchner a 17 de outubro de 1813, Napoleão sofrera em Leipzig uma derrota decisiva.

Esta fase de transição entre o poder conservador e o moderno liberalismo de cunho nacionalista perdura durante toda a primeira metade do século XIX. Em 1848, ocorre a repressão das novas idéias de influência francesa, quando malogra na Alemanha a revolução nacional e liberal, tal como tinham fracassado, por volta de 1830, outras tentativas de transformação política e social. Como reflexo do momento político, a burguesia alemã, depois de 1830, vai sendo dominada por um sentimento de apatia e insegurança. A Alemanha começa a deixar de ser um país eminentemente agrícola, e, às portas da era industrial, principia a ser notada a força emergente do proletariado. As classes pobres do campo e das cidades tornam ainda mais marcantes as transformações que estão por acontecer.

Sob o signo da transição entre o ontem e o amanhã, situam-se a vida e a obra de Georg Büchner que captou como nenhum outro entre seus contemporâneos os problemas da época em que viveu, refletindo sobre eles de maneira crítica. A preocupação com os problemas políticos e a situação social dos camponeses da região de Essen levam o autor a fundar em 1834, já estudante de medicina, a Sociedade dos Direitos do Homem, nos moldes de uma sociedade similar a que pertencera em Estrasburgo anos antes. Sob a égide dessa sociedade e com a colaboração de outro companheiro, Büchner escreve o panfleto revolucionário, *O Mensageiro Rural de Essen*, sua primeira incursão pelas letras alemãs. A autoria do panfleto, no qual incita os camponeses a reividicarem melhores condições de vida sob o lema "Paz às choupanas! Guerra aos palácios!" e, principalmente, o radicalismo das idéias políticas ali expostas, fazem com que Büchner seja considerado precursor de um socialismo muito anterior às teorias marxistas. A primeira tiragem do panfleto, de março de 1834, não obtém nenhuma repercussão junto ao público a que se dirigia. Ao contrário, provocou apenas uma reação significativa somente junto àqueles aos quais não se destinava: junto às autoridades do Estado[4]. Uma segunda impressão e distribuição, em novembro do mesmo ano, igualmente fracassa em seus objetivos. Como conseqüência de seu envolvimento político, o revolucionário Georg Büchner, perseguido pelas autoridades, refugia-se primeiramente na casa paterna em Darmstadt, e, no ano seguinte, em Estrasburgo. Apesar do grande interesse que lhe despertou a política, a realização verdadeiramente revolucionária do revolucionário Büchner efetivar-se-ia na realidade através da criação literária, tão logo se conscientizasse deste chamamento da literatura, para a qual canalizou sua experiência relativa ao momento político que vivenciou.

Seu primeiro drama, *A Morte de Danton*, de 1835, a única obra publicada em vida, foi escrito sob condições bastante peculiares, decorrentes, conforme dissemos, da perseguição e conseqüente fuga para Darmstadt, causada pela suspeita policial que despertou com a elaboração e distribuição do panfleto político, antes da viagem forçada para o exílio. À exceção de algumas críticas favoráveis, principalmente de autoria de Gutzkow, que intermediou a publicação do drama, a obra não obteve ressonância junto ao público. Nem mesmo as modificações no texto feitas pelo editor Sauerländer, acrescentando à peça o subtítulo: "Quadros Dramáticos da Época do Terror na França", visando a contornar a ousadia do drama, levaram à sua aceitação. Justificando-se perante a família, por inevitáveis incompreensões geradas pelo texto ousado, Büchner em carta de 28 de julho de 1835, que se constitui num legado estético do autor, declara o seguinte:

> A respeito de meu drama, devo dizer algumas palavras: primeiramente há que observar que a permissão de ali se fazerem algumas alterações foi usada ao extremo. Praticamente em todas as páginas algo foi omitido, acrescentado, e, quase sempre, prejudicando o todo. Algumas vezes, o sentido foi totalmente alterado, ou até completamente eliminado, e, em seu lugar [surge] um absurdo quase chão. Além disto, proliferam no livro os mais execráveis erros de impressão. Não me haviam enviado provas tipográficas. O título é de mau gosto, e meu nome foi citado, o que fôra expressamente proibido; aliás, o nome não aparece na capa de meu manuscrito. Fora isto, o revisor colocou-me nos lábios algumas vulgaridades que jamais teria pronunciado em minha vida. Li as brilhantes críticas de Gutzkow, e nisto percebi que não possuo nenhuma inclinação à vaidade. No que diz respeito à chamada imoralidade de meu livro, tenho o seguinte a responder: o poeta dramático, a meu ver, nada mais é que um

---

4. V. Klotz, *Dramaturgie des Publikums*, Munique, Hanser, 1976, p. 89.

cronista da história, situa-se, porém, *acima* deste pelo fato de nos criar a história pela segunda vez e, em vez de nos oferecer uma narrativa seca, transporta-nos imediatamente para a vida de uma época e, em vez de características, proporciona-nos caracteres, em vez de descrições, personagens. Sua tarefa máxima é chegar o mais próximo possível da história, tal qual ela realmente se desenrolou. Seu livro não deve ser mais *moral* nem mais *imoral* do que a *própria história*; a história, no entanto, não foi criada pelo bom Deus como uma leitura para jovens donzelas, e não posso ser levado a mal se meu drama tampouco é apropriado para tanto. Não posso fazer de um Danton e dos bandidos da Revolução heróis de virtude! Se quis descrever sua devassidão, tive então de fazê-los devassos, se quis mostrar seu ateísmo, então era preciso fazê-los falar como ateístas. Se ocorrem algumas expressões indecentes, que se pense na conhecida linguagem obscena daquela época, sendo aquilo que ponho nos lábios de meus personagens apenas uma suave amostra Poderiam ainda acusar-me de ter-me utilizado de tal assunto. Mas tal reparo já caiu por terra. Se fosse mantido, neste caso as obras mais significativas da poesia seriam rejeitadas. O poeta não é professor de moral, ele inventa e cria personagens, revivifica épocas passadas, e os outros que possam então aprender através disto, bem como através do estudo da história e da observação daquilo que acontece na vida humana ao seu redor. Se *assim* não o fosse, não se deveria estudar história, pois ali são narradas muitas coisas imorais, seria preciso andar pelas ruas de olhos vendados, caso contrário se veriam indecências, e clamar a Deus por ter criado um mundo onde tanta devassidão ocorre. Se, além disto, ainda quisessem dizer-me que o poeta não pode mostrar o mundo como é, e sim como deveria ser) respondo que não pretendo fazê-lo melhor que o bom Deus que certamente fez o mundo como deve ser. No que se refere aos assim chamados poetas do Ideal, penso que não mostraram quase nada além de marionetes com narizes azuis-celestes e *pathos* afetado, e não homens de carne e osso, cujo sofrimento e alegria me fazem simpatizar com eles e cujos atos e ações me provocam aversão ou admiração. Numa palavra, tenho muita consideração por Goethe ou Shakespeare, mas muito pouca por Schiller[5].

O público não estava preparado para aceitar as propostas inovadoras de Büchner, acostumado que estava aos dramas dos clássicos alemães e às comédias em estilo *biedemeier* da época. É preciso lembrar que quando da publicação do drama, em 1835, Goethe havia morrido há apenas três anos, e seus dramas, ao lado dos grandes sucessos nacionais de Schiller, falecido em 1805, influenciavam poderosamente o gosto do público, que tanto política quanto esteticamente não estava à altura das exigências que o texto lhes fazia. Ou seja: os acontecimentos da Revolução Francesa faziam parte de um passado bastante recente e ainda vivo e seus ideais

---

5. G. Büchner, "Carta à Família, Estrasburgo, 28 de julho" de 1835. Tradução de Irene Aron, em *Fundadores da Modernidade, op. cit.*, pp. 47-48 (grifo do autor).

tinham sido novamente relembrados e proclamados durante a revolução de 1830. Assim, evidentemente, aqueles "quadros dramáticos da época do Terror na França" continuavam a causar temor e representavam uma ameaça ao público burguês, preocupado em preservar sua segurança e garantir seu patrimônio econômico. Estes "quadros" somente poderiam provocar como reação por parte do público estranhamento e incompreensão, também pelo fato de a peça violar de tal maneira a concepção da dramaturgia clássica que tinha poucas possibilidades de ser bem acolhida. Mais uma vez, é Büchner que fala através da voz de Camille, criticando as formas rígidas do drama tradicional, calcadas nos clássicos alemães, que se reproduziam com plena aprovação do público:

> Eu vos digo, se eles não recebem tudo em cópias de madeira, espalhadas pelos teatros, concertos e exposições de arte, então não têm olhos nem ouvidos para tudo isto. Se alguém talha uma marionete, da qual se vêem os fios pelos quais é manipulada, e cujas articulações estalam a cada passo em versos jâmbicos, que caráter, que coerência! Se alguém pega um pequeno sentimento, um provérbio, um conceito e veste-lhe calça e paletó, coloca-lhe pés e mãos, pinta-lhe o rosto e deixa a coisa atormentar-se durante três atos, até que finalmente se case ou se mate – um ideal! Se alguém executa uma ópera ao violino que reproduza os altos e baixos da sensibilidade humana, como um cachimbo d'água imita o rouxinol – ah, a arte!
>
> Ponde as pessoas dos teatros na rua: ah, a lamentável realidade! Esquecem-se de seu Deus em favor de um mau copista. Da natureza que renasce a cada instante neles e em torno deles, ardente, impetuosa e resplandecente, nada ouvem e nada vêem. Vão ao teatro, lêem poemas e romances imitam em seus rostos as caretas que ali aparecem e dizem às criaturas de Deus: que banal![6]

A forma do drama büchneriano constitui, pois, um contraste em relação às formas tradicionais do drama da época, e é justamente nesta oposição que se situa sua modernidade, pois "o novo só se destaca do pano de fundo do já feito"[7]. Definindo modernidade como "modo de percepção do histórico", esta evidencia-se pela visão crítica que Büchner teve de seu tempo. Nesse sentido, é conveniente reiterar que o estudante de medicina e revolucionário social perseguido pelas autoridades percebeu, de maneira lúcida, o princípio da era industrial e o conseqüente domínio da técnica que leva à impotência e à automatização do ser humano e, necessariamente, à dissolução de padrões morais, religiosos e estéticos do classicismo alemão. A percepção das transformações que ocorriam à sua volta

---

6. Ver nota 1.
7. A. Rosenfeld, *Texto/Contexto*, São Paulo, Perspectiva, 1969, p. 45.

revela-se sobretudo em sua crítica à filosofia e à moral do idealismo alemão, representado particularmente pela obra e pensamento de Schiller, em sua época clássica, conforme o texto da carta citada. É, pois, em *A Morte de Danton* que Büchner torna patente a necessidade de ruptura de cânones estéticos vigentes, para comunicar que seu tempo faz a sua própria exigência em relação ao drama. Ou seja, para expressar as transições sociais e políticas de sua época, Büchner não lança mão da forma dramática tradicional, fechada. Dentro do processo de busca da inovação que pode negar, superar ou imitar aquilo que se estabelece como sendo sua oposição, ou seja, não-moderno, é importante mencionar que Büchner reatualiza uma forma dramática cuja tradição remonta à Idade Média européia, e que tinha sido retomada ainda recentemente no drama do *Sturm und Drang*. A forma nova denomina-se aberta, atectônica, não-aristotélica ou épica, em contraposição à tradicional, fechada, tectônica, clássica ou aristotélica. Em outras palavras, os conflitos da realidade social aparecem no drama de Büchner como informação, como parte integrante de sua forma, e, neste caso, a forma tradicional, fechada, representaria desinformação, retrocesso.

Por exceder igualmente ao "horizonte familiar da expectativa literária", certamente o drama *Woyzeck* teria da mesma forma sido rejeitado pelo público contemporâneo de Büchner, caso tivesse sido editado na época de sua elaboração, em 1836. A mesma barreira de incompreensão encontraram a comédia *Leonce e Lena* e o fragmento em prosa *Lenz*, de 1836. *Leonce e Lena* foi publicado parcialmente na revista de Gutzkow, *Telegraph für Deutschland*, de maio de 1838, *Lenz*, no ano seguinte, na mesma revista. A edição organizada por Ludwig Büchner, em 1850, incluindo toda a obra do irmão, exceto o *Woyzeck*, não obteve sucesso pelas mesmas razões. Acresce o fato de que a época que sucedeu à malograda revolução de 1848, em que os ideais liberais tinham sido definitivamente derrotados, não mais se interessava por dramas históricos. Decididamente, a hora de Büchner, sem ter jamais chegado, já tinha passado. Ou seja: moderno para sua época, mas incompreendido por ela, Büchner já se tornara antigo e esquecido.

Passaram-se várias gerações, até que, em 1879, Karl Emil Franzos editasse em Frankfurt as obras completas de Büchner, incluindo pela primeira vez o *Woyzeck*. Atravessava então a Alemanha uma fase de transição, de conturbação social e política, semelhante por esse aspecto à vivenciada por Büchner em 1830, culminando as grandes transformações políticas no fim do século XIX na deflagração da Primeira Guerra Mundial. Se, de um lado, a sociedade alemã neste fim de século começa a viver o esplendor econômico da era industrial, de outro, o proletariado emergente mostrava-se como uma classe bastante militante. A obra de Büchner, principalmente o drama da revolução, *A Morte de Danton*, e o panfleto político, *O Mensageiro Rural de Essen*, passa a ser bastante difundida junto a círculos de intelectuais e junto às lideranças de um operariado de tendências revolucionárias. Sugestivamente, portanto, quando os ideais de reformulação política se concretizaram na Alemanha, em 1871, também a obra de Büchner começou a receber maior aceitação, comprovada pela publicação de Franzos, de 1879. Até mesmo a concepção büchneriana do carrossel do mundo passou a determinar a introdução de novas técnicas de encenação nos teatros alemães, possibilitando rápida mudança das cenas, que deveriam suceder-se num constante girar, sobre um palco desprovido de cenários ostentativos e permanente aberto. Tais técnicas, introduzidas na Alemanha nas primeiras décadas do século passado por diretores como Leopold Jessner e Max Reinhardt, marcam o teatro até os nossos dias. A influência de Büchner sobre autores contemporâneos inicia-se, portanto, a partir dessa época. Do naturalismo em diante e, mais especificamente do expressionismo, desenvolve-se um processo ininterrupto de recepção da obra büchneriana que se faz sentir sobremaneira no panorama literário e cultural da Alemanha. Bastaria citarmos apenas alguns nomes da literatura alemã dessa época, como Gerhart Hauptmann, Frank Wedekind e Bertolt Brecht, que, principalmente em seus primeiros dramas, sofreram marcada influência de Büchner. Alban Berg, por exemplo, também baseou-se no texto de Büchner ao compor a ópera *Wozzeck*, estreada em Viena, em 1925.

Portanto, a história da influência de Büchner pode somente ser detectada a partir do fim do século XIX, ou mais precisamente, das primeiras décadas do século XX. É, portanto, a época da *Moderne* alemã que vai ao encontro da modernidade de Büchner. Contudo, sua obra, expressão – em forma e linguagem novas para a época em que nasceu – e seu modo de percepção do histórico, não encontrou eco junto ao primeiro público a que se destinava. Em outras palavras, explica-se a obra de Büchner como nascida apenas e tão somente da relação com os fenômenos sociais e históricos que lhe dão a sua especificidade, embora possa tal obra antecipar o futuro e criar o conteúdo de uma experiência que corresponde à expectativa da época contemporânea. Tal fato ocorre, portanto, apesar da incompreensão oriunda da distância estética provocada por essa obra, vista sob o pano de fundo das obras de seu tempo, o que acarretou o esquecimento quase imediato do autor.

Assim, apenas no momento em que ocorre uma mudança de atitude estética uma obra do passado pode ser recuperada e revivida através de uma nova e decisiva recepção que a conduz ao presente. O fato de a modernidade da obra de Büchner poder ser resgatada por meio de nossa percepção contemporânea da modernidade, que lhe serve de mediação entre o nosso presente e aquele passado, garante-lhe a sobrevivência e conserva-lhe a atualidade. Conjeturar a respeito da aceitação de Büchner por gerações futuras e da permanência do caráter moderno – apenas no sentido efêmero de atual – de sua obra, não cabe aqui. Sobretudo, é preciso destacar que na modernidade da obra de Büchner, considerada tanto em função das obras contemporâneas ao autor, quanto do ponto de vista da nossa compreensão do conceito, está implícito o aspecto do eterno, do clássico. Ou seja, retomando a definição baudelaireana de modernidade como "o transitório, o fugidio, o contingente, a metade da arte, cuja outra metade é o eterno e o imutável[8], vale a afirmação de que a obra de Büchner situa-se dentre aquelas obras clássicas da literatura, consideradas eternas e perenemente válidas.

---

8. *Apud* H. R. Jauss, "Literarische Tradition und gegenwartiges Bewusstsein der Modernität", *Aspekte der Modernität*, Göttingen, Vandenhoeck & Ruprecht, 1965, pp. 150-185.

PERSONAGEM TOTAL*

Fernando Marques

Hoje, a literatura é o território onde todas as transgressões são bem-vindas. Mas nem sempre foi assim. A mística do autor e do texto originais, capazes de desafiar crenças e hábitos, procede do século XIX, mais precisamente do romantismo. Até as primeiras décadas daquele século, as peças teatrais, por exemplo, costumavam ser zelosamente vigiadas na forma e no conteúdo, conforme normas estéticas que traduziam o arsenal ideológico dos ricos (seja como for, a censura ainda limitaria a liberdade dos dramaturgos por muito tempo). Modernamente, o carinho dos conservadores transferiu-se para a televisão, o cinema e a música de consumo.

Um dos padrões observados, se necessário com o apoio da polícia, ligava-se ao papel que o povo, o homem pobre, devia desempenhar nas histórias escritas para a cena. Jamais se viu um único e escasso pé-rapado nas tragédias francesas do século XVIII, textos que serviram de modelo para toda a Europa. O leitor erudito dirá ter visto amas e mensageiros nas peças de Racine. É verdade – mas ninguém os confundiria com os personagens principais. Pobre, só nas comédias.

Esse dogma estético-político, em pleno vigor nos filmes de Hollywood ou nas telenovelas nacionais, vale como ponto de partida para se aferir a importância da tragicomédia *Woyzeck*, de Georg Büchner.

* Publicado no suplemento "Pensar", do *Correio Braziliense*, em 24.5.2003.

O soldado que empresta o nome à peça é a primeira grande figura proletária do drama ocidental. A breve e extraordinária obra resume-se, na verdade, a um fragmento: Büchner, morto aos 23 anos, não pôde terminá-la. O texto já teve traduções no Brasil e reaparece na versão de Tércio Redondo[1].

Büchner não idealizou as suas criaturas, mas, pelo contrário, foi buscá-las vivas, por assim dizer sangrando, na realidade. O Woyzeck histórico nasceu em Leipzig, na Alemanha, onde levou vida indigente e onde se relacionou com uma mulher que, por ciúmes, ele acabou por matar a facadas. O crime o conduziu à forca, em 1824, depois de processo rumoroso em que a efetiva responsabilidade do desequilibrado Woyzeck no assassinato foi posta em discussão pela defesa. O jovem Büchner leu sobre o caso em velhas revistas e, combinando-o a outras histórias passionais, transformou-o em tema de sua peça. Não se tratava, para ele, de revisitar convenções trágicas ou melodramáticas, mas de pô-las à prova ao contato brutal dos fatos.

A história pode ser resumida assim: o soldado raso Franz Woyzeck, humilhado pelos superiores, encarnados no Capitão e no Médico, traído pela namorada Marie e espancado pelo rival, o Tambor-mor, militar menos subalterno, termina por matar a amante, tão frágil quanto ele. O dramaturgo, para expor essas situações, vale-se do modo épico de compor, diverso do estilo dramático, prestigioso, clássico: nas peças épicas, as cenas se sucedem aos saltos, como que descoladas umas das outras, visando o efeito de mosaico. As relações de causa e efeito, privilegiadas nas peças de estilo dramático, não desaparecem, mas têm importância escassa no *Woyzeck*. O procedimento épico objetiva, afinal, pôr em relevo as circunstâncias sociais que envolvem e condicionam o personagem, em lugar de tratá-lo como sujeito dos acontecimentos. Büchner viria a influenciar escritores naturalistas e expressionistas, inspirando, já em fase próxima de nós, a obra de Bertolt Brecht.

Woyzeck é vítima das estruturas inumanas que o oprimem e o condenam à saída extrema – foi o que Büchner pretendeu dizer, segundo o que se entende do texto. Devagar com o andor, porém: os analistas têm insistido, corretamente, sobre a condição desprivilegiada – social e psíquica – do soldado; com isso esquecem, contudo, que Franz acalenta a decisão do crime não apenas sob efeito da emoção ou das forças inconscientes que o fatalizam, mas também em estado de consciência. É nesse estado que ele caminha até a loja do Judeu, onde com-

---

1. São Paulo, Hedra, 2003.

pra a lâmina barata com que irá matar Marie. As eventuais montagens ganhariam em trabalhar a radical ambigüidade do personagem.

Büchner foi capaz de humor, e as cenas em que aparecem Woyzeck e o Médico têm traços cômicos, embora seja necessário perceber a comicidade patética de situações em que o cientista usa Woyzeck como cobaia em experiências ridículas, submetendo-o a uma dieta exclusiva de ervilhas. A comicidade comparece de modo ainda mais característico à cena da feira, quando o Saltimbanco exibe um macaco e um cavalo precariamente amestrados, informando com ênfase que o cavalo "é professor em nossas universidades". O autor ironiza sem sutilezas a academia e a ciência – que respaldaram a condenação do Woyzeck real –, criticando-as como rígidas e autoritárias.

A primeira tradução da peça no Brasil, em 1948, deveu-se a Mário da Silva, tendo sido levada à cena por Ziembinski sob o título de *Lua de Sangue*. O trabalho de Mário da Silva talvez "explique a peça" demais, diria outra tradutora do texto, Christine Röhrig, em conversa por telefone (a tradução de Christine deu base a espetáculo recente, escrito por Fernando Bonassi). Outro pioneiro foi João Marschner, que verteu a peça e a publicou, há anos, pela Ediouro. O trabalho de Tércio Redondo, adequado à dicção em cena, limpo, soma-se à introdução e às notas que expõem as circunstâncias de Büchner e as suas opções estilísticas; notem-se, por exemplo, as alusões bíblicas, ressaltadas por Tércio.

Essa é a mais bem-cuidada edição do *Woyzeck* até agora. O autor alemão deixou quatro manuscritos inconclusos, que apresentam as cenas em redação e seqüência distintas. O tradutor utilizou "a 'versão combinada' de *Woyzeck*, que se encontra no texto estabelecido por Henri Poschmann em 1992". Nas páginas de sua peça tão inacabada quanto sugestiva, Büchner pôs de pé uma figura que, em sua exasperada e comovente fragilidade, constitui a síntese poética do humano.

A FRICÇÃO DO REAL*

Fátima Saadi

O espetáculo *Woyzeck, o Brasileiro* é uma emocionante leitura do texto inacabado de Georg Büchner feita por Cibele Forjaz, Fernando Bonassi e Matheus Nachtergaele. Da contestação anticlássica empreendida pelo romantismo, *Woyzeck* utiliza a estrutura fragmentária, a multiplicidade de espaços, a atenção a personagens marginalizados. Do nascente Realismo, que ajudou a criar, apresenta o interesse pelos fatores sociais, econômicos, fisiológicos e psíquicos capazes de balizar nossa compreensão a respeito do protagonista, sua situação e seu crime. A preocupação de Büchner com o que ele chama, em carta de 1833, de "o fatalismo atroz da História" que relega o indivíduo a um "acaso, nada além de espuma nas ondas" aparece em *A Morte de Danton*, de 1835, mas se manifesta com maior contundência em *Woyzeck*. Entre os personagens de Büchner, pode-se considerar como um anti-Danton o pobre soldado Woyzeck que, para aumentar o soldo, serve de cobaia numa experiência médica que o obriga a se alimentar apenas de ervilhas, e se submete aos caprichos de seu capitão, que o sabatina e reprova em assuntos de moralidade cada vez que utiliza seus serviços como barbeiro. Com *Woyzeck*, Büchner continua sua busca por aquilo que "em nós mente, assassina e rouba", articulando o fatalismo da história à individualidade dissolvida do protagonista, esmagado tanto pelas

* Publicado no site http://bravonline.uol.com.br, em 16.06.2003.

condições adversas em que vive quanto pela fragilidade emocional que faz com que ele ouça vozes e perceba a realidade como quem está sempre ardendo em febre.

A estrutura fragmentária de *Woyzeck* não cabe na cena ilusionista do início do século XIX, exigindo uma nova forma de codificação cênica do real. O mundo mostrado por Büchner rejeitava a transcendência para a qual parecia conduzir o ponto de fuga dos telões pintados em perspectiva, base dos cenários da época. E é a concretude de uma cena, por assim dizer, *planar* que nos é apresentada pelo espetáculo dirigido por Cibele Forjaz com interessante cenografia de Marcos Pedroso, que cria vários planos e áreas de atuação no amplo espaço de que se utiliza. O trabalho da adaptação é precioso: transpõe a ação de *Woyzeck* para uma olaria num ponto qualquer do Brasil, mas, ao mesmo tempo, segue de perto o texto original, que recebeu cuidadosa tradução de Christine Röhrig. O interesse desse procedimento está, por um lado, em acrescentar mais uma camada ao verdadeiro palimpsesto que é o *Woyzeck* de Büchner e, por outro, em nele instilar preocupações sociais e cênicas da nossa contemporaneidade.

Assim como Büchner plasmou segundo sua visão de mundo a reportagem de uma revista médica a respeito do processo e da condenação à morte, em 1824, do cabeleireiro e ex-soldado Johann Christian Woyzeck que havia matado a amante por ciúmes, o espetáculo *Woyzeck, o Brasileiro* orquestra nossa realidade de modo a fazer dela, em cena, uma experiência impactante pela fricção entre elementos trazidos da realidade extracênica e formas que remetem diretamente à convenção teatral. Servem a esse procedimento não apenas o barro e as máquinas que o processam, não apenas as galinhas que ciscam pelo chão da cena ou as cantigas populares que dialogam com a música original de Otto, mas também o galho seco ao lado do poço dos desesperados, que cita tanto o *Godot* de Beckett quanto a pobreza e a secura de nossa realidade. Mas nada exemplifica melhor esse procedimento que tensiona simbolismo, realismo e realidade do que o momento em que Woyzeck mata Marie. Matheus Nachtergaele, em atuação de alta voltagem emotiva e técnica, apunhala Marie e, em seguida, apunhala de forma ostensiva repetidas vezes o chão do palco. O sangue que mancha o vestido branco de Marie liga os dois gestos – o da trama e o da cena.

EXPERIÊNCIA TRANSTORNANTE*

Sérgio Coelho

Um espectro assombra o Brasil: o espectro de Woyzeck. Em meio ao lançamento simultâneo de várias traduções, esta perturbadora peça que Büchner deixou inacabada quando morreu, aos vinte e três anos, em 1837, é proposta como retrato do aqui e agora brasileiro no espetáculo elaborado em conjunto pela encenadora Cibele Forjaz, o dramaturgista Fernando Bonassi e um elenco de 11 atores-criadores, encabeçado por Matheus Nachtergaele.

A direção de Forjaz, segundo seu estilo, prima por estabelecer uma estratégia clara que catalisa a criação de cada participante. Woyzeck, o brasileiro, não é mais soldado como no texto original, mas trabalha em uma olaria, construída como em um set de filmagem por Marcos Pedroso. O público disposto em cadeiras distribuídas pelo espaço tem acesso a vários palcos simultâneos, iluminados pela luz crua de Alessandra Domingues, nos quais cada interlocutor de Woyzeck espera a vez de proferir sua cena-fragmento. Essa disposição, além de acentuar a crueldade da exposição do protagonista cobaia, tem como mérito driblar o que pode haver de desconexo no manuscrito original, estabelecendo nexos e estendendo soluções de uma cena para outra. Assim, Maria, a infiel mulher de Woyzeck, a quem Marcela Cartaxo não concede nenhuma ternura, quando tenta distrair o filho com o re-

* Publicado na "Ilustrada" da *Folha de S. Paulo*, em 19.6.2003.

flexo do espelho, está no fundo ameaçando-o, como o capitão (o vigoroso Everaldo Pontes) faz com a platéia na cena em que é barbeado. Quem nos reflete na cena, por sua vez, é Matheus Nachtergaele. Passando de um palco ao outro, como um cristo dos mistérios medievais, a paixão de Woyzeck é uma morte anunciada, congelada em um tempo que se mede não tanto pelo relógio parado no escritório do patrão mas pelo número de tijolos produzidos e pela roda de amassar barro que não pode parar nunca. Por isso, tanto faz se o retrato ameaçador da parede for de Getúlio Vargas ou de Mao Tse-Tung: a condição proletária é imutável.

Esse voyeurismo do sofrimento alheio é levado ao máximo na cena em que o médico – que Nilton Bicudo faz com humor e crueldade – humilha Woyzeck pelo distanciamento brechtiano, expondo a própria ambigüidade do espetáculo teatral: a luz geral denuncia a passividade do público. Esse incômodo, porém, não cai no maniqueísmo: se Woyzeck é o patético anti-herói manipulado por todos, se ama perdidamente uma mulher que o despreza, tem por outro lado a nobreza do método na loucura de Hamlet, ao decifrar a voz dos que vivem no fundo do poço. O Woyzeck brasileiro, assim, é um proletário que adivinha a angústia da classe média, na qual não se inserirá nunca, mas de quem se faz porta voz. E a presença única de Matheus Nachtergaele, se dando por inteiro em cena, faz da encenação uma experiência transtornante, digna dos grandes momentos da cultura brasileira. Como se pertencesse à construção lógica de Chico Buarque, Woyzeck beija sua mulher como se fosse a última, flutua no ar como se fosse um príncipe e se acaba no chão, atrapalhando o sábado.

WOYZECK, EM ADAPTAÇÃO INTELIGENTE E SENSÍVEL*

Mariangela Alves de Lima

O século XX descobriu em *Woyzeck*, obra inconclusa de um jovem dramaturgo alemão escrita em 1936, a prefiguração dos temas e das soluções estilísticas centrais para expressar cenicamente a modernidade. Ao reconhecimento do caráter inaugural da peça seguiu-se um inesgotável fluxo de investigação filológica, pesquisa histórica e reinterpretações motivadas por espetáculos. Deve-se também ao fascínio da peça um dos mais belos ensaios da literatura teatral brasileira escrito por Sábato Magaldi em 1963 para o jornal *O Estado de S. Paulo*, com o título de "*Woyzeck*, Büchner e a Condição Humana", não seria o caso de parafrasear aqui um estudo modelar acessível aos leitores de *O Texto no Teatro*[1], mas vale citar o parágrafo conclusivo pelo modo como expressa o entendimento e o sentimento de uma obra:

> Admiramos muitas peças e muitas personagens. Reconhecemos intelectualmente a genialidade de muitas obras. A Woyzeck, ama-se, como a um semelhante. Sem ser profeta, pode-se imaginar que, no futuro, ele encarnará uma nova mitologia – a mitologia do nosso tempo.

E é exatamente o sentimento de identificação, de que estamos diante de uma obra contemporânea que se impõe como primeira sensação

---
* Publicado no "Caderno 2" do *Estado de S. Paulo*, em 27.6.2003.
1. São Paulo, Perspectiva, 1989, pp. 163-169 e *supra* pp. 335-341.

no espetáculo *Woyzeck, o Brasileiro* dirigido por Cibele Forjaz. As interferências sobre o texto original – creditadas à diretora, ao ator Matheus Nachtergaele e ao dramaturgo Fernando Bonassi – reorganizaram as cenas, atualizaram a linguagem e substituíram por referências ao imaginário da cultura popular brasileira, os ritos de convivência do proletariado alemão do século XIX. É uma adaptação em parte pragmática, feita com o objetivo de universalizar a caracterização da classe trabalhadora. Mais do que isso, a adaptação é também uma delicada operação para evidenciar uma interpretação do texto a um só tempo mítico e histórico. São duas coisas que, na perspectiva dos criadores deste espetáculo, não se excluem mutuamente.

Em vez dos alojamentos militares e das cantinas onde convivem soldados e proletários, as personagens são oleiros e administradores. Integram por essa razão um ciclo produtivo pré-industrial, arcaico e persistente. Terra, água e fogo são elementos primordiais sobre os quais se aplica o esforço do trabalho de Woyzeck e de seus companheiros trabalhadores. A alegoria da transformação penosa da matéria indica a vertente mítica da narrativa. Reduzido ao elementar, o trabalho da olaria aniquila o corpo e humilha o espírito pelo simples fato de exigir sempre a mesma coisa e resultar em um produto que mal se distingue da natureza.

Nesta adaptação o elemento contingente se manifesta no "controle de produtividade". Em um nicho localizado em um patamar superior do cenário, descortinando toda a cena, a personagem do "Capitão" regula a velocidade e a quantidade da produção e marca o ritmo sempre frenético da movimentação da olaria. Sobre o trabalho organizado de modo arcaico, que demanda destreza, rapidez e força muscular, imperam normas administrativas modernas, ou seja, formalizações atuais de velhos instrumentos de controle. Estamos em casa, em uma situação histórica em que se justapõem o modo de produção escravagista e a racionalidade tecnocrata. O espaço circular em que se movimentam os trabalhadores, girando em torno do eixo de preparação da argila é subordinado aos nichos onde se alojam os dois representantes de uma classe social superior, o Capitão e o Médico. Woyzeck é um servidor em todos esses lugares porque se desdobra em vários ofícios para sustentar sua pequena família e é em razão dessa diversidade de experiência que se torna, na perspectiva deste espetáculo, um protagonista trágico.

Na interpretação excepcional de Matheus Nachtergaele a fadiga não obscurece a inteligência da personagem. Ao mesmo tempo em que está preso ao determinismo da sua condição social, cada transposição de "fronteira" se manifesta como um esforço do protagonista para compreender alguma coisa e, desse modo, individualizar-se. Nos momentos de alucinação, quando a personagem divaga sobre os sinais da natureza e a configuração do cosmo, subsiste na interpretação a firmeza de quem concebe um signo para exprimir a vacuidade da existência. Ainda que permaneça humilde, na postura e na expressão verbal, os diálogos com os patrões conservam uma pitada de duplicidade maliciosa. Ao responder a personagem reflete, indicando desse modo que alguma coisa é poupada do círculo infernal da fadiga e da humilhação. Woyzeck invoca ainda mais o sentimento de fraternidade porque a atuação não solicita piedade. Trata-se de um homem forjando a si mesmo no tempo dramático, tentando alçar-se um milímetro acima das condições terríveis em que vive.

Tem um ótimo elenco esta encenação de Cibele Forjaz, cenografia perfeitamente ajustada ao conceito e a música e a iluminação são tão boas que nos esquecemos delas. Ou seja, plantado com inteligência e sensibilidade em uma visão própria de *Woyzeck* o espetáculo é universo integro, bem mais do que a soma das partes.

GEORG BÜCHNER, OU A URGÊNCIA PRECOCE*

Alberto Guzik

Georg Büchner (1813-1837) é um caso raro na história da literatura e da dramaturgia. Durante sua breve e agitada vida, toda ela decorrida no auge e declínio do período romântico, o escritor foi tudo, menos um adepto da escola de Friedrich Schiller e de Victor Hugo. Em sua obra, composta de duas peças completas, a tragédia *A Morte de Danton* e a fantasia *Leonce e Lena*, e um grande fragmento de uma genial peça inacabada, *Woyzeck* (que constituem o cerne de seu trabalho, além de um romance incompleto, *Lenz*, uma peça perdida, *Pietro Aretino*, algumas traduções e um célebre panfleto político, *Der Hessische Landbote* [*O Mensageiro Rural de Essen*]), Georg Büchner trilhou pela primeira vez caminhos que viriam a ser percorridos por vários dramaturgos nos 190 anos que decorreram desde seu nascimento. Pode parecer exagero, isso de querer ver na magra produção de um jovem falecido antes dos 24 anos a antecipação de quase dois séculos de criação dramática. Mas ao ler seus textos vê-se que nessas poucas peças, nunca encenadas em vida do autor, com intuição profética Büchner plantou sementes que levam a Strindberg, aos expressionistas, a Franz Kafka, a Bertolt Brecht, a Antonin Artaud, a Eugene O'Neill, a Albert Camus, a Edward Albee...

Essas suas criações chegaram ao Brasil, em cujos palcos ainda permanecem inéditas tantas obras de autores de relevo da dramaturgia

* Publicado no "Caderno 2" do *Estado de S. Paulo*, em 27.6.2003.

mundial (nunca tivemos uma produção de *Um Mês no Campo*, de Turguenev, por exemplo, nem de qualquer texto de Ostrovsky), evidenciando o alcance e a crescente importância que Büchner adquiriu ao longo do século XX. A primeira montagem do dramaturgo levada à cena no Brasil foi assinada por Ziembinski, que dirigiu *Woyzeck* para a companhia de Maria Della Costa e Sandro Poloni em 1948. A mais recente foi *Woyzeck, um Brasileiro*, adaptação concebida por Cibele Forjaz, Fernando Bonassi e Matheus Nachtergaele que entusiasmou a platéia do Sesc Belenzinho em São Paulo, no primeiro semestre de 2003. Entre uma e outra, tivemos várias produções de *Woyzeck*, e em número muito menor *A Morte de Danton* e *Leonce e Lena*. Em fins dos 80, em São Paulo, essa comédia fantasiosa, escrita à maneira das peças humorísticas e filosóficas de Shakespeare, revelou valores saídos do departamento de teatro da Escola de Comunicações e Artes e da Escola de Arte Dramática. Na produção, levada à cena num galpão do Sesc Pompéia, destacaram-se, entre outros, os atores Lúcia Romano e Luciano Chirolli, além do diretor William Pereira.

Georg Büchner nasceu no dia 17 de outubro, em Goddelau, no grão-ducado de Essen-Darmstadt. Filho de médico, estudou ciências naturais em Estrasburgo, entre 1831 e 1833. Em 1836 doutorou-se em zoologia na Universidade de Zurique com uma tese sobre *O Sistema Nervoso do Barbo* (uma espécie de peixe). Seus primeiros estudos, ele os havia feito no ginásio de Darmstadt, onde foi preparado para ser cientista. Mas desde sua passagem pela Universidade de Estrasburgo, Büchner envolveu-se com literatura, de um lado, e de outro com estudantes que pertenciam a movimentos políticos radicais, pregando revoltas camponesas e movimentos armados para a derrubada da aristocracia. *O Mensageiro Rural de Essen*, considerado até hoje um modelo de texto panfletário, resultou da adesão do estudante ao credo. Em 1835, um ano depois de lançar o livreto, Büchner foi forçado a deixar Essen e a fugir para Estrasburgo. Estava na iminência de ser preso. Alguns dos companheiros que organizaram a impressão e a distribuição de *O Mensageiro Rural de Essen* foram detidos e um deles morreu na prisão.

Eis uma das passagens desse texto:

> Neste ano de 1834, parece que a Bíblia está mentindo. É como se Deus tivesse criado os camponeses e artesãos no quinto dia, e os príncipes e nobres no sexto dia, e é como se o Senhor tivesse dito a estes últimos: "Ide e governai todas as coisas rastejantes que rastejam sobre a terra", e é como se os camponeses e o povo comum devessem ser considerados coisas rastejantes [...]. O suor dos camponeses é o sal na mesa dos nobres.

Escrito 33 anos antes de *O Capital*, de Karl Marx, o panfleto de Büchner estava muito adiante de seu tempo, e os amigos que queriam com ele fomentar uma rebelião camponesa desejavam utopias. Distribuíram o panfleto para camponeses analfabetos. Os que sabiam ler um pouco foram os primeiros a entregar o texto à polícia, desencadeando a perseguição aos impressores e ao autor do opúsculo.

Nos dois últimos anos de sua curta vida Büchner pôs no papel as obras dramáticas que lhe valeriam a admiração da posteridade. Ao longo de cinco semanas, no início de 1835, escreveu *A Morte de Danton*, uma tragédia de proporções épicas, em que o dramaturgo mostra o líder da Revolução Francesa cansado da matança e da sanguinolência que ajudou a desencadear. O texto impressiona pela maturidade de Büchner. Mal entrado na casa dos 20, ele revia o radicalismo e o espírito revolucionário que o inflamavam apenas um ano antes. Mas o seu revisionismo não é movido por uma cooptação pelos confortos da burguesia nem por uma acomodação às rígidas normas da sociedade. O que o impelia era o pessimismo. E viria a colocar na boca de uma de suas personagens:

> Acho na natureza humana uma terrível uniformidade, nas relações humanas uma força irreprimível, partilhada por todos e por ninguém. O indivíduo não passa de espuma na vaga, a grandeza é mero acaso, a regra do gênio, um teatro de marionetes, uma risível luta contra uma lei de ferro.

Albert Camus não teria expressado melhor essa idéia.

Esse é portanto o mundo segundo Georg Büchner. E, apesar disso, para esse mundo ele haverá de dedicar seu tempo e suas obras, na tentativa de mudá-lo, de transformá-lo em um local onde os pequenos não sejam "coisas rastejantes" fadadas a gemer sob o tacão dos grandes. O teatro de Büchner, de resto como o de Brecht, o de Plínio Marcos, o de Maximo Górki, o de tantos outros dramaturgos que fizeram do palco uma tribuna contra a injustiça e a opressão, continua dolorosamente atual. Tanto *A Morte de Danton* quanto *Woyzeck*, obra que concluía quando morreu, vítima de tifo, em fevereiro de 1837, trazem a amarga constatação de que os males da sociedade mudam de face, mas se eternizam. Danton é o homem que entende tudo, Woyzeck, o homem que não entende nada. E ambos terminam da mesma forma, perdendo a vida em nome daquilo em que acreditaram, no caso de um, a revolução, no de outro, a paixão que a traição transforma em algo que, na década de 50, no Brasil, os jornais sensacionalistas descreveriam como "privação de sentidos".

Há em Büchner uma extraordinária disponibilidade para a experimentação. Ele tanto cria longos monólogos, verdadeiros discursos, como os que atribui a Robespierre e a Saint-Just no final do segundo ato de *A*

Morte de Danton, quanto diálogos que envolvem grande número de personagens trabalhadas com precisão e nitidez psicológica. As alterações de ritmo e fluência também são notáveis. Em *Woyzeck*, a variedade dos meios dramáticos de que o autor lança mão é ainda mais acentuada. Embora a peça tenha permanecido inacabada, o material que restou foi suficiente para mostrar sua dimensão trágica e para alimentar mais de uma versão dessa perturbadora história de um zé-ninguém, um soldado raso humilhado pelos superiores, que é levado à loucura por sua obsessão por Marie, a companheira que lhe deu um filho, e agora o trai.

Se em *Leonce e Lena* não há o clima trágico que alimenta as outras peças, há, em compensação, uma ironia devastadora. Essa comédia está muito longe de veicular uma visão rósea da vida, ainda que gire ao redor de uma história de amor. Os protagonistas são o príncipe Leonce, do reino de Popo, e a princesa Lena, do reino de Pipi, prometidos um ao outro desde crianças. Entediados, os dois fogem do casamento e viajam incógnitos e disfarçados, apenas para terminarem nos braços um do outro, depois de uma cerimônia louca, na qual o rei Pedro obriga-os a casarem-se no lugar do príncipe e da princesa dados como desaparecidos. Essa comédia de erros mostra a aristocracia sem nenhum heroísmo. O rei Pedro e seus conselheiros beiram o ridículo, falam sem nada dizer. Leonce e Lena não vêem sentido para suas vidas, temem o papel que a sociedade lhes reserva, e apenas o acaso vai pô-los no caminho do amor. A mais fascinante das personagens é Valério, o criado de Leonce, espirituoso arlequim, ferino bobo da corte que dispara flechas em todas as direções.

A aparente infantilidade de *Leonce e Lena*, com suas personagens vácuas que fazem discursos inócuos, é uma sinistra sátira do poder. Quem manda não sabe mandar e a condição humana fica à mercê do acaso mais fortuito. Há insanidade em tudo que cerca o ser humano, e falta à sociedade dos homens o bom senso de reconhecer os próprios limites, de não se ver como a eleita, mas como mais uma espécie dentre as muitas que partilham o planeta. Não por acaso Büchner tinha formação em ciências naturais. Essa sensação de inutilidade é levada às últimas conseqüências em *Woyzeck*, onde o vazio das ações das personagens, a fatuidade, a gratuidade são a regra. Isso, a negação de si como indivíduo, mais do que o ciúme de Woyzeck, é que leva o pobrediabo ao crime e à autodestruição. Não há saída, é o que parece dizer Büchner. Estamos condenados ao inferno em vida. E enquanto o homem não enxergar essa situação, enquanto apoiar-se em ilusões, em delírios, e não em fatos, estará sujeito ao acaso insensato, que faz dele um joguete de forças que não compreendemos.

J. GUINSBURG, professor de Estética Teatral e Teoria do Teatro da Escola de Comunicações e Artes da Universidade de São Paulo e editor, é autor de *Stanislávski e o Teatro de Arte de Moscou*; *Leoni de' Sommi: um Judeu no Teatro da Renascença Italiana*; *Diálogos sobre Teatro* (co-autor); *Aventuras de uma Língua Errante: Ensaios de Literatura e Teatro Ídiche*; *Stanislávski, Meierhold e Cia.*; *Da Cena em Cena*, além de tradutor de obras de Diderot, Lessing, Nietzsche, entre outras.

INGRID DORMIEN KOUDELA, professora livre-docente de Didática e Prática de Ensino em Artes Cênicas da Escola de Comunicações e Artes da Universidade de São Paulo, desenvolve projetos educacionais ligados ao teatro na Secretaria Municipal de Educação de São Paulo e na Faculdade de Educação da USP e é autora de *Jogos Teatrais* e *Brecht: Um Jogo de Aprendizagem*, bem como de traduções de importantes obras no campo teatral, inclusive a de Viola Spolin, de cujo método é introdutora no Brasil.

IMPRESSÃO E ACABAMENTO
Bartira Gráfica e Editora Ltda.